Alfred M. de Zayas

Die Anglo-Amerikaner und die Vertreibung der Deutschen

Vorgeschichte, Verlauf, Folgen

Mit einem Vorwort von
Robert Murphy

Verlag C. H. Beck München

Aus dem Englischen übertragen von Ulla Leippe
Titel der Originalausgabe: „Nemesis at Potsdam. The Anglo-Americans
and the Expulsion of the Germans.
Background, Execution, Consequences"
(Routledge & Kegan Paul 1977)

Die deutsche Ausgabe wurde vom Autor durchgesehen, überarbeitet und ergänzt
Transcripts and Translations of Crown-copyright records in the Public Record Office
appear by permission of the Controller of H. M. Stationery Office

Mit 31 Abbildungen, 4 Karten
und einem Dokumentenanhang

CIP-Kurztitelaufnahme der Deutschen Bibliothek

DeZayas, Alfred M.
Die Anglo-Amerikaner und die Vertreibung der
Deutschen : Vorgeschichte, Verlauf, Folgen. –
3., durchges. Aufl. – München : Beck, 1978
    Einheitssacht.: Nemesis at Potsdam ‹dt.›
    ISBN 3 406 06994 0

ISBN 3 406 06994 0

3., durchgesehene Auflage. 1978
Umschlagentwurf von Bruno Schachtner, München
© C. H. Beck'sche Verlagsbuchhandlung (Oscar Beck), München 1977
Satz und Druck bei Georg Appl, Wemding
Printed in Germany

Vor Jahren las ich ein kurzes aufrüttelndes Buch mit dem Titel *Our Threatened Values**. Der Verfasser, Victor Gollancz, war ein bekannter englischer Verleger und vor allem ein Menschenfreund. Er starb 1967 in London nach einem langen, erfüllten Leben.

Dem Andenken dieses mutigen Mannes und den Grundsätzen der menschlichen Würde, für die er eintrat, möchte ich dieses Buch widmen.

* Deutsch: „Unser bedrohtes Erbe". Zürich: Atlantis-Verlag 1947.

Inhalt

Verzeichnis der Abbildungen

Verzeichnis der Karten

Geleitwort

Wir haben Alfred de Zayas dafür zu danken, daß er es unternommen hat, in einer eindrucksvollen Studie die anglo-amerikanische Politik im Hinblick auf die Vertreibung der Deutschen darzustellen. Es wurde Zeit für einen solchen aufschlußreichen Bericht. Er schildert so genau wie eindringlich das tragische Schicksal von Millionen Deutschen, die in einer dramatischen Aussiedlung aus Osteuropa in den Westen vertrieben wurden. Vor allem stellt de Zayas das Schicksal der Millionen Frauen und Kinder dar, deren männliche Angehörige vom Strudel des Krieges verschlungen worden waren. In den westlichen Ländern ist die Tragödie der Massenvertreibung kaum beachtet worden; und doch handelte es sich hier um härteste Bestrafung in verschiedenen Formen, vor allem um den Verlust aller Habe und den Verlust der Heimat, aus der die Menschen vertrieben wurden.

Ich erinnere mich an die Diskussionen über das Problem während der Potsdamer Konferenz und an die Antworten Marschall Stalins, wenn der Exodus zur Sprache kam. Er blieb unerbittlich, was gewiß verständlich ist, wenn man an die schrecklichen Leiden des russischen Volkes unter den deutschen Eindringlingen im Zweiten Weltkrieg denkt. Doch darüber darf nicht die grausame Behandlung vergessen werden, die viele Millionen schuldloser Menschen erlitten, als sie von der Massenvertreibung hinweggefegt wurden.

Zweifellos standen viele von uns im Westen dem Geschehen teilnahmslos gegenüber, vielleicht, weil sie schlecht informiert waren, vielleicht, weil sie sich für die Flucht von Millionen Deutschen nicht interessierten.

Es war ausgemacht worden, daß die Umsiedlungen unter „humanen" Bedingungen durchgeführt werden sollten, aber es gab weder Kontrollen noch staatliche Aufsicht, so daß der einzelne Flüchtling keine Hilfe und keinen Schutz fand. Freilich hat sich das Außenministerium der Vereinigten Staaten für Menschlichkeit ausgesprochen, aber seine Stimme war zur Zeit der Vertreibungen nicht laut genug und wurde in Osteuropa nicht einmal vernommen. Nur wenige Amerikaner stellten sich die brutale Vertreibung von vielleicht sechzehn Millionen Menschen vor!

New York, Februar 1976   *Robert Murphy*

Vorwort des Verfassers

Die Idee zu diesem Buch entstand im Jahre 1969, als ich Rechtswissenschaft an der Harvard Law School studierte. 1969 war ein Jahr heftiger Kämpfe im Vietnam der „free-fire"-Zonen[1], in denen auf alles, was sich bewegte, geschossen werden durfte, ein Jahr, in dem sich Zehntausende von Vertriebenen und Evakuierten auf der Flucht befanden. In dieser Zeit lernte ich die Werke von Victor Gollancz kennen und beschäftigte mich vor allem mit *Our Threatened Values* und *In Darkest Germany*.[2] Es waren aufwühlende Bücher über die Flüchtlingsprobleme einer früheren europäischen Generation. Zum ersten Male kam mir zu Bewußtsein, welch ungeheuerliche Tragödie viele Millionen Menschen am Ende des Zweiten Weltkriegs betroffen hatte, Opfer der Politik und der Politiker.

Für Ermunterung und Beratung bei den Vorarbeiten für dieses Buch schulde ich zwei meiner Professoren in Harvard besonderen Dank, Richard Baxter von der Law School und Dean Richard Hunt von der Graduate School of Arts and Sciences.

Nach meinem Studienabschluß im Sommer 1970 wurde ich als Anwalt für die Staaten New York und Florida zugelassen und arbeitete in einer Kanzlei der Wall Street bis Herbst 1971. Ein Fulbright-Stipendium für Deutschland ermöglichte es mir dann, mich ganz auf die Frage der deutschen Vertriebenen zu konzentrieren. Dafür gilt mein Dank besonders Professor Thomas Oppermann und dem inzwischen verstorbenen Professor Hans Rothfels von der Universität Tübingen sowie auch Conrad v. Randow und Joachim und Freda von Loesch in Bonn, die meine Arbeit auf vielfältige Weise unterstützt haben. Als ich danach meine Tätigkeit als Anwalt in New York wieder aufnahm, setzte ich die Arbeit an dem unvollendeten Manuskript fort. Das Thema hatte mich inzwischen so gefesselt, daß ich eineinhalb Jahre später die Gelegenheit ergriff, als wissenschaftlicher Assistent von Professor Dietrich Rauschning am Institut für Völkerrecht der Universität Göttingen zu arbeiten. Damit erhielt ich die Möglichkeit, das Buch in Deutschland zu erweitern und abzuschließen. Außer Professor Rauschning habe ich in dieser Zeit Professor Richard Nürnberger und Professor Gottfried Zieger von der Universität Göttingen für ihren fachmännischen Rat zu danken, ferner dem Präsidenten des Bundesarchivs in Koblenz, Professor Hans Booms, und Dr. Johannes Hopf, Archivar für Ost-Dokumente im Bundesarchiv, und R. R. Mellor vom Public Record Office in London. Mein herzlicher Dank gilt auch den Direktoren und den Mitarbeitern vieler Archive und Institute in Großbritannien, der Schweiz und den USA.

Besonders danke ich Robert Murphy, dem früheren politischen Berater Eisenhowers und General Clays, für die informativen Gespräche und für sein Geleitwort. Er hat als Augenzeuge in Berlin das Leid der Vertriebenen miterlebt und aus der Mitverantwortung der Westalliierten heraus die Notwendigkeit erkannt, sich für die Einhaltung der Potsdamer Verpflichtungen einzusetzen.

Die hier vorliegende deutsche Ausgabe wurde aufgrund weiterer Archivfunde und persönlicher Gespräche mit Teilnehmern der Potsdamer Konferenz erweitert, sowie an zahlreichen Stellen überarbeitet. Frau Dr. Ulla Leippe, Flensburg, spreche ich für die gelungene Übersetzung meinen Dank aus, sowie Herrn Klaus Neitmann, Göttingen, für wertvolle Hinweise bei der Vorbereitung der deutschen Ausgabe.

Viele Menschen haben mir bei diesem Buch geholfen, und wenn ich sie auch nicht alle hier nennen kann, danke ich doch jedem von ihnen, der mir großzügig seine Zeit opferte und mit scharfsichtiger Kritik und Ermunterung mein Studium dieses traurigen Kapitels in der Geschichte des zwanzigsten Jahrhunderts begleitete.

Für alle Fehler, die ich in dieser Studie gemacht haben könnte, übernehme ich die volle Verantwortung. Wenn die Tatsachen, die hier erwähnt werden, weitere Forscher ermutigen, die vorhandenen Informationen zu ergänzen und dazu beizutragen, daß Humanität und Gerechtigkeitssinn auch für unsere Zeit ihren Wert behalten, werde ich meine Arbeit als sinnvoll ansehen können.

New York, im Januar 1977   *Alfred M. de Zayas*

Einführung

In schlimmster Weise vergeht man sich gegen das Recht des geschichtlich
Gegebenen, und überhaupt gegen jedes menschliche Recht, wenn man
Völkerschaften das Recht auf das Land, das sie bewohnen, in der Art
nimmt, daß man sie zwingt, sich anderswo anzusiedeln. Daß sich die
Siegermächte am Ende des zweiten Weltkrieges dazu entschlossen, vielen
hunderttausend Menschen dieses Schicksal, und dazu noch in der härtesten Weise, aufzuerlegen, läßt ermessen, wie wenig sie sich der ihnen
gestellten Aufgabe einer gedeihlichen und einigermaßen gerechten
Neuordnung der Dinge bewußt wurden.

*Albert Schweitzer in seiner Rede zur Verleihung des Friedensnobelpreises
in Oslo am 4. 11. 1954: „Das Problem des Friedens in der heutigen Welt"*

Es gibt Ereignisse in der Geschichte der Menschheit, die für jedermann zum
Begriff geworden sind und die das Bewußtsein der Menschen mitgeformt
haben. Die babylonische Gefangenschaft der Juden, der Untergang des römischen Reiches, die großen Kreuzzüge des Mittelalters, die Entdeckung und
Kolonisierung der Neuen Welt, die französische Revolution sind unverrück-
bare Meilensteine im Geschichtsbewußtsein des Abendlandes. Zu diesen prä-
genden Ereignissen gehört auch der Zweite Weltkrieg. Viele gute Arbeiten sind
über die verschiedenen Aspekte des Krieges veröffentlicht worden, über den
deutschen Angriff, die Ausrottung der Juden, die Nürnberger Prozesse, das
Aufsteigen der Sowjetunion zur Weltmacht und so fort. Aber ein sehr wichtiges Ergebnis des Krieges hat, jedenfalls außerhalb Deutschlands, offensichtlich
nicht die Aufmerksamkeit gefunden, die es verdient: Die Flucht und Vertreibung von fünfzehn Millionen Deutschen[1] aus ihrer Heimat in Mittel- und
Osteuropa. Diese Bevölkerungsverschiebung änderte von Grund auf die wirtschaftliche, politische und demographische Karte Europas. Mehr als zwei
Millionen Deutsche haben die erzwungene Auswanderung nicht überlebt; die
übrigen wurden in das verstümmelte Reich mit einer Bevölkerungsdichte von
rund 200 Menschen pro qkm gedrängt.[2] Das menschliche Elend, das diese
Umsiedlung vor allem in den Jahren 1945–48 hervorrief, gehört zu den
schlimmsten Kapiteln des zwanzigsten Jahrhunderts, und es ist eigentlich
erstaunlich, daß dreißig Jahre nach dem Krieg außerhalb Deutschlands so
wenig über dieses unglückselige Nachspiel bekannt ist. Kaum je hat man die
Rolle erörtert, die Großbritannien und die Vereinigten Staaten übernahmen,
als sie die Ausweisung der Deutschen guthießen. Wie kam es überhaupt zu
diesen Maßnahmen? Waren sie für den Frieden in Europa notwendig? Wie
groß ist hier die Verantwortung der westlichen Demokratien? War ihre Beteili-

gung überhaupt mit demokratischen und humanitären Grundsätzen vereinbar? Amerikanische und britische Historiker haben es weitgehend versäumt, sich mit diesen Fragen auseinanderzusetzen.

Ein kurzer Überblick über die Folge der Ereignisse: Im Oktober 1944 drangen Spitzen der Sowjetarmee in die östlichen Kreise Ostpreußens ein und lösten eine erste Flucht deutscher Zivilbevölkerung nach Westen aus. Im Januar 1945 setzte dann die Massenflucht von vier bis fünf Millionen Menschen ein in der Folge der großen sowjetischen Winteroffensive, die die Russen in wenigen Wochen bis an die Oder führte. Diese Massenflucht umfaßte nicht nur einheimische Menschen aus Ostpreußen, Pommern, Schlesien, Ostbrandenburg und dem sogenannten Warthegau, sondern auch Hunderttausende von „Bombenevakuierten", die im Laufe des Krieges wegen der Luftgefährdung ihrer Heimatgebiete im Westen Deutschlands in die weniger gefährdeten Ostgebiete des Reiches gebracht worden waren. Jedoch blieben mehr als vier Millionen Deutsche zurück, die entweder nicht rechtzeitig fliehen konnten oder sich geweigert hatten, ihre Heimat zu verlassen.

Darüber hinaus lebten bei Kriegsende mehrere Millionen Deutsche im Sudetengebiet, das im Münchener Abkommen von 1938 von der Tschechoslowakei abgetrennt und dem Reich angegliedert worden war. Außerdem gab es große deutsch besiedelte Gebiete – teilweise bereits im Mittelalter entstandene Enklaven – im Vorkriegs-Polen, in Ungarn, Rumänien und Jugoslawien.

Alliierte Pläne, die sich mit diesen Deutschen befaßten, hatten schon in den beiden letzten Kriegsjahren greifbare Gestalt angenommen: Sie zielten auf eine spürbare territoriale Verstümmelung des Reichs und auf radikale Entfernung aller Deutschen aus Ost- und Mitteleuropa. Am Schluß der Potsdamer Konferenz vom 17. Juli bis 2. August 1945 wurde ein Protokoll[3] verfaßt, dessen Artikel XIII die Umsiedlung der Ostdeutschen in den Torso des einstigen Reiches vorsah.

Gab es eine historische Parallele, einen Präzedenzfall, für eine solche ungeheuerliche Vertreibung? Schon in der Antike kannte man Massenumsiedlungen besiegter Völkerschaften. Sie wurden zu einer Art Routine-Maßnahme des Neuassyrischen Reichs unter Assurnasirpal II. (883–859 v. Chr.) und Assurbanipal (669–627 v. Chr.)[4]; damals sind etwa viereinhalb Millionen Menschen mit Gewalt aus ihren Wohngebieten vertrieben worden. In christlicher Zeit verzichtete man auf diese Methode und teilte oder annektierte zwar eroberte Gebiete, aber die einheimische Bevölkerung konnte auf ihrem Grund und Boden bleiben, womit sie allerdings automatisch dem neuen Herrscher untertan wurde. Zu einer traurigen Ausnahme kam es erst in der Neuen Welt, als im Jahre 1755 die britische Kolonialregierung die französische Bevölkerung Neuschottlands, insgesamt 15 000 Bauern, die dort über hundert Jahre ansässig waren, in brutaler Weise umsiedelte bzw. auf Schiffe verlud und Frauen von Männern getrennt in die anderen Kolonien verstreute, um dadurch Neuschottland (Akadia) franzosenfrei zu machen.[5] Später wurde durch die amerikanische Politik des „manifest destiny" die ursprüngliche indianische Bevölkerung allmählich zurückgedrängt und schließlich im neunzehnten Jahrhundert ihre spärlichen Reste in „Reservaten" angesiedelt.[6] Nach dem Ersten Weltkrieg setzte sich dann die gewaltsame Umsiedlung als politisches Prinzip wiederum allgemein durch. Der Vertrag über den Bevölkerungsaustausch zwischen Griechenland und der Türkei,[7] von dem etwa zwei Millionen Menschen betroffen waren, wurde zum historischen Markstein, weil ihm der Völkerbund zustimmte und seine Durchführung überwachte – ein unheilvolles Vorzeichen dessen, was später kam. Hitler verschärfte das „Umsiedlungs-Syndrom", als er mehrere Hunderttausend Deutsche aus den baltischen Staaten und Bessarabien in das annektierte westliche Polen, den sog. Warthegau, verpflanzte[8] und die Polen, die hier heimisch waren, mit Gewalt im östlichen Polen ansiedelte. Der tiefe Haß, den dieses nazistische Verbrechen – neben den anderen – in den besetzten Gebieten Osteuropas weckte, bildete schließlich den Hintergrund für die folgenschweren Beschlüsse von Jalta und Potsdam und ihre Auswirkungen auf die Ostdeutschen.

Doch denken wir an die Menschen selbst: Was hieß es denn, diese Millionen Deutschen bei Kriegsende umzusiedeln?[9] Es konnte sich bei ihnen ja nicht nur um „Parteibonzen" handeln! Betroffen wurden zum weitaus größten Teil einfache Leute, Bauern, Arbeiter, Männer und Frauen aller Berufe. Die pure Statistik, die einfach eine vielstellige Zahl entwurzelter Menschen irgendwo in der Welt nennt, hat kaum die Macht, den Leser wirklich betroffen zu machen: Wer verstehen will, was vor sich ging, muß hinter statistischen Berichten lebendige Menschen erkennen können. Sie erlitten ein höchst reales Unglück, sie mußten den heimischen Boden verlassen, auf dem ihre Vorfahren seit Generationen ihre Existenz gefunden hatten.

Es ist jedoch nicht möglich, „15 000 000 Vertriebene" ins Blickfeld zu bekommen. Man sehe sich das Bild der halbverhungerten Mutter mit ihrem Kind an, das des alten Mannes mit dem leeren Blick und dem Bündel seiner letzten Habe – und dann stelle man sich den endlosen Zug solcher Elendsgestalten vor Augen. Diese Summe der einzelnen Tragödien hätte abgewogen werden müssen gegen die möglichen Vorteile der politischen Entscheidung zu einer Vertreibung. Und wenn die Alliierten die Nationalsozialisten wegen ihrer unmenschlichen Methoden bekämpften – durften sie dann selbst deren Methoden als Vergeltung anwenden? Wer hat nun schließlich seine Methoden durchgesetzt? Wessen Einstellung zum Menschen hat am Ende gesiegt?

Doch selbst wenn man theoretisch zugibt, daß die gewaltsame Ausweisung eine berechtigte politische Maßnahme gewesen sei und durchaus den Maßstäben einer zivilisierten Welt entsprochen habe, hätte die Durchführung jedenfalls eine so sorgfältige Überwachung verlangt, daß Leiden und Tod möglichst abgewendet wurden. Der Text von Artikel XIII des Potsdamer Protokolls sah vor, daß die Signatarmächte die Beachtung der Ausführungsbestimmungen überwachten und für eine „geregelte und humane", nach und nach vorgenommene Aussiedlung sorgten. Wenn sie also versäumten, die Ausartung der Umsiedlungen in wilde Vertreibung zu verhindern, wurden sie mitverantwortlich für Mißstände, die sich ergeben konnten.

Wie aber wurden die Aussiedlungen schließlich durchgeführt? Hat man die Deutschen einfach nach Westen gebracht, oder ist es unterwegs zu Massakern gekommen? Für einen Amerikaner, der nur von den scheußlichen Verbrechen der Nationalsozialisten gehört hat, ist es eine quälende Erfahrung, wenn er die Ausschreitungen während der Vertreibung zur Kenntnis nehmen muß; die Berichte und eidlichen Erklärungen bilden keine angenehme Lektüre.[10] Gespräche mit nicht-deutschen Zeugen[11] und mit Hunderten von Deutschen, die Flucht und Vertreibung überlebt haben, bestätigen die erschreckende Chronik der Unmenschlichkeit.

Im Rahmen dieser Arbeit kann nicht untersucht werden, warum die Umstände der Deutschenvertreibung in der anglo-amerikanischen Welt so lange Zeit hindurch unbekannt geblieben sind. Offenbar haben sich die Sieger, nachdem der Krieg gewonnen war, nicht verpflichtet gefühlt, die Grundsätze zu überprüfen, für die sie den Krieg geführt hatten, oder dafür zu sorgen, daß diese Grundsätze nun im Frieden beachtet wurden. Nur wenige Persönlichkeiten des öffentlichen Lebens in den Vereinigten Staaten und in Großbritannien protestierten hörbar. Ihre Worte sind längst verhallt.

Die Deutschen wiederum sahen sich nach dem Alptraum von Krieg, bedingungsloser Kapitulation, Zerstückelung des Reichs und Vertreibung täglich mit ihrer Geschichte konfrontiert. Der totale Krieg war verloren, die Bitterkeit der Niederlage durchdrang das öffentliche und private Leben. Wer nicht selbst tief in Tradition und Heimatliebe verwurzelt ist, wird kaum begreifen können, was der Verlust der alten deutschen Gebiete jenseits von Oder und Neiße bedeutete, nicht nur für die Vertriebenen selbst, sondern auch für alle ihre Landsleute. Der Verlust dieser historischen Provinzen, die ein Viertel des Reichs ausmachten, scheint heute unwiderruflich zu sein und ruft dennoch keine Rachegedanken und keinen ernstzunehmenden Irredentismus hervor. Nur der Schmerz ist geblieben. Die Vertreibung hat sich nicht, wie Churchill und andere westliche Staatsmänner fürchteten, als Zeitbombe erwiesen, als Grund für einen Revanchekrieg;[12] Vielmehr haben sich die Vertriebenen sowohl in den westlichen als auch in den östlichen Teil Nachkriegs-Deutschlands eingegliedert. Doch die Anerkennung politischer Wirklichkeit, wie sie sich in der von Bundeskanzler Willy Brandt begonnenen Ostpolitik zeigt, bedeutet keinesfalls eine nachträgliche Gutheißung der Vertreibung oder gar Teilung Deutschlands, sondern drückt den echten Wunsch nach gutnachbarlichen Beziehungen aus. Sollte allerdings eine unvorhersehbare politische Entwicklung eine friedliche Revision der Oder-Neiße-Grenze möglich machen, dann würde die deutsche Regierung zweifellos Verhandlungen für die Rückkehr mindestens eines Teils der alten Ostprovinzen aufnehmen. Aber Voraussetzung für irgendwelche Verhandlungen wäre selbstverständlich die Entwicklung einer echten Entspannung in Europa und die Wiedervereinigung Deutschlands.

Dreißig Jahre nach der Potsdamer Konferenz wird Europa durch einen Eisernen Vorhang getrennt, dem anglo-amerikanische Beschlüsse während des Krieges schon unabsichtlich vorgearbeitet hatten. So sehr es auch zu wünschen wäre, daß sich manches im Europa von heute änderte, wirken das Beharrungsvermögen und die Trägheit doch als schweres Gewicht gegen eine Änderung des *status quo*. Vor allem aber geht es darum, den Weltfrieden zu erhalten, und hinter dieser Notwendigkeit hat die lokale Gerechtigkeit zurückzustehen. In diesem Sinne sollte auch die Konferenz für Sicherheit und Zusammenarbeit in Europa verstanden werden, obwohl sie von übereifrigen Beobachtern schon als „zweites Potsdam" bezeichnet worden ist. Im Hinblick auf die Nachkriegsgrenzen in Osteuropa hat das am 1. August 1975 unterzeichnete Schlußprotokoll von Helsinki eine Art Ratifizierung des *status quo* gebracht und damit dem eigentlichen Ziel der Sowjetunion auf dieser Konferenz entsprochen: Man scheint sich allgemein mit den Nachkriegsgrenzen in Europa abgefunden zu haben, und es ist weniger wahrscheinlich denn je, daß Deutschland wiedervereinigt oder gar die Oder-Neiße-Grenze revidiert werden könnte. Aber Helsinki hat immerhin den Grundsatz bekräftigt, daß Grenzen auf friedlichem Wege geändert werden *können*. Manche Kritiker sehen in Helsinki einen Betrug an allen Völkern auf der Ostseite des Eisernen Vorhangs und erkennen deutliche Parallelen zur Münchner Konferenz von 1938. Unmißverständlich hat Alexander Solschenizyn die Atmosphäre des „appeasement" gebrandmarkt, die bei den Konferenzen von Helsinki wie von Genf herrschte.[13] Doch welche realen Alternativen bietet denn die europäische Mächtekonstellation im letzten Viertel des zwanzigsten Jahrhunderts? Die Politiker werden sich jetzt mit den Themen und mit den Vieldeutigkeiten zu befassen haben, die Helsinki offengelassen hat.

Die vorliegende Studie versucht nicht, Voraussagen und mögliche Lösungen zu liefern – sie versucht, eine Lücke in einem wichtigen Kapitel der Zeitgeschichte zu schließen; darüber hinaus möchte sie beitragen zur Überprüfung einer Politik, die Zwangsumsiedlungen von Millionen Menschen für eine vertretbare Lösung von internationalen Konflikten hält; die deutschen Erfahrungen sollen die Grundlage für diese Überprüfung bilden. Wenn sich auch so mancher gern auf den Einwand beschränken möchte, daß die Deutschen eben den Krieg verloren und die Folgen zu tragen haben, so erschöpft dieser wenig humane Grundsatz doch nicht das eigentliche Problem. Wer sich den Prinzipien der Humanität verpflichtet fühlt, muß sich allen Ungerechtigkeiten stellen. Diese Studie ist der Idee der *dignitas humana* gewidmet, der Grundlage unserer abendländischen Kultur. Hoffen wir, daß in den kommenden Jahrzehnten diese Idee der Würde des einzelnen Menschen und das Prinzip der Gerechtigkeit für alle, auch für den Feind von ehemals, nicht nur mit Worten, sondern mit Taten verteidigt werden.

Bevölkerungstabelle

Vor der Flucht und Vertreibung

Deutsche Bevölkerung im Jahre 1939

Ostgebiete des Deutschen Reiches		9 575 000
davon Ostpreußen	2 473 000	
Ost-Pommern	1 884 000	
Ost-Brandenburg	642 000	
Schlesien	4 577 000	
Tschechoslowakei		3 477 000
Baltische Staaten und Memelland		250 000
Danzig		380 000
Polen		1 371 000
Ungarn		623 000
Jugoslawien		537 000
Rumänien		786 000
zusammen*		16 999 000
Geburtenüberschuß 1939–1945		+ 659 000
		17 658 000
Kriegsverluste 1939–1945		− 1 100 000
Deutsche Bevölkerung bei Kriegsende		16 558 000

* dazu in der Sowjetunion 1,5 bis 2 Mill.

Kriegsverluste	1 100 000
Verluste durch Flucht und Vertreibung	2 111 000
Gesamt-Verluste	3 211 000

Das heißt: von den 1939 in den Vertreibungsgebieten ansässigen Deutschen ist jeder Fünfte gefallen oder umgekommen.

Flucht und Vertreibung (1945–1950)

Flüchtlinge und Vertriebene

aus den Ostgebieten des		
Deutschen Reiches	6 944 000	
aus der Tschechoslowakei	2 921 000	
aus den übrigen Ländern	1 865 000	
		11 730 000

In der Heimat Verbliebene

in den Ostgebieten des		
Deutschen Reiches	1 101 000	
in der Tschechoslowakei	250 000	
in den übrigen Ländern	1 294 000	
		2 645 000
Vermutlich noch lebende Gefangene (1950)	72 000	
		14 447 000

Tote und Vermißte während der Flucht und Vertreibung

in den Ostgebieten des		
Deutschen Reiches	1 225 000	
in der Tschechoslowakei	267 000	
in den übrigen Ländern	619 000	
		2 111 000
		16 558 000

Gesamtzahl der deutschen Vertriebenen 1966 (geschätzt)

in der Bundesrepublik Deutschland	10 600 000
in der sowjetischen Besatzungszone Deutschlands	3 500 000
in Österreich und anderen westlichen Ländern	500 000

Quelle: Bundesministerium für Vertriebene, 1967

Von 1950 bis Ende 1972 nahm die Bundesrepublik Deutschland rund 738 000 Spätaussiedler aus den Vertreibungsgebieten auf. Die Zahl der Spätaussiedler in der DDR ist nicht bekannt (Brockhaus Enzyklopädie, 1974, Bd. 19, S. 576).

Erstes Kapitel

Bevölkerungsumsiedlung als politisches Prinzip

Die nach unserem Ermessen befriedigendste und dauerhafteste Methode ist die Vertreibung. Sie wird die Vermischung von Bevölkerungen abschaffen, die zu endlosen Schwierigkeiten führt . . . Man wird reinen Tisch machen. Mich beunruhigen diese großen Umsiedlungen nicht, die unter modernen Verhältnissen besser als je zuvor durchgeführt werden können.

Winston Churchill am 15. Dezember 1944 (Parlamentsdebatten des Unterhauses, Band 406, Spalte 1484; auch Churchill, Reden, Zürich 1949, Bd. 5, S. 468)

Das zwanzigste Jahrhundert ist ein neues Zeitalter der Massenwanderungen geworden. Große Bevölkerungsgruppen sind ausgewiesen worden, Millionen von Flüchtlingen umgekommen.

Die folgenschwerste, zugleich am besten dokumentierte dieser unfreiwilligen Wanderungen war die Flucht und die Vertreibung der Deutschen aus Ost- und Mitteleuropa am Ende des Zweiten Weltkriegs. Ohne Krieg würden heute noch viele Millionen deutscher Männer und Frauen dort sein, wo ihre Vorfahren seit siebenhundert Jahren lebten, in Ostpreußen, Pommern, der östlichen Mark Brandenburg und Schlesien, in den einstigen Deutschordensstädten Danzig und Memel, im Sudetenland und in Hunderten von geschlossenen Siedlungsgebieten in Osteuropa. Das körperliche und seelische Leiden der entwurzelten Millionen kann nicht ermessen werden, und bis heute sind die Wunden nicht vollständig geheilt.

Wie wurde die Aussiedlung durchgeführt – und warum überhaupt? Dreißig Jahre nach den Ereignissen muß man sich noch einmal ins Gedächtnis rufen, daß die Vertreibung der Deutschen aus Mittel- und Osteuropa zum Teil im Namen des Friedens empfohlen und durchgeführt wurde, und zwar von Ländern, die sich öffentlich zu demokratischen und humanitären Werten bekannten. Zwar waren die Anglo-Amerikaner nicht die geistigen Urheber der Vertreibung, doch vielleicht wäre es nie zu solchen Geschehnissen gekommen – oder sie hätten jedenfalls nicht diesen Umfang angenommen –, wenn die Westmächte nicht schon früher dem Prinzip der gewaltsamen Umsiedlung von Bevölkerungsgruppen zugestimmt hätten.

Was bewog die Westmächte, eine Politik zu billigen, die ihnen selbst keinen unmittelbaren Vorteil brachte? Tatsächlich waren die einzigen Nutznießer der Vertreibungspolitik die Staaten, die sie anwandten, die deutschen Besitz im

Wert von Milliarden Dollar beschlagnahmten und ein Viertel des deutschen Reichs annektierten. Doch die Westmächte versäumten nicht nur, materiellen Gewinn aus der Politik der Vertreibung zu ziehen; in ihrer Rolle als Besatzungsmächte übernahmen sie schließlich sogar beträchtliche finanzielle Lasten, weil sie allein und ohne Ostdeutschlands reiche Vorräte an Nahrungsmitteln und Heizmaterial der gigantischen Aufgabe gegenüberstanden, Millionen von Ausgewiesenen zu ernähren und unterzubringen, jene Millionen, die von der polnischen, der tschechoslowakischen, der ungarischen Regierung in die Besatzungszonen gedrängt wurden.

Was also hat die Führung der Vereinigten Staaten und Großbritanniens veranlaßt, der Aussiedlung der Deutschen zuzustimmen? Es gab viele miteinander verknüpfte Gründe, unter denen die wichtigsten waren:

1) Die Hoffnung, durch Ausschaltung des deutschen Minderheiten-Problems in Europa zu einem dauerhaften Frieden zu gelangen;

2) die Notwendigkeit, Polen im Westen auf Kosten der Deutschen zu entschädigen, ohne dabei eine potentielle „Fünfte Kolonne" im neuen Polen zu belassen;

3) die Annahme, daß die Umsiedlung in humaner Weise durchgeführt werden könnte und

4) der Wunsch, die besiegten Deutschen zu bestrafen.

Die beiden ersten Gründe wurden von den Initiatoren der Vertreibungspläne in den tschechischen und polnischen Exilregierungen angeführt, als sie ihre Pläne den Alliierten vorlegten. Auf diese politische Argumentation geht die Idee der Vertreibung der Deutschen zurück. Die amerikanische und britische Regierung ließen sich davon überzeugen und stimmten den Absichten ihrer Verbündeten zu, was ihnen durch die beiden zuletzt genannten Überlegungen wesentlich erleichtert wurde.

Der historische Hintergrund

Bevor wir uns mit diesen Beweggründen im einzelnen befassen, soll die Geschichte der verschiedenen betroffenen Bevölkerungsgruppen noch kurz gestreift werden. Dabei geht es darum, die unterschiedliche Problematik der Volksdeutschen, deren Siedlungen zum Teil Jahrhunderte vor dem Kriege bestanden, und die der Neusiedler oder „Lebensraum-"Siedler zu erkennen; eine ganz andere Frage stellte die größte Gruppe der Ausgewiesenen, die Reichsdeutschen in den Ostprovinzen des Reichs.

Die Volksdeutschen

Das Problem der „deutschen Minderheiten" in Europa geht zurück auf die Grenzen, die 1919 durch die Pariser Friedensverträge gezogen wurden.

Vor dem Ersten Weltkrieg hatte es keine Schwierigkeiten mit deutschen Minderheiten gegeben. Die meisten Deutschen lebten im Bismarckreich oder in Österreich-Ungarn. „Splittergruppen deutscher Volkszugehörigkeit" im zaristischen Rußland, in Rumänien und Serbien bildeten vor allem bäuerliche Bevölkerungen oder, wie in den baltischen Ländern, eine bürgerliche und teilweise adlige Oberschicht; man lebte im Frieden mit dem jeweiligen Landesherrn.[1]

Doch große und unzufriedene Minderheiten entstanden durch die Friedensverträge von Versailles, St. Germain und Trianon: Allzu oft wurde das Nationalitätenprinzip[2] nicht beachtet, als die Grenzen gezogen wurden. Alle slawischen Nachfolgestaaten der Donaumonarchie enthielten neben den Staatsvölkern beträchtliche nationale Minderheiten; so blieben fünf Millionen Deutsche außerhalb Österreichs und bildeten eine potentielle Irredenta in der Tschechoslowakei, in Polen, Italien, Jugoslawien und Ungarn.

Das deutsche Reich verlor 70 579 qkm Territorium. Der Versailler Vertrag sprach es Frankreich, Belgien, Dänemark, Polen und der Tschechoslowakei zu. Die Provinzen Posen und Westpreußen wurden ohne Volksabstimmung abgetrennt und Polen zugewiesen, während der Völkerbund nach der Abstimmung in Oberschlesien im Jahre 1921 beschloß, Teile Oberschlesiens Polen zu überlassen, obwohl 59,6% der Bevölkerung für Deutschland gestimmt hatte. Damit übergab man eine deutsche Minderheit von mehr als zwei Millionen Deutschen dem neu gegründeten Staat Polen.[3]

Da die Pariser Verträge so viele Menschen deutscher Volkszugehörigkeit außerhalb der Grenzen von Deutschland und Österreich beließen, wurde versucht, das Nationalitätenprinzip durch Minderheitenabkommen im Rahmen des Völkerbundes zu retten. Länder, die große deutsche Minderheiten übernahmen, wurden verpflichtet, ihnen eine gewisse kulturelle Autonomie und die rechtliche Gleichstellung mit der Mehrheit der Staatsbürger zu garantieren. Polen und die Tschechoslowakei fanden indessen die Minderheitenverträge lästig und erklärten immer wieder, das Minderheitensystem des Völkerbundes sei eine unerträgliche Beeinträchtigung ihrer nationalen Souveränität. So wurde es eher zur Regel als zur Ausnahme, die Verträge zu übergehen. Andererseits machten die an Fremdherrschaft nicht gewöhnten deutschen Minderheiten die Lage keineswegs leichter, sondern zeigten sich, gestützt auf ihre formellen Rechte, zunehmend unruhig und verärgert. In den zwanziger Jahren erwiesen sie sich als neuralgischer Punkt für die internationale Gemeinschaft, wenn sie ständig die Büros des Völkerbundes mit Petitionen und Protesten gegen ihre „Gastländer" bombardierten. In den dreißiger Jahren goß Hitlers Aufstieg Öl ins Feuer; nationalsozialistische Unterwanderung mancher kultureller Organisationen machte einige bis dahin unzufriedene Volksdeutsche zu illoyalen Elementen, die ihr Gastland gefährdeten und später eine Rolle als Wegbereiter des Hitlerschen Expansionsdranges spielten.

Fünfte Kolonnen und illoyale Minderheiten

In der Literatur über die deutschen Minderheiten zwischen den Kriegen taucht der Gedanke an eine „Fünfte Kolonne" immer wieder auf.[4] Tatsächlich läßt sich die Teilnahme von Personen deutscher Volkszugehörigkeit an illoyalen Aktionen oder Verschwörungen vor dem Krieg in Polen und in der Tschechoslowakei und im Krieg in Jugoslawien und anderen Ländern dokumentarisch belegen. Deshalb war vorherzusehen, daß nach Hitlers Niederlage irgendeine Form der Vergeltung die deutschen Minderheiten in Osteuropa treffen werde, denn sicherlich muß einem Staat das Recht zugestanden werden, sich gegen illoyale Elemente zu sichern, indem er sie aus seinem Hoheitsgebiet entfernt.[5]

Aber es ist wichtig, den Begriff „Fünfte Kolonne" genau festzulegen, um entscheiden zu können, wer als ihr Mitglied angesehen werden muß. Der Ausdruck selbst wurde im spanischen Bürgerkrieg von General Emilio Mola, zusammen mit Franco Führer der „Nationalen", geprägt. Er marschierte mit vier Kolonnen auf das von den Republikanern gehaltene Madrid und bezeichnete die in der Hauptstadt lebenden Sympathisanten der Nationalen als seine „fünfte Kolonne". Doch dieser Ausdruck bedeutete nicht unbedingt „Spione" und „Saboteure"; er bezog sich einfach auf Zivilisten, die ohne Absicht und ohne ihr Einverständnis im gegnerischen Lager lebten und vielleicht zu nützlichen Agenten werden konnten. Doch wurde aus „Fünfte Kolonne" rasch ein Synonym für „Verräter", das entsprechend als Schimpfwort gegen alle Minderheiten angewandt wurde, obwohl viele von ihnen nicht für ihre wenig beneidenswerte Lage verantwortlich, sondern gegen ihren Willen und ohne Plebiszit oder ein Recht auf Option unter die Fremdherrschaft geraten waren.

Waren die deutschen Minderheiten in Europa tatsächlich „Fünfte Kolonnen"? Machten sie sich in Massen daran, ihre Gastländer zu verraten? Die Meinungen gehen hier weit auseinander.

Die Minderheiten, denen man vor allem Verrat vorwirft, sind die Polens und der Tschechoslowakei.[6] Wenn auch diese Vorwürfe vielleicht nicht ganz unberechtigt sind, bleibt es doch die Aufgabe der Forschung, den vielschichtigen historischen Hintergrund zu erhellen, der ihre Beziehungen zu den Gastländern bestimmte; und dabei muß beachtet werden, daß eine ethnische Minderheit nicht einfach schon deshalb illoyal ist, weil sie die Beachtung von Minderheitenverträgen verlangt oder weil sich ihre Angehörigen dagegen wehren, als Staatsbürger zweiten Ranges angesehen zu werden. Zwischen 1919 und 1934 sind zum Beispiel mehrere tausend Proteste an den Völkerbund gerichtet worden, die über Verletzung des Minderheitenabkommens vom 28. Juli 1919 klagten.[7] Die meisten Zusammenstöße zwischen Deutschen und den polnischen Behörden entstanden über die Frage der polnischen Staatsbürgerschaft und über die weitverbreitete Enteignung deutscher Bauernhöfe und Zwangsräumung der deutschen Besitzer; schuld war die diskriminierende polnische Rechtsprechung. Ein typischer Fall von Zwangsräumung kam vor den Haager

Gerichtshof, der am 10. September 1923 nach dem vorliegenden Tatbestand sein Gutachten abgab.[8] Das Gericht befand,[9] „daß die angefochtenen Maßnahmen praktisch eine Aufhebung legaler Rechte sind, die den Bauern vertraglich zustehen. Da sie (die Maßnahmen) tatsächlich gegen eine Minderheit gerichtet sind, sie einer diskriminierenden und ungerechten Behandlung ausliefern, der andere Bürger mit Verträgen über Kauf und Pacht nicht unterworfen sind, stellen sie einen Bruch der von Polen eingegangenen Verpflichtungen innerhalb des Minderheitenabkommens dar.“

Solche Fälle tauchten oft vor dem Gericht[10] oder in Petitionen auf, die bis zum Jahre 1934 dem Völkerbund zugingen, als die polnische Regierung sich schließlich von dem Minderheitenschutzabkommen lossagte. In der Vollversammlung des Völkerbundes am 13. September 1934 erklärte der polnische Außenminister Beck, seine Regierung sehe sich gezwungen, „von heute ab sich jede Zusammenarbeit mit den internationalen Organen zu versagen, soweit es sich um die Kontrolle der Anwendung des Systems des Minderheitenschutzes durch Polen handelt“.[10a] Verletzungen des Minderheitenschutzabkommens durch die Tschechoslowakei waren sicherlich nicht so zahlreich,[11] doch die Deutschen wurden trotzdem durch Benachteiligungen tief verärgert. Das zweite Kapitel der vorliegenden Studie stellt gründlicher dar, wie die Verbitterung der Sudetendeutschen entstand und auf welche Weise sie ihren Kampf um Gleichberechtigung mit den Tschechoslowaken führten.

Die Benachteiligung der deutschen Minderheiten und ihre mangelnde Staatstreue bildeten einen Teufelskreis: Während die deutschen Minderheiten vorbrachten, daß Treue zum Gastland nur als Reaktion auf gerechte Behandlung erwartet werden könne, behaupteten die Staaten, in denen sie lebten, daß der Genuß der Rechte von voraufgegangenen Beweisen der Loyalität abhänge. Dieser Teufelskreis vernichtete schließlich das ganze Minderheitenschutzsystem des Völkerbundes.

Um zu verstehen, warum der Völkerbund hier versagte, sollte man nicht nach Sündenböcken suchen, sondern die Hindernisse ins Auge fassen, die von vornherein jeden Erfolg auf diesem Gebiet unmöglich machten. Vielleicht lag die größte Schwierigkeit einfach in der Zahl: Zwei Millionen Deutsche konnten von Polen, dreieinhalb Millionen von der Tschechoslowakei schlechthin nicht eingegliedert werden; vielfache Bemühungen, sie – vor allem in Polen – zu „entdeutschen“, konnten wohl kaum ihre Loyalität steigern. Bewohner von Siedlungen, die zum Teil aus dem Mittelalter stammten, konnten es nicht verwinden, als Eindringlinge, als unerwünschte Fremde in Polen und in der Tschechoslowakei behandelt zu werden. In den zwanziger Jahren immer aufs neue enttäuscht, sahen viele ihre einzige Hoffnung im Schutz, den ihnen der deutsche Nachbar jenseits der Grenzen bot.[12] Die ganze Situation ähnelte stark der vieler Elsaß-Lothringer, die nach dem deutsch-französischen Krieg von 1870/71 Elsaß und Lothringen wieder mit Frankreich vereinigt sehen wollten und alles, was in ihrer Macht lag, unternahmen, um Berlins Bemühungen zu vereiteln, die französische Kultur zu beseitigen. Es klingt wie Ironie, daß dieselben Delegierten, die das elsässische Problem auf der Pariser Friedenskonferenz lösten, eine neue Quelle internationaler Spannung schufen, als sie Millionen volksbewußter Deutscher unter tschechische und polnische Herrschaft zwangen.

Später, während des Zweiten Weltkriegs, betrachtete die Führung Polens und der Tschechoslowakei ihre deutschen Minderheiten schlechthin als kollektiv schuldig an der Hitlerschen Invasion und an der Unterdrückung, die ihr folgte. Die meisten Volksdeutschen haben tatsächlich die deutsche Besetzung begrüßt, aber in der Tat wenig getan, um die Invasion auszulösen, die vor allem zur Durchführung von Hitlers zielbewußter Politik, im Osten „Lebensraum" zu schaffen, gehörte. Die Angehörigen der deutschen Minderheiten nahmen mehr Schuld auf sich, als sie in die rassische Überheblichkeit der neuen Herrscher zum Teil einstimmten und die slawischen Völker während der Besatzungsjahre mit Herablassung behandelten. Aus der Verbitterung über die Volksdeutschen in Polen und in der Tschechoslowakei entstand ein mächtiger Impuls, die Sache ein- für allemal zu lösen.

Vertreibung um des Friedens willen: Allheilmittel und endgültige Lösung des Minderheitenproblems?

In den Jahren unmittelbar vor dem Krieg und in den Kriegsjahren gewann der Gedanke an gewaltsame Umsiedlung von Bevölkerungsgruppen rasch an Popularität, zunächst bei der Führung der „Gastländer", dann auch bei den Architekten des Nachkriegs-Europa. Die verhältnismäßig neue Idee wurde von einem radikalisierten Europa als Mittel begrüßt, das verhaßte Minderheitenproblem aus der Welt zu schaffen.

Noch war die Erinnerung an das Versagen des Völkerbundes in der Minderheitenfrage frisch im Gedächtnis, und die Planer schlugen vor, das Problem jetzt nicht durch neue Grenzziehungen zu lösen oder durch den Versuch, andere Garantien für das Recht der Minderheiten zu schaffen, sondern durch Beseitigung der Minderheiten selbst. Natürlich mußte jedes Vorhaben dieser Richtung neue menschliche Schwierigkeiten schaffen, doch man meinte, daß vorübergehende Unbequemlichkeiten und Umsiedlung kein zu hoher Preis für künftigen Frieden und für Stabilität seien.

Der erste ernstgemeinte Vorschlag, eine große Zahl von Deutschen Ende des Krieges aus ihren Wohnorten zu verpflanzen, stammte von Dr. Eduard Benesch, dem Präsidenten der tschechoslowakischen Exilregierung. Er enthüllte bereits im September 1941 seine Vorstellungen über seine künftige Bevölkerungspolitik mit den Worten:[13] „Ich akzeptiere das Prinzip der Bevölkerungsumsiedlung . . . Wenn die Frage sorgfältig erwogen und rechtzeitig gründlich vorbereitet wird, kann die Übersiedlung schonend und unter angemessenen, humanen Bedingungen durchgeführt werden, und zwar unter internationaler

Überwachung und mit internationaler Unterstützung." Er betonte ferner, er befürworte „keine Methode, die mit Brutalität oder Gewalt verbunden ist".[14]

Von dieser ziemlich utopischen Vorstellung ausgehend, informierte der britische Außenminister Anthony Eden Benesch schon im Juli 1942, daß seine „Kollegen mit ihm im Prinzip der Umsiedlung übereinstimmen".[15] Kurz darauf wurde Benesch der Beschluß des britischen Kabinetts übermittelt, keine Einwände gegen die Aussiedlung von Sudetendeutschen zu erheben;[16] die sowjetische[17] und die amerikanische[18] Zustimmung erfolgten im Juni 1943.

Wie ursprünglich vorgeschlagen, richtete sich der Plan zunächst nur gegen „illoyale" Volksdeutsche; soweit einzelne Personen deutscher Volkszugehörigkeit an Unternehmungen der „Fünften Kolonne" vor dem Krieg in Polen und in der Tschechoslowakei teilgenommen hatten, schien es nur gerecht, die Unruhestifter zu entfernen. Man war auch allgemein der Ansicht, daß die sogenannten „Lebensraum"-Siedler vertrieben werden sollten, also ungefähr eine Million von Volks- und Reichsdeutschen, die Hitler in bestimmten Gebieten Polens und Jugoslawiens angesiedelt hatte, die vom Reich annektiert worden waren. Die meisten dieser Siedler wurden später von den zurückflutenden deutschen Armeen mitgenommen und befanden sich nicht mehr in Polen oder Jugoslawien, als die Vertreibungen begannen. Da sie im neuen „Lebensraum" noch keine Wurzeln geschlagen hatten, fiel den Ansiedlern der Abzug nicht so schwer, als sich die deutsche Niederlage abzuzeichnen begann.

Doch das Syndrom der Bevölkerungsumsiedlung blieb nicht auf illoyale Minderheiten und „Lebensraum"-Siedler begrenzt. Die deutschen Minderheiten in Siebenbürgen/Rumänien hatten loyal mit ihrem Land auf Seiten der Achsenmächte gekämpft, wurden aber ebenfalls zur Vertreibung vorgesehen. Nach abschließenden Gesprächen in Washington mit Präsident Roosevelt im Juli 1943 telegrafierte Benesch der tschechoslowakischen Exilregierung, daß Roosevelt „der Umsiedlung der Minderheitenbevölkerung aus Ostpreußen (sic!), Siebenbürgen und aus der Tschechoslowakei zustimmt".[19]

Daß immer mehr Deutsche in den Staaten Ostmitteleuropas aus ihrer Heimat ausgesiedelt werden sollten, verwundert nicht, denn schon das Kriterium der Illoyalität bot der Interpretation durch die Regierungen weiten Spielraum. Wenn man aber von vornherein jegliche Gefährdung des eigenen Staates ausschalten wollte, lag es nahe, den Kreis der zu vertreibenden Menschen immer weiter zu ziehen, so daß er schließlich im Endstadium der Entwicklung sich mit der gesamten Minderheit deckte, was damit begründet wurde, daß die Minderheit qua Minderheit eine potentielle Gefahr für den Staat darstelle.

Doch die unheilvolle Ausweitung des Umsiedlungs-Prinzips betraf noch größere Gruppen. Tatsächlich bestand später die überwiegende Mehrzahl der Vertriebenen aus Reichsdeutschen, das heißt, aus der einheimischen Bevölkerung rein deutscher Gebiete wie Ostpreußen, Pommern, Brandenburg und Schlesien.

Entschädigung für Polen auf Kosten Deutschlands

Sobald das Prinzip der Umsiedlung von den alliierten Mächten angenommen worden war – wie oben erwähnt –, stand die Tür weit offen für jede Ausweitung bei der Anwendung des Prinzips. So brachte jeder Vorschlag, die Grenzen auf Kosten Deutschlands zu verändern, sofort auch den Vorschlag auf, die einheimische Bevölkerung zu vertreiben.

Während die Vertreibung der Deutschen aus dem Sudetenland und der übrigen Tschechoslowakei von den Alliierten als eine Form kollektiver Bestrafung für die „Illoyalität" gegenüber dem „Gastland" gutgeheißen wurde, war die Vertreibung der Deutschen aus den deutschen Provinzen östlich der Oder-Neiße einfach ein Nebenergebnis bei der Festlegung der neuen polnischen Grenzen.

Die Grenzveränderungen, wie sie von der provisorischen polnischen Regierung vorgeschlagen wurden, führten unweigerlich dazu, daß sehr viele Deutsche vom Reich getrennt wurden, weil ausgedehnte, einheitlich von Deutschen bewohnte Gebiete unter polnische Herrschaft gerieten. Wer hier zuhause war, mußte unvermeidlich zum Angehörigen einer „Minderheit" werden, die, wie man fürchtete, „subversive" Tendenzen gegen Polen entwickeln könnte. Jedenfalls rechnete Polen von vornherein mit solchen Tendenzen und verlangte das Recht, seine neuen, künstlich geschaffenen Minderheiten zu vertreiben.

Diese Vorschläge verletzten die Grundsätze der Atlantikcharta, an der sich die westlichen Alliierten orientieren wollten. Doch das Problem hing mit der Wiedergutmachung für Polen zusammen, das als eines der ersten Kriegsopfer Gebiete im Osten verloren hatte. Schon bei der Konferenz von Teheran ließ Stalin keinen Zweifel darüber aufkommen, daß die Sowjetunion die Hälfte von Polen behalten werde, die sie nach dem Ribbentrop-Molotow-Pakt im September 1939 annektiert hatte. Zwar waren die westlichen Alliierten zunächst nicht mit dieser illegalen Annexion einverstanden, begriffen aber rasch, daß Stalin seine Absichten nicht aufgeben werde. Gleichzeitig fühlten sich die meisten führenden Politiker Amerikas und Großbritanniens moralisch verpflichtet, Polen eine Art gerechten Ausgleichs zu verschaffen, und boten ihm territoriale Erweiterungen im Norden (Ostpreußen und Danzig) und im Westen (Oberschlesien) auf Kosten Deutschlands an. Und um keine große Minderheit innerhalb der neu gezogenen Grenzen Polens zu belassen, waren die westlichen Alliierten grundsätzlich damit einverstanden, daß die dort wohnenden Deutschen ausgewiesen werden sollten.[20]

Bei einer Washingtoner Besprechung Präsident Roosevelts mit dem britischen Außenminister Eden im März 1943 waren sich die beiden einig, daß Polen Ostpreußen erhalten solle.[21] Was über die einheimische deutsche Bevölkerung beschlossen wurde, hielt Harry Hopkins in einem Memorandum fest:[22] „Der Präsident sagte, er glaube, wir sollten Anordnungen treffen, um

die Preußen aus Ostpreußen auf die gleiche Weise zu entfernen, wie die
Griechen nach dem letzten Krieg aus der Türkei entfernt wurden; wenn es sich
auch um eine harte Maßnahme handelt, ist es doch der einzige Weg, den
Frieden zu bewahren, und den Preußen kann man auf keinen Fall trauen."

Ein Jahr später schrieb Präsident Roosevelt in einem Brief an Mikolajczyk,
den Ministerpräsidenten der polnischen Exilregierung, am 17. November
1944:[23] „Wenn Polens Regierung und Volk im Zusammenhang mit der neuen
Grenzziehung des polnischen Staates wünschen, Umsiedlungen in das und aus
dem polnischen Gebiet vorzunehmen, wird die Regierung der Vereinigten
Staaten keine Einwände erheben und, so weit möglich, die Umsiedlung erleichtern."

Am 18. Dezember 1944 wurde diese Absicht durch Außenminister Stettinius in einer öffentlichen Erklärung bekräftigt:[24] „Wenn Regierung und Volk
von Polen beschließen, im Interesse des polnischen Staates nationale Gruppen
umzusiedeln, wird die Regierung der Vereinigten Staaten in Zusammenarbeit
mit anderen Regierungen Polen nach Möglichkeit dabei unterstützen."

Die britische Regierung machte sich die gleiche Einstellung zu eigen, Polen
im Westen zu entschädigen und die Deutschen auszusiedeln. Doch man hatte
damals eine weit geringere Entschädigung im Auge, als sie Polen dann tatsächlich erhielt.[25] Die westlichen Alliierten waren auf die Ausweisung von zwei bis
vier Millionen Reichsdeutschen vorbereitet, niemals aber auf die Vertreibung
von über neun Millionen aus Ostpreußen, Pommern, Ost-Brandenburg und
ganz Schlesien. Der entscheidende Fehler lag also darin, daß das Prinzip der
Bevölkerungsumsiedlung zu weit ausgedehnt wurde. Damit war nicht mehr
die Rede von der notwendigen Umsiedlung deutscher Minderheiten dorthin,
woher sie gekommen waren, wie es bei den Befürwortern der Umsiedlung oft
hieß. Die Deutschen in Ostpreußen stellten in keiner Beziehung eine Minderheit dar, und ihre Vorfahren lebten schon Jahrhunderte in Ostpreußen, ehe die
Engländer Nordamerika kolonisierten. Der Vorschlag, die Ostpreußen sollten
an den Rhein zurückgeschickt werden, hätte eigentlich für Roosevelt und Eden
so unsinnig klingen müssen wie der absurde Vorschlag, die Amerikaner wieder
nach Großbritannien oder die Briten nach Dänemark und Niedersachsen
zurückzuschicken. Dennoch kam der Gedanke den Führern des Westens
keineswegs unsinnig vor, denn das Prinzip der Bevölkerungsumsiedlung „dem
Frieden zuliebe" war inzwischen politisch vertretbar und zu einer logischen
Folgerung aus territorialen Übereinkommen geworden.

Schon unter praktischen Gesichtspunkten hätte man bedenken sollen, daß
die Übersiedlung von Volksdeutschen nach Deutschland ein sehr großes Problem darstellen würde, weil es sich in Osteuropa immerhin um mehrere
Millionen handelte. Gewiß mochte ihre Überführung technisch zu bewerk-
stelligen sein, obwohl auch eine allmähliche und geregelte Übersiedlung zweifellos das Elend im Nachkriegseuropa vergrößern mußte. Was aber kaum
durchzuführen oder im Licht humanitärer Grundsätze zu rechtfertigen war,

blieb die Aussiedlung einer ganzen Bevölkerung, die erst durch eine willkür-
liche, ethnische Gegebenheiten mißachtende Grenzziehung zu einer „Minderheit" gemacht wurde. Doch mitten im großen Krieg hat der Gedanke, Reichsdeutsche zu vertreiben, die entscheidenden Persönlichkeiten keineswegs alarmiert und nach anderen Lösungen suchen lassen.

Wie aber konnte ein solcher Plan überhaupt durchgeführt werden, ohne eine
unendliche menschliche Katastrophe auszulösen? Selbst wenn der herbeige-
sehnte dauerhafte Friede dadurch zu erreichen gewesen wäre: Konnte man das
Mittel dazu gutheißen? Eine wohlmeinende, aber dilettantische Antwort fand
Viscount Cranborne im britischen Oberhaus:[26] „Die Sache der Humanität
muß gegen die Ursachen des Krieges abgewogen werden. Man kann, glaube
ich, gerechterweise sagen, daß die Leiden, die durch eine Woche Krieg verursacht werden, schlimmer als die Leiden sind, die eine zweckmäßige Umsiedlung von Bevölkerungen verursacht, wenn deren gegenwärtige Lage vielleicht
den Frieden gefährdet."

„Geregelte und humane" Umsiedlung: Präzedenzfall Lausanne

Daß die Führung der westlichen Demokratien sich so allgemein zum Grundsatz der Bevölkerungsaussiedlung bekannte, lag teilweise an der optimistischen Beurteilung des Lausanner Abkommens von 1923,[27] das nach dem
Ersten Weltkrieg einen Bevölkerungsaustausch zwischen Griechenland und
der Türkei regelte. Während ein paar führende Politiker die Umsiedlungen
bedauerten, entwickelte die Mehrheit wachsende Euphorie über die theoretische Einfachheit der Lösung. In seiner vielzitierten Rede vor dem Unterhaus
am 15. Dezember 1944 sagte Premierminister Winston Churchill zur vorgeschlagenen Vertreibung der Deutschen:[28] „Es wird keine Mischung der Bevölkerung geben, wodurch endlose Unannehmlichkeiten entstehen, wie zum
Beispiel im Fall von Elsaß-Lothringen. Reiner Tisch wird gemacht werden.
Mich beunruhigt die Aussicht des Bevölkerungsaustausches ebensowenig wie
die großen Umsiedlungen, die unter den modernen Bedingungen viel leichter
möglich sind als je zuvor."

Der Bevölkerungsaustausch, der nach dem letzten Kriege zwischen Griechenland und der Türkei stattfand, war in vieler Hinsicht erfolgreich und hat
zu freundschaftlichen Beziehungen zwischen der Türkei und Griechenland
geführt."

Churchills Begeisterung für das Lausanner Abkommen als Präzedenzfall
steht in scharfem Gegensatz zu der Verurteilung gewaltsamer Bevölkerungs-
aussiedlungen durch Lord Curzon. Er war von 1919 bis 1924 britischer Außenminister, nahm an der Konferenz von Lausanne teil und warnte damals vor
den schlimmen Folgen einer „durch und durch schlechten, verwerflichen
Lösung, für welche die Welt in den nächsten hundert Jahren schwer büßen
wird".[29]

Auch der Bischof von Chichester verdammte in einer Rede vor dem Oberhaus das Prinzip der Bevölkerungsumsiedlung; sein Urteil über das Abkommen von Lausanne unterschied sich grundsätzlich von Churchills:[30] „Es gab nach dem Ersten Weltkrieg einen türkisch-griechischen Bevölkerungsaustausch, der vielleicht das Beste aus einer schlechten Sache machte; doch er war kein Modell für Menschlichkeit oder Weisheit, und an seinen bösen Folgen auf wirtschaftlichem und politischem Gebiet tragen wir immer noch. Nur etwas mehr als eine Million Griechen wurde von türkischem Gebiet vertrieben, doch damit war, wie der mit der Sache eng vertraute Sir John Hope-Simpson festgestellt hat, ein erschreckendes Ausmaß an Härte und Elend verbunden."

Natürlich spielte bei der Zustimmung der westlichen Alliierten der zuversichtliche Glaube mit, daß die Umsiedlung geregelt und human durchgeführt und daß die ausweisenden Länder mit ihnen zusammenarbeiten und den vom Kontrollrat vorgeschriebenen Zeitplan und seine Methoden beachten würden, damit die ganze Aktion mit einem Mindestmaß von Schwierigkeiten durchgeführt werden könne.

Die westlichen Alliierten hatten sogar an eine Entschädigung für die Ausgewiesenen gedacht, ein Vorschlag, dem die tschechische Exilregierung[31] ausdrücklich zustimmte, die polnische aber nicht. Ein Memorandum des amerikanischen Außenministeriums vom 31. Mai 1944 empfahl, daß sich die amerikanische Regierung sofort bei Beendigung der Kriegshandlungen der Ausweisung von Deutschen widersetzen solle, damit man Anordnungen für die geregelte Durchführung treffen könne. Es hieß hier weiter, daß „ernstzunehmendes wirtschaftliches Unrecht geschähe, falls diese Leute unterschiedslos von ihrem Zuhause vertrieben und ohne Entschädigung für ihren Besitz und ohne Vorsorge für ihren Lebensunterhalt nach Deutschland verfrachtet werden sollten".[32]

Die Bestürzung der Alliierten über die Erkenntnis, daß sie nicht imstande waren, die Vertreibung zu kontrollieren, ist Thema des fünften und des sechsten Kapitels dieser Studie. Im Augenblick genügt die Feststellung, daß sie niemals der Ausweisung der Deutschen zugestimmt hätten, wenn sie das Chaos, das sich dann vor ihren Augen entfaltete, vorausgesehen hätten. Sie hatten sich selbst mit dem tröstlichen Gedanken an eine international überwachte Umsiedlung beruhigt, die glatt wie eine geschäftliche Transaktion vonstatten gehen werde. Es war leicht, geregelte Umsiedlungen auf dem Papier zu entwerfen, doch später, als sie in schreckliche Vertreibungen ausarteten, war es zu spät, sie noch aufzuhalten; die westlichen Alliierten erkannten, daß sie mitverantwortlich waren an einer Katastrophe, die nicht beabsichtigt gewesen war.[33]

Der Wunsch nach einer kollektiven Bestrafung der Deutschen

Wenn es auch zutrifft, daß die westlichen Alliierten an eine ganz andere, die Betroffenen möglichst schonende Art der Ausweisung gedacht hatten, so spielte doch der Wunsch eine Rolle, die Deutschen für das Elend, das sie mit dem Krieg über die Welt gebracht hatten, kollektiv zu bestrafen: Man war bereit, die Entfernung von Millionen Deutschen aus dem Osten zu gestatten und einen Teil des Landes den Polen und Tschechen als Entschädigung für ihre Leiden unter nationalsozialistischer Besatzung anzubieten.

Doch im September 1939 hätten nur wenige Menschen in Großbritannien oder den Vereinigten Staaten eine Kollektivbestrafung der Deutschen befürwortet, obwohl Hitler gerade in Polen eingefallen war. Kühle Köpfe machten immer noch einen Unterschied zwischen Hitler und den Deutschen, in der Erkenntnis, daß Hitler den Krieg begonnen hatte, ohne das Volk zu befragen, und sogar gegen den vorsichtigen Rat vieler Militärs. Doch als sich der europäische Konflikt zum „totalen Krieg"[34] auswuchs, wurde der deutsche Feind immer mehr mit Hitler selbst identifiziert, die Rache über das ganze deutsche Volk heraufbeschworen. Phantasievolle Vorstellungen, etwa, daß Militarismus und Nihilismus dem deutschen Wesen angeboren seien, tauchten auf und wurden von Persönlichkeiten der entscheidenden Gremien sogar übernommen. Eine solche an den Haaren herbeigezogene Argumentation war indessen doch nur die Reaktion auf die kalte Anmaßung der NS-Führung, besonders auf die zum Völkermord führende „Herrenvolk"-Ideologie. So entwickelte sich aus dem natürlichen Haß gegen den Feind eine intensive und alles beherrschende Germanophobie, die keinen Unterschied zwischen Nationalsozialisten und Nicht-Nationalsozialisten in Deutschland machte, keinen zwischen den Schuldigen und den Schuldlosen.

Die Umsiedlung von Millionen Deutschen als Form kollektiver Bestrafung schien in der Stimmung des totalen Krieges durchaus berechtigt. Hitler selbst hatte bereits mehrere Beispiele gegeben, wie z. B. die Deportierung von ca. 100000 Elsässern nach Vichy-Frankreich und von mehr als einer Million Polen[35] aus den annektierten Woiwodschaften Posen und Pommerellen in das sogenannte „Generalgouvernement Polen". Nach diesen Präzedenzfällen kann es nicht überraschen, daß die *lex talionis* – das Recht der Vergeltung – nach der Niederlage des Reichs viele Befürworter unter den Polen fand. Sie schlugen jetzt nicht nur vor, Posen und Pommerellen von Deutschen zu räumen, sondern wollten darüber hinaus ganze Provinzen des Vorkriegs-Deutschlands annektieren, um damit Platz für polnische Siedler aus dem Osten zu schaffen. Der deutsche „Drang nach Osten", der Jahrhunderte lang von Deutschlands östlichen Nachbarn teils gefördert, teils bekämpft wurde, wich dem wiederauflebenden alten slawischen „Drang nach Westen", der jetzt von der siegreichen Roten Armee unterstützt und manchmal von den westlichen Mächten gutgeheißen wurde.

Natürlich stand für die Vereinigten Staaten und Großbritannien kein historisches Interesse auf dem Spiel, als sie den Stoß der Slawen nach Westen förderten. Es war nur die unbeschreibliche Unmenschlichkeit von Hitlers Regime, die Roosevelt und Churchill moralisch fühllos machte gegen das, was Millionen Deutschen im Osten zustoßen sollte. Der Geruch von Bergen-Belsen und Buchenwald lag in der Luft, und viele westliche Politiker waren von dem Gefühl beherrscht, die Deutschen hätten bei weitem nicht genug gelitten, obwohl Deutschland in Trümmern lag und 4.3 Millionen deutscher Soldaten gefallen waren (die USA hatten 229000 Mann Verluste):[36] Die Deutschen konnten das unendliche Leiden, das sie verursacht hatten, nicht wiedergutmachen.[37]

Aus diesem Gefühl heraus schrieb Präsident Roosevelt an den Kriegsminister Stimson: „Dem gesamten deutschen Volk muß eingehämmert werden, daß die ganze Nation an einer gesetzlosen Verschwörung gegen die Gesittung der modernen Welt beteiligt war."[38] Die ganze deutsche Nation? In dieser Mitteilung vom 26. August 1944 übersah der Präsident vollständig, daß es in Deutschland Widerstandsbewegungen[39] gegeben hatte und gab, die während der zwölf kurzen, aber so schicksalhaften Jahre des Nationalsozialismus schwere Opfer erlitten hatten. Mutige Studenten wie die Geschwister Sophie und Hans Scholl wurden hingerichtet, weil sie an der Münchner Universität Flugblätter gegen die Nationalsozialisten verteilt hatten.[40] Den Münchner Bischof Johann Neuhäusler[41] hatte man in Dachau, den lutherischen Pastor Martin Niemöller[42] in Sachsenhausen eingesperrt, den Theologen Dietrich Bonhoeffer in Flossenbürg hingerichtet. Mehrere Attentate gegen Hitler schlugen fehl, am aufsehenerregendsten das des 20. Juli 1944, das dann schließlich Tausenden prominenter Deutscher das Leben kostete. Darunter waren Leute wie Claus Graf Stauffenberg, der Abwehrchef Canaris, Carl Goerdeler, Generaloberst Ludwig Beck und sogar der „Wüstenfuchs" Feldmarschall Erwin Rommel. Aber trotzdem sahen die meisten westlichen Politiker in Deutschland nur einen geschlossenen nazistischen Block vor sich und hielten alle Deutschen für gleich schuldig. Diese vorherrschende Stimmung fand ihren Ausdruck im Jahre 1943 bei der Jahresversammlung der britischen Labour-Partei, als sie eine Resolution annahm, in der das ganze deutsche Volk für Hitler verantwortlich gemacht wurde.[43]

Hatte man vergessen, daß bei der deutschen Reichstagswahl vom 20. Mai 1928 nur 2,6 Prozent der Deutschen für die Nationalsozialisten gestimmt hatten,[44] daß die Partei erst während der großen Depression populär wurde, weil sie zu einer Zeit „Arbeit und Brot" versprach, als über sechseinhalb Millionen Menschen arbeitslos waren? Und selbst dann erhielt die Partei bei der Wahl im November 1932 nur 33 Prozent der Stimmen. Auch später, bei der ersten Wahl, *nachdem* Hitler im Januar 1933 Kanzler geworden war, nach dem Reichstagsbrand und dem Verbot der großen deutschen kommunistischen Partei, gelang es den Nationalsozialisten noch nicht gleich, die Wählermehrheit zu gewinnen, denn bei der Wahl vom 5. März 1933 erhielten sie 43,9 Prozent der Stimmen.[44a] Doch Goebbels wußte, wie man die Massen packt und eine totalitäre Gesellschaft durch die sogenannte „Gleichschaltung" formt, die nach dem Grundsatz „ob du nun willst oder nicht" durchgeführt wurde.

Übertriebene Reaktion auf etwas Böses ist nichts Seltenes, schon gar nicht, wenn das Übel die wesentlichen Werte der Zivilisation oder Lebensweise bedroht. In diesem Sinne kann die heftige Reaktion auf die Bedrohung durch die Nazis, die extreme Germanophobie, nicht überraschen. Doch die historischen Dokumente beweisen auch, daß mitten im antideutschen Unisono einzelne Stimmen in Großbritannien und Amerika hörbar wurden, die für Mäßigung eintraten, zu einer Zeit, in der man von Mäßigung sonst nichts hielt.[45]

Robert Hutchins, der Präsident der Universität Chicago, gehörte zu solchen Nonkonformisten, welche die beliebte These von der Kollektivschuld ablehnten und sich ernsthaft besorgt über die Gefühllosigkeit zeigten, die führende amerikanische und britische Persönlichkeiten im Hinblick auf die Zukunft Deutschlands und der Deutschen an den Tag legten. In einer Rede vor zweitausend seiner Studenten erklärte er, kurz nachdem die Deutschen die bedingungslose Kapitulation unterzeichnet hatten:[46] „Der bedrückendste Aspekt der gegenwärtigen Diskussionen um die Zukunft Deutschlands ist die Freude, mit der die unmenschlichsten Vorschläge vorgetragen und das sichtbare Vergnügen, mit dem sie von unseren Mitbürgern angehört werden ... "

Gewiß war es ein unmenschlicher Vorschlag, Millionen Menschen zu entwurzeln. Doch da diese ungewöhnlich harte Maßnahme von angesehenen Persönlichkeiten des politischen Lebens vertreten wurde, war sie sozusagen gesellschaftsfähig geworden. Im britischen Oberhaus hatte der Earl of Mansfield schon am 8. März 1944 enthüllt, was hinter dieser neuen Doktrin von der Gleichgültigkeit gegen menschliches Leiden steckte:[47] „Die Atlantik-Charta wird nicht auf Deutschland angewandt werden, und deshalb gibt es überhaupt keinen Grund, weshalb wir nicht – wenn schon nicht mit Gleichmut, so doch ohne unangebrachte Bestürzung – alle unvermeidlichen Leiden in Kauf nehmen sollten, denen die deutschen Minderheiten im Vollzug ihrer Umsiedlung ausgesetzt werden könnten."

Ein Jahr danach, kurz vor dem Ende der Feindseligkeiten, kam das Echo dieser populären Doktrin von der Kollektivschuld von Clement Attlee in einer Ansprache an das Unterhaus:[48] „Sie haben die alten Schranken eingerissen, und deshalb sage ich, daß sie sich nicht auf das alte Europa berufen können. Falls sie sich fügen, falls sie wiedergutmachen müssen, haben sie kein Recht, die Grundlage der Moralgesetze zu beschwören, die sie selbst nicht beachtet haben, oder auf Mitleid und Gnade zu rechnen, die sie niemals anderen zuteilwerden ließen."

Doch wer waren denn „sie"? Die Vertreibung mußte Schuldige und Unschuldige mit gleicher Härte treffen. Nichts konnte die Sozialdemokraten vor ihr retten, nichts die Gemäßigten aus Brünings Zentrumspartei.[49] Mochte die Nemesis[50] sie alle zu Boden schmettern, die Ostpreußen, die Pommern, die Schlesier, die Sudetendeutschen – „sie" hatten keine Rechte.

Zweites Kapitel

Die Deutschen in der Tschechoslowakei

Wir müssen uns all der Deutschen entledigen, die 1938 dem tschechoslowakischen Staat den Dolch in den Rücken gestoßen haben.

Benesch im Rundfunk, London 1944. (Zitiert bei Holborn, War and Peace Aims of the United Nations, Band 2, S. 1036)

Der Vertrag von St. Germain-en-Laye

Unter allen Vertreibungen, die auf den Zweiten Weltkrieg folgten, schien die der Sudetendeutschen am selbstverständlichsten; sie wurde auch von den westlichen Alliierten als erste gebilligt. Dr. Benesch, der Präsident der tschechoslowakischen Exilregierung, verstand es, die tschechischen Gründe für die Vertreibung überzeugend darzustellen. Jedermann schien ihm beizustimmen, daß die Sudetendeutschen die Tschechen verraten hätten und dafür bestraft werden müßten. Doch worin lag der Verrat der Sudetendeutschen?

Alle Diskussionen über die tschechisch-deutschen Gegensätze müssen irgendwo beginnen. In Amerika und Großbritannien dient das Münchner Abkommen als ein beliebter Ausgangspunkt, und schon die Erwähnung der Sudetenfrage weckt sofort die Erinnerung an die Münchner Konferenz und an Neville Chamberlains berühmten Regenschirm. Was sich auch an Tatsachen dahinter verbergen mag – „Appeasement" ist das erste Wort, das sich dabei einstellt, und „Ausverkauf" der tschechoslowakischen Sache das zweite. Doch wie im voraufgehenden Kapitel erwähnt, hatte München eine lange Vorgeschichte und kann nur in deren Zusammenhang verstanden werden. Denn die Geschichte macht einerseits die unleugbaren Zeiten slawisch-germanischer Zusammenarbeit deutlich, andererseits die unglückseligen Gegensätze, die im Verlauf einer siebenhundertjährigen Geschichte immer wieder aufflackerten. Besonders bedeutsam für das Verständnis von „München" sind das Auftauchen des Nationalismus im neunzehnten Jahrhundert, die Auflösung des Habsburger Reiches im Ersten Weltkrieg und die Ereignisse, die zum Vertrag von St. Germain-en-Laye führten. Der Vertrag legte die ausgedehnten Grenzen des neuen Staates Tschechoslowakei fest. Die verhängnisvollen Irrtümer des Pariser Friedensvertrages haben nachweisbar Berichtigungen wie die der Münchner Konferenz unvermeidlich gemacht, die früher oder später erfolgen mußten. Jeder Beurteilung von München muß also eine Beurteilung der Pariser Verträge vorausgehen.

Im Mittelpunkt der deutsch-tschechischen Auseinandersetzungen stand der Wunsch beider Völker, Selbstbestimmung zu erreichen, und sei es auf Kosten des anderen. Als kraftvolles, schöpferisch begabtes Volk hatten sich die Tschechen niemals gern den Deutschen untergeordnet und im Verlauf ihrer Geschichte weitgehende Autonomie genossen, im Heiligen Römischen Reich Deutscher Nation ebenso wie später als Teil der österreichisch-ungarischen Monarchie. Beim Zusammenbruch der Donaumonarchie am Ende des Ersten Weltkriegs gelang es tschechischen und slowakischen Nationalisten, ihr Ziel, eine völlig unabhängige tschechoslowakische Republik, zu erreichen. Aus der Zerstückelung der Doppelmonarchie geboren und dennoch kein natürliches Produkt dieses Zerfalls, entstand der neue Staat als unzuträgliche Vereinigung ethnischer Gruppen und Sprachen, die zwei tüchtige Staatsmänner, oft gegen den Willen der beteiligten Völker, zu einer einzigen Nation, zu einer neuen Schweiz, zu verschweißen versuchten.

Thomas Masaryk und Eduard Benesch, zweifellos Patrioten und fähige Staatsmänner im Sinne Cavours, waren keine universal denkenden Idealisten wie Präsident Woodrow Wilson, der mit Überzeugung das edle Ideal von der Selbstbestimmung aller Völker vortrug. Masaryk und Benesch waren in erster Linie Nationalisten, die sich die schwierige Aufgabe vorgenommen hatten, eine unabhängige Tschechoslowakei zu gründen, einen Staat, der sich im Meer der europäischen Nationalitäten kulturell und wirtschaftlich behaupten konnte. Als Staatsstifter suchten sie die günstigsten wirtschaftlichen Voraussetzungen für dieses neue Land zu schaffen und veranlaßten die Alliierten, ihrem Nationalitätenstaat zuzustimmen, der außer Tschechen und Slowaken auch Polen, Madjaren, Ukrainer und dreieinhalb Millionen Österreicher – die „Sudetendeutschen"[1] – umfaßte.

Die Pariser Friedensverhandlungen setzten Masaryk und Benesch nicht der eindeutigen Probe einer nationalen Volksabstimmung aus. Doch wie die Geschichte dann bewies, gelang die völlige Verschmelzung nicht, und die Umstände ihres Zerfalls trugen zum Ausbruch eines neuen Krieges bei.

Der Welt wäre wohl viel Elend erspart worden, wenn die Politiker 1919 der Tatsache Rechnung getragen hätten, daß so wenig wie die Tschechen als Minderheit in einem von Deutschen beherrschten Vielvölkerstaat auch die Deutschen nicht als Minderheit in einem slawischen Staat leben wollten. Deshalb drängte sich förmlich am Ende des Weltkriegs die Lösung auf, die Grenzen nach klar definierbarer Volkszugehörigkeit zu ziehen, wie es Präsident Wilson auch mehrmals vorschlug.[2] Falls es notwendig gewesen wäre, hätte man dann immer noch Änderungen vornehmen können, um an bestimmten Abschnitten des Grenzverlaufs wirtschaftliche oder militärische Interessen zu berücksichtigen. Natürlich können Grenzen keinesfalls immer nach ethnischen Kriterien entworfen werden, denn oft lebt seit alters her eine Mischbevölkerung in dem umstrittenen Gebiet, und die Vermischung kann so weit fortgeschritten sein, daß die unterschiedlichen ethnischen Gruppen sich nicht

mehr entwirren lassen. Das galt zum Beispiel für die Slowakei, wo hundert-
fünfzigtausend Deutsche mit Slowaken und Karpatoukrainern zusammenleb-
ten. Eine ganz andere Situation boten Böhmen und Mähren, deren drei Millionen dreihunderttausend Deutsche leicht von den Tschechen zu trennen gewesen wären, da sie als Grenznachbarn von Ober- und Niederösterreich, Bayern,
Sachsen und dem preußischen Schlesien lebten. Als vernünftige und natürliche
Lösung hätte man das Sudetengebiet in die angrenzenden Staaten eingliedern
können, denen es durch Rasse und Sprache verbunden war. Aber stattdessen
vereinigte die Friedenskonferenz in Paris die alten habsburgischen Provinzen
Böhmen, Mähren und das österreichische Schlesien mit den Gebieten der
Slowaken und Karpatoukrainern im ehemaligen Ungarn zu einem neuen
tschechoslowakischen Staat.

Wilsons Bemühungen zum Trotz wurde diese Konferenz nicht vom Grundsatz der Gerechtigkeit und Selbstbestimmung regiert, sondern vom altherge-
brachten Spiel der Machtpolitik und natürlich von der Notwendigkeit, den
Verbündeten der Kriegszeit politische Schulden zurückzuzahlen. So erhielt
Italiens Premierminister Orlando zum Beispiel das österreichische Südtirol,
obwohl das Gebirgsland kaum von Italienern, sondern von zweihundertfünfzigtausend deutschen Österreichern bewohnt war, die sich heftig gegen die
Fremdherrschaft auflehnten. Ihre Appelle blieben ungehört. Ebenso mußten
Masaryk und Benesch, die auch auf Seiten der Alliierten gekämpft hatten,[3] eine
Anerkennung ihrer guten Dienste erhalten, und offensichtlich war die einzig
denkbare Belohnung die Zuweisung des habsburgischen Sudetenlandes an den
neuen tschechoslowakischen Staat.

Obwohl die rauhe Wirklichkeit die Illusionen bald hinwegfegte, darf man
nicht übersehen, daß durch die internationale Atmosphäre vor dem Waffenstillstand der Wind demokratischer Gesinnung wehte, der Gedanke, eine
gerechte Welt zu bauen, in der die Idee der Selbstbestimmung und der Gleichberechtigung souveräner Nationen im Mittelpunkt stehen sollte. Punkt 10 von
Wilsons Vierzehn Punkten, die am 8. Januar 1918 proklamiert wurden, sah für
die österreichische Monarchie vor: „Den Völkern Österreich-Ungarns, dessen
Platz unter den Völkern wir gesichert und garantiert sehen möchten, sollte die
freieste Möglichkeit zu autonomer Entwicklung gegeben werden."[4]

Doch im Sommer 1918 überholten die Ereignisse das gemäßigte Programm
der Selbstbestimmung. Nun war die bloße Autonomie für die slawischen
Völker der österreichischen Monarchie kein Ziel mehr für die Alliierten,
sondern die vollständige Unabhängigkeit der Tschechen, Slowaken, Slowenen
u. a. wurde zur Bedingung für den Frieden. Als die Österreicher im Oktober
1918 die Alliierten um Waffenstillstand ersuchten, war es ihnen durchaus klar,
daß er das Ende der Doppelmonarchie bringen werde, doch sie glaubten, das
Prinzip der Selbstbestimmung werde gleicherweise *allen* verschiedenen Volksgruppen des Staates, einschließlich der Deutschen, zugestanden. Am 6. Oktober 1918 erklärten die deutschen Abgeordneten des österreichischen Parla-

ments:[5] „Wir erkennen das Selbstbestimmungsrecht der slawischen und romanischen Nationen Österreichs an und nehmen das gleiche Recht für das deutsche Volk Österreichs in Anspruch . . . Wir erklären, daß sich das deutsche Volk Österreichs mit allen Mitteln dagegen wehren wird, daß seine staatsrechtliche Stellung oder diejenige eines seiner Teile über seinen Kopf hinweg durch die Staatsgewalt oder das Schwert eines fremden Eroberers bestimmt wird. Jedem solchen Versuch gegenüber wird das deutsche Volk in Österreich sein unbeschränktes Selbstbestimmungsrecht mit allen Mitteln verteidigen."

Am 21. Oktober 1918 nahm die Provisorische Nationalversammlung für Deutsch-Österreich eine Resolution an:[6] „Das deutsche Volk in Österreich ist entschlossen, seine künftige staatliche Ordnung selbst zu bestimmen, einen selbständigen deutsch-österreichischen Staat zu bilden und seine Beziehungen zu den anderen Nationen durch freie Vereinbarungen mit ihnen zu regeln.

Der deutsch-österreichische Staat beansprucht die Gebietsgewalt über das ganze deutsche Siedlungsgebiet, insbesondere aber auch in den Sudetenländern. Jeder Annektion von Gebieten, die von deutschen Bauern, Arbeitern oder Bürgern bewohnt werden, durch andere Nationen wird sich der deutschösterreichische Staat widersetzen . . ."

Am selben Tag nahmen die sudetendeutschen Abgeordneten des österreichischen Reichsrats Resolutionen an, die Böhmen und Mähren – die sie ja vertraten – zu Bestandteilen des deutsch-österreichischen Staates erklärten:[7] „Wir, vom deutschen Volk Böhmens auf Grund des allgemeinen gleichen und unmittelbaren Wahlrechts erwählte Abgeordnete, haben uns zu dieser Vorläufigen Landesversammlung vereinigt, um auf Grund des allgemein anerkannten Selbstbestimmungsrechts der Völker und der Beschlüsse der deutsch-österreichischen Nationalversammlung in unserem Siedlungsgebiet eine geordnete Verwaltung aufzurichten und so unser Volk vor Fremdherrschaft und wirtschaftlichem Elend zu bewahren . . .

Im Namen des von ihr vertretenen Volkes und Gebietes erklärt die Landesversammlung Deutschböhmen als eigenberechtigte Provinz des Staates Deutschösterreich, erkennt bis zur endgültigen Ordnung der Verfassung die . . . deutsch-österreichische Nationalversammlung als ihre einzige und höchste gesetzgebende Körperschaft, die von ihr eingesetzten Behörden als ihre übergeordneten Behörden an und erklärt die Beschlüsse der deutsch-österreichischen Nationalversammlung und die Anordnungen der deutsch-österreichischen Behörden für sich selbst, wie für das vom Landtag vertretene Volk und Gebiet ohne Vorbehalt für bindend. Die Provinz Deutschböhmen steht somit zu gleichen Rechten und Pflichten den übrigen Ländern Deutsch-Österreichs zur Seite und gelobt, deren Schicksal mit unverbrüchlicher Gemeinschaft und Treue zu teilen."

Doch die deutschen Österreicher hatten den Krieg verloren und waren den Alliierten auf Gnade und Ungnade ausgeliefert. In Verhandlungen mit den

Vertretern des Národni Vybor wurde dem führenden sudetendeutschen Sozialdemokraten Josef Seliger Anfang November 1918 erklärt:[8] „Das Selbstbestimmungsrecht ist zwar eine schöne Phrase – aber jetzt entscheidet, da die Entente gesiegt hat, die Gewalt".

Und so war es auch, denn noch vor der offiziellen Autorisierung durch die Entente begann die tschechische und slowakische Miliz, das Sudetenland zu besetzen.

Alarmiert durch das, was sie als Vertrauensbruch empfand, übersandte die deutsch-österreichische Regierung[9] am 12. Dezember 1918 Präsident Wilson durch Vermittlung des schwedischen Außenministeriums die folgende Note:[10] „Aus einer Mitteilung der tschechoslowakischen Regierung ist zu ersehen, daß die alliierten Mächte angeblich die Absicht haben, die großen, zusammenhängenden Gebiete Böhmens und Mährens, die von mehr als drei Millionen Deutschen bewohnt werden, dem tschechoslowakischen Staat einzuverleiben.

Über den deutschen Charakter der in Rede stehenden Gegenden kann kein Zweifel obwalten. Ihre Bevölkerung hat bei verschiedenen Gelegenheiten ihren heißen Wunsch zu erkennen gegeben, ihre Freiheit aufrechtzuerhalten und vom tschechoslowakischen Staat unabhängig zu bleiben. Dieser Wunsch hat vor allem in einhelligen Erklärungen der auf Grund allgemeinen Wahlrechts erwählten Abgeordneten Ausdruck gefunden. Sollten die alliierten Mächte in dieser Hinsicht jedoch Zweifel hegen, so schlägt die deutsch-österreichische Regierung vor, die Lage unverzüglich durch eine unter neutraler Aufsicht stattfindende Volksabstimmung, die nicht nur unter Gewährleistung freier Stimmabgabe, sondern auch unter Inachtnahme anderer Garantien stattfinden müßte, zu klären. In jedem Fall ersucht die deutsch-österreichische Regierung die alliierten Mächte, über das Schicksal der fraglichen Bevölkerung nicht anders als auf Grund des Ergebnisses einer solchen Volksabstimmung entscheiden zu wollen . . ."

Die französische Regierung wies den österreichischen Appell am 20. Dezember 1918 zurück; Großbritannien überdachte ihn und lehnte schließlich eine Volksabstimmung im Januar 1919 ab. Österreichs direkte Forderung an die neue tschechoslowakische Regierung in Prag, die Frage der dreieinhalb Millionen Sudetendeutschen vor ein internationales Schiedsgericht zu bringen, wurde kurzerhand abgewiesen.

Nur die Regierung der Vereinigten Staaten hegte noch andere Vorstellungen über die Regelung der österreichischen Frage. Die amerikanische Expertenkommission in Paris unter Leitung von Harvard-University-Professor Archibald Cary Coolidge wies in einem Bericht vom 10. März 1919 an die amerikanische Delegation bei den Friedensverhandlungen darauf hin, daß sich die Deutschen als „unverdaulich" erweisen würden, und warnte davor, sie unter Fremdherrschaft zu stellen:[11] „. . . Würde man den Tschechoslowaken das ganze Gebiet zuerkennen, das sie beanspruchen, so wäre das nicht nur eine Ungerechtigkeit gegenüber vielen Millionen Menschen, die nicht unter tschechische Herrschaft gelangen wollen, sondern es wäre auch für die Zukunft des neuen Staates gefährlich und vielleicht verhängnisvoll . . .

Das Blut, das am 4. März geflossen ist, als tschechische Soldaten in mehreren Städten auf die deutsche Menge feuerten (vgl. unten S. 49), ist – obwohl es im Vergleich zu den Opfern, deren Zeugen wir geworden sind, nur ein Tropfen ist – auf eine Art und Weise vergossen worden, die nur schwer verziehen werden kann . . ."

Diese Gefahren veranlaßten Coolidge zu dem Vorschlag, „daß die österreichische Grenze in Ober- und Niederösterreich sich der vorhandenen ethnischen Grenze so eng wie möglich annähern" sollte, während im Westen „der Distrikt Eger, der kein Teil des ursprünglichen Böhmens ist, zu Bayern kommen sollte, falls er es wünscht". Den deutschen Industriegebieten in Nordböhmen sollte gestattet werden, sich Sachsen anzugliedern, wobei in strittigen Gebieten zugunsten der Tschechen zu entscheiden sei. Und falls das Gebiet nicht in Sachsen eingegliedert werden dürfe, dann sollten die Deutschen durch Erweiterung des Gebiets von Eger eine Entschädigung erhalten; das sogenannte Sudetenland (Coolidge bezieht sich hier nur auf das Sudetengebirge, nicht auf das ganze als „Sudetenland" bezeichnete Gebiet), „das leicht von Böhmen und Mähren zu trennen wäre", sollte die Erlaubnis erhalten, „als kleiner Staat in der neuen deutschen Republik oder vereinigt mit dem preußischen Schlesien zu existieren". Das österreichische Schlesien, Thema der interalliierten Teschen-Kommission, sollte je nachdem, was die Kommission beschließen werde, einem Land zugesprochen oder geteilt werden, wobei man bedenken müsse, daß „die Tschechen und die Polen hier nicht die einzigen sind, sondern daß auch die Deutschen einige Rechte haben und daß viel von diesem Gebiet einen natürlichen Teil des oben erwähnten Sudetenlandes bildet".[12]

Dieser Vorschlag hätte immer noch ein paar hunderttausend Deutsche unter tschechischer Herrschaft gelassen, wäre aber als Lösung so gerecht gewesen, wie es überhaupt zu erwarten gewesen wäre. Doch die Empfehlungen der Coolidge-Mission und die wiederholten Proteste der österreichischen Regierung wurden in der endgültigen Grenzziehung völlig mißachtet, und alle umstrittenen Gebiete gingen ohne Volksabstimmung an die Tschechoslowakei.

Artikel XXVII des Vertrags von St. Germain verlangte von Österreich die Anerkennung der neuen Grenzen der Tschechoslowakei, die auch die deutsch-österreichischen Siedlungsgebiete umfaßten. Im Artikel LIV begab sich Österreich aller Rechte über seine ehemaligen Hoheitsgebiete, in Artikel XCI verpflichtete es sich, alle territorialen Abmachungen anzuerkennen, die von den Alliierten Hauptmächten und den Assoziierten Mächten festgelegt worden waren, „insbesondere, was die Nationalität der Einwohner betrifft".[13] Ebenso mußte die Weimarer Regierung in Artikel LXXXI des Versailler Vertrags die Unabhängigkeit der Tschechoslowakei anerkennen, im Artikel LXXXII die Grenze zwischen der Tschechoslowakei und Deutschland, obwohl jenseits der

gesamten Grenze, die nun beide Staaten trennte, nicht Tschechen, sondern
Deutsche wohnten, die seit Jahrhunderten durch enge kulturelle und wirtschaftliche Beziehungen mit den Bayern, Sachsen und Schlesiern verbunden
waren. Nur ein Zyniker würde heute bei einer solchen Entscheidung kein
inneres Unbehagen spüren, nur ein Blinder nicht die unheilvollen Folgen
voraussehen.

Am Abend vor der Unterzeichnung des Vertrags von St. Germain gab die
österreichische Nationalversammlung eine Erklärung ab, in der die Verletzung
des Rechts der Sudetendeutschen auf Selbstbestimmung verurteilt wurde:[14]
„Die Nationalversammlung der Republik Deutschösterreich nimmt den Bericht des Staatskanzlers über den Verlauf und die Ergebnisse der Verhandlungen von St. Germain zur Kenntnis.

Die Nationalversammlung erhebt vor aller Welt feierlich ihren Protest
dagegen, daß der Friedensvertrag von St. Germain unter dem Vorwande, die
Unabhängigkeit Deutschösterreichs zu schützen, dem deutschösterreichi-
schen Volke sein Selbstbestimmungsrecht nimmt, ihm die Erfüllung seines
Herzenswunsches, seine wirtschaftliche, kulturelle und politische Lebensnot-
wendigkeit, die Vereinigung Deutschösterreichs mit dem deutschen Mutter-
lande, verweigert. Die Nationalversammlung spricht die Hoffnung aus, daß,
sobald der Friede den Geist nationaler Gehässigkeit und Feindseligkeit, den
der Krieg hervorgerufen hat, überwunden haben wird, der Völkerbund auch
dem deutschen Volke das Recht auf Einheit und Freiheit der Nation, das er
allen anderen Völkern gewährt, nicht dauernd verweigern werde.

In schmerzlicher Enttäuschung legt sie Verwahrung ein gegen den leider
unwiderruflichen Beschluß der alliierten und assoziierten Mächte, dreieinhalb
Millionen Sudetendeutsche von den Alpendeutschen, mit denen sie seit Jahrhunderten eine politische und wirtschaftliche Gemeinschaft bilden, gewaltsam
loszureißen, ihrer nationalen Freiheit zu berauben und unter die Fremdherrschaft eines Volkes zu stellen, das sich in demselben Friedensvertrag als ihr
Feind bekennt.

Ohne alle Macht, dieses Unheil abzuwenden und Europa die unvermeidlichen Wirren zu ersparen, die aus dieser Versündigung an dem heiligsten
Rechte einer Nation erwachsen müssen, legt die deutschösterreichische Nationalversammlung die geschichtliche Verantwortung für diesen Ratschluß auf
das Gewissen jener Mächte, die ihn trotz unserer ernstesten Warnungen voll-
ziehen."

Noch kein Jahr war vergangen, als Professor Philip Marshall Brown von der
Universität Princeton sich zu dieser Regelung der österreichischen Frage
äußerte:[15] „Im Fall Österreich-Ungarn liegt es nicht nur offen zutage, daß die
Friedenskonferenz versäumte, das Recht auf Selbstbestimmung zu definieren
oder Vorschriften für seine praktische Anwendung zu erlassen, sondern, was
noch schwerer wiegt, es liegt klar zutage, daß keine einmütige Absicht vorlag,
,eine Gerechtigkeit, die keinen anderen Standard kennt als die gleichen Rechte

der verschiedenen betroffenen Völker', auszuloten. Die vorherrschenden Motive der Friedenskonferenz waren anscheinend: Erstens, die getreuen Verbündeten zu belohnen; zweitens, den besiegten Feind mit Strenge zu behandeln und drittens, ein neues Gleichgewicht der Kräfte zu schaffen."

So rief also der Vertrag von St. Germain eine große, unzufriedene Minderheit ins Leben, die, wie es die Coolidge-Mission der amerikanischen Delegation vorausgesagt hatte, eine ungestörte Entwicklung des Experiments Tschechoslowakei verhinderte. Diese deutsche „Minderheit" war außerdem keine Minorität im üblichen Sinne, da sie die zweitgrößte ethnische Gruppe im Staat bildete und über eine Million Menschen mehr zählte als die drittgrößte Gruppe, die der Slowaken, die zwar eine slawische, mit dem Tschechischen verwandte Sprache hatten, aber eine andere kulturelle Vergangenheit (als ehemalige ungarische Staatsangehörige). Es ist interessant festzustellen, daß den Slowaken ein angemessener Grad autonomer Entwicklung in dem neuen Staatsgebilde versprochen wurde, daß man aber den Sudetendeutschen, die ungefähr ein Viertel der Bevölkerung ausmachten, weder Autonomie noch ein ihrer Zahl entsprechendes Mitspracherecht in tschechoslowakischen Angelegenheiten einräumte. Selbst der Name des Staates bedeutete im Grunde eine Diskriminierung: Nach der zahlenmäßigen Verteilung hätte das Land eher Tschechogermania heißen können. Doch an einem solchen Staat waren die Deutschen ohnehin nicht interessiert, da sie ebenso nach Selbstbestimmung strebten, wie es die Tschechen im habsburgischen Staat getan hatten. Die Delegierten der Friedenskonferenz hatten eine großartige Gelegenheit versäumt, zwei Seiten Gerechtigkeit zu verschaffen und die universale Geltung des Prinzips der Selbstbestimmung zu verteidigen.[16]

Die ungünstige Regelung veranlaßte etwa dreihunderttausend Sudetendeutsche zur Auswanderung nach Österreich und Deutschland.[17] Doch über drei Millionen zogen es vor, im Lande zu bleiben, in dem ihre Vorfahren seit Jahrhunderten gelebt hatten. Sie waren tief empört, über Nacht zur „Minderheit" geworden zu sein, beharrten aber auf ihrem Entschluß, sich mindestens einen gewissen Grad von Autonomie von der neuen tschechoslowakischen Mehrheit zu erkämpfen.

Am 1. Juni 1920 trug der deutsche parlamentarische Verband bei der Eröffnung des tschechoslowakischen Parlaments in Prag eine scharfe Verurteilung des Vertrags von St. Germain vor und wiederholte den festen Willen der Sudetendeutschen, ihre Angelegenheiten in eigene Hände zu nehmen. Sie fuhren fort:[18] „Die Tschechoslowakische Republik ist daher das Ergebnis eines einseitigen tschechischen Willensaktes und hat diese Gebiete widerrechtlich und mit Waffengewalt besetzt. Die deutschen Sudetenländer sind in der Tat um ihren Willen niemals befragt worden, und das Ergebnis der Friedensverträge ist daher mit Beziehung auf sie die Sanktionierung eines Gewalt-, aber niemals eines Rechtszustandes. Wir verwerfen daher die Fabel vom rein tschechischen Staate und von der ,tschechoslowakischen Nation', sowie von der

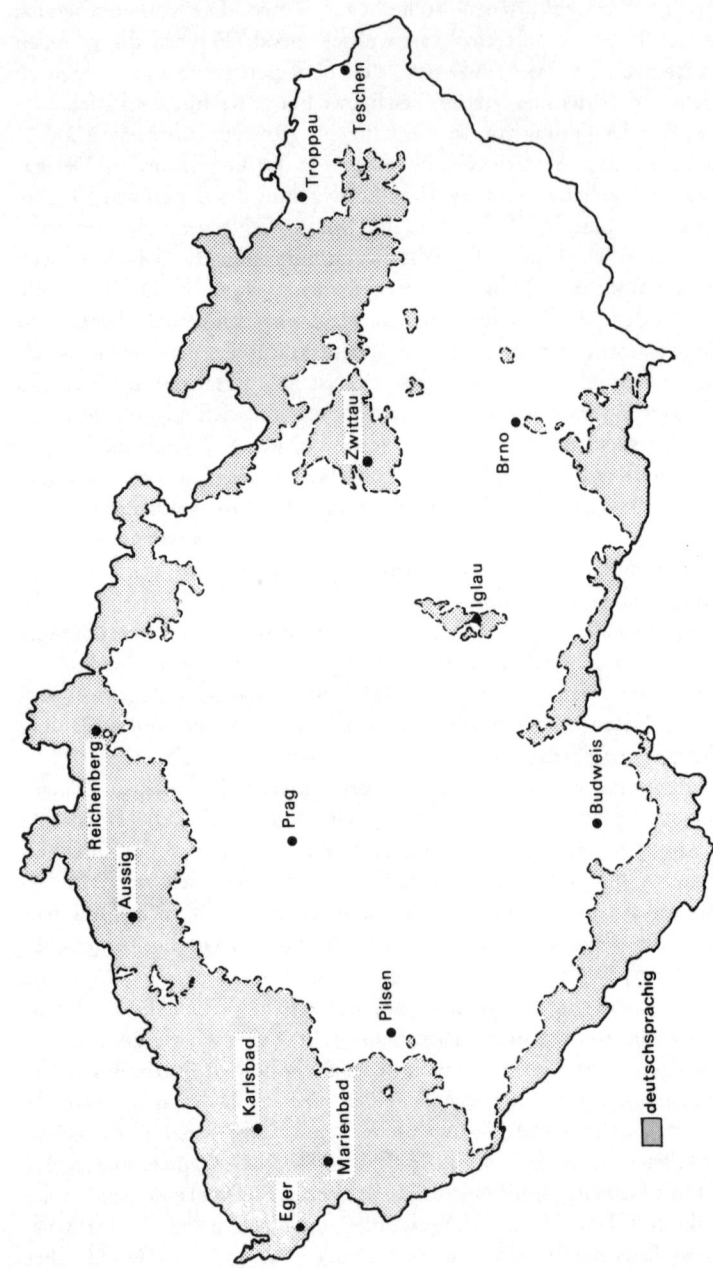

Karte 1: Die deutschen Sprachgebiete nach der tschechoslowakischen Volkszählung vom 1. Dezember 1930

‚tschechoslowakischen Sprache' als mit den Tatsachen handgreiflich im Widerspruch stehend. Wir werden niemals die Tschechen als Herren anerkennen, niemals uns als Knechte in diesem Staat fügen. Unrecht kann auch durch tausendjährige Übung niemals Recht werden, solange es nicht von den Betreffenden selbst auf Grund freier Entschließung anerkannt wurde, und wir verkünden demnach feierlich, daß wir niemals aufhören werden, die Selbstbestimmung unseres Volkes zu fordern, daß wir dies als den obersten Grundsatz aller unserer Maßnahmen und unseres Verhältnisses zu diesem Staate, den gegenwärtigen Zustand als unser unwürdig und mit den Grundsätzen moderner Entwicklung unvereinbar betrachten . . ."

Der Kampf um Selbstbestimmung dauerte noch achtzehn Jahre, bis die Forderungen der Sudetendeutschen endlich anerkannt wurden, und zwar sozusagen mit dem Schwert in der Hand: durch das Münchner Abkommen von 1938. Das Abkommen ist angreifbar, weil es unter Androhung von Gewalt erzwungen wurde; andererseits war die Unterwerfung der Sudetendeutschen durch die Tschechen in den Jahren 1918/19 ebenfalls mit Gewalt, und zwar mit buchstäblicher Gewalt bis zum Blutvergießen, durchgeführt worden. Allein bei Demonstrationen für die Selbstbestimmung am 3. und 4. März 1919 waren vierundfünfzig deutsche Zivilisten von tschechischer Miliz getötet und vierundachtzig schwer verletzt worden.[19] Darüber hinaus hatte es noch viele Opfer an Menschenleben gekostet, bis erkannt wurde, daß der Widerstand gegen das tschechische Regiment keine Aussicht auf Erfolg hatte. Die einzige Hoffnung auf Selbstbestimmung war deshalb immer auf den großen Bruder jenseits der Grenze gerichtet gewesen.

Man hat gesagt, der ganze schmerzhafte Prozeß hätte vielleicht vermieden werden können, wenn man gleich nach dem Ersten Weltkrieg die Deutschen aus dem Sudetenland ausgewiesen hätte. Doch Präsident Masaryk selbst widersetzte sich dem Gedanken, weil er nicht seine neue Nation auf einer Politik der Massenvertreibung einheimischer Bevölkerung aufbauen wollte.[20] Ebenso wenig wünschte er aber auch, sein Land um die deutschen Arbeitskräfte zu bringen.

Die „neue Schweiz"

Nachdem die Sudetendeutschen in die unerwünschte Vereinigung gezwungen worden waren, hätte die Prager Regierung überflüssige Spannungen vermeiden können, wenn sie die Deutschen zu voller Partnerschaft im Staat herangezogen hätte, auf der Grundlage völliger praktischer wie theoretischer Gleichberechtigung. Die Prager Regierung hätte, konkret gesprochen, den Deutschen die Rechte und Möglichkeiten der Tschechen und der Slowaken ebenfalls einräumen sollen. Leider wurde das Modell einer neuen Schweiz, wie es Dr. Benesch bei den Pariser Friedensverhandlungen so feierlich verkündigt hatte,[21] niemals verwirklicht. Während auf der einen Seite die Politik der tschechischen Regierung der sehr kleinen polnischen Minderheit gegenüber berechtigtes Lob auf sich zog,[22] ging sie der deutschen gegenüber niemals so weit, wie sie es hätte tun können und müssen, um deren vielfachen Klagen zu begegnen.

Worauf bezogen sich die Beschwerden der Deutschen? Waren sie legitim? Die Deutschen beklagten sich zum Beispiel, daß ihr Anteil am Staatsdienst nicht repräsentativ sei. Es ist eine traurige Tatsache, daß die tschechische Regierung diese Beschwerden meistens überging, bis sich 1937 die Aufmerksamkeit der Welt auf das Land richtete und die Regierung reichlich spät zugab, die deutsche Vertretung im Staatsdienst sei tatsächlich unangemessen gering.[23] Auch die Tatsache, daß die meisten öffentlichen Ämter in vorwiegend deutschen Gebieten mit Tschechen besetzt wurden, die sehr oft wenig oder gar nicht deutsch sprachen, verbitterte die Deutschen genau wie die Gepflogenheit, Staatsaufträge in deutschen Gebieten mit tschechischen statt mit deutschen Unternehmern abzuschließen. Außerdem sah man in der offiziellen, ausschließlichen Verwendung des Tschechischen in den zentralen Ministerien eine Form der Diskriminierung, aus der hervorging, daß die Angehörigen der tschechischen Mehrheit Vorteile genossen, die im Mißverhältnis zu ihrer Zahl standen.[24]

Nach Rückkehr von einer kurzen Reise in die Tschechoslowakei schrieb Professor Arnold Toynbee 1937 in einem viel diskutierten Artikel in *The Economist*:[25] „Spricht man mit einem Tschechen über die Minderheitenfrage in der Tschechoslowakei, so fängt er gewöhnlich mit der allgemeinen Behauptung an, daß die Tschechoslowakei eine Demokratie sei. Und spricht man dann mit einem Angehörigen der deutschen Minderheit, so wird man gewahr, daß gerade diese Behauptung wie das rote Tuch auf einen Stier wirkt.

In Wahrheit ist selbst ein traditionsreiches und in sich völlig gefestigtes demokratisches Verfassungsleben nur sehr schwer auf eine Minderheit anzuwenden, die unter der gegebenen Herrschaft eben einfach nicht leben mag. Wir wissen selber am besten, daß wir nie fertig bekommen haben, unsere britische Spielart von Demokratie auf unsere Herrschaft über Irland anzuwenden. Und was die Methoden betrifft, mit denen die Tschechen heute ihre Vorherrschaft über die Sudetendeutschen ausüben, so sind sie einfach undemokratisch (And in Czechoslowakia to-day the methods by which the Czech are keeping the upper hand over the Sudetendeutsch are not democratic).

Auf Grund ihrer Nachkriegsbeziehungen zu den westlichen Nationen, die sie so rührend bewundern, haben sich die Tschechen von den Briten weniger die ‚selbstverständliche Überlegenheit‘, sondern weit eher die ‚britische Heuchelei‘ angeeignet – und das in sehr starkem Maß! Von allen Belastungen, mit denen die Tschechen heute zu kämpfen haben, ist jene Verständnislosigkeit vermutlich die schlimmste."

Doch gerade in der Zeit, als Toynbee die Tschechoslowakei besuchte, überstürzten sich die Ereignisse. Die Sudetendeutschen waren eine unübersehbare politische Macht geworden und drängten auf die Erfüllung ihrer Forderungen. Die Sozialdemokraten unter Wenzel Jaksch und Ernst Paul und die Nationalisten unter Konrad Henlein (SdP, Sudetendeutsche Partei) waren entschlossen, politische und soziale Gleichberechtigung mit den Tschechen und ein gewisses Ausmaß an Autonomie für die deutsch bevölkerten Gebiete zu erreichen. Die SdP bildete mittlerweile die stärkste Einzelpartei im tschechischen Parlament, und sie verfehlte nicht, ihre Stärke einzusetzen, um die Beschwerden der deutschen Minderheit vorzubringen.

Man hat Henlein oft als finsteren Intriganten hingestellt, seine SdP von vornherein als eine heimliche Nazi-Organisation, die auf die Vernichtung der tschechoslowakischen Unabhängigkeit hinarbeitete. Es ist leicht zu verstehen, wie es zu dieser Bewertung kam, doch weder Henlein zu Beginn seiner politischen Laufbahn noch die SdP über die Jahre ihrer Entwicklung hinweg hatten irgendetwas mit der nationalsozialistischen Bewegung im Reich zu tun. Beide waren ursprünglich auf eine demokratische Regelung der Sudetenfrage aus, die durch friedliche Verhandlungen im tschechischen Parlament erreicht werden sollte. Alle Versuche, zu einer annehmbaren Lösung zu finden, scheiterten aber. Die allmähliche Eskalation in der Auseinandersetzung zwischen Tschechen und Sudetendeutschen trieb dann schließlich Henlein in Adolf Hitlers Arme, der versprach, ein international vernehmliches Gremium für die Sache der Sudetendeutschen ins Leben zu rufen. Hätte ein sozialdemokratischer Kanzler angeboten, die Sudetenfrage so vor die Weltöffentlichkeit zu bringen, daß sie internationalen Druck auf die tschechoslowakische Regierung auslöste, dann hätte sich Henlein ebenso bereitwillig an ihn gewandt wie nun an den nationalsozialistischen, gewiß nicht aus politischer Überzeugung, sondern aus praktischer Notwendigkeit. Hitler war es natürlich nur zu willkommen, die Sudetensache zu seiner eigenen zu machen. Er zögerte nicht, das Prinzip der Selbstbestimmung als Waffe zu mißbrauchen, um seine eigene „Lebensraum"-Politik zu fördern.

Am 24. April 1938 verkündete Henlein sein sogenanntes „Karlsbader Programm" beim Jahreskongreß der SdP in Karlsbad. Es bestand aus acht Punkten, die als Grundlage für eine Regelung der sudetendeutschen Beschwerden innerhalb des tschechoslowakischen Staates dienen sollten: Volle Gleichberechtigung mit dem tschechischen Volk; Anerkennung der deutschen Volksgruppe als Rechtspersönlichkeit, die berechtigt war, diese Gleichberechtigung zu sichern; Festlegung des sudetendeutschen Siedlungsgebiets; deutsche Selbstverwaltung in deutschen Siedlungsgebieten; gesetzlicher Schutz für die Deutschen, die nicht in vorwiegend von Deutschen bewohnten Gebieten lebten; Aufhebung ungerechter Maßnahmen, die den Deutschen seit 1918 zugefügt worden waren; Anerkennung des Grundsatzes „Im deutschen Gebiet deutsche öffentliche Angestellte" und vollständige Freiheit, sich zur „deutschen Weltanschauung" zu bekennen.[26]

Wie vorauszusehen, lehnte Präsident Benesch das Karlsbader Programm ab, weil er verschiedene Punkte für unannehmbar hielt. Erst in den letzten Wochen vor der Münchner Konferenz machte Benesch Zugeständnisse, die im April vielleicht angenommen worden wären, im August aber als „zu gering, zu spät" beurteilt wurden.

Am 3. August 1938 kam Viscount Walter Runciman in einer Friedensmission nach Prag.[27] Weder die Deutschen noch die Tschechen hatten Großbritannien gebeten, als Vermittler zu wirken, doch echte Sorge um den Frieden in Europa veranlaßte England, den Versuch zu wagen. Lord Runcimans Mission blieb sechs Wochen in der Tschechoslowakei, besprach sich mit Vertretern der tschechoslowakischen Regierung, der SdP und der deutschen sozialdemokratischen Partei – ohne den gewünschten Erfolg zu haben. Nach seiner Rückkehr nach Großbritannien schickte Runciman Benesch einen niedergeschlagenen Brief, in dem er zugab, daß die Verantwortung für den zu erwartenden Bruch bei Henlein liegen werde, dessen Verbindung mit der deutschen Reichsregierung inzwischen zum beherrschenden Faktor geworden war. Dann fuhr er aber fort:[28] „Ich empfinde jedoch starkes Mitgefühl für die Sache der Sudetendeutschen. Es ist ein hartes Los, von einer fremden Rasse beherrscht zu werden, und ich bin den Eindruck nicht losgeworden, daß die tschechoslowakische Herrschaft im Sudetengebiet in den vergangenen zwanzig Jahren zwar nicht aktiv bedrückend und sicherlich nicht ‚terroristisch' war, aber doch gekennzeichnet wurde von Taktlosigkeit, Mangel an Verständnis, kleinen Unduldsamkeiten und Diskriminierungen, und das alles in einem Maß, daß der Groll der deutschen Bevölkerung unvermeidlich zur Revolte drängte … Tschechische Beamte und tschechische Polizei, die wenig (oder kein) Deutsch sprechen, wurden in großer Anzahl in rein deutschen Bezirken eingesetzt; tschechische Landwirte wurden aufgefordert, sich auf Ländereien anzusiedeln, die durch die Landreform mitten im deutschen Siedlungsgebiet übereignet (beschlagnahmt) worden waren; für die Kinder dieser tschechischen Eindringlinge sollen in großem Maßstab Schulen gebaut worden sein (wurden gebaut); ganz allgemein herrscht die Ansicht, daß tschechischen Firmen vor den deutschen mit Staatsaufträgen bevorzugt wurden und daß der Staat Arbeit und Hilfe bereitwilliger für Tschechen als für Deutsche beschaffte. Ich halte diese Beschwerden im wesentlichen für berechtigt. Selbst jetzt noch, während meiner Mission, konnte ich bei der tschechoslowakischen Regierung keine Bereitwilligkeit entdecken, auch nur für annähernd ausreichende Abhilfe zu sorgen … Aus vielen Gründen, darunter den oben erwähnten, waren die Sudetendeutschen bis vor drei, vier Jahren ohne jede Hoffnung. Doch der Aufstieg von Nazi-Deutschland gab ihnen neue Hoffnung. Ich sehe in dem Versuch, sich an ihre Verwandten zu wenden, und in ihrem Wunsch, sich an das Reich anzuschließen, eine unter diesen Umständen ganz natürliche Entwicklung." (Die Wörter in Klammern wurden in dem weniger diplomatischen Brief verwendet, den Lord Runciman an Chamberlain schickte.)

Das Münchener Abkommen

Nach Lord Runcimans Scheitern war es klar, daß das tschechoslowakische Pulverfaß in die Luft fliegen werde, wenn nicht die führenden europäischen Staatsmänner unverzüglich handelten. Hitler stand mit dem Streichholz bereit. Den europäischen Demokratien blieben nur zwei gleicherweise unangenehme Möglichkeiten – entweder Hitler zu zwingen, seine Karten auf den Tisch zu legen, und zwar durch die unzweideutige Kriegsdrohung für den Fall, daß er die Tschechoslowakei angreifen werde, oder Hitler zufriedenzustellen, indem man die Tschechen überredete, mit der Abtrennung der Sudetendeutschen einverstanden zu sein.

Obwohl der Zweite Weltkrieg ja dann zeigte, daß die westlichen Demokratien nichts gewannen, als sie Hitler 1938 nachgaben, urteilten die meisten europäischen Staatsmänner damals tatsächlich zwiespältig über die Alternative, nämlich in der Sudetenfrage den harten Kurs zu steuern. Für die meisten war sie einfach nicht wichtig genug, um einen Krieg zu rechtfertigen. So setzte im September 1938 eine fieberhafte diplomatische Tätigkeit ein, um die Katastrophe zu verhindern, die dann doch ein Jahr darauf über Europa hereinbrach.

In einem Bericht vom 14. September 1938 an den amerikanischen Außenminister Cordell Hull schrieb der amerikanische Botschafter in Paris, William Bullit:[29] „In den letzten Tagen haben die französischen Zeitungen viele Landkarten veröffentlicht, aus denen die rassische Aufteilung der Tschechoslowakei hervorgeht . . . die öffentliche Meinung beginnt Stellung zu beziehen: Warum sollten wir Frankreichs ganze Jugend auslöschen und den Kontinent Europa zerstören lassen, nur um die Herrschaft von sieben Millionen Tschechen über drei Millionen zweihunderttausend Deutsche zu sichern?" Bullit schloß sarkastisch:[30] „Bei der allgemeinen Ansicht von Franzosen und Briten, daß Benesch im innersten Herzen beschlossen habe, lieber einen allgemeinen europäischen Krieg zu provozieren als eine vollständige Autonomie der unterworfenen Nationalitäten in der Tschechoslowakei hinzunehmen, wird zweifellos starker Druck auf Prag angesetzt werden . . ."

Einen ähnlichen Bericht schickte der amerikanische Botschafter in Großbritannien, Joseph Kennedy, an Minister Hull; Kennedy zitierte, was Premierminister Chamberlain gesagt hatte: „Ich finde keinen Sinn darin und sehe keinen Grund dafür, mich für eine Sache zu schlagen, die ich, falls ich ihretwegen Krieg führen müßte, nach dem Krieg doch genau so regeln würde, wie ich sie jetzt zu regeln vorschlage."[31] Im selben Sinn sprach Arnold Toynbee von einem beherrschenden „Gefühl von ätzendem moralischen Unbehagen" bei der Aussicht, „für das Gleichgewicht der Kräfte zu kämpfen in Mißachtung des Nationalitätenprinzips".[32] Für ihn und viele andere Briten steckte man in einer „moralischen Sackgasse".[33]

Das Münchner Abkommen von 1938 schien, wenn auch nicht die beste, so

doch eine annehmbare Lösung zu bieten, die mit Erleichterung vom Großteil
der Presse in Frankreich und Großbritannien begrüßt wurde. Das Abkommen
gestattete den drei Millionen Deutschen, die in den umstrittenen Gebieten
lebten, sich von der Tschechoslowakei zu trennen und sich mit Deutschland zu
vereinen, während noch eine halbe Million Deutscher im tschechischen Staats-
gebiet verblieb.[34] Natürlich hatte sich die Tschechoslowakei mit einem beträchtlichen wirtschaftlichen Verlust abzufinden, doch die neue ethnische
Grenze machte den Staat geschlossener, weil sie ihn von einer großen und
unzufriedenen Minderheit befreite. Es war eine ähnliche Teilung wie die 1919
von der Mission Coolidge empfohlene.

Unbehaglich am Münchner Abkommen wirkte nicht die Regelung selbst,
sondern daß sie erpreßt worden war. Außerdem wurde jeder Erfolg Hitlers,
selbst die Anwendung der Selbstbestimmung zu seinen Gunsten, von den
europäischen Demokratien mit Besorgnis beobachtet.

Zum Unglück für alle Beteiligten fand die Münchner Krise mit dem Abkommen aber nicht ihr Ende, denn schon bald löste sie den fortschreitenden Zerfall
der in St. Germain beschlossenen Völkervereinigung aus. Am 30. September
1938 überreichte die polnische Regierung in Prag ein Ultimatum und annektierte dann im Alleingang den reichen Industriebezirk Teschen,[35] der allerdings
einen großen polnischen Bevölkerungsanteil hatte. Polen ging so weit, etwa
vierzigtausend Tschechen und Deutsche, die im Gebiet von Teschen lebten,
kurzerhand in den Rumpfstaat Tschechoslowakei zu vertreiben.[36] Als nächster
Staat holte sich Ungarn mit Gewalt ein großes Stück, nämlich die überwiegend
madjarische Hälfte der südlichen Slowakei. Daraufhin erklärten sich die Slowaken für unabhängig von den Tschechen und schlossen aus Furcht, gänzlich
von den Ungarn geschluckt zu werden, einen „Freundschafts"-Vertrag mit
Deutschland. Der alte, verwirrte Präsident Hacha wußte keinen anderen Ausweg, als sich am 14. März 1939 an den deutschen Diktator zu wenden, der ihn
unverzüglich dazu brachte, mit einem Federstrich die Freiheit seines Volkes
aufzugeben. Hitlers Besetzung von Böhmen und Mähren am 15. März erwies
sich später als eine seiner großen politischen Fehlrechnungen; um ein Wort
Talleyrands abzuwandeln, beging er Schlimmeres als ein Verbrechen – einen
tödlichen Fehler.[37] Denn hier ließ Hitler die Maske fallen, von „nationaler
Selbstbestimmung" war nicht mehr die Rede, und zum erstenmal wandte er
seine These vom „Lebensraum" gegen einen nichtdeutschen Staat an.

Diese Wendung der Dinge weckte natürlich in England und Frankreich
berechtigte Entrüstung.[38] Schließlich hafteten beide Länder nach München mit
ihrer Ehre für die Grenzen der Rest-Tschechoslowakei. Als der Staat dann ein
paar Monate darauf völlig zerfiel, hatte Hitler den Löwenanteil erhalten. Doch
in den wenigen Friedensmonaten, die Europa noch vergönnt waren, hielten es
England und Frankreich für angebracht, die neue Ordnung hinzunehmen, und
die Bank von England ging so weit, tschechische Goldbestände an das Protektorat zu transferieren.[39]

Der Zweite Weltkrieg und die Vertreibung

Der Ausbruch des Zweiten Weltkriegs machte den Weg frei für die völlige Aufhebung aller Regelungen des Münchner Abkommens. Die außergewöhnliche Erbitterung des Krieges ließ sogar die ersten Äußerungen über die Vertreibung der Sudetendeutschen vernünftig klingen.

Im Dezember 1938, kaum zwei Monate nach dem Münchner Abkommen, hatte Benesch bereits begonnen, über einen Bevölkerungsaustausch als die Lösung des deutschen „Minderheiten"-Problems in seinem Land nachzudenken.[40] Doch bevor die Vertreibung einsetzen konnte, mußte die „Demütigung" des Münchner Abkommens zurückgewiesen werden. Vom Augenblick des Kriegsausbruchs an widmete sich die tschechoslowakische Exilregierung diesem Ziel.

Im Rückblick läßt sich leicht erkennen, daß die Münchner Krise und das Münchner Abkommen aus echten Problemen entstanden, die der Friedensvertrag von St. Germain geschaffen hatte; man kann sie also nicht im luftleeren Raum diskutieren als einen Akt nationaler Demütigung für die Tschechen oder als *das* klassische Beispiel ungerechter Befriedung auf Kosten der Tschechen. Doch gerade von dieser Auslegung des Münchner Abkommens war Benesch wie besessen. Als tschechischer Patriot, dessen Nation ihre Existenz Wilsons Gedanken von der Selbstbestimmung verdankte, war Benesch doch niemals imstande, die Anwendung desselben Rechts durch die Sudetendeutschen anzuerkennen. Er sah in den Deutschen, die unter tschechischer Herrschaft nicht glücklich waren, „Verräter" des tschechischen Staates – eines Staates, der zwanzig Jahre zuvor gegen deren Willen gegründet worden war. In einer Rundfunkrede aus London erklärte er: „Wir müssen uns all jener Deutschen entledigen, die 1938 dem tschechoslowakischen Staat den Dolch in den Rücken gestoßen haben."[41] Für Minister Ripka belief sich die Zahl dieser Deutschen auf „etwa zwei Millionen."[42] Mehr als drei Millionen sind dann später vertrieben worden.

Um zu verstehen, wie die britische Öffentlichkeit dazu kam, das Vertreibungsprogramm anzuerkennen, muß bedacht werden, daß der vorgeschlagene Plan eine Umsiedlung vorsah, die allmählich und unter internationaler Aufsicht durchgeführt werden sollte.

In einer Vorlesung an der Universität Manchester brachte Benesch 1942 vor: „Umsiedlungen sind eine schmerzhafte Operation. Sie führen zu vielen kleineren Ungerechtigkeiten. Die Verfasser der Friedensregelung können sich nur dann einverstanden erklären, wenn die Umsiedlungen human organisiert und international finanziert werden."[43] Zwei Jahre danach, als das Prinzip der Umsiedlung von den Großmächten anerkannt worden war, schrieb Benesch wieder:[44] „Wenn eine Lösung des Minderheitenproblems auf irgendeine andere Weise nicht möglich ist, bin ich auf die harte Notwendigkeit der Bevölkerungsumsiedlung vorbereitet ... Solche Umsiedlungen können viele Härten und sogar Ungerechtigkeiten mit sich bringen. Doch ich bin verpflichtet zu sagen, daß sie der Mühe wert sein können, wenn sie helfen, dauerhafteres Gleichgewicht und den Frieden zu schaffen."

Beneschs Darstellung seiner Sache klingt überzeugend, bis man darüber nachdenkt und feststellt, daß die vorgeschlagenen Umsiedlungen völlig überflüssig wurden, wenn man sich an die nationalen Grenzen hielt, die bereits nach ethnischen Kriterien gezogen worden waren. Nur dann, wenn man die Ungerechtigkeit von St. Germain wiederholte, würden wieder Deutsche in großer Zahl unter tschechische Herrschaft geraten. Man darf nicht vergessen, daß der britische Premierminister während der Münchner Krise Benesch eindeutig informierte, daß im Falle eines bewaffneten Konflikts die Tschechoslowakei „nicht in ihren Grenzen wiederhergestellt werden könnte, wie immer auch der Ausgang des Konflikts sein möge".[45] Selbst nach Hitlers Verletzung des Münchner Abkommens durch die illegale Besetzung Böhmens und Mährens wiederholte Neville Chamberlain am 17. März 1939 in einer Rede zu Birmingham, daß die in den Pariser Verträgen festgelegten Grenzen ungerecht gewesen seien.[46] Von dieser Auffassung rückte dann der neue britische Außenminister Eden ab, als er am 5. August 1942 erklärte: „Bei der endgültigen Festlegung der tschechoslowakischen Grenzen, die bei Kriegsende vorgenommen werden muß, wird sie (die britische Regierung) sich nicht von irgendwelchen seit 1938 vorgenommenen Änderungen beeinflussen lassen."[47]

Als Benesch sicher war, daß man das Münchner Abkommen für null und nichtig erklären werde, wandte er sich wieder an die Alliierten, die künftigen Besatzungsmächte, um nun ihre Zustimmung zu seinem Vertreibungsprogramm zu erreichen. Schon am 7. Juli 1942 informierte Eden Benesch, daß „seine Kollegen mit dem Prinzip der Vertreibung einverstanden" seien.[48] Kurz darauf unterrichtete man Benesch von einem Beschluß des britischen Kabinetts, keine Einwände gegen die Umsiedlung der Sudetendeutschen zu erheben.[49] Dieser ersten offiziellen Zustimmung zu dem unmenschlichen Plan, ein Volk zu entwurzeln, folgten im Sommer 1943 die der Vereinigten Staaten und der Sowjetunion.[50]

Dem Präsidenten Benesch bleibt also die geschichtliche Verantwortung für die Entstehung eines Vertreibungs-Syndroms, das dann nicht nur die Sudetendeutschen, sondern alle Deutschen östlich von Oder und Neiße befiel. 1943 wurde angekündigt, daß die Bevölkerung Ostpreußens in den Westen „umgesiedelt" werden solle, und 1944 nannte man die übrigen Opfer der Epidemie: die Deutschen aus Pommern, dem östlichen Brandenburg und Schlesien. 1945 wurde daraus grausame Realität.

Es ist bedrückend, daß die Weltöffentlichkeit weitgehend die Vertreibung der Sudetendeutschen mit der leichtherzigen Erklärung entschuldigt hat, sie alle seien „Nazis" gewesen und hätten die Tschechen „verraten". Während sich später viel Mitgefühl und Bedauern für die vertriebenen Deutschen aus Ostpreußen, Pommern und Schlesien äußerte, ist die Vertreibung der Sudetendeutschen als eine Art Vergeltung für das Verbrechen von Lidice[51] hingestellt worden: Nach der Ermordung des Stellvertretenden Reichsprotektors in Böhmen und Mähren, Reinhard Heydrich, durch tschechische Nationalisten wurden alle männlichen Einwohner von Lidice, einhundertsechsundachtzig Menschen, erschossen, ihre Frauen in Konzentrationslager gebracht und ihre Kinder über ganz Deutschland in Heime oder Internierungslager verstreut. Lidice war ein entsetzliches Verbrechen der Nationalsozialisten, doch die Sudetendeutschen hatten es nicht zu verantworten, weder einzeln noch kollektiv.

Die Nationalsozialisten begingen viele andere Verbrechen im Protektorat, und in den letzten Kriegsmonaten kam es zu fanatischen Gewalttaten von unglaublicher Grausamkeit.[52] Man hat die Verluste der Tschechoslowaken im Kriege auf zweihundertfünfzigtausend Menschen[53] geschätzt; andere tschechische Quellen sprechen von fünfundsiebzigtausend[54], einschließlich der Tschechen und Slowaken, die im Kampf gegen die Nationalsozialisten fielen, auch der hingerichteten Partisanen, der in Konzentrationslager verschleppten Juden und anderer Opfer des nationalsozialistischen Terrors. Diese Verbrechen und Unmenschlichkeiten, die am tschechischen Volk begangen wurden, sind aber meistens von Angehörigen der SS verübt worden, die zum weitaus größten Teil keine Sudetendeutschen waren. Der einfache deutsche Bauer im Sudetenland hatte kaum Kontakte zu Tschechen und kann nicht für Greuel der NSDAP im Protektorat zur Rechenschaft gezogen werden. Aber er hatte die Rechnung zu bezahlen.

Am 22. Oktober 1945 unterrichtete *Time* ihre Leser in einem etwas fragwürdigen Artikel über die Vertreibung der Sudetendeutschen: „Gegen diese illoyalen Minderheiten ist das einst duldsame tschechoslowakische Herz verhärtet. Dr. Benesch und seine Regierung sind eisern entschlossen, den Staat von fast allen seiner drei Millionen Deutsche zu befreien . . ."[55] Dann hieß es wieder am 5. November 1945 in einem Artikel, der offen für die Vertreibung der Sudetendeutschen als eine Bestrafung für die NS-Verbrechen eintrat: „Die drei Millionen Sudetendeutschen, die jetzt zu Europas Millionen elender Verschleppter hinzukommen, hatten sich in Massen erhoben, um die Tschechen zu verraten . . ."[56] Selbst der britische Außenminister Ernest Bevin, der die Vertreibung der Sudetendeutschen dem britischen Parlament vortrug, stellte fest, die Sudetendeutschen und die Tschechen hätten harmonisch zusammengelebt, bis Hitlers Helfershelfer „das großartige Unterfangen zerbrachen, einen demokratischen Staat ins Leben zu rufen und aufzubauen".[57]

Erklärungen in diesem Tonfall waren 1945 an der Tagesordnung und können der aufgeladenen Atmosphäre zugeschrieben werden, die bei Kriegsende herrschte. Doch trotz der Verzerrungen der Geschichte, wie sie die Kriegspropaganda und die moralische Diffamierung des Feindes sozusagen notwendig machen, gab es unabhängige Stimmen, die versuchten, die Öffentlichkeit von ihren Vorurteilen aus der Kriegszeit zu befreien. Am 30. Januar 1946 verdammte der Lordbischof von Chichester, Dr. George Bell, die Vertreibung der

Sudetendeutschen und erinnerte das britische Oberhaus an die eigentlichen Hintergründe des tschechisch-deutschen Konflikts:[58] „. . . daß die Bedingungen, unter denen die Sudetendeutschen in den tschechischen Staat eingegliedert wurden, sich grundlegend von denen unterschieden, die für die Einbeziehung der Slowakei galten . . . daß es viele Leute in hohen Ämtern gibt, die in der Zeit zwischen den Kriegen feststellten, daß die Sudetendeutschen ihre politischen und wirtschaftlichen Rechte nicht in demselben Maß erhielten wie die anderen Minderheiten in der Tschechoslowakei . . .“

Tatsächlich trifft es zu, daß die Sudetendeutschen – im Gegensatz zu Bevins klassischer Vereinfachung der Tatsachen – seit dem Vertrag von St. Germain-en-Laye nicht ihren gerechten Status in der Tschechoslowakei erhalten und deshalb auch keineswegs harmonisch mit den Tschechen zusammengelebt, sondern einen ständigen Kleinkrieg um ihre Selbstbestimmung geführt hatten. Ebenso war ihr Nationalgefühl keine Erfindung Hitlers oder der Nationalsozialisten. Hitler war nur der Opportunist, der ihnen die Mittel versprach, das ersehnte Ziel zu erreichen. Selbst Konrad Henlein, der Führer der SdP, fiel Hitler nur zu, weil alle Anstrengungen der Sudetendeutschen, von den Tschechen wenigstens ein gewisses Maß an Autonomie zu erhalten, in Prag wie im Völkerbund gescheitert waren. Die Ehe zwischen dem Sudetenland und Hitler war also ebenso sehr eine „Vernunftehe“ wie die später geschlossene Allianz zwischen Finnland und den Achsenmächten während des Zweiten Weltkriegs. Finnland war kein faschistisches Land, doch nur mit Hitlers militärischer Hilfe konnte es sich gegen die Aggression der Sowjetunion schützen, die schließlich über 45 000 qkm annektierte und vierhundertfünfzigtausend Finnen zwang, sich anderswo in Finnland niederzulassen.[59] So bestand auch die Mehrheit der Sudetendeutschen nicht aus Nationalsozialisten, aber sie wußten, daß sie sich von der tschechischen Herrschaft nicht ohne deren Hilfe befreien konnten.

Dreißig Jahre nach dem Ende des Zweiten Weltkriegs gibt es wohl kaum eine Rechtfertigung dafür, an der hartnäckigen Legende festzuhalten, daß die Deutschen den Tschechen den Dolch in den Rücken gestoßen hätten. Denn wenn sich die deutsche Minderheit „illoyal“ zu den Tschechen verhalten hatte, dann im gleichen Sinn, in dem jedes Volk „illoyal“ auf die Fremdherrschaft reagiert;[60] wenn sie ihr Recht auf Selbstbestimmung gefordert hatte, bedeutete das *an sich* noch nicht, daß sie sich „in Massen erhoben hatte, um die Tschechen zu verraten“. Sicherlich verhielt sich die deutsche Minderheit Prag gegenüber nicht illoyaler, als die tschechische sich gegen Wien vor dem Ersten Weltkrieg (und während des Krieges!) verhalten hatte. War ein Henlein ein Verräter an der Tschechoslowakei, dann waren Masaryk und Benesch nach den selben Kriterien Verräter an der Doppelmonarchie. Und doch suchte jeder nur die Verwirklichung des Selbstbestimmungsrechts für sein eigenes Volk. Der einzige Unterschied liegt darin, daß die Deutschen den Ersten und den Zweiten Weltkrieg verloren hatten und daß der Kampf der Sudetendeutschen um Selbstbestimmung sie erst nach München und später in die Katastrophe führte. So wurden mit Zustimmung des Westens sieben Jahrhunderte deutschen Wirkens in Böhmen, Mähren und im österreichischen Schlesien ausgelöscht. Damit endete eine Geschichtsperiode, während der die deutsche Kultur durch unvergeßliche Werke von sudetendeutschen Dichtern, Denkern, Erfindern und Unternehmern bereichert wurde.[61]

Drittes Kapitel

Die Entstehung der Oder-Neiße-Linie:
Die Konferenzen von Teheran und Jalta

> Eden meinte, was Polen im Osten verliere, könnte es im Westen gewin-
> nen ... Ich demonstrierte dann mit Hilfe dreier Streichhölzer meine
> Gedanken über eine Westverlagerung Polens. Das gefiel Stalin, und
> damit löste sich unsere Gruppe für den Moment auf.
>
> *Churchill (Der Zweite Weltkrieg, Bd. 5/2, S. 50)*

Die Atlantik-Charta

Territoriale Einbußen Deutschlands bildeten zunächst kein Kriegsziel für die
westlichen Alliierten. Sie kämpften vor allem darum, Hitler und den Nationalsozialismus von der politischen Bühne Europas zu vertreiben; sie stellten keine
Pläne auf, die auf eine Gebietsabtretung Deutschlands hinausliefen, weil jede
Reduzierung nur das chronische deutsche Syndrom „Volk ohne Raum"[1] und
damit die Unsicherheit in Mitteleuropa verstärken mußte. Tatsächlich war
Deutschland doppelt so dicht besiedelt wie seine Nachbarn Polen und Frankreich.

Am 9. Februar 1940 hatte Churchill festgestellt:[2] „Wir lehnen jeden Versuch
von außen ab, Deutschland zu zerstückeln. Wir sind nicht auf Demütigung
oder Verstümmelung Ihres Landes aus. Wir wünschen aus ganzem Herzen, Sie
ohne Verzögerung in die friedliche Zusammenarbeit zivilisierter Nationen
einzubeziehen."

Das blieb auch während der ersten Kriegsmonate die vorherrschende
Stimmung im Westen. Selbst ein Jahr später, nach der Schlacht um England,
sprachen sich die Alliierten noch für ein gemäßigtes und humanes Friedens-
programm aus. Am 14. August 1941 verkündeten der britische Premierminister Churchill und Präsident Roosevelt die Atlantik-Charta,[3] in der sie ausdrücklich auf „territoriale oder irgendwelche andere Gewinne" verzichteten
und sich verpflichteten, „territoriale Veränderungen, die nicht mit dem frei
geäußerten Willen der betroffenen Völker übereinstimmen, abzulehnen". Die
vielgepriesene Charta, bezogen auf den Grundsatz gleichen Rechtes und die
Selbstbestimmung der Völker, stellt den Versuch dar, die internationale Moral
zu heben. Doch die Ausweitung des Krieges führte nach und nach dazu, daß
die Ideale der Atlantik-Charta aufgegeben wurden. Die Brutalität der Achsenmächte veranlaßte die Alliierten, ihnen die Segnungen der Charta vorzuenthal-

ten. Nach kurzer Zeit schon erklärte Churchill, die Charta habe keine „legale" Gültigkeit und werde auf keinen Fall auf feindliche Länder angewendet werden.[4] Denkt man jedoch an die historischen Zusammenhänge, unter denen die Charta proklamiert wurde, kann man sich schwerlich vorstellen, auf welche Länder, wenn nicht feindliche, sich der Verzicht auf territoriale Gewinne beziehen sollte[5] – die Charta wäre völlig überflüssig gewesen, wenn sie nur besagen sollte, daß die Alliierten Hitlers territoriale Gewinne in Europa nicht anerkennen wollten, denn die bloße Tatsache, daß sich die Alliierten im Krieg mit den Achsenmächten befanden, genügte als Beweis, daß sie nach dem Krieg den von diesen besetzten Ländern ihre vorherigen Grenzen zurückgeben wollten.

Das vorliegende Kapitel zeichnet die Entwicklung der alliierten Kriegsziele und die Umrisse neuer sowjetisch-polnischer und polnisch-deutscher Grenzen nach, die umfangreiche territoriale Veränderungen gegen den Willen der betroffenen Einwohner herbeiführen mußten. Um diesen bemerkenswerten Verzicht auf die Grundsätze der Atlantik-Charta zu verstehen, muß man die Entwicklung einer neuen Machtkonstellation in Europa erkennen, den Aufstieg einer undemokratischen und rücksichtslosen Diktatur zu erdrückender Machtfülle. Die Vertreter dieser neuen totalitären Macht schlossen sich *pro forma* der Charta an bei der Versammlung der Verbündeten, die am 24. September 1941 im Londoner St. James's Palace stattfand, und sogar ein zweites Mal am 1. Januar 1942 in der Gemeinsamen Erklärung der Vereinten Nationen in Washington.[6] Doch Marschall Stalin hatte weder die Absicht, die aus der Charta entstehenden Verpflichtungen ernstzunehmen, noch handelte er danach, womit er ihre Beachtung durch die anderen Länder natürlich durchkreuzte. Außerdem nahm der Krieg gegen die Achsenmächte, wie schon erwähnt, immer mehr den Charakter eines Kreuzzugs an, und unmißverständliche Hinweise auf Strafexpeditionen blieben nicht aus. Die führenden Männer der Anti-Hitler-Koalition wollten das Nachkriegs-Deutschland für den Krieg bezahlen lassen, selbst wenn die „Bezahlung" in territorialen „Veränderungen" bestehen sollte. So kam es dazu, daß die Absicht, den künftigen Frieden Europas zu sichern, schließlich den Verpflichtungen der Charta widersprach. Am 24. Mai 1944 faßte Churchill vor dem Parlament zusammen:[7] „Es ist keine Rede davon, daß sich Deutschland auf irgendwelche Garantien gegen territoriale Veränderungen berufen könnte, falls es den Anschein hat, daß solche Veränderungen den Frieden in Europa sicherer und dauerhafter machen."

Strategische Amputationen: Ostpreußen

Die ersten Vorschläge, Deutschland Teile seines Vorkriegsgebiets zu entreißen, waren von strategischen Gesichtspunkten bestimmt. Man glaubte, daß Deutschland bei geschrumpften Grenzen weniger Möglichkeiten haben werde, in die Nachbarstaaten einzufallen. So sollte Ostpreußen von Deutschland abgetrennt werden, weil Polens Vorkriegsgrenzen nicht zu halten waren; der vernichtende Feldzug von 1939 hatte es deutlich bewiesen.

Nicht lange nach der Katastrophe vom September 1939 drang die polnische Exilregierung in London und Washington darauf, daß Ostpreußen in das Nachkriegs-Polen einbezogen werde.[8] Nach dem deutschen Angriff auf die Sowjetunion im Sommer 1941 unterstützte Marschall Stalin sehr bereitwillig den Gedanken, Deutschland Ostpreußen zu entreißen.[9] Indessen lehnte auch die westliche Führung keineswegs die polnische Forderung nach Ostpreußen ab. Bei einem Essen mit Präsident Roosevelt und Harry Hopkins am 15. März 1943 in Washington sprach der britische Außenminister Eden offen über die Probleme von Polens Nachkriegsgrenzen. Hopkins hielt in einem Memorandum fest:[10] „Polen will Ostpreußen haben, und der Präsident und Eden sind beide der Meinung, Polen solle es erhalten. Eden sagte, die Russen seien insgeheim einverstanden, aber nicht bereit, ihre Zustimmung den Polen mitzuteilen, weil sie hier ein Handelsobjekt für die Friedenskonferenz sähen."

Am folgenden Tag sprach Hopkins bei dem russischen Botschafter Litwinow vor, um Edens Erklärungen zu bestätigen. Litwinow unterrichtete Hopkins, „Rußland sei einverstanden, daß Polen Ostpreußen bekomme, werde aber auf dem bestehen, was er als ‚Rußlands territoriale Rechte' an der polnischen Grenze bezeichnete".[11] Daraus ging klar hervor, daß die Sowjets die Teile Polens behalten wollten, die sie während des Ribbentrop-Molotow-Pakts von 1939[12] besetzt hatten, und zwar einzig mit der Begründung, daß die Mehrheit der Bevölkerung Ukrainer seien. Obwohl die Behauptung richtig war, konnte daraus nicht gefolgert werden, daß die religiösen Ukrainer eine Vereinigung mit den militant atheistischen Sowjets einer Verbindung mit ihren ebenfalls slawischen Brüdern, den Polen, vorgezogen hätten; immerhin waren Ukrainer und Polen lange geschichtlich und kulturell miteinander verbunden gewesen. Darüberhinaus lebten aber einige Millionen Menschen in dem Gebiet, die ethnisch zu den Polen gehörten; sie lebten zwischen den Ukrainern und widersetzten sich heftig der Annexion durch die Sowjetunion.

Territoriale Ausdehnung im Westen als Entschädigung

Als die Londoner Polen begriffen, daß die Sowjetunion plante, nach dem Krieg 180000 qkm von Vorkriegs-Polen zu annektieren, wandten sie sich um Hilfe an die westlichen Alliierten und erhoben verstärkte Forderungen auf deutsches Gebiet im Westen.[13] Die westlichen Alliierten gerieten in eine Sackgasse. Großbritannien hatte den Krieg begonnen, um seine Garantie für Polens Unversehrtheit gegen den deutschen Angriff einzulösen. Für die Briten war es mehr als unangenehm, später eine Friedensregelung zu befürworten, nach der die Polen Gebiete im Osten abtreten mußten – Gebiete, in denen ihre Nutzwälder, die galizischen Ölfelder, die alten Städte Wilna und Lemberg liegen.

Im Hinblick auf die Grundsätze der Atlantik-Charta schien es geradezu grotesk, Ostpolen dem mächtigen russischen Nachbarn auszuliefern, dem Feind seit altersher, der sich bei den unrühmlichen Teilungen Polens im achtzehnten Jahrhundert ein Drittel polnischen Territoriums angeeignet und den Rest im neunzehnten Jahrhundert unterworfen hatte. Polen hatte erst am Ende des Ersten Weltkriegs seine Unabhängigkeit zurückgewonnen und erfolgreich seine Ostgrenze wieder der Grenze nach der Zweiten polnischen Teilung (1793) genähert; dabei hatte Rußland fast alle Gebietsgewinne von 1772 und 1793 behalten können. Nun verlangte Stalin mehr, als die Zaren bei der Dritten Teilung 1795 Polen entrissen hatten, denn damals waren weder Lemberg noch Galizien russisch geworden: Maria Theresia hatte sie schon bei der Ersten Teilung von 1772 in die Donaumonarchie eingegliedert. Wenn Rußland jetzt gestattet wurde, sich über die Dritte Teilung hinaus zu bereichern, hätte man auch Hitler erlauben können, Warschau zu behalten, das ja einen Teil der preußischen Beute von 1795 gewesen war. Das allerdings wäre eine Kapitulation des Westens vor der Gewalt und der Verzicht auf demokratische Grundsätze gewesen.

Die Konferenz von Teheran

Die Teheraner Konferenz vom 28. November bis 1. Dezember 1943 galt vor allem der militärischen Zusammenarbeit, nahm sich aber auch das Problem der polnischen Nachkriegsgrenzen vor, obwohl weder Churchill vom Parlament noch Roosevelt vom Kongreß die Vollmacht erhalten hatten, Nachkriegsgrenzen festzulegen. Statt Stalin an seine aus der Atlantik-Charta erwachsenden Verpflichtungen zu erinnern, widersetzten sich Churchill und Roosevelt leider nicht energisch genug Stalins Anspruch auf Territorialgewinn. Churchill war ohnehin der Ansicht: „Polen könnte sich nach Westen verlagern, wie Soldaten, die seitlich wegtreten. Falls es dabei auf einige deutsche Zehen trete, könne man das nicht ändern, doch müsse Polen auf alle Fälle stark sein.""[14]

Ein Lippenbekenntnis für die Polen – aber sie waren nicht eingeladen worden, an den Diskussionen über ihre künftigen Landesgrenzen teilzunehmen. Die Großen Drei hatten vor, sich untereinander formlos zu einigen, bevor man sich den Polen stellte. Marschall Stalin brachte den großzügigen Gedanken vor, die Polen sollten im Westen bis an die Oder rücken; das klang, um es milde auszudrücken, 1943 ziemlich radikal. Tatsächlich hatten die Alliierten vor Teheran nur Ostpreußen, Danzig und Oberschlesien für Polen ins Gespräch gebracht; mehr war niemals ernsthaft erwogen worden. Nun aber bemerkte Eden mit deutlicher Erleichterung: „Was Polen im Osten verliert, könnte es im Westen gewinnen.""[15] Man hatte immerhin eine Lösung gefunden, um den Polen gegenüber das Gesicht wahren zu können. Kriegsmüde und nicht bereit, sich mit der Sowjetunion über das Schicksal von Ostpolen zu streiten, zogen es die westlichen Alliierten vor, Polen auf Kosten des gemeinsamen Feindes Deutschland zu entschädigen. Man opferte also das Prinzip dem politischen Ausweg aus der Sackgasse, und eine Regelung – sozusagen à la Hitler, ohne jede Rücksicht auf die Rechte von Millionen betroffener Menschen – ging aus der Konferenz hervor. In bekannter Weise illustrierte Churchill dann die Verlagerung Polens nach Westen durch drei Streichhölzer, die Rußland, Polen und Deutschland darstellten: Als das russische Streichholz nach Westen geschoben wurde, gerieten auch das polnische und das deutsche in Bewegung. „Das gefiel Stalin, und damit löste sich unsere Gruppe für den Moment auf."[16] Die Großen Drei vermieden es sorgfältig, sich die theoretische Möglichkeit vorzustellen, daß auch Deutschland dem Atlantik entgegen gedrängt werden könne, wie man Polen um rund 250 km in den dichter besiedelten Westen verlagern konnte ...[17] Hier stand aber nur das praktische Problem auf der Tagesordnung, Stalin das zu geben, was er forderte, und die Polen anderswo angemessen zu entschädigen.

Würde aber Polen einverstanden sein, sich sozusagen auf Räder zu stellen und nach Lust und Laune der Großen Drei verschieben zu lassen? In Teheran hat offenbar niemand unter „Land" etwas anderes verstanden als eine Ware, die verkauft oder getauscht werden kann. Niemand dachte anscheinend darüber nach, daß untrennbar vom „Land" auch seine Geschichte und das Wesen seiner Bewohner sind, die tiefen, unauslöschlichen Gefühle, die ein Land erweckt.[18] Es gibt überhaupt keinen Zweifel daran, daß die Polen lieber ihre eigenen östlichen Provinzen behalten hätten, statt sie zwangsweise gegen deutsche Gebiete im Westen einzutauschen. Seit je waren den Polen die Städte Lemberg und Wilna besonders ans Herz gewachsen, sie wollten sie um jeden Preis behalten. Andererseits war natürlich bekannt, daß die deutschen Gebiete östlich der Oder, vor allem Oberschlesien, wertvoller waren als die ostpolnischen.[19] Wie Churchill wiederholt betonte:[20] „Ich lenkte die Aufmerksamkeit darauf, daß die deutschen Gebiete viel wertvoller seien als die Pripetsümpfe. Sie seien industrialisiert und würden Polens Wohlstand heben. Ich wünsche, den Polen sagen zu können, daß die Russen im Recht seien und sie, die Polen, gerecht behandelt würden und annehmen müßten. Weigerten sie sich, auf meinen Vorschlag einzugehen, könnten wir's nicht ändern."

Der Geist Präsident Wilsons hatte sich verflüchtigt. Ein knappes Vierteljahrhundert war vergangen, seit Wilson seine sittlichen Grundsätze aufgestellt hatte, die den Friedensschluß leiten sollten. In seiner denkwürdigen Rede vom 11. Februar 1918 vor beiden Häusern des Kongresses hatte er betont, daß „Völker und Provinzen nicht von einer Landeshoheit zu einer anderen getauscht werden dürfen, als wenn sie ein Besitz oder Faustpfänder in einem Spiel wären, selbst nicht in dem großen, jetzt für alle Zeiten aufgegebenen Spiel um das Gleichgewicht der Macht."[21] Keiner dachte daran.

In einer Zusammenfassung der Ergebnisse von Teheran schlug Churchill eine vorläufige Formel für die Grenzen von Nachkriegs-Polen vor:[22] „Man ist der Meinung, daß sich das Territorium des polnischen Staates und des polnischen Volks im Prinzip ungefähr zwischen der sogenannten Curzon-Linie und der Oder[23] erstrecken soll, und zwar unter Einschluß Ostpreußens und Oppelns; die eigentliche Grenzziehung erfordert jedoch weiteres eingehendes Studium und möglicherweise an einigen Punkten Bevölkerungsumsiedlungen."

Diese Formulierung ging allerdings über die von den Vereinigten Staaten befürwortete Entschädigung hinaus. Ein halbes Jahr nach der Konferenz von Teheran, im Mai 1944, bereitete ein mit Nachkriegs-Programmen beauftragter Ausschuß des Außenministeriums ein Memorandum vor, das politische Empfehlungen für die Behandlung Deutschlands im Hinblick auf die langfristigen amerikanischen Interessen enthielt. Zur Frage der deutsch-polnischen Grenze wurde empfohlen:[24] „Diese Regierung sollte sich nicht widersetzen, wenn Polen die folgenden Gebiete annektiert: Ostpreußen, Danzig und in Deutsch-Oberschlesien den Industriebezirk mit einem ländlichen Hinterland, das in erster Linie von ethnischen Kriterien bestimmt werden soll. *Die Vereinigten Staaten wären dagegen nicht geneigt, zu befürworten, daß Polen weitere deutsch bewohnte Gebiete jenseits der Oder annektiert.*" (Kursive vom Verfasser)

Doch unbeeindruckt vom Umfang der territorialen Entschädigung, wie sie die Alliierten in Teheran im Auge hatten, wandte sich die polnische Exilregierung heftig gegen alle Versuche, sie zu einer Abtretung irgendwelcher Gebiete in Ostpolen zu zwingen.

Für das Unterfangen, die Polen zu überreden, sicherten sich die Alliierten die guten Dienste von Dr. Benesch, dem Ministerpräsidenten der tschechoslowakischen Exilregierung. Er trat also als Vermittler auf, um die Polen zu überreden, „Vernunft anzunehmen", das heißt, sie von der politischen Notwendigkeit zu überzeugen, daß sie die Hälfte ihres Landes der Sowjetunion überlassen müßten.[25]

Das Problem Katyn

Es ist möglich, wenn auch kaum wahrscheinlich, daß Beneschs Bemühungen um Vermittlung einen gewissen Erfolg gehabt hätten, wenn wenigstens kein anderes Hindernis den Weg zu einer polnisch-sowjetischen Verständigung versperrt hätte. Das schlimmste Hindernis war natürlich der Fall Katyn.[26]

Im Sommer 1940, ein Jahr vor dem deutschen Angriff auf die Sowjetunion, hatten sowjetische Befehlsstellen rund 14 500 polnische Offiziere ermordet, die im September 1939 beim Einmarsch der Roten Armee in Ostpolen in sowjetische Gefangenschaft geraten waren. Seit der Entdeckung der Massengräber mit ca. 4500 Opfern im Wald von Katyn bei Smolensk durch die Deutschen im April 1943 hatten sich die polnisch-sowjetischen Beziehungen rasch verschlechtert. General Sikorski, der Präsident der polnischen Exilregierung, verlangte sofort eine Untersuchung durch das Internationale Rote

Kreuz, – unter diesen Umständen wohl eine verständliche Forderung. Peinlich berührt von der Entdeckung und im Bewußtsein, daß für Katyn niemals eine überzeugende oder achtbare Erklärung gefunden werden konnte, heuchelte die Sowjetunion Entrüstung, beschuldigte Sikorski, Hitlers Propaganda in die Hände zu arbeiten, und brach die diplomatischen Beziehungen zur polnischen Exilregierung in London ab.[27] Unter dem Druck Churchills und Roosevelts ließ Sikorski tatsächlich die Forderung nach einem internationalen Untersuchungsausschuß des Roten Kreuzes fallen, doch der Bruch mit der sowjetischen Regierung war vollzogen. Mit einem einzigen Strich hatte Stalin die nicht-kommunistischen Polen beiseitegeschoben und freie Hand gewonnen, um in Moskau eine rivalisierende polnische Regierung zu bilden.[28] Während weder Sikorski[29] noch später Mikolajczyk bereit waren, den sowjetischen Landraub in Ostpolen gutzuheißen, war das abhängige polnisch-kommunistische Komitee, dem Stalin gestattete, sich als „Komitee der Nationalen Befreiung" zu entfalten, gern dazu bereit.

Trotz der nun völlig veränderten Atmosphäre von 1943/44 ging Benesch seiner Mission nach und versuchte, die Londoner Polen zum Einverständnis mit dem russischen Plan zu bewegen. Falls seine Bemühungen Erfolg gehabt hätten, wäre das tschechische Prestige in den Augen von Moskau, London und Washington sicherlich bedeutend gestiegen, so daß Benesch den guten Willen dieser Mächte nach dem Krieg für die Tschechoslowakei hätte besser mobilisieren können. So erörterte er denn am 10. Januar 1944 mit Mikolajczyk die sowjetische Einstellung zu den Nachkriegsgrenzen Polens:[30] „Moskau könne in der Frage der Curzon-Linie nicht nachgeben, sei aber bereit zu territorialen Entschädigungen Polens auf Kosten Deutschlands, bei voller Übereinstimmung mit Polen, Großbritannien und Amerika: Moskau werde jede westliche Grenze anerkennen, auf die man sich einige, und sei es die Oder-Linie."

Doch leider wußte Mikolajczyk, daß er nicht nur wegen der Affäre von Katyn, sondern auch wegen des alten Grolls der Polen gegen den östlichen Nachbarn das polnische Volk nicht dazu überreden konnte, die vorgeschlagene polnisch-sowjetische Grenze hinzunehmen. Wenn wenigstens Lemberg und Wilna für Polen gerettet werden könnten! Natürlich arbeitete die Zeit gegen Mikolajczyk und die Londoner Polen, denn im Sommer 1944 wurde Polen aus den Händen der Deutschen durch die Rote Armee befreit, in deren Kielwasser dann die kommunistischen Polen aus Moskau eintrafen und Posten mit echter – nicht nur auf dem Papier entworfener – Macht einnahmen. Die anerkannte polnische Exilregierung konnte in London alles nur aus der Ferne beobachten.

Moskau: Juli und Oktober 1944

Am 27. Juli 1944 reiste Mikolajczyk nach Moskau, um sich mit Stalin und Molotow zu besprechen. Am selben Tag meldeten die russischen Zeitungen den Abschluß eines Abkommens zwischen der sowjetischen Regierung und dem kommunistischen polnischen Komitee der Nationalen Befreiung. Es hieß darin, das Komitee sei berechtigt, „die volle Leitung aller Angelegenheiten der Zivilverwaltung" in den Gebieten Polens zu übernehmen, die ihnen die sowjetischen Militärdienststellen zuweisen würden. Die Londoner Polen waren verloren, wußten es aber noch nicht. Mikolajczyk hätte tatsächlich höchstens einen Posten in einer polnischen Regierung erwarten können, die sich zum großen Teil aus Mitgliedern des kommunistischen Komitees der Nationalen Befreiung und bestimmten sowjetfreundlichen Polen aus dem Ausland zusammensetzte.

Churchill, der die ungünstige Lage seiner Schützlinge, der Londoner Polen, klar erkannte, entschied, sie täten besser daran, Katyn zu vergessen und die Zusammenarbeit mit den Russen aufzunehmen, auch wenn sie nichts für sie übrig hätten. Im anderen Fall würden sie im Nachkriegs-Polen völlig ausgeschaltet sein.

Voraussetzung für die Zusammenarbeit mit den Russen war völliges Nachgeben in der Frage der polnischen Ostgrenze. So versuchte Churchill in einem Gespräch mit Mikolajczyk am 13. Oktober 1944, diesen zu überzeugen, die sogenannte Curzon-Linie als Ostgrenze zu akzeptieren. Die Curzon-Linie war bekanntlich die Demarkationslinie zwischen Polen und der Sowjetunion, die nach dem ersten Weltkrieg der britische Außenminister Lord George Curzon im Namen der Interalliierten Konferenz von Spa am 11. 7. 1920 vorgeschlagen hatte. Ihr Verlauf war für Polen besonders ungünstig, weil eine zahlreiche polnische Bevölkerung östlich der Linie verblieb. Aus diesem Grunde kämpften die Polen weiter gegen die Russen und erreichten infolge ihres Sieges im Frieden von Riga eine günstigere Grenzziehung, die bis zur sowjetischen Invasion am 17. September 1939 bestanden hatte. Nun war aber die sowjetische Übermacht in diesem Raum eindeutig, und Stalin, wie die Zaren vor ihm, wollte die russische Grenze nach Westen verschieben. Churchill argumentierte gegenüber Mikolajczyk folgendermaßen:[31] „Ich muß im Namen der britischen Regierung erklären, daß die Opfer, die die Sowjetunion im Laufe des Krieges gegen Deutschland gebracht hat, und ihre Bemühungen um die Befreiung Polens ihr in unseren Augen Anspruch auf eine Grenze entlang der Curzon-Linie geben . . . Ich glaube auch, daß die Verbündeten den Kampf gegen Deutschland fortsetzen werden, um einen angemessenen Ausgleich für die polnischen Zugeständnisse im Osten zu erreichen . . . (Churchill sagte zuerst „volle Kompensation", korrigierte sich dann aber selbst) in der Form von Territorien im Norden und im Westen, in Ostpreußen und in Schlesien, einschließlich einer günstigen Küste, eines ausgezeichneten Hafens in Danzig und wertvoller Rohstoffe in Schlesien. Es wird ein großes Land sein, nicht ganz dasselbe, das in Versailles umrissen wurde, aber es wird eine echte und solide Struktur bilden, in der die polnische Nation leben und sich in Sicherheit, Wohlstand und Freiheit entwickeln kann."

Mikolajczyk äußerte sich aber scharf gegen die Curzon-Linie und sagte, er könnte nicht 5 Millionen Polen im Stich lassen. Außerdem könnte er die Frage nicht entscheiden. Die Entscheidung liege bei dem polnischen Volk.[32]

Bei der Besprechung am 14. Oktober 1944 in der Moskauer britischen Botschaft übten Churchill und Eden massiven Druck auf Mikolajczyk aus, damit er sich mit der Curzon-Linie einverstanden erkläre. Diese Begegnung ist so enthüllend für die Realitäten der Machtpolitik, daß man unwillkürlich an die schmähliche Berliner Unterredung vom März 1939 zwischen dem Präsidenten Hacha der Tschechoslowakei und dem deutschen Diktator denken muß: Nachdem Hacha mit allen einem Staatsoberhaupt zukommenden Ehren empfangen worden war, begann man ihn zu bearbeiten, damit er mit einem Federstrich die Unabhängigkeit seines Volkes vernichtete. Die Begegnung zwischen Churchill und Mikolajczyk in Moskau ist es wert, auszugsweise wiedergegeben zu werden, weil sie anschaulich und eindeutig die starken politischen Spannungen enthüllt, die nicht nur zur polnisch-sowjetischen Grenze, sondern auch zur Oder-Neiße-Linie führten:

Mikolajczyk: „Ich weiß, daß unser Schicksal in Teheran besiegelt wurde."

Churchill: „In Teheran wurde es gerettet."

M.: „Ich bin kein Mensch, dem jedes patriotische Gefühl abgeht und der halb Polen verschenken würde."

C.: „Was meinen Sie mit ‚dem jedes patriotische Gefühl abgeht'? Vor zwanzig Jahren haben wir Polen wiederhergestellt, obwohl im Krieg davor mehr Polen gegen als für uns gekämpft haben. Jetzt retten wir Sie wieder vor der Vernichtung, doch Sie wollen den Ball nicht annehmen. Sie sind absolut verrückt."

M.: „Doch diese Lösung ändert doch gar nichts."

C.: „Falls Sie die Grenze nicht akzeptieren, scheiden Sie für alle Zeiten aus dem Spiel aus. Die Russen werden durch Ihr Land stürmen, und Ihr Volk wird liquidiert werden. Sie stehen am Abgrund der völligen Vernichtung."

Eden: „Falls wir zu einer Verständigung über die Curzonlinie kommen, werden wir in allen anderen Fragen die Zustimmung der Russen erreichen. Sie werden eine Garantie von uns erhalten."

C.: „Polen wird eine Garantie der drei Großmächte und natürlich durch uns erhalten. Die amerikanische Verfassung erschwert es dem Präsidenten, die Vereinigten Staaten eine solche Verpflichtung eingehen zu lassen. Jedenfalls geben Sie gar nichts auf, weil die Russen ohnehin schon dort stehen."

M.: „Alles verlieren wir."

C.: „Die Pripet-Sümpfe und fünf Millionen Einwohner. Die Ukrainer gehören nicht zu Ihrem Volk. Sie retten Ihr eigenes Volk und ermöglichen es uns, mit ungeteilter Kraft zu handeln."

M.: „Müssen wir unterzeichnen, wenn wir im Begriff sind, damit unsere Unabhängigkeit zu verlieren?"

C.: „Ihnen bleibt nichts anderes übrig. Die Lage würde sich völlig ändern, wenn Sie zustimmten."

M.: „Wäre es möglich zu erklären, daß die drei Großmächte ohne unsere Anwesenheit über Polens Grenzen entschieden haben?"

C.: „Sie machen uns krank. Wir werden Ihrer überdrüssig werden, wenn Sie weiter streiten."

Eden: „Sie sollten sagen, daß Sie angesichts der von der britischen und der sowjetischen Regierung abgegebenen Erklärung eine *de-facto*-Formel akzeptieren – wenn Sie wollen, auch unter Protest, und sollten uns die Schuld zuschieben. Ich sehe durchaus die Schwierigkeiten, wenn Sie es als Ihren eigenen Entschluß ausgeben."

[. . .]

M.: „Wir verlieren alle Autorität in Polen, wenn wir die Curzon-Linie anerkennen, und außerdem ist nichts darüber gesagt, was wir von den Deutschen bekommen könnten."

Eden: „Ich glaube, das könnten wir tun, das Risiko können wir auf uns nehmen. Wir könnten sagen, was Sie bekommen sollen."

An diesem Punkt kam Churchill mit dem Entwurf für eine Deklaration zurück. Er erklärte Mikolajczyk:

„Wenn wir in diesem Augenblick bekanntgeben, was wir den Deutschen im Osten nehmen wollen, würde die deutsche Wut entfesselt, und das würde viele Menschenleben kosten. Wenn andererseits die Übereinstimmung zwischen Polen und Rußland jetzt nicht zustandekommt, würde es ebenfalls Opfer an Menschenleben fordern."

Dann las Churchill den Entwurf einer Deklaration vor, die eine polnische Zustimmung zur Curzon-Linie enthalten sollte. Mikolajczyk wiederholte seine Einwände, und die morgendliche Konferenz wurde beendet. Eine zweite fand am Nachmittag statt, Churchill war verärgert und ungeduldig. Mikolajczyk erklärte Churchill, nach erneuter Überlegung könne er der Curzon-Linie nicht zustimmen, und fuhr fort:

„Die polnische Regierung kann nicht über den Verlust fast der Hälfte polnischen Territoriums im Osten bestimmen, ohne die Meinung des polnischen Volkes einzuholen, die für die Regierung entscheidend ist."[33]

C.: „Sie sind keine Regierung, wenn Sie nicht imstande sind, eine Entscheidung zu treffen. Sie sind abgebrühte Leute, die Europa zerstören möchten. Ich werde Sie Ihren Skrupeln überlassen. Sie haben kein Verantwortungsgefühl, wenn Sie Ihr Volk daheim im Stich lassen wollen, gegen dessen Leiden Sie gefühllos sind. Sie kümmern sich nicht um die Zukunft Europas, Sie haben nur Ihre eigenen kümmerlichen, selbstsüchtigen Interessen im Sinn. Ich werde mich an die anderen Polen wenden müssen, und diese Lubliner Regierung wird vielleicht sehr gut arbeiten. Sie wird *die Regierung* sein. Sie machen den kriminellen Versuch, durch Ihr ‚liberum veto' das Einverständnis unter den Verbündeten zu stören. Das ist Feigheit von Ihnen."[34]

Das Duell der Worte wurde unterbrochen, weil Churchill noch am selben Nachmittag eine Verabredung mit Stalin wahrzunehmen hatte.

Am 15. Oktober besprach sich Mikolajczyk wieder mit Churchill und bot nun nach schmerzlichen Überlegungen an, die Curzon-Linie unter der Bedingung anzuerkennen, daß die günstigere Version gelten sollte, bei der wenigstens Lemberg und die galizischen Ölfelder für Polen gerettet worden wären. Das Angebot stellte tatsächlich ein großes Zugeständnis der polnischen Seite dar, aber in Wahrheit war Polen gar nicht in der Lage zu verhandeln, sondern konnte nur hinnehmen, was von den Großmächten bestimmt wurde. In einem Ausbruch von Ungeduld und schlechter Laune schrie Churchill Mikolajczyk an, daß „alles zwischen uns aus" sei, verließ den Raum und warf die Tür hinter sich zu. Die Großen hatten beschlossen, Polen müsse die Curzon-Linie annehmen und auf Lemberg und die galizischen Ölfelder verzichten. Die so landreiche Sowjetunion mit ihrer Bevölkerungsdichte von kaum mehr als zehn Menschen pro Quadratkilometer bestand darauf, halb Polen zu annektieren, und Stalin wollte seinen Willen ohne Zugeständnisse oder Kompromisse durchsetzen. Die westlichen Alliierten hatten die Möglichkeit, sich zu widersetzen und ihre Ablehnung durch die Drohung, die Militärhilfe einzustellen, wirksamer zu machen. Aber sie taten nichts. Churchill ging den Weg des geringsten Widerstandes, schüchterte Mikolajczyk ein und bot ihm dann an, Polen auf Kosten Deutschlands zu entschädigen. Ein tief verbitterter Mikolajczyk, der sich weigerte, Eden die Hand zu reichen, verließ den Konferenzraum.[35]

Nach dieser bedrückenden Begegnung setzte Mikolajczyk seine verbalen Angriffe gegen die Curzon-Linie fort, nicht nur, weil er sie für einen schändlichen Bruch feierlich gegebener Versprechungen hielt, sondern auch, weil er aufrichtig glaubte, eine standhafte Haltung könne immer noch etwas von Ostpolen retten. Unterdessen verstärkten die Briten ihren Druck, weil die Lubliner Polen, die bereits die Curzon-Linie anerkannt hatten, ihre Macht in Polen mit Unterstützung der Sowjetunion rasch festigten; es war aber mit den Interessen der westlichen Alliierten natürlich nicht vereinbar, Polen ganz der sowjetischen Einflußsphäre zu überlassen. Nur nach und nach, in den traurigen Monaten, die auf das Scheitern der Moskauer Verhandlungen folgten, erkannte Mikolajczyk, daß nicht die geringste Hoffnung bestand, irgendeinen Teil des östlichen Polens zu retten. Es war also das Beste, im Westen so viel Entschädigung wie nur möglich auf Kosten der Deutschen herauszuschlagen. In diesem Punkt zeigte sich Stalin großzügig; er bot Mikolajczyk tatsächlich nicht nur die Oder-Grenze, sondern darüber hinaus die Ausdehnung nach Westen bis an die Görlitzer Neiße.[36]

Am 18. Dezember 1944 veröffentlichte die *Prawda* einen langen Artikel von Dr. Stefan Jedrichowski, dem Propagandachef des Lubliner Komitees und einem sehr gewichtigen Vertreter dieses Komitees in Moskau. In diesem Artikel empfahl Jedrichowski, Polens Westgrenze von Stettin nach Süden an der Oder und der westlichen (der Görlitzer) Neiße entlang bis zur tschecho-

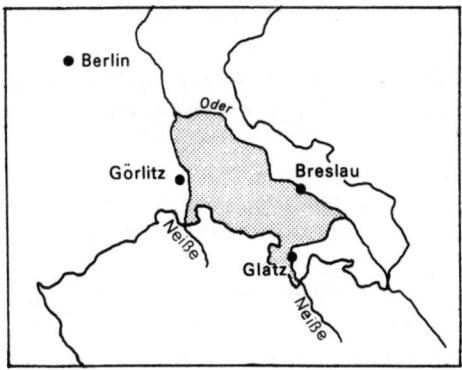

Karte 2: Schlesien zwischen Görlitzer und Glatzer Neiße

slowakischen Grenze zu ziehen. Niemand hatte bis dahin so viel Gebiets-
erwerb beansprucht. Polens offizieller Vorschlag für seine Entschädigung
umfaßte jetzt nicht nur ganz Deutschland östlich der Oder, sondern auch
beachtliche deutsche Gebiete westlich der Oder, wodurch zusätzlich drei
Millionen Deutsche betroffen wurden. Stettin, die Hauptstadt der Provinz
Pommern, lag zwar auf dem westlichen Oderufer, sollte aber polnischer Hafen
werden; ferner wurde ganz Niederschlesien westlich der Oder mit Breslau
gefordert. Die westlichen Alliierten lehnten diesen Vorschlag unzweideutig
ab, doch die Tatsache, daß Jedrichowskis Artikel in der *Prawda* erschien, wies
deutlich darauf hin, daß die sowjetische Regierung die Forderung unterstützte
– daß also der Artikel die neue sowjetische Vorstellung über den künftigen
Grenzverlauf wiedergab.

Als George F. Kennan, der damals politischer Berater des amerikanischen
Botschafters in Moskau war, diesen unheilverkündenden Artikel gelesen hatte,
suchte er unverzüglich den amerikanischen Botschafter Averell Harriman auf,
um mit ihm über die weitreichenden Folgerungen aus dieser neuen Konstella-
tion zu sprechen. Vor allem wies er darauf hin, daß die Verwirklichung des
Plans Polens Abhängigkeit von der Sowjetunion außerordentlich steigern
würde. In einem Memorandum, das volle sechs Wochen vor der Konferenz
von Jalta geschrieben wurde, sprach Kennan sein Mißtrauen gegen die geplante
Grenzverschiebung aus:[37] „Es macht jeden Glauben an ein freies und unabhängiges Polen unrealistisch. Es richtet in Mitteleuropa eine Grenze auf, die
sich nur verteidigen läßt, wenn an ihrer ganzen Länge dauernd starke Truppen-
verbände unterhalten werden. Es macht die Lösung der wirtschaftlichen und
sozialen Probleme im restlichen Deutschland außerordentlich schwierig –
trotz Churchills unüberzeugender Zuversicht, es werde nicht schwerfallen, in
Deutschland für 6 Millionen Menschen eine neue Heimstatt zu finden (übrigens halte ich die Zahl für zu niedrig). Mit anderen Worten erschwert es eine
Stabilisierung der Verhältnisse gerade in den Teilen Deutschlands, die für die

atlantische Gemeinschaft besonders wichtig sind, und kann sich also nur zu unsren und der Briten Ungunsten auswirken.

Die Verwirklichung dieses Plans mag sich nicht verhindern lassen . . . aber ich glaube, daß es geboten wäre, ihn für das zu nehmen, was er ist, und unsere Überlegungen über die Zukunft Europas danach einzurichten. Vor allem aber sehe ich keinen Grund für uns, die Mitverantwortung für die Komplikationen zu übernehmen, die unausweichlich daraus entstehen müssen."

Die meisten amerikanischen und britischen Politiker sahen die Situation allerdings nicht so pessimistisch wie Kennan und machten noch einen Versuch, eine freundschaftliche Übereinkunft mit der Sowjetunion zu treffen. Marschall Stalin war der Waffenkamerad in dem titanischen Kampf gegen Hitler, und die gemeinsame Anstrengung verfehlte auch nicht, mehr als nur ein Körnchen Freundschaft und guten Willens zu erzeugen.

Heute weiß jeder politische Amateur, daß Stalin das Spiel der Machtpolitik viel besser beherrschte als die Leiter der westlichen Demokratien, die sich in den Jahren der Zusammenarbeit niemals vorstellten, in welchem Ausmaß viele ihrer Kriegsziele unerfüllt bleiben würden. Vor allem da, wo es um Polens Grenzen und seine Zukunft als freies Land ging, wurde reichlich viel Vertrauen an Stalin verschwendet. So war und blieb es Präsident Roosevelts ständige Taktik, z. B. klare Entscheidungen über Grenzziehungen auf die Zeit nach Beendigung der Feindseligkeiten hinauszuschieben.[38] Weil man versäumte, Stalins Ehrgeiz rechtzeitig Einhalt zu gebieten, kam es zur Versetzung der sowjetisch-polnischen Grenze nach Westen und schließlich zur Diskussion über die neue polnisch-deutsche Grenze. Da man von Stalin nie eine bindende Verpflichtung verlangte, blieb ihm natürlich freie Hand, der von den Sowjets beherrschten polnischen Regierung einen viel größeren Bissen Deutschlands zu überlassen, als die Amerikaner und die Briten je bewilligen wollten.

Die Konferenz von Malta

Am Vorabend der Konferenz von Jalta sollten nach Ansicht der westlichen Alliierten die Grenzziehungen, soweit sie Deutschland betrafen, Ostpreußen (bis auf Königsberg und seine Umgebung), Danzig, Deutsch-Oberschlesien und den östlichen Zipfel von Pommern den Polen verschaffen; Polen hätte damit etwa 54 500 Quadratkilometer erhalten – grob gerechnet die Hälfte dessen, was es schließlich nahm.[39]

Bei der Besprechung der Außenminister Eden und Stettinius in Malta am 1. Februar 1945 äußerten beide ihre Mißbilligung der territorialen Forderung, die von der provisorischen polnischen Regierung erhoben wurde und dem Vorschlag Jedrichowskis in der *Prawda* entsprach. Eden und Stettinius waren sich einig, die Grenze an der Görlitzer Neiße nicht anzuerkennen, doch „schon die Grenze am Oderverlauf würde Polens Aufnahmefähigkeit schwer belasten und die ungeheuren Schwierigkeiten vergrößern, die mit der Umsiedlung von Millionen Deutscher entstehen".[40]

In einem Memorandum empfahl die Delegation der Vereinigten Staaten: „Wir sollten uns nachdrücklich den Bestrebungen widersetzen, die polnische Grenze bis an die Oder-Linie oder an die Oder-Neiße-Linie vorzuschieben."[41] Doch wie Jalta und Potsdam zeigten, war der Protest längst nicht nachdrücklich genug.

Die Konferenz von Jalta

Wie Eden und Stettinius gefürchtet hatten, drängte Stalin in Jalta auf eine Grenze an der Oder und der Görlitzer Neiße.[42] Molotow erhellte die sowjetische Ansicht noch deutlicher, als er auch Stettin verlangte, obwohl diese Stadt auf dem westlichen Oder-Ufer lag.[43] Hier griff Churchill ein, weil „ein beachtlicher Teil der britischen öffentlichen Meinung ... entsetzt wäre, wenn vorgeschlagen würde, Deutsche in großer Anzahl auszuweisen".[44] Darauf meinte Marschall Stalin, die meisten Deutschen in dem fraglichen Gebiet, einschließlich der Deutschen, die zwischen den beiden Flüssen Neiße wohnten, wären bereits vor der Roten Armee geflüchtet. Diese Behauptung, die er während der vierten Vollversammlung am 7. Februar 1945 aufstellte, war ganz offensichtlich falsch. Mindestens fünf Millionen Deutsche lebten noch dort, wenn auch etwa vier Millionen schon vor der anrückenden Roten Armee geflohen waren. Obwohl die Sowjets versuchten, die Frage herunterzuspielen, bestand Churchill darauf, jede Umsiedlung von Einwohnern „müsse aber im Verhältnis zu dem bleiben, was Polen verdauen und was nach Deutschland überführt werden könne".[45] Außerdem „wäre es höchst bedauerlich, wenn man die polnische Gans dermaßen mit deutschem Futter mäste, daß sie an Verdauungsbeschwerden eingehe".[46] Durch Churchills Einwände in keiner Weise beeindruckt, drängte Molotow weiter auf die Görlitzer Neiße und fügte hinzu, daß auch die provisorische polnische Regierung (die Marionettenregierung, die von den Sowjets selbst eingesetzt worden war) die westliche Neiße verlange.

Der fünften Vollversammlung am 8. Februar legte Roosevelt einen neuen Vorschlag vor, der zwar keine bindende Verpflichtung der Regierung der Vereinigten Staaten enthielt, aber doch die Bereitwilligkeit zeigte, die amerikanische Einstellung zu Polens Westgrenze zu mildern und Polen vorläufig eine Ausdehnung bis an die Oder einzuräumen. Er bemerkte jedoch, „die Grenze bis zur westlichen Neiße vorzuschieben, dafür scheint geringe Rechtfertigung zu bestehen".[47] Dieses beachtliche Zugeständnis an Stalin war Teil eines amerikanischen „Kopplungsgeschäfts", mit dem man vor allem ein demokratisches Polen mit freien Wahlen zu sichern suchte: Die Vereinigten Staaten wollten also der Oder-Grenze unter der Bedingung zustimmen, daß die Sowjets entsprechende politische Zugeständnisse machten.

Ebenfalls am 8. Februar legte Churchill den Konferenzteilnehmern einen abgeänderten Entwurf vor, in dem er den Polen „die von Polen gewünschten Gebiete östlich der Oder-Linie" zusprach.[48] Polnische Wünsche sollten also in

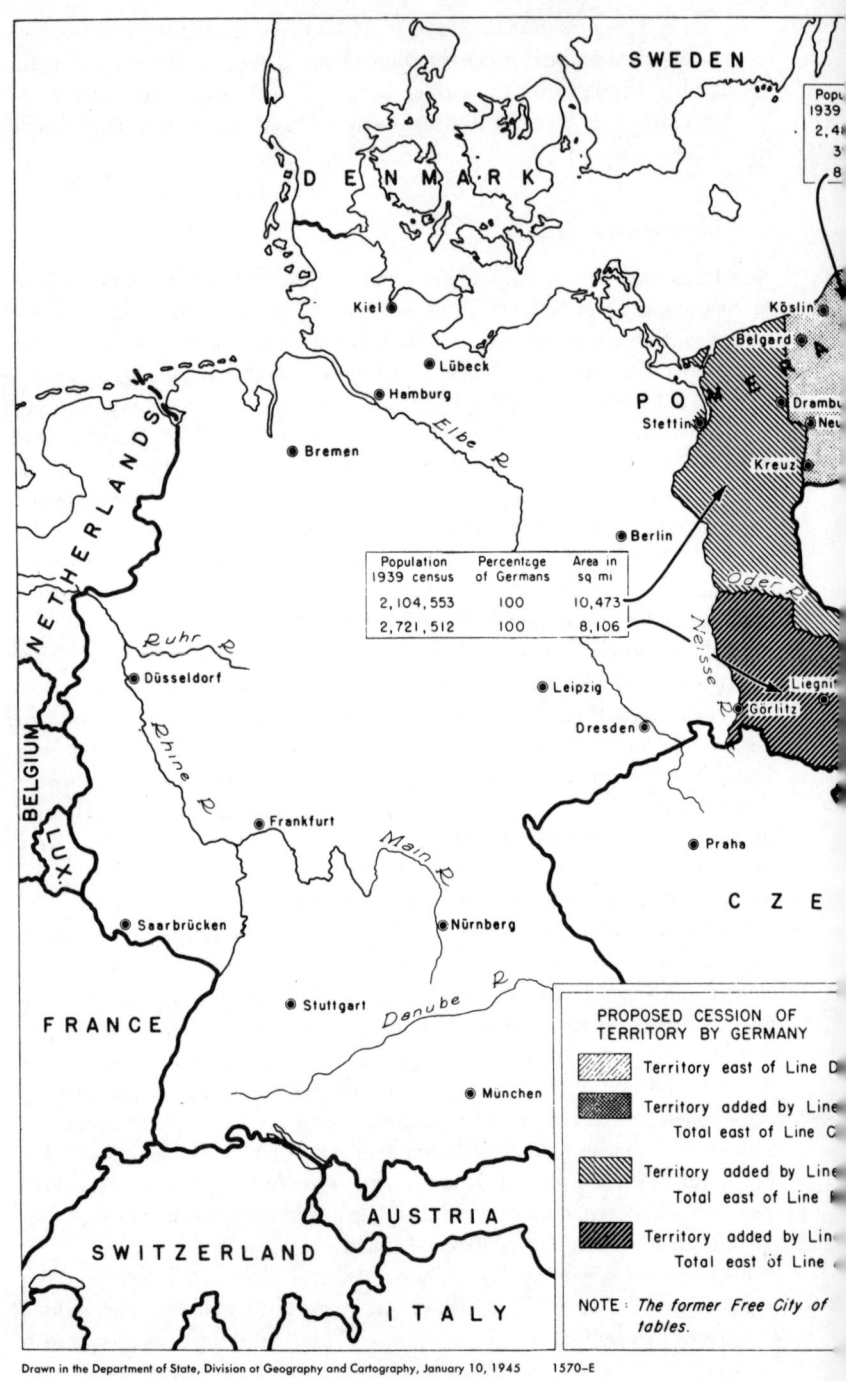

Drawn in the Department of State, Division of Geography and Cartography, January 10, 1945   1570–E

Karte 3: Offizielle Landkarte der amerikanischen Delegation bei der Konferenz von Jalta
(Faksimile)

LITHUANIA

Percentage of Germans	Area in sq. mi.
93.8 (1925)	14,282
92.8 (1923)	754
99.0 (1925)	6,812

● Memel

Area north of dotted line
Pop.¹ ca. 1,000,000
Area ¹ 4,000 sq. miles

Niemen R.

● Wilno

Gdynia ●

● Königsberg

● Minsk

DANZIG

EAST PRUSSIA

Grodno ●

USSR

Białystok ●

Wisła (Vistula) R.

● Warsaw

Bug R.

● Brest Litovsk

Łódź ●

WESTERN POLAND

Population 1931 census	Area in sq. mi.
21,467,000	94,734

EASTERN POLAND

Population 1931 census	Area in sq. mi.
10,640,000	70,049

CURZON LINE

Population 1939 census	Percentage of Germans	Area in sq. mi.
1,527,491	57.0 (1914)	3,750

UPPER SILESIA
Beuthen ●

● Katowice
● Kraków

● Lwów

C Z E C H O S L O V A K I A

● Cernăuți

RUMANIA

HUNGARY

EA IN MILES	POPULATION 1939 CENSUS
,032	4,015,613
,812	835,884
,844	4,851,497
,473	2,104,553
,317	6,956,050
,106	2,721,512
,423	9,677,562

ot included in the above

PROPOSED ANNEXATIONS BY POLAND	AREA IN SQ. MILES (Cumulative	POPULATION 1939 CENSUS Totals)
East of Line D	14,766	3,406,613
East of Line C	21,578	4,242,497
East of Line B	32,051	6,347,050
East of Line A	40,157	9,068,562

NOTE ¹ *Tables include Danzig and exclude East Prussia north of dotted line (probable minimum annexation by USSR).*

ORIGINAL CLASSIFICATION "SECRET". GERMAN SERIES, MAP 68.

Betracht gezogen werden, doch von der Görlitzer Neiße, die von den Sowjets ins Gespräch gebracht wurde, war nicht die Rede. Als Churchill den Konferenzteilnehmern seinen Entwurf vorlegte, hatte er ein Telegramm des Londoner Kriegsministeriums erhalten, das jede Grenzziehung an der Görlitzer Neiße ablehnte. „Sie wissen, daß die Bevölkerungsfrage viel zu umfangreich ist, um bewältigt zu werden."[49]

Wenn sich die westlichen Alliierten auch versuchsweise auf Zugeständnisse einließen, kam es doch nicht zu bindenden Verpflichtungen. Es ist bezeichnend, daß der Text, der am 10. Februar von der siebten Vollversammlung gebilligt wurde, in der Frage von Polens Westgrenze absichtlich ungenau formuliert worden war:[50] „Es wird anerkannt, daß Polen beträchtlichen Landgewinn im Norden und Westen erhalten muß. Sie [die Konferenzteilnehmer] halten es für angebracht, zu gegebener Zeit die Meinung der neuen provisorischen polnischen Regierung über den Umfang des Landgewinns einzuholen, die endgültigen Westgrenzen Polens aber der Friedenskonferenz zu überlassen."

Die Weigerung, eine verbindliche Entscheidung über Polens Westgrenze zu treffen, war ein etwas kläglicher Versuch der westlichen Alliierten, ihre Verhandlungsposition gegenüber den Russen zu behaupten. Roosevelt und Churchill hatten nicht die Absicht, an eine von den Sowjets beherrschte polnische Regierung territoriale Zugeständnisse zu machen, und hofften, die Anerkennung von Polens Westgrenze als Gegenleistung für eine echte demokratische Repräsentativregierung in Polen einsetzen zu können. Das nämlich war ein wesentliches und nur gemeinsam zu erreichendes Ziel der britischen und der amerikanischen Regierung, während die Sowjetunion gar nicht daran dachte, etwas derartiges zu verwirklichen.

Roosevelt, noch voller Optimismus über eine künftige Zusammenarbeit mit der Sowjetunion, berichtete dem amerikanischen Volk nach seiner Rückkehr aus Jalta:[51] „Im Laufe der Geschichte bildete Polen den Korridor, durch den die Angriffe auf Rußland erfolgten. Zweimal in dieser Generation hat Deutschland durch diesen Korridor gegen Rußland losgeschlagen. Damit sich das nicht wiederholt und um die europäische Sicherheit und den Weltfrieden zu erhalten, ist ein starkes, unabhängiges Polen notwendig.

Die Entscheidungen im Hinblick auf Polen waren durchaus ein Kompromiß ... der die Polen im Norden und Westen für das Land entschädigen soll, das sie im Osten durch die Curzon-Linie verlieren. Bei der endgültigen Friedenskonferenz soll der Grenzverlauf für die Dauer festgelegt werden. Im großen und ganzen wird das neue, starke Polen einen bedeutenden Anteil des jetzt als Deutschland bezeichneten Gebiets erhalten ...

Ich bin überzeugt, daß diese Übereinkunft über Polen unter diesen Umständen die denkbar hoffnungsvollste Vereinbarung für einen freien, unabhängigen und blühenden polnischen Staat ist."

Churchill berichtete nach seiner Rückkehr dem Parlament in ähnlichem

Ton; er stellte im Unterhaus den Antrag:[52] „Dieses Haus möge der gemeinsamen Politik zustimmen, auf die sich die drei Großmächte bei der Krim-Konferenz geeinigt haben, und möge besonders deren Entschlossenheit begrüßen, die Eintracht des Handelns nicht nur bei der endgültigen Niederwerfung des Feindes, sondern danach im Frieden wie im Krieg zu wahren."

Über Polens Grenzen sagte er:[53] „Die drei Mächte haben sich jetzt geeinigt, daß Polen beträchtlichen Landzuwachs sowohl im Norden wie im Westen erhalten soll. Im Norden wird es sicherlich anstelle des gefährdeten Korridors die Großstadt Danzig, den größeren Teil Ostpreußens westlich und südlich Königsbergs erhalten, dazu einen langen, breiten Küstenstreifen an der Ostsee. Im Westen wird es die wichtige Industrieprovinz Oberschlesien bekommen, dazu die Gebiete östlich der Oder, die bei der Friedensregelung vielleicht von Deutschland abgetrennt werden, nachdem die Meinungen einer auf breiter Grundlage errichteten polnischen Regierung angehört worden sind."

Obwohl sich Churchill nicht näher über den „beträchtlichen Landzuwachs" ausließ, war klar, daß Polen nach britisch-amerikanischen Vorstellungen *kein* deutsches Gebiet westlich der Oder erhalten sollte (mit Ausnahme eines Zipfels von Oberschlesien östlich der Glatzer Neiße, aber westlich der Oder). Ebenso war es keineswegs sicher, daß die Anglo-Amerikaner sämtliche polnischen Forderungen auf deutsches Gebiet östlich der Oder billigen würden. Wie Churchill erklärte, „wäre es ein großer Fehler, Polen zu drängen, sich einen größeren Teil dieser Gebiete zu nehmen, als es nach eigener und seiner Freunde Meinung besetzen, entwickeln und mit Hilfe der Alliierten und der Weltorganisation behaupten kann."[54]

Churchills Rede wurde von vielen Abgeordneten begeistert aufgenommen, doch an Kritik an der Rede des Premierministers fehlte es auch nicht. Am 1. März 1945 stellte Rhys-Davis die rhetorische Frage:[55] „Wenn die Politik der alliierten Mächte Danzig und Ostpreußen und andere Teile von Deutschland Polen geben will, um einen neuen Staat zu schaffen, weil Teile Polens andererseits Rußland gegeben werden, stellen sie sich dann auch nur einen Augenblick lang vor, daß sie damit einen dauerhaften Frieden in Europa schaffen?"

Am selben Tag bemerkte der Abgeordnete Strauß:[56] „Wir erfahren durch den Premierminister, daß einige Teile Deutschlands, bestimmt aber Oberschlesien, an Polen übergehen. Ich hoffe, die Regierung wird sich Zeit lassen, bevor sie einem Vorschlag dieser Art zustimmt, der keinen Vorteil für irgendjemanden bringen kann, aber vielleicht außerordentlich gefährlich für die allgemeinen Aussichten auf einen dauerhaften europäischen Frieden ist. Mit welcher Begründung wird ein solcher Vorschlag gemacht? Er soll Polen eine Entschädigung bieten. Doch die ganze Rechtfertigung der Curzon-Linie liegt darin, daß man sich 1919 in Versailles auf sie geeinigt hat. Aber nicht nur die Curzon-Linie, auch Polens Westgrenze wurde in Versailles gebilligt. War die eine gerecht, mußte es wohl auch die andere sein."

Doch bei dem ganzen Handel spielte „Vergangenheit" wie der Versailler

Vertrag tatsächlich kaum eine Rolle. Vielleicht kam der aufschlußreichste und zugleich trübste Kommentar von Davis, der schloß: „Wir haben diesen Krieg mit großen Motiven und hohen Idealen begonnen. Wir haben die Atlantik-Charta veröffentlicht, sie dann bespien und auf ihr herumgetrampelt und sie schließlich auf dem Scheiterhaufen verbrannt, und nun ist nichts mehr von ihr übrig."[57] Fünf Monate später bestätigte das Protokoll von Potsdam das Ende der Charta, auch sie wurde ein Opfer des Krieges. Die sowjetisch-polnische Grenze wurde an der Curzon-Linie festgelegt, und anderthalb Millionen Polen mußten ihr Zuhause verlassen und nach Westen ziehen.[58] Die polnisch-deutsche Grenze wurde an der Oder-Neiße-Linie entlang gezogen – und über neun Millionen Deutsche verloren ihre Heimat. Wie *Time* berichtete: „Europa ist aus dem schrecklichsten Krieg der Geschichte in den fürchterlichsten Frieden übergegangen."[59]

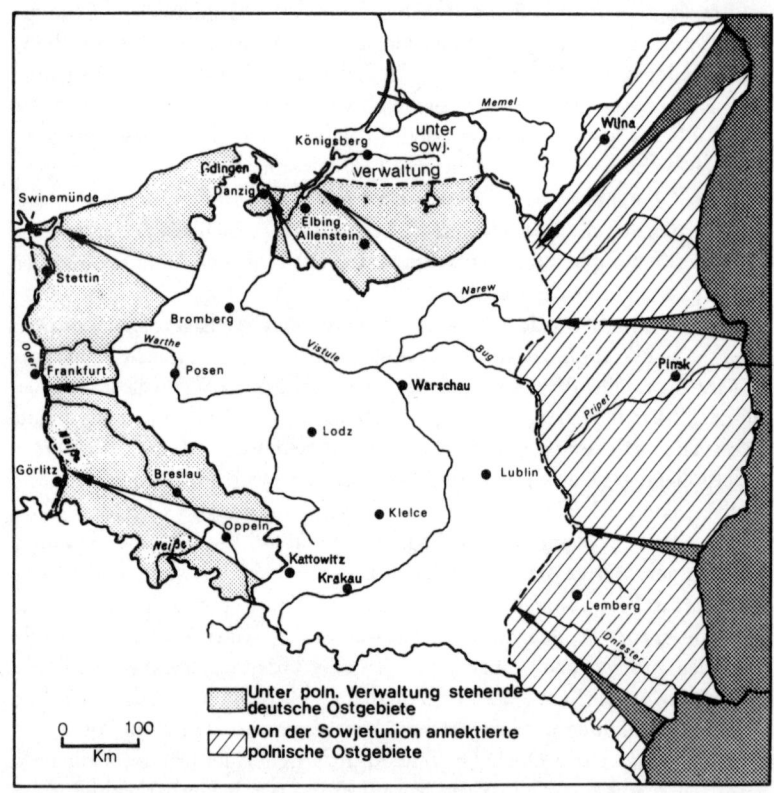

Karte 4: Die „Westverschiebung" Polens

Viertes Kapitel

Vorspiel zur Vertreibung: Die Flucht

Die Katastrophe, die über dies Gebiet mit dem Einzug der sowjetischen Truppen hereinbrach, hat in der modernen europäischen Geschichte keine Parallele. Es gab weite Landstriche, in denen, wie aus den Unterlagen ersichtlich, nach dem ersten Durchzug der Sowjets von der einheimischen Bevölkerung kaum noch ein Mensch – Mann, Frau oder Kind – am Leben war, und es ist einfach nicht glaubhaft, daß sie allesamt in den Westen entkommen wären.

George F. Kennan (Memoiren eines Diplomaten, S. 269)

Die Verdrängung der Deutschen nach Westen während des Zweiten Weltkrieges und danach ging in mehreren Phasen vor sich. Zunächst kamen die Deutschen aus den baltischen Staaten, aus Bessarabien, Bukowina, Dobrudscha und Wolhynien; sie hatten für die deutsche Staatsbürgerschaft optiert, wie es ihnen nach den Bevölkerungsaussiedlungs-Verträgen möglich war, die das Hitler-Reich zwischen 1939 und 1941 mit den Baltenstaaten, mit Rußland und mit Rumänien ausgehandelt hatte.[1] Diese Volksdeutschen wurden hauptsächlich in dem sogenannten Warthegau angesiedelt, der nach der Unterwerfung Polens von Polen geräumt und an das Reich angegliedert worden war. Beim Zusammenbruch der deutschen Militärmacht 1944/45 teilten sie das Schicksal aller Deutschen in Ost- und Mitteleuropa.

Die zweite Phase der Umsiedlung umfaßte die Evakuierungen, die von der deutschen Wehrmacht auf ihrem Rückzug organisiert wurden; oft wurden sie nur kurz vorher angekündigt, doch ein Mindestmaß an Organisation milderte wenigstens die Härte.

Unorganisierte Flucht von Hunderttausenden von Zivilisten kennzeichnet die dritte Phase; sie waren nicht mehr rechtzeitig evakuiert worden.

Viele, denen die Flucht nicht mehr gelang, nahmen sich das Leben, um der Rache der Roten Armee zu entgehen.[2]

Die längste und wohl verlustreichste Phase war die der eigentlichen Vertreibungen, die im März und April 1945 begannen und sich bis 1948, ja bis in das Jahr 1949 fortsetzten.[3]

Das vorliegende Kapitel beschäftigt sich vor allem mit der Geschichte und dem Hintergrund der zweiten und dritten Phase dieser Verschiebung nach Westen, mit der militärischen Evakuierung und der panischen Flucht.

Das Auftauchen der Roten Armee in Ostpreußen: Nemmersdorf

Bis zum Sommer 1944 war Ostpreußen vom Krieg verschont geblieben. Die anglo-amerikanischen Bombenschwärme suchten ihre Ziele meistens in Mittel- und Westdeutschland. Die Ostfront schien weit entfernt zu sein.

Erst die gewaltige sowjetische Offensive vom Sommer 1944 nahm den Ostpreußen das Gefühl von Sicherheit, und wenn es auch „defaitistisch" war, nicht an den „Endsieg" zu glauben, machte die rasch heranrückende Front selbst manche Parteifunktionäre zu Defaitisten. Am 16. Oktober 1944 begann die Rote Armee auf einer Breite von rund 140 km eine Großoffensive gegen die Ostgrenze von Ostpreußen.[4] Am 19. Oktober brach sie ins Reich ein und eroberte die Kreise Goldap und Gumbinnen. Eine kräftige Gegenoffensive der Wehrmacht warf die Russen am 5. November wieder über die Grenze zurück, aber die kurze Zeit der Besatzung hatte das Land gekennzeichnet. Wehrmacht und Volkssturm, die Goldap und Gumbinnen zurückeroberten, fanden nur noch wenige Überlebende vor.

Besondere Aufmerksamkeit verdienen die Vorgänge im Dorf Nemmersdorf am 20./21. Oktober, weil „Nemmersdorf" für die Geschichte der deutschen Fluchtbewegung eine wichtige Rolle spielte und neben Katyn wohl auch eines der besten belegten Beispiele russischer Greueltaten im Zweiten Weltkrieg ist. Den ostpreußischen Bauern jedenfalls wurde es zum Inbegriff unaussprechlicher Angst. Nemmersdorf war keineswegs der einzige Ort, in dem Angehörige der Roten Armee Gewalttaten begingen, aber was sich dort abspielte, hat die Flucht nicht nur der Ostpreußen, sondern auch die der Schlesier und der Pommern beschleunigt.

Warum mußte es überhaupt zu dem Massaker von Nemmersdorf kommen, warum waren die deutschen Zivilisten nicht rechtzeitig evakuiert worden? Erfahrene militärische Befehlshaber[5] hatten die zivilen Behörden in Ostpreußen mehrmals vor der Bedrohung durch die sich rasch nähernde Front gewarnt. Schon im August 1944 schlug der Oberbefehlshaber der Vierten Armee, General Friedrich Hoßbach, die vorbeugende Evakuierung der Zivilisten aus den östlichen Gebieten Ostpreußens vor, doch die politische Führung unter dem berüchtigten Gauleiter Erich Koch verurteilte solche Vorschläge als „Defaitismus" und verbot sie, bis es zu spät war und die sowjetische Armee schon die östlichen Kreise überrannt hatte.[6] Nemmersdorf mußte als einer der ersten Orte im Reich die Härte der russischen Besetzung erfahren. Nach drei Jahren des Kampfes im eigenen Land waren die russischen Soldaten auf Rache eingestellt, als sie zum ersten Mal deutschen Boden betraten.

Die qualvollen Geschehnisse sind sämtlich belegt: Am 5. Juli 1946 erklärte der ehemalige Stabschef der Vierten Armee in Ostpreußen, Generalmajor Erich Dethleffsen:[7] „Als im Oktober 1944 russische Verbände in der Gegend Gr. Waltersdorf (südostw. Gumbinnen) die deutsche Front durchbrachen und vorübergehend bis Nemmersdorf vorstießen, wurde in einer größeren Anzahl von Ortschaften südlich Gumbinnen die Zivilbevölkerung – z. T. unter Martern wie Annageln an Scheunentore – durch russische Soldaten erschossen. Eine große Anzahl von Frauen wurde vorher vergewaltigt. Dabei sind auch etwa 50 französische Kriegsgefangene durch russische Soldaten erschossen worden. Die betreffenden Ortschaften waren 48 Stunden später wieder in deutscher Hand. Die Vernehmungen lebengebliebener Augenzeugen, ärztliche Berichte über die Obduktion der Leichen und Photographien der Leichen haben mir wenige Tage später vorgelegen."

Ein anderer Augenzeuge, der Oberleutnant der Reserve Dr. Heinrich Amberger, Chef der 13. Fallschirmjäger- und Panzerkompanie im Zweiten Regiment „Hermann Göring", das von der Memel-Front abgezogen und zur Gegenoffensive in den Raum Gumbinnen-Insterburg verlegt worden war, legte unter Eid die folgende Aussage ab, die später in Nürnberg von der Verteidigung als Beweismaterial vorgelegt wurde:[8] „Am Straßenrand und in den Höfen der Häuser lagen massenhaft Leichen von Zivilisten, die augenscheinlich nicht im Lauf der Kampfhandlungen durch verirrte Geschosse getötet worden, sondern planmäßig ermordet waren. Unter anderem sah ich zahlreiche Frauen, die man, nach der Lage der verschobenen und zerrissenen Kleidungsstücke zu urteilen, vergewaltigt und danach durch Genickschuß getötet hatte; zum Teil lagen daneben auch die ebenfalls getöteten Kinder."

Karl Potrek, ein Zivilist aus Königsberg, der zum Volkssturm eingezogen und sofort zur Verstärkung in den Raum Gumbinnen-Nemmersdorf geschickt worden war, berichtete später:[9] „Hinter diesem freien Platz steht wiederum ein großes Gasthaus ‚Roter Krug'. An diesem Gasthaus stand längs der Straße eine Scheune. An den beiden Scheunentüren waren je eine Frau, nackt in gekreuzigter Stellung, durch die Hände angenagelt. Weiter fanden wir dann in den Wohnungen insgesamt 72 Frauen einschließlich Kinder und einen alten Mann von 74 Jahren, die sämtlich tot waren, fast ausschließlich bestialisch ermordet bis auf nur wenige, die Genickschüsse aufwiesen.

Diese Leichen mußten wir auf den Dorffriedhof tragen, wo sie dann liegen blieben, weil eine ausländische Ärzte-Kommission sich zur Besichtigung der Leichen angemeldet hatte. So lagen diese Leichen dann 3 Tage, ohne daß diese Kommission erschien. Inzwischen kam eine Krankenschwester aus Insterburg, die in Nemmersdorf beheimatet war und hier ihre Eltern suchte. Unter den Ermordeten fand sie ihre Mutter von 72 Jahren und auch ihren alten schwachen Vater von 74 Jahren, der als einziger Mann zu diesen Toten gehörte. Diese Schwester stellte dann fest, daß alle Toten Nemmersdorfer waren.

Am 4. Tage wurden dann die Leichen in zwei Gräber beigesetzt. Erst am nächsten Tage erschien die Ärzte-Kommission, und die Gräber mußten noch einmal geöffnet werden. Es wurden Scheunentore und Böcke herbeigeschafft, um die Leichen aufzubahren, damit die Kommission sie untersuchen konnte. Einstimmig wurde dann festgestellt, daß sämtliche Frauen wie Mädchen von

8–12 Jahren vergewaltigt waren, auch die alte blinde Frau von 84 Jahren. Nach der Besichtigung durch die Kommission wurden die Leichen endgültig beigesetzt."[10]

Und noch ein weiterer Zeuge des Nemmersdorfer Massakers, Hauptmann Emil Herminghaus:[11] „Es war, trotz aller in den Jahren erlebten Kampfeindrücke, das Scheußlichste, was es überhaupt gab. Seitens der Armee wurde sofort um Entsendung der damals noch neutralen Presse gebeten. Es waren Reporter aus der Schweiz und Schweden, auch Spanier und Franzosen aus dem besetzten Frankreich dort hingebracht worden, die das schreckliche Geschehen in Augenschein nahmen. Selbstverständlich sind auch auf Photos die Eindrücke festgehalten."

Zu den ganz wenigen Überlebenden des Massakers von Nemmersdorf gehörte eine Frau, der es gelang, sich als polnische Landarbeiterin auszugeben. Am Morgen des 20. Oktober 1944 brach Frau Margot Grimm auf mit Mann, Mutter, Schwiegermutter, Sohn Joachim,[12] Tochter Sabine und sechs polnischen Frauen mit ihren Kindern. Nicht weit von Nemmersdorf wurden sie von russischen Soldaten überholt, die ihnen den Weg abschnitten. Der erste Wagen mit der Mutter, der Schwiegermutter und den Kindern konnte entkommen. Dem zweiten, von Johannes Grimm geführten Wagen, gelang es nicht mehr. Er wurde angehalten, Grimm heruntergerissen und sofort erschossen. Seine Mitfahrer, darunter seine Frau und die polnischen Arbeiterinnen, wurden vom Wagen geholt und ihrer Uhren und Ringe beraubt, aber nicht erschossen. Die polnischen Frauen, die bei Grimm gearbeitet hatten, fürchteten um ihr Leben, flehten die russischen Soldaten in polnischer Sprache an und machten ihnen klar, daß sie nicht „der Feind" seien. Aus Treue und Mitleid legten die polnischen Frauen Frau Grimm ihre Tücher um und knoteten ihr ein altes Taschentuch um den Kopf. Vierundzwanzig Stunden lang blieb Frau Grimm in dieser Verkleidung und sprach kein Wort; später konnte sie mit Hilfe der mitfühlenden polnischen Landarbeiterinnen ihren Mann begraben und die Flucht nach Westen fortsetzen.

Schweizer Korrespondenten haben damals über Nemmersdorf berichtet. Am 7. November 1944 veröffentlichte der Genfer *Courrier* einen Augenzeugenbericht seines Sonderkorrespondenten an der Ostfront. Es heißt dort: „Der Krieg in Ostpreußen, der sich im Dreieck Gumbinnen-Goldap-Ebenrode abspielt, steht im Augenblick im Vordergrund des Geschehens, seit Goldap von den Deutschen wieder eingenommen worden ist. Die Lage wird nicht nur durch die erbitterten Kämpfe der regulären Truppen, durch das Übermaß an eingesetztem Material auf beiden Seiten und dadurch gekennzeichnet, daß die neugeschaffene deutsche Miliz mit eingesetzt wird, sondern leider auch durch allzu bekannte Methoden der Kriegsführung: Verstümmelung und Hinrichtung von Gefangenen und die fast vollständige Ausrottung der deutschen bäuerlichen Bevölkerung, soweit sie in ihrem Gebiet geblieben war, am Spätnachmittag des 20. Oktober ... Die Zivilbevölkerung ist sozusagen aus dem umkämpften Gebiet verschwunden, denn die meisten Landbewohner sind mit ihren Familien geflohen. Mit Ausnahme einer jungen deutschen Frau und eines polnischen Arbeiters ist alles von der Roten Armee vernichtet worden. Dreißig Männer, zwanzig Frauen, fünfzehn Kinder sind in Nemmersdorf den Russen in die Hände gefallen und umgebracht worden. In Brauersdorf habe ich selbst zwei Landarbeiter französischer Herkunft gesehen, ehemalige Kriegsgefangene, die ebenfalls massakriert worden waren. Einer konnte identifiziert werden. Nicht weit davon dreißig deutsche Gefangene, die dasselbe Schicksal erlitten hatten. Ich verschone Sie mit der Schilderung der Verstümmelungen und dem entsetzlichen Anblick der Leichen auf offenem Feld. Es sind Eindrücke, die auch die lebhafteste Phantasie übersteigen."

Nach der Befreiung Nemmersdorfs beauftragte das Oberkommando des Heeres, Abteilung Fremde Heere Ost, den Major Hans Hinrichs am 25. und 26. Oktober 1944 damit, Feststellungen über die gemeldeten Greueltaten der Sowjettruppen im Raum Gumbinnen zu treffen. In seinem Bericht vom 26. Oktober hat er nicht nur den Fall Nemmersdorf behandelt, sondern auch Feststellungen über weitere ermordete Zivilpersonen beim Gut Teichhof und in den Ortschaften Alt-Wusterwitz, Schweizertal und Peterstal gemacht. Zusammenfassend schrieb er:[13] „Die hier eingedrungenen Feindverbände der 11. sowjetischen Garde-Armee sind mit Masse zentralrussischer Abstammung. Bei Gefechtsstand 5. Panzerdivision vernommene Kriegsgefangene gaben die Schuld an diesen Greueltaten den eingefleischten Bolschewisten unter ihnen, die der Forderung des Stalin-Befehls, ‚das Tier in seiner Höhle zu vernichten', in bestialischer Weise nachkommen".

Nach Untersuchungen über die Verantwortung für diese Ausschreitungen hat der Vertreter des Auswärtigen Amtes bei der Heeresgruppe Mitte am 13. November 1944 jedoch gemeldet:[14] „Aus Gefangenenaussagen konnte bisher kein einheitliches Bild darüber gewonnen werden, ob die Ausschreitungen der Roten Armee gegen die deutsche Bevölkerung Einzelfälle darstellen oder auf einheitlichen Befehl zurückzuführen sind. Jetzt liegen nunmehr zwei unabhängige Aussagen eines polnischen und eines russischen Gefangenen vor, die übereinstimmend bestätigen, daß den Truppen ein Befehl Stalins bekanntgegeben wurde, wonach sich die Russen bzw. die Polen für die auf russischem bzw. polnischem Boden begangenen Schandtaten an der deutschen Bevölkerung rächen sollten."

Monate später, nachdem ganz Ostdeutschland durch die russische Armee besetzt worden war, überreichte der Wehrmachtführungsstab eine gründliche Berichtzusammenstellung über das Verhalten der Sowjets in den besetzten deutschen Gebieten am 4. 4. 1945 dem Auswärtigen Amt. Sowjetische Kriegsgefangene hätten ausgesagt,[15] „daß sie von ihren politischen Offizieren darüber unterrichtet worden sind, daß sie auf deutschem Gebiet tun und lassen könnten, was sie wollten. Dies gelte insbesondere für die Behandlung von Frauen und Mädchen, die ohne weiteres vergewaltigt werden könnten".

Jedoch wurden auch Beispiele von humanerer Behandlung der Zivilbevölkerung gemeldet.

Am 24. Oktober 1944 wurde die Zeugin Marianne Stumpenhorst aus Teichhof durch Kriegsgerichtsrat Groch vernommen. Sie gab auf Befragen an:[16] „Am 21. 10. 1944 gegen 5.00 Uhr verließ ich mit meiner Mutter unseren Ort. Auf der Straße kurz vor Nemmersdorf wurden wir von der russischen Infanterie eingeholt. Wir wurden zurückgeschickt, gingen aber nicht nach Hause, sondern auf das Gehöft von Hofmanns in Tutteln. Dorthin kamen am Sonntag früh Sowjetsoldaten und durchsuchten alles. Sie suchten nach deutschen Soldaten, nach Waffen und Alkohol . . . Am Sonntag vormittag mußten wir zu einem russischen Kommandanten, der uns insbesondere fragte, weshalb uns die Deutschen nicht evakuiert hätten. Er versicherte uns, daß die Russen uns nichts tun würden. Am Sonntag nachmittag setzte von deutscher Seite aus ein starker Artilleriebeschuß ein. Die Russen nahmen uns in einen Unterstand mit, damit wir nicht zu Schaden kommen . . ." Die Mutter der vorgenannten Zeugin, Frau Erna Herrmann, bestätigte die Angaben ihrer Tochter, gab jedoch weiter zu Protokoll:[17] „Im Laufe der Ermittlungen wurde noch festgestellt, daß zwischen Nemmersdorf und Tutteln vor einem Panzergraben zu beiden Seiten der Straße ebenfalls die Leichen erschossener Zivilisten gefunden worden waren. Die Besichtigung mit Kriegsgerichtsrat Groch und Stabsarzt Dr. Rose ergab, daß auch diese Opfer durch Kopfschüsse getötet wurden."

Die deutsche Propaganda hat natürlich diese Meldungen damals ausgenutzt, um die Russen als Barbaren darzustellen. Im großen und ganzen stimmten ja die Meldungen über die Ausschreitungen in Ostpreußen, jedoch bezweifelte das britische Foreign Office ihre Glaubwürdigkeit.[18] In einer internen Auswertung der deutschen Propaganda für die Zeit vom 30. Oktober bis 5. November 1944 wurde auf den Fall Nemmersdorf Bezug genommen. Die Feststellungen des internationalen Komitees zur Untersuchung sowjetischer Kriegsverbrechen in Goldap wurden als reine Propaganda bezeichnet, die Meldung des Majors Hinrichs als unzureichend angesehen.

Doch für die betroffene Bevölkerung Ostpreußens war der Auftritt der Roten Armee ein Signal, das die Massenflucht in Bewegung setzte.

Auch im Ersten Weltkrieg waren ostpreußische Bauern vor der heranrückenden zaristischen Armee geflohen, doch nicht so überstürzt wie im Winter 1944/45. Die sowjetische Invasion des Zweiten Weltkriegs war von anderer Art.

Manche Ausschreitungen von Angehörigen der Roten Armee bei ihrer ersten Berührung mit Zivilisten im Reich waren zweifellos ein Ausbruch der Rache für die Greuel, die SS und Einsatzgruppen in der Sowjetunion begangen hatten. Andererseits kann man die russischen Exzesse in Ostpreußen nicht nur als spontanen Ausbruch von Haß und Rache interpretieren. Die Rote Armee war systematisch durch die Propaganda von Ilja Ehrenburg aufgehetzt worden, dem fanatischen Deutschenhasser; seine Artikel erschienen regelmäßig in der *Prawda,* in der *Iswestija,* in der Frontzeitung *Krasnaja Swesda (Roter Stern).*[18a] Ehrenburg putschte alle Begierden der Soldaten mit seiner Haßpropaganda auf.[19]

In dem zweiten Band seines Buches *Der Krieg,* das 1943 erschien, schlug Ehrenburg vor, alle Deutschen als Untermenschen zu behandeln.[20] Teile dieses Buches erschienen als Artikel in *Krasnaja Swesda.* Teile wurden sogar als Flugblätter verteilt.

In einem berühmten Passus, der sowohl im Buch wie in der Zeitung und als Flugblatt verbreitet wurde, hetzte Ehrenburg: „Die Deutschen sind keine Menschen. Von jetzt ab ist das Wort ‚Deutscher' für uns der allerschlimmste Fluch. Von jetzt ab bringt das Wort ‚Deutscher' ein Gewehr zur Entladung. Wir werden nicht sprechen. Wir werden uns nicht aufregen. Wir werden töten. Wenn du nicht im Laufe eines Tages wenigstens einen Deutschen getötet hast, so ist es für dich ein verlorener Tag gewesen. Wenn du glaubst, daß statt deiner der Deutsche von deinem Nachbarn getötet wird, so hast du die Gefahr nicht erkannt. Wenn du den Deutschen nicht tötest, so tötet der Deutsche dich. Er wird die Deinigen festnehmen und sie in seinem verfluchten Deutschland foltern. Wenn du den Deutschen nicht mit einer Kugel töten kannst, so töte ihn mit dem Seitengewehr. Wenn in deinem Abschnitt Ruhe herrscht und kein Kampf stattfindet, so töte den Deutschen vor dem Kampf. Wenn du den Deutschen am Leben läßt, wird der Deutsche den russischen Mann aufhängen und die russische Frau schänden. Wenn du einen Deutschen getötet hast, so töte einen zweiten – für uns gibt es nichts lustigeres als deutsche Leichen. Zähle nicht die Tage. Zähle nicht die Kilometer. Zähle nur eines: Die von dir getöten Deutschen! Töte den Deutschen! – dieses bittet dich deine greise Mutter. Töte den Deutschen! – dieses bitten dich deine Kinder. Töte den Deutschen! – so ruft die Heimaterde. Versäume nichts! Versieh dich nicht! Töte!"

Der von der Politischen Hauptverwaltung der Roten Armee herausgegebene Notizblock des Propagandisten der Roten Armee, der zweimal im Monat erschien, brachte am 23. November 1943 mit dem Vermerk „Laut Vorlesen" folgenden Artikel von Ilja Ehrenburg:[21] „Es genügt nicht, die Deutschen nach Westen zu treiben. Die Deutschen müssen ins Grab hineingejagt werden. Gewiß ist ein geschlagener Fritz besser als ein unverschämter. Von allen Fritzen aber sind die toten die besten."

Ein Jahr später, als die Rote Armee an der Schwelle des Reiches war, schrieb Ehrenburg in der Frontzeitung *Unitschtoshim Wraga* vom 17. 9. 1944:[22] „Die Deutschen werden die Stunde verfluchen, da sie unseren Boden betraten. Die deutschen Frauen werden die Stunde verfluchen, in der sie ihre Söhne – Wüteriche – geboren haben. Wir werden nicht schänden. Wir werden nicht verfluchen. Wir werden nicht hören. Wir werden totschlagen."

Einige Wochen später war es so weit, und am 24. 10. 1944 schrieb Ehrenburg in einem Artikel in *Krasnaja Swesda* unter dem Titel: „Der Große Tag":[23] „Jetzt ist die Gerechtigkeit in dieses Land eingezogen. Wir befinden uns in der

Heimat Erich Kochs, des Statthalters der Ukraine – damit ist alles gesagt. Wir haben es oft genug wiederholt: das Gericht kommt! Jetzt ist es da."

In einem ähnlichen Artikel in *Krasnaja Swesda* vom 31. Januar 1945:[24] „Wir vergessen nichts. Wir marschieren durch Pommern, vor unseren Augen aber liegt das zerstörte blutende Weißrußland. Den penetranten Brandgeruch, der in unsere Soldatenmäntel in Smolensk und in Orel drang, wollen wir jetzt nach Berlin tragen. Vor Königsberg, vor Breslau und vor Schneidemühl denken wir an die Ruinen von Woronesch und von Stalingrad. Rotarmisten, die z. Zt. deutsche Städte stürmen, vergessen nicht, wie in Leningrad Mütter ihre toten Kinder auf kleinen Handschlitten fortschafften. Für die Qualen Leningrads hat Berlin uns noch nichts bezahlt . . ."

Aber Ehrenburg war keinesfalls der einzige Hetzer. Auch die Schriften Alexej Tolstojs, Simonows, Surkows und vieler anderer hatten bedeutsame Auswirkungen auf die Moral der Truppe.[25] Angesichts des brennenden Insterburg schrieb ein sowjetischer Berichterstatter in der Frontzeitung *Krassnoarmejskaja Prawda* am 25. Januar 1945:[26] „Es gibt kaum ein erziehenderes Schauspiel als eine brennende feindliche Stadt. Man sucht in seiner Seele nach einem Gefühl, das dem Mitleid ähnlich wäre, doch man findet es nicht . . . Brenne, Deutschland, du hast es nicht besser verdient. Ich will und werde dir nichts von dem verzeihen, was uns angetan wurde durch dich. . . . Brenne, verfluchtes Deutschland."

Als deutlicher Gegensatz zu diesen Parolen für die Soldaten liest sich Stalins Tagesbefehl Nummer 55 vom 23. Februar 1942, mit dem er die Welt zu beruhigen suchte:[27] „Manchmal wird darüber geschwätzt, daß die Rote Armee das Ziel habe, das deutsche Volk auszurotten und den deutschen Staat zu vernichten. Das ist natürlich eine dumme Lüge und eine törichte Verleumdung der Roten Armee . . . Es wäre lächerlich, die Hitler-Clique dem deutschen Volke, dem deutschen Staate gleichzusetzen. Die Erfahrungen der Geschichte besagen, daß die Hitler kommen und gehen, aber das deutsche Volk, der deutsche Staat bleibt."

Worte der Vernunft, wenn man hier Stalin ernstnehmen könnte, und doch wirken sie nur wie eine klägliche Arabeske am Rande der harten Realität des Krieges in Ostdeutschland. In den ersten Wochen der Invasion las man in Ostpreußen und Schlesien Plakate:[28] „Rotarmist: Du stehst jetzt auf deutschem Boden – die Stunde der Rache hat geschlagen!" Ohne jeden militärischen Nutzen wurden ganze Städte niedergebrannt, eben, weil sie deutsche Städte waren. So ging es zum Beispiel Allenstein, das den Russen unversehrt in die Hände gefallen war. Als die Polen das Land übernommen hatten, sahen sie mit Ingrimm, was hier an Wiederherstellung und Aufbauarbeit zu leisten war.[29]

George F. Kennan charakterisiert in knappen Worten, was sich damals zutrug: „Die Russen . . . fegten die einheimische Bevölkerung vom Erdboden in einer Art, die seit den Tagen der asiatischen Horden kein Beispiel hat."[30]

Zeugenaussagen französischer, belgischer und britischer Kriegsgefangener

Zu den verläßlichsten Zeugen für das Auftreten der Roten Armee gehören alliierte Kriegsgefangene, die nicht aus Ostpreußen, Pommern und Schlesien evakuiert worden waren, als die russische Offensive begann. Viele berichteten ihre Erlebnisse in den Zeitungen für ehemalige Kriegsteilnehmer und überlieferten an die tausend Geschichten von ihrer Flucht mit deutschen Zivilisten oder von ihrer Befreiung durch die Rote Armee. Diejenigen, die zurückgeblieben waren, berichten von den üblichen Vergewaltigungen und Plünderungen; das „Wegfegen" der Bevölkerung wurde so wahllos vorgenommen, daß die Kriegsgefangenen oft selbst zum Opfer wurden. Mehrere hundert französische und belgische Kriegsgefangene[31] kehrten niemals zurück; viele wurden durch Flieger- und Artillerieangriffe getötet, viele schlechthin liquidiert, weil sie „verdächtig" waren oder für die plündernden Soldaten weder Uhr noch Ring hatten. In manchen Fällen hielt man die Gefangenen angeblich für „Werwölfe"[32] und schoß sie nieder: Russische Soldaten nahmen sich nicht die Zeit, den Dingen auf den Grund zu gehen, für sie war alles, was sich im Reich noch auf zwei Beinen bewegte, „der Feind", der vernichtet werden mußte. Belgische Kriegsgefangene fürchteten sich vor allem, ihre Nationalität zu verraten, weil man sie für Überlebende der SS-Division von Léon Degrelle halten konnte. Sie lernten es, sich als „Frankosen" oder einfach „de Gaulle" zu bezeichnen, was allerdings viele russische Soldaten nicht hinderte, den Kriegsgefangenen zu mißhandeln, der im besten Fall hoffen durfte, auf einen verantwortlichen russischen Offizier zu stoßen, um seinen geschützten Status zu erhalten.[33] Doch wenn sie endlich wieder als Kriegsgefangene anerkannt wurden, hatten sie meistens längst Stiefel, Uhren und Eheringe eingebüßt.

Ehemalige britische Kriegsgefangene wurden auf ähnliche Weise „befreit" – von ihren Wertsachen. Nach der Rückkehr in die englisch besetzte Zone berichteten sie über den erschreckenden Mangel an Disziplin in der Roten Armee:[34]

„Im Gebiet um unser Internierungslager, wo die Städte Schlawe, Lauenburg, Buckow und viele größere Dörfer lagen, vergewaltigten die Roten Soldaten in den ersten Wochen nach der Eroberung jede Frau und jedes Mädchen zwischen 12 und 60 Jahren. Das klingt übertrieben, ist aber die Wahrheit. Die einzigen Ausnahmen bildeten die Mädchen, denen es gelang, sich in den Wäldern zu verstecken, oder die genug Geistesgegenwart besaßen, um eine Krankheit vorzutäuschen – Typhus, Diphterie oder eine andere ansteckende Sache. Im Siegestaumel – und oft voll von dem Wein, den sie in den Kellern reicher pommerscher Gutsbesitzer gefunden hatten – durchsuchten die Roten jedes Haus nach Frauen, schüchterten sie mit Pistolen und Maschinenpistolen ein und zerrten sie in ihre Panzer oder Wagen. Väter und Gatten, die versuchten, die Frauen zu schützen, wurden erschossen, und Mädchen, die zu viel Widerstand leisteten, wurden ebenfalls ermordet."

Aussagen russischer Soldaten

Es ist verständlich, daß die Kriegserinnerungen russischer Autoren kaum Hinweise auf die Fehler ihrer oft heldenhaften – und ohnehin siegreichen – Soldaten enthalten. Doch es gibt einige Ausnahmen.

Alexander Solschenizyn, damals ein junger Hauptmann der Roten Armee, schildert den Einmarsch seines Regiments in Ostpreußen im Januar 1945 mit den Worten:[35] „Ja! Nach drei Wochen Krieg in Deutschland wußten wir Bescheid: Wären die Mädchen Deutsche gewesen – jeder hätte sie vergewaltigen, danach erschießen dürfen, und es hätte fast als kriegerische Tat gegolten . . .‟

Noch eindrucksvoller beschrieb Solschenizyn eine Szene in Neidenburg in seiner Dichtung „Ostpreußische Nächte‟:[36]

> „Zweiundzwanzig, Höringstraße.
> Noch kein Brand, doch wüst, geplündert.
> Durch die Wand gedämpft – ein Stöhnen:
> Lebend finde ich noch die Mutter.
> Waren's viel auf der Matratze?
> Kompanie? Ein Zug? Was macht es!
> Tochter – Kind noch, gleich getötet.
> Alles schlicht nach der Parole:
>
> NICHTS VERGESSEN! NICHTS VERZEIH'N!
> BLUT FÜR BLUT! – Und Zahn für Zahn.
>
> Wer noch Jungfrau, wird zum Weibe,
> und die Weiber – Leichen bald.
> Schon vernebelt, Augen blutig,
> bittet: „Töte mich, Soldat!‟
> Sieht nicht der getrübte Blick?
> Ich gehör doch auch zu jenen!‟

Wegen seiner scharfen Kritik an diesen Ausschreitungen wurde Solschenizyn verhaftet und für acht Jahre in den Archipel Gulag verbannt.

Lew Kopelew,[37] Parteimitglied und Nachrichtenoffizier in der Roten Armee, war so entsetzt über die Mißhandlungen der deutschen Bevölkerung, daß er eingreifen mußte. In seinen Kriegserinnerungen schildert er seine oft vergeblichen Interventionen. Bald nach der Eroberung von Neidenburg in Ostpreußen versuchte er, eine alte Dame zu schützen, die halb im Wahn durch die Straßen irrte und irgendetwas von ihrer Tochter und ihren Lebensmittelkarten stammelte. Er tat sein Bestes, um sie zu beruhigen und nach Hause zu bringen. Unterwegs griff sich ein Offizier namens Beljajew die Tasche der alten Dame, um ihre Papiere zu prüfen, erklärte, sie sei eine Spionin, und erschoß sie, bevor Kopelew ihn aufhalten konnte.[38] In Allenstein, das fast ohne Kampf einge-

nommen wurde, dauerten Plündern und Vergewaltigungen wochenlang. Für
das Plündern gab es viele praktische Motive. Tatsächlich hatte man den sowjetischen Soldaten vor Beginn der Winteroffensive offiziell erlaubt, zweimal im
Monat Pakete heimzuschicken, jedes Paket bis zu 8 kg schwer, Offiziere
doppelt so viel.[39] Doch was sollte man heimschicken? Die Verpflegungsratio-
nen? Beute aller Art, vom Silberzeug bis zur Großvateruhr. Doch viel schlimmer waren die Vergewaltigungen. Kopelew erinnert sich an eine Frau, die zu
ihm kam, um ihn anzuflehen: Die Soldaten sollten sie und ihre dreizehnjährige
Tochter nicht mehr vergewaltigen, die Soldaten sollten ihren elfjährigen Sohn
nicht mehr schlagen. Die Tochter sagte zu Kopelew, er brauche sich keine
Mühe zu machen – ihr Bruder war schon tot.[40] Sogar polnische und ukraini-
sche Arbeiter bzw. Arbeiterinnen, die in Allenstein die Ankunft der Roten
Armee abgewartet hatten, wurden nicht immer verschont. Betrunkene Soldaten hielten sie für Deutsche und vergewaltigten oder erschossen sie.[41]

Von ähnlichen Ausschreitungen berichtet auch der in Rußland geborene
Journalist Alexander Werth, der den größten Teil der Kriegsjahre an der
russischen Front als Berichterstatter für die britische *Sunday Times* verbracht
hatte. Er erinnert sich an die Unterhaltung mit einem russischen Major, der
ihm ohne Scham erklärte:[42] „Unsere Soldaten brauchten nur zu sagen: ,Frau
komm', und sie wußte, was er von ihr erwartete . . . Wir wollen uns nichts
vormachen. Nach nahezu vier Jahren waren die Soldaten der Roten Armee in
dieser Beziehung völlig ausgehungert. Für die Offiziere, besonders für die
Stabsoffiziere, war das kein solches Problem, da viele von ihnen eine ,Kriegs-
frau' hatten – eine Sekretärin, eine Stenotypistin, eine Krankenschwester oder
Kellnerin. Der gewöhnliche Wanka hatte es in dieser Beziehung längst nicht so
gut. In den befreiten russischen Städten hatten zwar ein paar Burschen Glück,
aber eben die meisten doch nicht. Die Frage, ob man eine russische Frau mehr
oder weniger vergewaltigen dürfe, stellte sich praktisch nie. In Polen ereigneten sich eine Reihe bedauerlicher Dinge, aber, was die Frauen anging, so wurde
doch streng auf Disziplin geachtet. Es wurde schrecklich viel gestohlen und
geraubt. Unsere Burschen waren geradezu verrückt nach Armbanduhren, das
läßt sich nicht bestreiten. Aber Plünderung und Vergewaltigungen in großem
Maßstab begannen erst, als unsere Soldaten nach Deutschland kamen. Sie
waren sexuell so ausgehungert, daß sie oft alte Frauen von 60, 70 oder gar 80
überfielen – für viele dieser Großmütter eine nicht unangenehme Überraschung. Aber ich gebe zu, es war eine häßliche Angelegenheit, und der Ruf der
Kosaken und der übrigen asiatischen Truppen war besonders schlecht."

Der amerikanische General Frank A. Keating, der in Deutschland zusammen mit sowjetischen Soldaten Dienst tat, schrieb später, er habe in ihnen
einen tief eingewurzelten Haß auf die Deutschen beobachtet, der aus den
Greueln der Nazis in ihrer Heimat und aus der Vorstellung stammte, daß
Rache ein Recht sei:[43] „Als die ersten russischen Truppen in Berlin einmar-
schierten, behandelten sie die Zivilbevölkerung mit tiefer Verachtung und

setzten ihren Willen durch, um ihren Stolz und ihre Begierden mit rücksichts-
loser Unbeherrschtheit zu befriedigen. In vielen Fällen war ihr hemmungsloses
Treiben dem der barbarischen Horden von Dschingis-Khan zu vergleichen."

Die Angst vor Deportation und Zwangsarbeit in der Sowjetunion

Wenn die Gefahren, die sie im Kampfgebiet bedrohten, die deutschen Zivilisten nicht von der Notwendigkeit der Flucht überzeugten, wurde schließlich
doch mancher deutsche Bauer veranlaßt, alles aufzugeben und sich auf den
Treck nach Westen zu machen: Die Angst, zur Zwangsarbeit nach Sibirien
verschleppt zu werden, trieb ihn fort. Tatsächlich sind nicht viele Deutsche bis
Sibirien geschickt worden, doch mehr als zweihunderttausend[44] arbeitsfähige
Männer und Frauen aus Ostpreußen, Pommern und Schlesien wurden in
entlegene Gebiete der Sowjetunion deportiert und zu Zwangsarbeit von unbe-
stimmter Dauer und unter Bedingungen[45] verurteilt, die barbarischer waren als
die Bedingungen, unter denen Hitler-Deutschland während des Krieges
Zwangsarbeiter aus den eroberten Gebieten eingesetzt hatte – ein Verbrechen,
für das Fritz Sauckel, der „Reichsgeneralbevollmächtigte für den Arbeitsein-
satz", in Nürnberg verurteilt und gehängt wurde.[46]

   Da es die westlichen Alliierten bei der Konferenz von Jalta versäumt hatten,
sich wirksam gegen die sowjetische Forderung nach „Reparationen in Sachleistungen"[47], nämlich u. a. in der Form deutscher Arbeitsleistungen, zu wehren,
stellte die sowjetische Armee die Zahlen für benötigte Arbeitskräfte zusammen
und begann gleich nach ihrem Einmarsch in Deutschland, die Leute entsprechend zu deportieren. Nur als es um die großangelegte Deportation von
Volksdeutschen aus Rumänien ging, erhoben die westlichen Alliierten heftige
Proteste.[48] Nach dem Krieg vorgenommene Untersuchungen über die Sterblichkeit in den Deportationslagern, während der Transporte und bis zur Heim-
kehr der Überlebenden führte zu einer vorsichtigen Schätzung von 100 000 bis
125 000 Toten allein unter den reichsdeutschen Verschleppten.[49]

Unnötige Flucht?

Diese Frage dürfte eigentlich schon beantwortet sein. Doch trotz der unbe-
streitbaren Beweise für schwere Ausschreitungen der Roten Armee haben
einige Autoren die Theorie aufgestellt, die Flucht der Deutschen vor der Roten
Armee sei unnötig gewesen, da die Soldaten der sowjetischen sozialistischen
Republiken nicht als Eroberer, sondern als Befreier gekommen seien. Entsprechend wird behauptet, es habe kein Grund zur Panik vorgelegen, die Deutschen seien lediglich aus „psychotischer Angst vor der sowjetischen Armee",[50]
in die sie durch Goebbels verlogene Propaganda geraten seien, geflohen. In
diesem Sinne schrieb z. B. Professor Boris Telpuchowski, Stellvertretender
Leiter der Abteilung „Geschichte des Großen Vaterländischen Krieges" am

Institut für Marxismus-Leninismus beim Zentralkomitee der KPdSU in Moskau:[51] „Zugleich war das Benehmen der Sowjetsoldaten, der Zöglinge der KP, zur deutschen Bevölkerung menschlich."

Alle Theorien dieser Art fallen in sich zusammen, weil Tausende von Deutschen nach der ersten Welle der Roten Armee flohen: Sie wußten aus Erfahrung – nicht durch die Propaganda – was sie erwartete, wenn die zweite Welle sie überrannte. Viele, die nicht entkommen konnten, vor allem Frauen, haben dann ja den Selbstmord körperlicher Mißhandlung und Entehrung vorgezogen. Man hat die vielen Selbstmorde unter der deutschen Zivilbevölkerung auf den Schock der Niederlage zurückführen wollen.[52] Nun war das Heranrücken der Roten Armee für fanatische Deutsche, die mit geradezu religiöser Inbrunst an den Endsieg durch den Einsatz einer Wunderwaffe glaubten, sicherlich ein schwerer Schock. Enttäuschung und Verzweiflung haben manche dieser Menschen in den Tod getrieben, doch die meisten Selbstmorde geschahen aus Angst vor Vergewaltigung oder Angst vor dem Abtransport in die Sowjetunion.

Flucht aus „schlechtem Gewissen"?

Oft heißt es, die Deutschen seien aus Schuldbewußtsein geflohen, weil sie die Rache der Roten Armee für die von den Nazis in der Sowjetunion begangenen Verbrechen fürchteten.[53] Natürlich wußten viele NS-Funktionäre von den Verbrechen der politischen SS und der Einsatzgruppen in Rußland und hielten es für klüger, vor Eintreffen der Roten Armee zu verschwinden. Doch die Zahl dieser Leute war begrenzt, und ihre Lage zu verallgemeinern und die Schuld auf Millionen deutscher Zivilisten zu häufen, die tatsächlich aus ganz anderen Gründen flohen, wäre Geschichtsklitterei. Wie die amerikanische und britische Besatzungsbehörde später mit Erstaunen feststellten, fehlte ein Schuldbewußtsein im deutschen Volk. Byron Price bedauerte in einem Bericht vom 9. November 1945 für Präsident Truman:[54] „Trotz der Strafe, unter der die Deutschen jetzt leiden und andere schon vor ihnen gelitten haben, findet sich offenbar bei ihnen kein Bewußtsein kollektiver Schuld für die unaussprechlichen Verbrechen der deutschen Nation . . . Berichte der Nachrichtendienste zeigen eindeutig, daß unser ganzes Propagandabemühen, ein Gefühl kollektiver Schuld zu erwecken, zwecklos war."

Man kann also das treibende Motiv für die große Flucht der Deutschen nicht in schlechtem Gewissen und unbegründeter und „psychotischer" Angst vor der Roten Armee suchen. Andere Beweggründe haben die Flucht ausgelöst.

Feldmarschall Montgomery, der vieles tat, um den deutschen Flüchtlingen zu helfen, und der ihnen im Gegensatz zu General Eisenhower gestattete, sich in das von ihm kontrollierte Gebiet vor der Roten Armee zu retten,[55] stellt in seinen *Erinnerungen* fest:[56] „Aus ihrem Verhalten merkte man sehr bald, daß die Russen, obschon gute Kämpfer, tatsächlich unzivilisierte Asiaten waren und noch nie eine Kultur gekannt hatten, die der des übrigen Europa vergleichbar war. Ihre Einstellung war in jeder Hinsicht völlig verschieden von unserer und ihr Benehmen, besonders gegenüber Frauen, widerte uns an. In einigen Gegenden der russischen Zone gab es praktisch überhaupt keine Deutschen mehr. Sie waren vor dem Ansturm der Barbaren geflohen, und die Folge war, daß das Ernährungs- und Unterbringungsproblem der in die Westzonen eingeströmten Flüchtlingsmengen fast unlösbar war."

Die Trecks

Trotz schlechter Straßen und ungünstigen Wetters begaben sich die deutschen Zivilisten im Herbst 1944 auf die Flucht nach Westen, als die Ereignisse während der Besetzung durch die Rote Armee und vor allem die Geschehnisse von Nemmersdorf bekanntgeworden waren. Man verließ die Heimat in Gruppen von Wagen, die meistens von Pferden gezogen und mit dem Burenwort „Trecks" bezeichnet wurden. Will man sie mit den „wagon-trains" im legendären Wilden Westen vergleichen, ist zu bedenken, daß die endlosen Reihen von Planwagen 1944–45 nicht Pioniere in neues Land brachten, sondern Flüchtlingen helfen sollten, ihr Leben vor einem rasch heranrückenden Feind zu retten.

Zunächst waren die Straßen noch nicht völlig verstopft, doch im Laufe der Wochen entschlossen sich mehr und mehr Zivilisten, zusammenzupacken und auf und davon zu gehen, auch gegen den ausgesprochenen Befehl von Gauleiter Koch, zu bleiben und die Heimat bis zum letzten Mann zu verteidigen. Späterer Aufbruch wurde oft in Eile angeordnet und mangelhaft organisiert, obwohl meistens irgendwelche Beauftragte die Kolonnen begleiteten, um Zusammenstöße und andere Zwischenfälle zu verhindern. Nicht selten waren übrigens Kriegsgefangene die Anführer der Flüchtlingskolonnen, denn viele nahmen lieber an der Evakuierung teil, als auf die Ankunft der Roten Armee zu warten.[57]

Der Weg über vereiste Straßen und durch sichtbehindernde Schneestürme war nicht leicht. Die Pferde glitten immer wieder aus, Wagen brachen zusammen. Es fehlte an Nahrungsmitteln, vor allem an Milch für die Kleinkinder. Während die Flüchtlinge der frühzeitigen Evakuierung noch nachts in den Dörfern an den Straßen übernachten konnten, nahmen die späteren Züge immer mehr vom „rette sich, wer kann!" an.

Angriffe von Tieffliegern auf die Flüchtlingskolonnen waren eine nie aussetzende Gefahr, obwohl sich meistens keine militärischen Ziele in der Nähe der Flüchtlinge befanden und jeder Flieger die nach Westen fliehenden Zivilisten von feindlichen militärischen Marschsäulen unterscheiden konnte.

Das Frische Haff

Da der Weg über Land so beschwerlich war und die Rote Armee schon zahlreiche Fluchtwege abgeschnitten hatte, treckten viele Flüchtlinge zur Ostsee, in der Hoffnung, über See evakuiert zu werden.

Zu den schlimmsten Kapiteln gehört die gefährliche Überquerung des eisbedeckten Frischen Haffs.[58] Mehr und mehr Flüchtlinge sammelten sich an der Küste, die meisten kamen aus Königsberg und Gumbinnen, aus Heiligenbeil und Allenstein. Die ganze Strecke bis zur Küste war es bitter kalt gewesen, doch jetzt hätten sich die Flüchtlinge noch härtere Kälte gewünscht, denn das Eis war zwar dick, aber nicht stark genug, um die schweren Wagen zu tragen, die jetzt darüber fuhren. Etwa 24 km mußten bis Pillau oder zur Nehrung zurückgelegt werden; da das Haff gefroren war, konnten keine Schiffe eindringen und die Flüchtenden an der Binnenküste abholen. Es blieb also nichts anderes übrig, als den Treck fortzusetzen, jetzt aber über das Eis oder durch vereisendes Wasser, bis man die Halbinsel Pillau und die Ostsee erreicht hatte.

Manchmal ließ sich die Strecke in sechs bis acht Stunden bewältigen, manchmal dauerte es länger.[59] Erschöpfung und Erfrieren forderten viele Opfer, vor allem unter den kleinen Kindern und den sehr alten Leuten.[60] Säuglinge erfroren und wurden von ihren Müttern auf dem Eis zurückgelassen, alte Frauen fielen tot vom Wagen. Was die Szene aber völlig gespenstisch machte, waren die russischen Tiefflieger, die gnadenlos die Flüchtlinge mit Maschinengewehren niedermähten oder das Eis bombardierten, so daß mancher Wagen in den Wassern des Haffs versank.[61] Es war ein unvorstellbarer Kampf gegen die Verzweiflung. Später, im Februar, stieg die Wassertemperatur, das Eis wurde dünner, die von Luftangriffen herrührenden Brüche und Löcher froren nicht wieder so fest zu, daß sie dem Gewicht der Wagen und Menschen standhielten. Es war also noch gefährlicher geworden, das Haff zu überqueren, doch die Einkesselung im Rücken der Flüchtlinge schloß sich, die Rote Armee konnte jederzeit auftauchen. Deshalb setzten Tausende von Flüchtlingen trotz steigender Schwierigkeiten und Gefahren die Fahrt über das Haff fort. Man schätzt die Zahl der Ostpreußen, die über das Haff Pillau erreichten oder Häfen auf der Nehrung, von wo sie zu Schiff evakuiert werden konnten, auf eine halbe Million Menschen.

Doch die Ankunft auf der Nehrung bedeutete noch keine Sicherheit, denn die Luftüberfälle forderten immer mehr Menschenleben.[69] Natürlich gab es in Pillau militärische Ziele – wie schließlich in jedem Hafen. Andererseits läßt sich nicht erkennen, daß es militärisch notwendig war, einen Hafen ständig unter Beschuß zu nehmen, in dem Zehntausende auf ihre Evakuierung warteten. Geht man von dem Grundsatz aus, daß die Mittel dem Zweck angemessen sein sollten, dann muß man wohl sagen, daß der Verlust an Menschenleben im Vergleich zu dem militärischen Nutzen zu hoch war. Zwar stellten die Luftangriffe auf Pillau im engeren Sinne kein Kriegsverbrechen dar, doch hier wurden vermeidbare Unmenschlichkeiten begangen, die den Kriegsausgang nicht mehr beeinflussen konnten.

Rettung über See

Mit den Rettungsunternehmen über See war Admiral Konrad Engelhardt betraut, der auf Anordnung von Großadmiral Dönitz jedes verfügbare Schiff für die Evakuierung in der östlichen Ostsee einsetzte. Insgesamt 790 Fahrzeuge, Marine- und Handelsschiffe und sogar kleine private Schiffe waren an dem gewaltigen Unternehmen beteiligt, bei dem manche Schiffe bis zu zwölf Reisen machten und jedes Mal deutsche Zivilisten, Verwundete und Soldaten beförderten.[63]

Die Ostsee-Operation stellt die denkwürdige Evakuierung Dünkirchens durch die britische Marine im Mai 1940 in Schatten. Sie erwies sich als die sicherste Möglichkeit, viele Flüchtlinge in den Westen zu bringen. Doch die wenigen Katastrophen auf See waren so aufsehenerregend, daß man sie vielleicht überbewertet und damit den irrtümlichen Eindruck erweckt, Hunderttausende seien umgekommen.

Obwohl es unmöglich ist, die Zahl der Evakuierten genau zu bestimmen, ist die Zahl der verlorenen Schiffe bekannt und damit auch eine ziemlich genau geschätzte Zahl von Opfern. Zwischen zwei und drei Millionen Zivilisten und Soldaten, vor allem die verwundeten unter ihnen, wurden bis Mai 1945 evakuiert. Zwischen zwanzig- und fünfundzwanzigtausend Menschen, etwa ein Prozent der Evakuierten, sind umgekommen, als ihre Schiffe durch sowjetische Unterseeboote oder Luftangriffe versenkt wurden.

Die am besten dokumentierte Tragödie ist der Untergang der *Wilhelm Gustloff*[64] am 30. Januar 1945, die von dem sowjetischen U-Boot S 13 unter dem Kapitän A. I. Marinesko versenkt wurde. Als erstes und größtes Schiff in einem Geleitzug fuhr die *Wilhelm Gustloff* mit ca. 6000 Flüchtlingen von Pillau an der pommerschen Küste entlang nach Mecklenburg. Nach mehrstündiger Fahrt wurde sie von drei aufeinander folgenden Explosionen erschüttert und zeigte bald darauf Schlagseite nach Backbord. Sie schoß Notsignale ab. Die Ostsee war unruhig, das Deck mit Eis überzogen, die Rettungsboote festgefroren, die Wassertemperatur betrug 2 Grad. Nur die Anwesenheit anderer Schiffe im Geleitzug und das langsame Sinken der *Wilhelm Gustloff* verhinderten eine noch schlimmere Katastrophe. Nach deutschen Quellen wurden nur 838 Menschen gerettet.

Kapitän Marinesko gelang auch der drittgrößte Schlag, als er die *Steuben* versenkte, einen großen Transporter mit verwundeten Soldaten.[65] Bei diesem Untergang am 10. Februar 1945 ertranken dreitausendfünfhundert Evakuierte, und wie beim Untergang der *Gustloff* machten die Russen keinen Versuch, die Schiffbrüchigen zu retten.[66] Anders als die *Wilhelm Gustloff* war die *Steuben* ein „Verwundetentransporter", also bestimmt, verwundete Soldaten in den

Westen zu bringen. Die Transporter waren ähnlich wie Lazarettschiffe ausgerüstet, genossen aber nicht den besonderen Schutz, der den Lazarettschiffen durch die Haager und die Genfer Konvention gewährt wurde, weil die Deutschen sie nicht offiziell registrieren ließen; dazu hätte eine Meldung an die Schutzmächte[67] gehört, die wiederum Deutschlands Gegnern Namen und Einzelheiten über die geschützten Schiffe hätten mitteilen müssen. Es blieb auch keine Zeit, die Schiffe entsprechend den Vorschriften der Konventionen zu bemalen, da alle Schiffe unverzüglich für die Rettungsarbeiten auf der Ostsee eingesetzt wurden. Aber ohnehin war es gleich, ob ein Verwundetentransporter als Lazarettschiff eingetragen worden war oder nicht, denn die Regierung der Sowjetunion hatte sich ausdrücklich geweigert, deutsche Lazarettschiffe überhaupt anzuerkennen;[68] sie sind während des ganzen Krieges von den Russen wie legitime militärische Objekte behandelt und angegriffen worden.[69] Während der Rettungsfahrten über die Ostsee wurden 13 Lazarettschiffe und 21 Verwundetentransporter für wiederholte Reisen eingesetzt; 4 Lazarettschiffe und 8 Transporter gingen verloren.[70]

Die wohl verheerendste Schiffskatastrophe der Geschichte wurde durch die Versenkung der *Goya* durch das russische U-Boot L-3 unter Kapitän V. K. Konowalow ausgelöst.[71] Man hat später berechnet, daß zwischen sechs- und siebentausend Flüchtlinge mit dem Frachter befördert wurden – nur 183 Menschen überlebten den Untergang.

Trotz diesen aufsehenerregenden Versenkungen setzten die deutsche Marine und die Handelsflotte ihr Rettungsunternehmen bis in die letzten Tage des Krieges fort. Die Halbinsel Hela an der Putziger Nehrung war noch überfüllt mit Flüchtlingen, die über See gerettet zu werden hofften. So konnten zum Beispiel am 6. Mai 1945 noch dreiundvierzigtausend Menschen von Hela geholt werden.[72] Am 8. Mai, dem letzten Tag, bevor die bedingungslose Kapitulation in Kraft trat, kamen noch fünfundzwanzigtausend Soldaten von Hela in Schleswig-Holstein an. Viele andere Schiffe waren noch unterwegs, als um Mitternacht des 8. Mai die Feindseligkeiten offiziell beendet waren, und obwohl alle Schiffe nach den Bedingungen der Kapitulationsvereinbarungen sofort den nächsten Hafen anzulaufen hatten, weigerten sich die Flüchtlinge, die Hunderte von Kilometern hinter sich gebracht hatten, um den Russen zu entkommen, sich der Vereinbarung zu fügen, wenn sie dadurch in einen von Sowjets besetzten Hafen gerieten.

Die *Julius Rütgers*, ein Tanker mit rund dreihundert Menschen an Bord, lief mit voller Fahrt, um noch vor der entscheidenden Minute einen Hafen im Westen zu erreichen, doch in der Dämmerung des 9. Mai hatte der alte Tanker seinen Bestimmungshafen noch nicht erreicht. Plötzlich tauchten sowjetische Torpedoflugzeuge auf, warfen ihre Torpedos ab und übersäten das Schiff mit einem Kugelhagel. Nur eine Person wurde verwundet, die Torpedos verfehlten ihr Ziel. Ein anderer mit Flüchtlingen überladener Tanker hatte weniger Glück: Am 9. Mai wurde die *Liselotte Friedrich* von einem Torpedo getroffen und sank in der Nähe von Bornholm. Sogar noch zwei Wochen nach der Kapitulation langten Schiffe mit Flüchtlingen in Schleswig-Holstein an. Das letzte Schiff, das den Hafen erreichte, beendete seine Reise mit einem zerbrochenen Kompaß.

Auf Hela blieben Tausende von Zivilisten und Soldaten zurück, die nicht mehr evakuiert werden konnten. Sämtliche Soldaten und viele Zivilisten wurden zur Zwangsarbeit in die Sowjetunion geschickt, von der viele nicht zurückkehrten.[73]

Gleichzeitig mit Trecks und Schiffen beförderte auch die Eisenbahn eine allerdings geringere Zahl von Ostdeutschen. Die Wagen waren zwar ungeheizt und überfüllt, aber die Bahnfahrt führte doch am schnellsten nach Westen. Natürlich wäre Fliegen der schnellste Weg gewesen, doch nur eine unbedeutende Zahl von Privilegierten konnten eine solche Fluchtmöglichkeit nutzen, während einige besonders glückliche Familien noch über Auto und Benzin verfügten und die traurige Reise im Wagen zurücklegten.

So lange der Krieg noch anhielt, endete die Geschichte der Flüchtlinge nicht mit ihrer Ankunft in Sachsen oder in Mecklenburg, wo sie das bittere Schicksal der Städter zu teilen hatten. Viele, die alle Anstrengungen der Flucht überstanden hatten, starben unter dem Bombenteppich der anglo-amerikanischen Bomberverbände. Das bei weitem größte Massensterben in diesem Krieg, das mehr Opfer als Hiroshima und Nagasaki zusammen forderte, verursachten die Bomben auf Dresden in der Nacht vom 13. zum 14. Februar 1945. Die schöne Barockstadt war mit etwa sechshunderttausend schlesischen Flüchtlingen vollgestopft; viele waren in Eisenbahnzügen, andere mit Trecks gekommen, sie hatten kampiert, wo immer es möglich war, und hofften, in Dresden zu bleiben, bis sie zurückkehren konnten. In den mehr als fünf Kriegsjahren war Dresden von Luftangriffen verschont geblieben, gewiß nicht aus humanitären Erwägungen, sondern weil hier keine wichtigen militärischen Objekte einen Angriff rechtfertigten. Natürlich hatte Dresden einen Bahnhof, von dem sich die Bahnlinien in viele Richtungen verzweigten. Die Zerstörung des Bahnhofs hätte einen strategischen Angriff rechtfertigen können, aber keine Bombenteppiche in einer Zeit, in der Dresden – wie man wußte – von Flüchtlingen überquoll. Drei aufeinander folgende Angriffe mit insgesamt über 1500 Flugzeugen verwandelten das deutsche Florenz in eine Hölle, die neun Zehntel der Altstadt verschlang und über hunderttausend Menschen umbrachte, unter ihnen viele Flüchtlinge aus Schlesien.[74]

Epilog

Die meisten der deutschen Flüchtlinge von 1944 und 1945 verließen Haus und Hof mit der festen Absicht, zurückzukehren. Sie ahnten nichts von dem Plan der Alliierten, ihre Provinzen abzutrennen, mit Gewalt alle noch dort verbliebenen Deutschen auszuweisen und sie im verstümmelten Reich anzusiedeln.

УБЕЙ!

Вот отрывки из трех писем, найденных на убитых немцах:

Управляющий Рейнгардт пишет лейтенанту Отто фон Шираху:

«Французов от нас забрали на завод. Я выбрал шесть русских из Минского округа. Они гораздо выносливей французов. Только один из них умер. Остальные продолжают работать в поле и на ферме. Содержание их ничего не стоит и мы не должны страдать от того, что эти звери, дети которых может быть убивают наших солдат, едят немецкий хлеб. Вчера я подверг легкой экзекуции двух русских бестий, которые тайком пожрали снятое молоко, предназначавшееся для свиных маток...»

Матиас Цимлих пишет своему брату ефрейтору Генриху Цимлиху:

«В Лейдене имеется лагерь для русских, там можно их видеть. Оружия они не боятся, но мы с ними разговариваем хорошей плетью...»

Некто Отто Эссман пишет лейтенанту Гельмуту Вейганду:

«У нас здесь есть пленные русские. Эти типы пожирают дождевых червей на площадке аэродрома. они кидаются на помойное ведро. Я видел, как они ели сорную траву. И подумать, что это люди...»

Рабовладельцы, они хотят превратить наш народ в рабов. Они вывозят русских к себе, издеваются, доводят их голодом до безумия, до того, что, умирая, люди едят траву и червей, а поганый немец с тухлой сигарой в зубах философствует: "Разве это люди?.."

Мы знаем все. Мы помним все. Мы поняли: немцы не люди. Отныне слово "немец" для нас самое страшное проклятье. Отныне слово "немец" разряжает ружье. Не будем говорить. Не будем возмущаться. Будем убивать. ЕСЛИ ТЫ НЕ УБИЛ ЗА ДЕНЬ ХОТЯ БЫ ОДНОГО НЕМЦА, ТВОЙ ДЕНЬ ПРОПАЛ. Если ты думаешь, что за тебя немца убьет твой сосед, ты не понял угрозы. Если ты не убьешь немца, немец убьет тебя. Он возьмет твоих и будет мучить их в своей окаянной Германии. Если ты не можешь убить немца пулей, убей немца штыком. Если на твоем участке затишье, если ты ждешь боя, убей немца до боя. Если ты оставишь немца жить, немец повесит русского человека и опозорит русскую женщину. ЕСЛИ ТЫ УБИЛ ОДНОГО НЕМЦА, УБЕЙ ДРУГОГО — НЕТ ДЛЯ НАС НИЧЕГО ВЕСЕЛЕЕ НЕМЕЦКИХ ТРУПОВ. Не считай дней. Не считай верст. Считай одно: убитых тобою немцев. Убей немца! — это просит старуха-мать. Убей немца! — это кричит родная земля. НЕ ПРОМАХНИСЬ. НЕ ПРОПУСТИ. УБЕЙ!

Илья ЭРЕНБУРГ.

1. *Ilja Ehrenburgs berüchtigtes Flugblatt „Töte"* (Faksimile). Der letzte Absatz lautet u. a.: „Die Deutschen sind keine Menschen ... Für uns gibt es nichts lustigeres als deutsche Leichen." Teilübersetzung auf S. 85 (Original Flugblatt: Politisches Archiv des Auswärtigen Amtes, Bonn)

2. *Am 20. Oktober 1944 eroberten Spitzen der sowjetischen Armee das ostpreußische Dorf Nemmersdorf* (Bundesarchiv)

3. *Deutsche Zivilisten, die nicht rechtzeitig fliehen konnten* (Bundesarchiv)

4. *Erschlagene Bauern* (Bundesarchiv)
5. *Nemmersdorfer Kinder* (Bundesarchiv)

6. *Massengrab für einige der Opfer*
   (Bundesarchiv)

7. Winter 1944/45: Treck in Schlesien (Podzun)

8. Treck in Ostpreußen (Bundesarchiv)

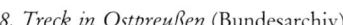

9. *Zusammengeschossener Wagen* (Bundesarchiv)

10. *Bombardierter Treck auf dem Haff* (Bundespresseamt)

11. Der Cäcilienhof in Potsdam. Die Plenarsitzungen fanden in dem Raum hinter dem Erkerfenster statt (U.S.Army Bild)

12. Der Konferenztisch im Cäcilienhof mit Präsident Truman (vorn Mitte), *Marschall Stalin* (ganz rechts) *und Premierminister Churchill* (hinten links) (U.S.Army Bild)

Rozkaz místního vojenského velitele.

Obyvatelé německé národnosti měst České Lípy, Staré Lípy a Mimoně bez rozdílu věku a pohlaví opustí dne 15. června 1945 v 5 hod. ráno své příbytky a pochodují ulicí Křižovou, jednak Pivovarskou na shromaždiště u pivovaru v České Lípě. V Mimoni se shromáždí v prostoru křižovatky 200 m záp. železničního mostu (silnice směr Zákupy).

Toto nařízení se netýká těchto osob a jejich rodin:

I.
  1. Lékaři, zvěrolékaři, lékárníci, ošetřovatelský personál a hasiči.
  2. Živnostníci a zaměstnanci potravinářského oboru v provozu.
  3. Kováři, zámečníci, správkárny vozidel, krejčí a obuvníci, kteří provozují své zaměstnání.
  4. Zaměstnanci továren a podniků v provozu.
  5. Zaměstnanci železnic, pošty a dopravních podniků.

Osoby uvedené pod čís. 1–5 se prokáží potvrzením o svém zaměstnání. Vzdálí-li se, budou přivedeny zpět a patřičně potrestány.

II. Vypovědění se nevztahuje na příslušníky komunistické a sociálně-demokratické strany, kteří se prokáží legitimací této strany, a kteří prokáží, že pro své smýšlení a kladný poměr k ČSR byli persekvováni, t. j. zavřeni nebo zbaveni svého místa.

Každý jednotlivec, na něhož se vypovědění vztahuje, může s sebou vzíti:

  a) potraviny na 7 dní a
  b) nejnutnější věci pro osobní potřebu tak, aby si vše mohl sám nésti;
  c) osobní doklady a všechny potravinové lístky s kmenovým lístem pro domácnost.

Cenné věci: Zlato, stříbro a z nich zhotovené předměty (prsteny, brože atd.), zlaté a stříbrn émince, vkladní knížky, pojistky a peníze s výjimkou ponechání 100 RM na osobu, fotografické přístroje, musí každý vložiti do sáčku, nebo zabaliti do papíru převázaného motouzem s podrobným písemným seznamem těchto cenností a s uvedením přesné adresy dosavadního bydliště, bytu a domovního čísla, tyto cenné věci v sáčcích odevzdá na místě shromaždiště.

Upozorňuji, že každý jednotlivec bude podroben přísné osobní prohlídce. Taktéž obsah jeho osobních zavazadel bude podrobně překontrolován.

Proto zatajování vyjmenovaných předmětů, jak u sebe, pod šatstvem, v obuvi a jinde, tak i v příručních zavazadlech, je bezúčelné a bude trestáno.

Domácí zvířectvo ponechte na místě a seznam zvířat s udáním čísla domu a ulice odevzdejte zároveň s klíči na shromaždiště

Nemovitý majetek a zařízení, jako různé stroje, hospodářské stroje a nářadí, musí býti ponechány na místě. Jakékoliv úmyslné poškození tohoto majetku nebo zařízení bude přísně trestáno. Rovněž bude trestáno předávání jmenovaných předmětů a zařízení do úschovy osobám jiným.

Klíče: Při odchodu buďtež všechny vchody do domu, a místnosti jakož i vchody do budov ve dvorech, po případě do dílen a provozoven uzamčeny a klíče od těchto budov s klíči jednotlivých místností buďtež svázány motouzem a opatřeny přesnou adresou dosavadního bydliště nebo bytu na tužším papíře, který se ke klíčům motouzem připevní.

Před opuštěním místnosti a budov buďiž všechny jejich vchodové dveře po uzamčení přelepeny páskem papíru přes klíčový otvor tak, aby pásek přesahoval obě dveřní křídla. V domech, v kterých někteří nájemníci zůstanou nadále bydleti, uzamkněte jen všechny vchody do opuštěného bytu a dveře přelepte páskem papíru.

Po převzetí klíčů budou ihned všechny budovy prohledány vojenskými a četnickými orgány. Osoby, které neoprávněně a úmyslně budovy neopustily, budou přísně potrestány.

Osoby nemocné, avšak transportu vozidly schopné, dopraví příslušníci jejich domácnosti na shromaždiště, odkud budou společně s transportem odvezeny Červeným křížem.

Česká Lípa, dne 14. června 1945.

Místní vojenský velitel:

pplk. VOVES v. r.

Překlad: ## Befehl des Militärortskommandanten.

Die Einwohner deutscher Volkszugehörigkeit der Stadtgemeinden Böhmisch-Leipa, Alt-Leipa und Niemes, ohne Unterschied des Alters und des Geschlechtes, verlassen am 15. Juni 1945 um 5 Uhr früh ihre Wohnungen und marschieren durch die Kreuz- und Bräuhausgasse auf den Sammelplatz beim Bräuhaus in Česká Lípě. In Niemes versammeln sie sich im Raum Kreuzung 200 Meter westlich der Eisenbahnbrücke (Straße in der Richtung Reichstadt).

Diese Anordnung betrifft nicht die nachstehend angeführten Personen und die Familien derselben:

I. 1. Aerzte, Tierärzte, Apotheker, Pflegepersonal und Feuerwehr. 2. Gewerbetreibende und Angestellte der im Gange befindlichen Versorgungsunternehmungen. 3. Schmiede, Schlosser-Kraftfahrzeug-Reparaturwerkstätten, Schneider und Schuhmacher, die im Gewerbe betrieben. 4. Angestellte der im Gange befindlichen Fabriken und Unternehmungen. 5. Angestellte der Eisenbahn, der Post sowie der Verkehrsunternehmungen.

Die unter Nr. 1—5 angeführten Personen haben sich mit einer Bestätigung über ihre Beschäftigung auszuweisen. Falls sie sich entfernen, werden sie zurückgeführt und entsprechend bestraft.

II. Die Ausweisung findet keine Anwendung auf Angehörige der kommunistischen und der sozialdemokratischen Partei, die sich mit einer Legitimation der Partei legitimieren und nachweisen können, daß sie wegen ihrer Gesinnung und der bejahenden Einstellung zur ČSR. verfolgt d. h. inhaftiert oder ihres Postens enthoben wurden.

Jeder Einzelperson, auf die sich die Ausweisung bezieht, ist es gestattet, mitzunehmen: a) Lebensmittel auf 7 Tage und b) die allernotwendigsten Sachen für ihren persönlichen Bedarf in einer Menge, die sie selbst tragen kann; c) Personalbelege und alle Lebensmittelkarten samt der Haushalts-Stammkarte.

Wertsachen: Gold, Silber und alle aus diesen Metallen hergestellten Gegenstände (Ringe, Broschen usw.), Gold- und Silbermünzen, Einlagebücher, Versicherungen, Bargeld, mit Ausnahme von 100 RM. pro Kopf sowie Photoapparate sind in ein Säckchen einzulegen oder in verschnürte Papierpäckchen einzupacken, unter Beischließung eines genauen schriftlichen Verzeichnisses dieser Wertsachen und unter Anführung der genauen Adresse des bisherigen Wohnortes, der Wohnung und der Hausnummer. Diese Wertsachen in Säckchen werden an der Versammlungsplatz abgegeben.

Ich mache aufmerksam, daß jede Einzelperson einer strengen Leibesvisite unterzogen wird. Auch der Inhalt der Gepäckstücke wird genau überprüft werden. Es ist daher jede Verheimlichung der angeführten Gegenstände, ob sie bei sich, in der Kleidung, als auch in den Schuhen und anderen Stellen, so z. B. in Handgepäck, zwecklos und wird bestraft werden.

Haustiere bleiben an Ort und Stelle, das Verzeichnis der Tiere ist unter Angabe der Hausnummer und der Straße gleichzeitig mit den Schlüsseln an der Versammlungsstelle abzugeben. Unbewegliches Eigentum und Einrichtung, wie verschiedene Maschinen, landwirtschaftliche Maschinen und Geräte, ist an Ort und Stelle zu belassen. Jede absichtliche Beschädigung dieses Eigentums oder der Einrichtung wird streng bestraft werden. Desgleichen wird die Uebergabe der angeführten Gegenstände und Einrichtungen an andere Personen zwecks Aufbewahrung bestraft werden.

Schlüssel: Beim Abgang sind alle Haus- und Wohnzimmereingänge sowie die Eingänge der Hofgebäude bzw. der Werks- und Betriebsstätten zu verschließen, die Schlüssel von diesen Gebäuden von allen einzelnen Räumen und mit Schnur zusammenzubinden und mit der genauen Adresse des bisherigen Wohnstelle oder der Wohnung auf festem Papier zu verschließen. Vor dem Verlassen der Wohnzimmer und der Gebäude muß jede Eingangstür verschlossen und mit einem Streifen Papier so verklebt werden, daß der Streifen beide Türflügel verbindet und der genauen Stelle. In den Häusern, in denen weiter verbleiben, soll bloß alle Eingänge der verlassenen Wohnung abgesperrt und die Türen mit Papierstreifen überklebt. Nach Uebernahme der Schlüssel werden alle Gebäude sofort von Militär- und Gendarmerieorganen durchsucht werden. Personen welche unberechtigt und absichtlich die Gebäude nicht verlassen haben, haben eine strenge Bestrafung zu erwarten. Kranke, jedoch des Transports im Beförderungsmittel fähige Personen, werden von den Angehörigen ihres Haushalts zur Versammlungsstelle gebracht, von wo sie gemeinsam mit Transport durch das Rote Kreuz weiter befördert werden.

Böhmisch-Leipa, den 14. Juni 1945.

Der Militärortskommandant: ### pplk. Voves e. h.

---

13. Befehl des tschechischen Militärortskommandanten von Böhmisch Leipa vom 14. Juni 1945.
Dieser Vertreibungsbefehl wurde vor der Potsdamer Konferenz und ohne alliierte Genehmigung erteilt (Sudetendeutsches Archiv)

14. *Vertreibung aus dem Sudentenland im Sommer 1945* (Sudetendeutsches Archiv)

15. *Auch bei schlechtem Wetter wurden Vertreibungen in offenen Wagen durchgeführt* (Podzun)

Da sie von diesen radikalen Plänen nichts wußten, begannen Flüchtlinge, denen das Entkommen durch die Rote Armee abgeschnitten worden war, in einzelnen Wellen wieder in ihre Dörfer zurückzukehren. Nach der bedingungslosen Kapitulation entschlossen sich andere zu dem Versuch, sich der Härte der Besatzung in ihren eigenen Dörfern im Osten auszusetzen. Hungrig und müde kehrten sie um und treckten heimwärts. Bei vielen Gelegenheiten wurde ihre Absicht durch sowjetische oder polnische Behörden vereitelt, die entweder die Leute sofort in Lagern internierten, die Männer zur Zwangsarbeit in den Osten schickten,[75] oder einfach die Straßen blockierten, vor allem die Übergänge über Oder und Neiße.[76] Unterdessen fanden die Flüchtlinge, die tatsächlich nach Hause gelangt waren, ihre Wohnungen oft verwüstet oder schon von Polen oder Russen besetzt vor. Manche hatten das Glück, ein paar friedliche Monate in ihren Dörfern zu verbringen, bis sie im Jahre 1946 sich wieder auf den Weg in den Westen machen mußten.

Fünftes Kapitel

Die anglo-amerikanische Vorstellung: Begrenzte Umsiedlungen

Wir sahen ein, daß gewisse Aussiedlungen unvermeidbar waren, aber wir beabsichtigten in Potsdam nicht, zu Aussiedlungen anzuregen oder in Fällen, wo andere Regelungen möglich waren, Verpflichtungen einzugehen.

Außenminister James F. Byrnes am 19. 10. 1945 (Foreign Relations of the United States, 1945, Band 2, S. 1294)

In den ersten Monaten des Jahres 1945, als der Krieg zu Ende ging, füllten Millionen deutscher Zivilisten die Straßen aus Pommern, Schlesien und Ostpreußen, die nach Westen führten; sie waren auf verzweifelter Flucht vor der siegreichen sowjetischen Armee. Millionen waren allerdings noch zurückgeblieben, und in diesem Augenblick begann schon die eigentliche Vertreibung, die bald einsetzte, als polnische Behörden in die besetzten deutschen Provinzen einzogen. Wer befahl die Vertreibungen? Boten die Beschlüsse der Alliierten von Jalta eine legale Rechtfertigung für die Vertreibung der Deutschen aus Gebieten noch unter militärischer Besetzung (occupatio bellica)?[1] Tatsache ist, daß diese ersten Vertreibungen von der sowjetischen Regierung gefördert wurden, aber ohne Wissen oder Genehmigung der westlichen Alliierten geschahen. Allerdings hatte – wie schon in den voraufgehenden Kapiteln geschildert – die Führung von Großbritannien und die der Vereinigten Staaten dem Prinzip der Bevölkerungsumsiedlung zugestimmt, wenn es auf Deutsche angewandt wurde, und in dieser Hinsicht können sie ihren Teil an der Verantwortung für die Exzesse, von denen die Anwendung des Prinzips begleitet wurde, nicht ableugnen. Doch ihre Zustimmung war begrenzt gewesen, obwohl die Regierung von Polen und später die der Tschechoslowakei es vorzogen, sie als grünes Licht für wahllose Vertreibungen auszulegen.

Um das Maß der westlichen Verantwortung abzuschätzen, ist es notwendig, die Art von Umsiedlung zu untersuchen, die der Westen im Auge gehabt hatte. Dachten die westlichen Alliierten an Vertreibung von fünfzehn Millionen Menschen? Genehmigten sie Übersiedlungen in ihre Besatzungszonen sofort nach Ende der Feindseligkeiten? Aus britischen und amerikanischen Dokumenten geht hervor, daß die westlichen Alliierten die Umsiedlungen auf ein Mindestmaß begrenzen und mit allmählichen, geregelten Wiederansiedlungen erst mehrere Monate nach Beendigung des Krieges beginnen wollten. Die

Schriftstücke enthüllen außerdem, daß der Westen erfolglos bemüht war, die vertreibenden Länder zu bewegen, von weiteren Vertreibungen im Jahre 1945 abzusehen und für Zeitplan und Zahl der aufeinander folgenden einzelnen Aktionen die Anweisungen des alliierten Kontrollrats abzuwarten.

Die Zahl der Umzusiedelnden

a) Anglo-amerikanische Planungen während des Krieges

Wichtigster Punkt in dem Beschluß zur Vertreibung war wohl die Zahl der Menschen, die man – ursprünglich – mit dieser Maßnahme erfassen wollte. Schon der gewaltsame Abtransport von Zehntausenden konnte nur unter großen technischen Schwierigkeiten und menschlichen Belastungen durchgeführt werden – Entwurzelung von Millionen aber bedeutete Chaos, Elend und Tod. In den ersten Kriegsjahren stellten die Alliierten keine Pläne für irgendwelche Umsiedlungen von Deutschen auf. Das Problem stellte sich 1941–42 noch nicht, als die Deutschen Siege errangen. Selbst 1943–44 gab es noch keine konkreten Pläne in dieser Hinsicht, doch Churchill und Roosevelt begannen schon mit dem Gedanken einer Bevölkerungsumsiedlung als einer möglichen Lösung des Minderheitenproblems in Mittel- und Osteuropa zu spielen, wobei sich ihre Vorstellungen vor allem auf eine reichlich optimistische Beurteilung des griechisch-türkischen Experiments von 1923–26 bezogen. Erst gegen Ende des Krieges befaßten sich Churchill und Roosevelt konkreter mit Zahlen, da die britische und die amerikanische Besatzungszone viele der umgesiedelten Deutschen aufnehmen mußten – die auch „ihre Mägen mitbringen werden",[2] wie Churchill treffend sagte.

Im Mai 1944 legte dann der Ausschuß für Nachkriegsprogramme des US-State Department ein Memorandum vor, das politische Empfehlungen für die Behandlung Deutschlands im Hinblick auf die langfristigen amerikanischen Interessen enthielt. In der Frage der Nachkriegs-Umsiedlungen hatte das Komitee zweifellos nur die Umsiedlung bestimmter deutscher Gruppen im Auge, und vor allem keine sofort nach Einstellung der Feindseligkeiten einsetzende Ausweisung. Es wurde empfohlen:[3] „Diese Regierung sollte es ablehnen, daß gleich nach Beendigung der Feindseligkeiten Massenumsiedlungen deutscher Bewohner aus den Nachbarländern in das Reich vorgenommen werden, sollte aber dem Abtransport Einzelner oder von Gruppen zustimmen, die ein besonders schwieriges Problem bilden; die Umsiedlung sollte, so weit es möglich ist, unter humanen Bedingungen und ohne Überbeanspruchung der Aufnahmefähigkeit Deutschlands durchgeführt werden. (Versuchsweise wäre zu empfehlen: Ein übergreifender Ausschuß für Deutschland, der die folgenden Themen untersucht: a) Kriterien für die Selektion der auszusiedelnden Bevölkerung; b) eine inter-alliierte Besetzung Ostpreußens und c) die Gründung einer inter-alliierten Kommission zur Überwachung der Bevölkerungs-Umsiedlungen)."

Ebenso empfahl der Ausschuß im November 1944:[4] „Die Regierung der Vereinigten Staaten sollte keine allgemeine Umsiedlung von Bevölkerungen begünstigen . . . Die Einwände gegen eine allgemeine Umsiedlung von Minderheiten sind nicht unbedingt auf die Umsiedlung von besonders selektierten Gruppen anzuwenden. Immerhin sollte die Regierung der Vereinigten Staaten solche Umsiedlungen nur dann zulassen, wenn sie überzeugt ist, daß dadurch die Beziehungen zwischen den betreffenden Ländern verbessert und die Stabilität in Europa erhöht wird. Um diese Zwecke zu erreichen, sollten die Umsiedlungen in geregelter Weise erfolgen und sich über eine gewisse Zeit hinziehen; Maßnahmen zu neuer Ansiedlung sollten getroffen werden; alles müßte international überwacht werden."

Diese allgemeine Politik tauchte wieder in den vom State Department verfaßten „Instruktionsunterlagen" vom 12. Januar 1945 auf. Das Dokument bekräftigte, die Vereinigten Staaten „sollten, wo immer es möglich ist, eine selektive Umsiedlung begünstigen",[5] und schloß, „das Ministerium zieht eine Politik vor, bei der diese Umsiedlungen auf ein Mindestmaß beschränkt bleiben."[6]

In England beschäftigten sich auch mehrere amtliche Stellen – vornehmlich das Waffenstillstands- und Nachkriegskomitee (Armistice and Post War Committee, A. P. W.) – mit der Frage der geplanten Umsiedlung der Deutschen. Nach der Sitzung des A. P. W. am 20. Juli 1944 wurde dem Foreign Office ein Bericht vorgelegt, in welchem auf die bekannten Probleme hingewiesen wurde. Man dachte aber damals, daß es noch zu früh wäre, zu entscheiden, wieviele Personen umgesiedelt und nach welchen Grundsätzen Personen für die Umsiedlung bestimmt werden sollten. Man sollte vorläufig keine Initiative ergreifen, da die Aufgabe der Umsiedlungen als Sache der Russen betrachtet wurde.[7]

Am 23. November 1944 reichte der tschechoslowakische Minister Dr. Ripka der britischen Regierung ein Memorandum ein zum Problem der Ausweisung der Deutschen aus der Tschechoslowakei und aus dem Sudetenland.[8] Um sich nicht frühzeitig festzulegen, äußerte sich das Foreign Office lediglich dahin, es würde das Memorandum prüfen. Nach Ansicht der britischen Regierung sollten alle Umsiedlungsfragen erst Gegenstand künftiger Besprechungen in der European Advisory Commission sein.

Es ist nichts Neues, daß sich Premierminister Churchill nicht immer so zurückhaltend verhielt. In einer leidenschaftlichen Rede vor dem Unterhaus erklärte er am 15. Dezember 1944 bezüglich Polens:[9] „Die Übersiedlung von mehreren Millionen Menschen müßte vom Osten nach Westen oder Norden gerichtet sein, ebenso wie die Vertreibung der Deutschen – denn das eben wird vorgeschlagen: die totale Vertreibung der Deutschen – aus dem Gebiet, das jetzt Polen im Westen und im Norden haben soll." Doch diese harte politische Erklärung muß im richtigen Zusammenhang gesehen und als das verstanden werden, was sie war: ein rhetorischer Ausbruch im Verlauf einer mitreißenden

Rede im Kriege. Churchill saß nicht vor Landkarten am Konferenztisch und traf keine Beschlüsse, sondern sprach in einem Augenblick der Krise zum Parlament. Britische Anstrengungen, Arnheim zu erobern, waren kläglich gescheitert; die Deutschen hielten stand; der Winter hatte sich eingestellt, die Stimmung war düster, weil die Briten nicht erreichten, was sie sich vorgenommen hatten.

Es war keineswegs erstaunlich, daß sich Churchill unter solchen Umständen vor dem Parlament zu einer Brandrede hinreißen ließ. Doch solche Rhetorik wandte er nicht bei seinen Verhandlungen mit Stalin in Jalta an – so wenig wie später in Potsdam. Während sich Churchill im Unterhaus zu einer Beredsamkeit aufschwang, die nicht nur die Abgeordneten, sondern auch das Volk und die Streitkräfte entflammte, war er am Konferenztisch ein kühler Staatsmann, der nur wohlüberlegte, in allen Folgen bedachte Entscheidungen zu treffen beabsichtigte. Churchills Erklärung vom 15. Dezember 1944 ist aber von vielen Autoren der Ostblockstaaten zitiert worden, um die These von der „totalen Vertreibung" zu stützen und die Verantwortung den westlichen Alliierten in die Schuhe zu schieben.[10] Sie interpretieren Churchills Worte als uneingeschränkte Zustimmung, die umfassend genug sei, alles zu decken, was dann geschah. Doch bedenkt man Churchills Haltung in Jalta und Potsdam, ist eine solche Auslegung seiner Rede vom 15. Dezember unhaltbar. Man braucht nur daran zu denken, daß Churchill einerseits der Vertreibung der Deutschen „aus dem Gebiet, das die Polen erhalten sollen", zustimmte, andererseits aber vorhatte, Polens Landgewinn auf etwa die Hälfte dessen zu beschränken, was sich Polen schließlich mit Hilfe der Sowjetunion und gegen heftige Proteste der Vereinigten Staaten wie Englands nahm.

Entscheidend bleibt, daß auch nach Churchills Parlamentsrede vom 15. Dezember 1944 die britische Regierung nüchtern handelte und sich für die Konferenz auf der Krim entsprechend vorbereitete. Aus einem Entwurf eines Memorandums an das Armistice and Post War Committee geht hervor: „Die Regierung Seiner Majestät bleibt im Bezug auf die Gebiete, aus welchen Umsiedlungen durchzuführen sind, ungebunden; ebenfalls im Bezug auf die Zahl der Personen, die umzusiedeln sind, und auf solche wichtige Angelegenheiten wie den Zeitplan für die Durchführung der Aussiedlung . . ."[11]

b) Malta

Am 1. Februar 1945, drei Tage vor Beginn der Konferenz von Jalta, besprachen sich die Außenminister der Vereinigten Staaten und Großbritanniens an Bord von HMS *Sirius* in Grand Harbour auf Malta. Dabei äußerte der britische Außenminister Eden seine Besorgnisse über die neuesten Forderungen der Lubliner Regierung nach deutschem Territorium, die, wenn man sie erfüllte, zur Umsiedlung von viel mehr Deutschen führen mußte, als die Briten und die Amerikaner in ihren Besatzungszonen aufnehmen wollten. Der Amerikaner teilte seine Besorgnis und unterstrich, daß, wie groß auch immer die Zahl der betroffenen Deutschen sein möge, „die Umsiedlung der Leute nach und nach und nicht überstürzt vor sich gehen müsse".[12]

Am selben Tag berichtete Eden seinem Premierminister Churchill über die Besprechungen mit Außenminister Stettinius. Er faßte zusammen, daß „die Abtretungen, auf die wir uns mit den Amerikanern geeinigt haben, die Umsiedlung von zweieinhalb Millionen Deutschen bedeuten würde".[13] Ferner meinte er, daß die Ausdehnung Polens an die Oder ohne Breslau und Stettin weitere zweieinhalb Millionen, eine Grenze an der westlichen Neiße mit Breslau und Stettin dazu noch dreieinviertel Millionen Menschen betreffen werde. Angesichts solcher Zahlen kamen die amerikanischen und britischen Delegierten überein, daß „selbst die Grenze an der Oder die polnische Möglichkeit zur Absorbierung sehr beanspruchen und die ungeheuren Schwierigkeiten, die mit der Aussiedlung von Millionen Deutscher verbunden sind, noch steigern würde".[14] Als Churchill und Roosevelt nach Jalta fuhren, waren sie also durchaus vor dem Umfang der Bevölkerungsumsiedlungen, die sich aus der territorialen Verstümmelung Deutschlands ergeben mußten, gewarnt.

c) Von Jalta bis zur Berliner Deklaration

Um eine wohlüberlegte Entscheidung über die Aussiedlung der Deutschen aus den Provinzen östlich der Oder-Neiße-Linie zu erreichen, wollten die westlichen Alliierten wissen, wie groß die Zahl deutscher Zivilisten sei, die von der Wehrmacht bei ihrem Rückzug evakuiert worden oder beim Herannahen der Roten Armee geflüchtet waren. Wie viele Deutsche waren noch östlich der von den westlichen Verbündeten vorgeschlagenen Demarkationslinie, die durch Pommern und Oberschlesien lief? Und wie viele jenseits der Oder-Neiße-Linie?

Technische und menschliche Bedenken veranlaßten die westlichen Alliierten, die Aussiedlung von nur so vielen Deutschen zu befürworten, daß ihre Umsiedlung nach Westen einen angemessenen Landstrich für die bisher östlich der Curzon-Linie ansässigen Polen freimachen würde. Die Umsiedlung von mehr Deutschen, als dazu unbedingt nötig waren, war nach westlicher Ansicht viel zu schwierig.

Doch die Russen und die von ihnen abhängige provisorische polnische Regierung strebten ein völlig anderes Ziel an: Sie beabsichtigten, möglichst viele Deutsche aus dem Osten zu vertreiben, um ein größeres Gebiet von Deutschland zu besetzen und zu annektieren, als ihre westlichen Verbündeten ihnen jemals gewähren wollten. Zu den Methoden, mit denen die Sowjets die westlichen Alliierten zur Einwilligung in die Oder-Neiße-Linie überreden wollten, gehörte die absichtliche Fehlinformation über die Zahl von Deutschen, die noch in den Gebieten östlich von Oder und Görlitzer Neiße lebten; man hoffte, den Eindruck zu erwecken, daß alle Deutschen bereits freiwillig ihr Land verlassen hätten und nach Westen geflohen seien, so daß für die westlichen Alliierten kein Grund bestand, sich dem Zugriff der polnischen

Regierung zu widersetzen: Es gebe keinerlei Probleme für Umsiedlungen von Osten nach Westen. Im Gegenteil: Wenn man den bereits geflohenen Deutschen nach dem Krieg die Rückkehr gestatten wolle, würden Schwierigkeiten des Transports von Westen nach Osten zu bewältigen sein – und das wäre doch wirklich sinnlos!

Während der vierten Vollversammlung in Jalta am 7. Februar 1945 drängte Marschall Stalin unumwunden darauf, Oder und Görlitzer Neiße als künftige Grenzen Polens anzuerkennen. Premierminister Churchill widersprach sofort, weil ein großer Teil der britischen Öffentlichkeit entsetzt wäre, wenn vorgeschlagen würde, so viele Millionen Deutsche auszusiedeln.[15] Stalin antwortete kühl, die meisten Deutschen in diesen Gebieten – einschließlich der zwischen der Görlitzer und der Glatzer Neiße Ansässigen – seien bereits vor der Roten Armee davongelaufen. Es gebe hier keine Deutschen mehr, behauptete er, während in der Tat noch mindestens fünf Millionen Deutsche im Februar 1945 östlich der Oder-Neiße-Linie lebten; auch die Großstädte Königsberg, Breslau, Danzig und Stettin waren noch in deutscher Hand.

Churchill erwiderte, er scheue nicht die Aussiedlung, solange sie die Möglichkeiten, die Ausgesiedelten in Deutschland aufzunehmen, nicht überschreite. Nach seiner Meinung konnte die Anzahl der Ostpreußen und Oberschlesier noch bewältigt werden.[16] Schließlich waren ja sechs bis sieben Millionen Deutsche im Krieg gefallen und hatten damit Platz für ebenso viele Deportierte gemacht.[17] Churchill bemerkte allerdings, das Problem der Umsiedlung von Deutschen sei eine höchst verwickelte Angelegenheit, die nicht nur in der Theorie bedacht, sondern auch unter praktischen Gesichtspunkten studiert werden müsse. Unter gar keinen Umständen würde er aber zustimmen, daß die Görlitzer Neiße zu Grenze werde, „weil das Bevölkerungsproblem sehr schwer zu bewältigen ist".[18]

Die Jalta-Konferenz schloß ohne Übereinkunft über Polens Westgrenze; hinsichtlich der Anzahl von auszusiedelnden Deutschen wurden keine Entscheidungen getroffen, ebensowenig über den Zeitpunkt, zu dem die Aussiedlungen beginnen sollten.

In den fünf Monaten zwischen den Konferenzen von Jalta und Potsdam überwogen die militärischen Entscheidungen. Der Krieg war in der Endphase. Dennoch beschäftigten sich weiter die Experten im Foreign Office und State Department mit Fragen über die Umsiedlung der Deutschen. Leider konnten sie ihre Vorstellungen nicht durchsetzen, weil die Ereignisse im Osten sie überholten. Im März und April 1945 diskutierten die Experten im britischen Foreign Office den Entwurf eines Memorandums an die European Advisory Commission, der vorsah:[19] „Die Delegation des Vereinigten Königreichs macht keinen Vorschlag für eine Erörterung bestimmter Aspekte des umfassenden Themas in diesem Augenblick, in dem der ganze Komplex noch nicht überblickt werden kann. Es handelt sich um (I) die Gebiete, aus denen die Bevölkerung ausgewiesen werden soll . . . (II) um die Anzahl der auszuweisenden Menschen; (III) um die Grundsätze, nach denen die Personen für die Ausweisung bestimmt werden; (IV) um die Bedingungen für den Transfer von Besitz und die Regelung finanzieller Ansprüche; (V) um den Zeitplan für die Durchführung der Aussiedlung und (VI) um einen besonderen Mechanismus, der zur Regelung und Kontrolle der Aussiedlungen nötig werden könnte."

Vorläufig sollte die European Advisory Commission die Regierungen jener Länder, aus denen wahrscheinlich deutsche Bevölkerungen ausgewiesen werden sollten, informieren, „daß vor einer Vereinbarung über die einzuschlagende Politik der Zuzug solcher Personen nach Deutschland oder Österreich von dem jeweiligen Kontrollrat genehmigt werden sollte, dem wiederum bindend vorgeschrieben werden muß, daß er alle Umsiedlermaßnahmen den vorrangigen Aufgaben der Besatzung unterordnet".²⁰ Nach der Ansicht der britischen Delegation sollte darüber hinaus eine internationale „Population Transfer Commission" ins Leben gerufen werden, um den militärischen Besatzungsregierungen bei der Durchführung der Umsiedlungen zu helfen.

Nach der bedingungslosen Kapitulation der deutschen Wehrmacht am 7. Mai in Reims und am 8. Mai in Berlin²¹ konnten die siegreichen Alliierten ganz Deutschland besetzen und gemäß dem Londoner Protokoll vom 12. September 1944 in vier Besatzungszonen teilen. In der Berliner Deklaration vom 5. Juni 1945 übernahmen die Alliierten feierlich die oberste Regierungsgewalt hinsichtlich Deutschlands „innerhalb seiner Grenzen, wie sie am 31. Dezember 1937 bestanden".²²

Da die meisten Vertriebenen aus der Tschechoslowakei und alle aus Polen zunächst in die sowjetische Besatzungszone gelangten, wurden die westlichen Alliierten mit dem Ausmaß dieser Vertreibungen zunächst noch nicht konfrontiert.

d) Potsdam

Als Churchill und Truman zur Eröffnung der Potsdamer Konferenz am 17. Juli 1945 nach Deutschland kamen, hatten sie keine richtige Vorstellung davon, wieviele Deutsche noch östlich der Oder-Neiße-Linie lebten, wieviele geflohen waren, wieviele noch flohen.

Bei der fünften Sitzung am 21. Juli 1945 wies Präsident Truman auf den deutschen Charakter der Gebiete an Oder und Neiße hin und auf die neun Millionen Deutschen, die dort ansässig waren. Stalin antwortete, viele von ihnen seien im Krieg getötet, die übrigen geflohen. Er betonte, nicht ein einziger Deutscher lebe in dem Territorium, das Polen übergeben worden sei. Darauf flüsterte Admiral Leahy dem Präsidenten zu: „Natürlich nicht, die ‚Bolschies' haben sie alle umgebracht."²³

Die polnische Regierung, eingeladen, um ihre Ansichten zur Oder-Neiße-Grenze vorzutragen, sprach von nur anderthalb Millionen Deutschen in den umstrittenen Gebieten, und diese würden „freiwillig ziehen, sobald die Ernte vorbei ist".²⁴

Doch im Gegensatz zu diesen Schätzungen lebten hier noch mindestens vier Millionen[25] Deutsche zur Zeit der Potsdamer Konferenz, während eine weitere Million zurückzukehren versuchte.[26] Die Russen wie die Polen wußten es, doch weder Churchill noch nach ihm Attlee und Truman waren von dieser Tatsache unterrichtet, die sie unbedingt wissen mußten, um eine bindende Entscheidung über das Schicksal von Millionen Menschen zu treffen. Ein eiserner Vorhang verbarg ihnen die genauen Informationen.[27] Da aber die Sowjetunion und Polen allein die wirklichen Verhältnisse kannten, waren sie rechtlich verpflichtet, ihre westlichen Verbündeten in Potsdam davon zu unterrichten. Stattdessen haben sie Churchill und Truman in diesem Punkt absichtlich getäuscht.

So bleibt es bei der theoretischen Frage, ob Truman oder Churchill, beziehungsweise Attlee, wenn sie korrekt informiert worden wären, der Ausweisung weiterer fünf Millionen Menschen aus Polen und den polnisch verwalteten Gebieten zu einem Zeitpunkt zugestimmt hätten, als die britische und die amerikanische Besatzungszone keine Unterkunft und Ernährung bieten konnten. Man kann diese Frage nur verneinend beantworten. Soweit also die westliche Genehmigung für die Aussiedlung der Deutschen durch täuschende, hinterhältige Manöver der sowjetischen und der polnischen Delegationen erreicht wurde, war sie rechtlich ungültig,[28] und die Vertreibung, die sich auf diese fragwürdige Genehmigung berief, ebenso illegal, denn kein Land hat das Recht, Menschen in ein anderes Land (oder eine Besatzungszone) auszuweisen, das nicht willig oder darauf vorbereitet ist, Neuankömmlinge aufzunehmen.

Die westliche Auffassung über die Aussiedlung von Deutschen rechnete ganz eindeutig nur mit einer begrenzten Zahl, gewiß nicht aus Mitleid mit den Deutschen, sondern aus praktischen Erwägungen im Hinblick auf sehr konkrete Probleme des Nachkriegs-Aufbaus. Als die Alliierten die Gewalt über Deutschland und die Deutschen übernahmen, wurden sie damit auch für Ernährung und Unterbringung der deutschen Bevölkerung verantwortlich. Die westlichen Alliierten hatten also nicht nur das Recht, sondern auch die Pflicht, die Einwanderung in ihre Zone zu regeln und Chaos und Hunger zu verhindern.

Auf der fünften Sitzung der Potsdamer Konferenz legte Churchill seine eindeutige Ablehnung des sowjetisch-polnischen Plans dar und verlangte, daß jede Umsiedlung von Menschen begrenzt bleibe. Darüberhinaus schlug er vor, daß einige der deutschen Flüchtlinge, die schon in den Westen geflohen waren, die Erlaubnis zur Rückkehr in ihre Wohnorte östlich von Oder und Neiße erhalten sollten:[29] „Sollte es östlich der Curzon-Linie drei oder vier Millionen Polen geben, dann müßte ihnen im Westen Platz geschaffen werden. Eine so umfassende Bevölkerungsbewegung hätte die Menschen in Großbritannien erschüttert, doch ein Umschichten von achteinviertel Millionen (Deutschen) war mehr, als ich vertreten konnte. Die Entschädigung sollte in gewissem

Verhältnis zum Verlust stehen. Es konnte Polen nicht guttun, so viel zusätzliches Territorium zu gewinnen. *Wenn die Deutschen es schon verlassen hatten, sollten sie zurückkehren dürfen.* Wir wünschten keine breite deutsche Bevölkerung, die von ihren Nahrungsquellen abgeschnitten war. Die Ruhr lag in unserer Zone, und falls sich nicht genügend Nahrung für die Einwohner finden ließ, mußte es zu Zuständen wie in deutschen Konzentrationslagern kommen." (Kursive vom Verfasser)

In der sechsten Sitzung am 22. Juli unterstrich Churchill noch einmal die Gründe, aus denen die Regierung Seiner Majestät die polnischen Forderungen nicht anerkennen konnte:[30] „Die Briten hatten schwere moralische Bedenken gegen umfangreiche Bevölkerungsumsiedlungen. Wir konnten uns in eine Ausweisung von ebenso vielen Deutschen finden, wie Polen aus Ostpolen östlich der Curzon-Linie übersiedelten, sagen wir, zwei bis drei Millionen; doch eine Ausweisung von acht oder neun Millionen Deutschen, wie sie die polnischen Forderungen mit sich brachten, war zu viel und völlig falsch."

Doch trotz dieser wichtigen Einwände stimmten die westlichen Verbündeten schließlich der Aussiedlung der Deutschen zu. In Artikel XIII des Potsdamer Protokolls heißt es im ersten Absatz:[31] „Die drei Regierungen haben die Frage unter allen Gesichtspunkten beraten und erkennen an, daß die Überführung der deutschen Bevölkerung oder Bestandteile derselben, die in Polen, der Tschechoslowakei und Ungarn zurückgeblieben sind, nach Deutschland durchgeführt werden muß. Sie stimmen darin überein, daß jede derartige Überführung, die stattfinden wird, in ordnungsgemäßer und humaner Weise erfolgen soll."

Die Zustimmung, zu der sich die westlichen Verbündeten hiermit bekannten, ist allerdings nur denkbar dank den absichtlich falschen Angaben, die Stalin und Bierut über die Zahl der Deutschen im Osten gemacht hatten; eine ebenso große Rolle spielte aber auch die Tatsache, daß die westlichen Alliierten den Artikel XIII vor allem deshalb annahmen, weil es dringend notwendig wurde, Ordnung in eine Völkerverschiebung zu bringen, die sie nur durch eine militärische Aktion gegen die Sowjetunion und Polen hätten aufhalten können; und dazu konnten sie sich natürlich nach den Jahren gemeinsamen Kampfes gegen den gemeinsamen Feind im totalen Krieg nicht entschließen.[32] Außerdem bezog sich die Genehmigung, die Artikel XIII enthielt, auf die Zukunft und behielt den Alliierten das Recht vor, den Zeitplan und die Zahl der Transporte zu regeln, die in das besetzte Reich geschickt werden sollten. Artikel XIII zielte keineswegs darauf, die Ausweisung aller Deutschen anzuregen, sondern besagte nur, daß alle Aussiedlungen, die unternommen wurden, in geregelter und humaner Weise stattfinden sollten.

Beim Thema Tschechoslowakei wurde das Spiel mit den Zahlen wesentlich geschickter gehandhabt. Zunächst brachte man das überzeugende Argument vor, daß die Nazis und gewisse „illoyale Elemente" ausgewiesen werden müßten, also jedenfalls eine kleine und leicht umzusiedelnde Gruppe. Doch als sich der Krieg ausweitete, neigte die tschechoslowakische Exilregierung mehr und mehr zu einer „Endlösung" der Sudetenfrage. Am Vorabend der Konferenz von Jalta schätzte das Außenministerium der Vereinigten Staaten die Zahl der auszuweisenden Sudetendeutschen bereits auf anderthalb Millionen,[33] und bis zur Potsdamer Konferenz hatte sie sich auf zwei bis zweieinhalb Millionen erhöht.[34] Deutsche Nazigegner, mindestens achthunderttausend Menschen,[35] sollten von der Vertreibung ausgenommen werden. Doch schließlich vertrieb man auch sie aus der Tschechoslowakei – weil sie eben Deutsche waren.[36]

Kann man den Artikel XIII des Potsdamer Abkommens für den Beweis heranziehen, daß der Westen der Vertreibung aller drei Millionen dreihunderttausend Sudetendeutschen zustimmte? Die wahrscheinlich zutreffendste Auslegung des Artikels stammt von dem amerikanischen Außenminister Byrnes, der zwei Monate nach der Konferenz in einem Telegramm an den amerikanischen Botschafter in der Tschechoslowakei, Lawrence A. Steinhardt, erklärte:[37] „Wir sollten auf folgendes hinweisen: Die Potsdamer Übereinkunft erkennt nur an, daß die Aussiedlung von größeren oder kleineren Teilen der deutschen Bevölkerung unternommen werden sollte. So weit es uns angeht, möchten wir unterschiedslose und ungeregelte Vertreibungen umgehen, um unnötige Härte für die Betroffenen und unnötige Belastungen der Zonen, die sie aufnehmen müssen, zu vermeiden. Wir sahen ein, daß gewisse Aussiedlungen unvermeidlich waren, aber wir beabsichtigten in Potsdam nicht, zu Aussiedlungen anzuregen oder in Fällen, wo andere Regelungen möglich waren, Verpflichtungen einzugehen."

Stellte nun diese Erklärung von Byrnes etwa eine nachträgliche Umkehrung der anglo-amerikanischen Politik dar, oder entsprach sie den Tatsachen? Es war auf der achten Sitzung der Außenminister in Potsdam am 25. Juli 1945, daß Byrnes auf eine Klärung der Frage der Umsiedlung drängte. Es wurde entschieden, einen Unterausschuß zu bilden, der den Text eines Umsiedlungsartikels verfassen sollte.[38] Die Mitglieder des Unterausschusses waren Geoffrey Harrison für die britische Delegation, Cavendish Cannon für die amerikanische Delegation und Arkady Aleksandrowitsch Sobolew für die sowjetische Delegation.[39] Der Unterausschuß hat daraufhin einen Entwurf vorbereitet, der bei der elften Plenarsitzung am 31. Juli 1945 angenommen wurde.[40] Wie dieser Entwurf entstanden ist, ließ sich aus den bisher veröffentlichten Dokumenten nicht verfolgen. In den Akten des britischen Foreign Office befindet sich aber ein ausführlicher Brief von Geoffrey Harrison an Herrn John Troutbeck, den Leiter der Deutschland-Abteilung, datiert vom 1. August 1945. In diesem Brief berichtete Harrison aus Berlin:[41] „Der Unterausschuß ist drei Mal zusammengetreten und hat einen von mir vorgelegten Entwurf beraten . . . Die Verhandlungen waren nicht einfach – Verhandlungen mit den Russen sind nie einfach . . . Wir gerieten in eine große Auseinandersetzung, die in der Plenarsitzung behandelt werden mußte, über die Aufnahme der letzten dreieinhalb Zeilen.[42] Sobolew vertrat die Ansicht, daß der polnische und der tschechoslowakische

Wunsch, ihre deutschen Bevölkerungen auszuweisen, einer historischen Mission entspreche, welche die sowjetische Regierung keineswegs zu verhindern suche. Die sowjetische Regierung halte es für die Aufgabe des Alliierten Kontrollrats in Deutschland, die Aufnahme der ausgesiedelten Bevölkerung möglichst rasch zu erleichtern. Cannon und ich wandten uns nachdrücklich gegen diesen Standpunkt. Wir erklärten, daß wir für den Gedanken an Massenausweisungen ohnehin nichts übrig hätten. Da wir sie aber nicht verhindern könnten, möchten wir dafür sorgen, daß sie in einer möglichst geordneten und humanen Weise durchgeführt würden, aber auch auf eine Art, die den Besatzungsmächten in Deutschland keine untragbare Belastung auferlegt."

Wie sich dann herausstellte, wurde die Hoffnung der westlichen Alliierten, die Übersiedlungen lenken und die Zahl der Betroffenen verringern zu können, weitgehend enttäuscht. Britisches und amerikanisches Unbehagen über den Mißbrauch, den die vertreibenden Staaten mit dem Prinzip der Bevölkerungsumsiedlung trieben, kam später bei manchen prominenten Politikern zum Ausdruck. Winston Churchill, der sich so frühzeitig für das Prinzip ausgesprochen hatte, bedauerte in einer weithin bekannt gewordenen Ansprache im Westminster College von Fulton/Missouri am 5. März 1946: „Die von den Russen gegängelte polnische Regierung ist ermutigt worden, sehr umfassende und widerrechtliche Übergriffe gegen Deutschland zu unternehmen, und jetzt finden Massenvertreibungen von Deutschen *in einem bedrückenden und ungeahnten Ausmaß* statt."[43] (Kursive vom Verfasser.) Tatsächlich überstiegen die Vertreibungen bei weitem alles, was Churchill oder Truman zu genehmigen bereit waren: Die vorausgesehene Umsiedlung von drei bis sechs Millionen Deutschen schwoll zu einer Massenvertreibung von fünfzehn Millionen an.

Unter diesen Verhältnissen ist es schwierig, jemandem noch guten Glauben zuzugestehen, der ausgeklügelte Behauptungen über die amerikanische und britische Zustimmung zur Vertreibung von zehn Millionen Menschen aus Polen und den von Polen verwalteten Gebieten und von dreieinhalb Millionen aus der Tschechoslowakei aufstellt.[44] Zweifellos tragen die westlichen Mächte ihr Maß an Verantwortung für die massenweise Entwurzelung der Deutschen, aber größer ist das der Sowjetunion, Polens und der Tschechoslowakei. Es war aber das Einverständnis der Westmächte, das unbeabsichtigt der Vertreibung ein Mäntelchen von Legalität und Berechtigung umhängte – einen Mantel, der allerdings bald von vielen britischen und amerikanischen Publizisten zerfetzt wurde: Sie entsetzten sich über „den unmenschlichsten Beschluß, der jemals von zur Verteidigung der Menschenrechte berufenen Regierungen gefaßt wurde".[45]

Zeitplan für die Umsiedlungen

a) Warnung vor einseitigen Umsiedlungsaktionen

Wenn es darum geht, den Verlust an Menschenleben, der unweigerlich mit einer gewaltsamen Vertreibung verbunden ist, möglichst einzuschränken, ist eine genaue zeitliche Abstimmung für die Umsiedlungen sicherlich ebenso wichtig wie die Methode.

Den ersten Befürwortern des Gedankens, die Deutschen auszusiedeln, war es klar, daß bei Einstellung der Feindseligkeiten keine ausreichenden Transportmöglichkeiten zur Verfügung stehen würden. In der langen Oberhausdebatte vom 8. März 1944 sprach der Earl of Mansfield die vorherrschende Ansicht aus, daß die Massendeportationen nicht übereilt werden dürften. Er meinte:[46] „Wenn die Umsiedlung von Griechen und Türken ungefähr sechs Jahre dauerte, kann es durchaus sein, daß die anderen Umsiedlungen (der Deutschen) zwanzig Jahre oder noch länger in Anspruch nehmen werden. Es ist jedenfalls eine Angelegenheit, die nicht übereilt werden darf." Ein Jahr danach schraken viele Politiker im Westen bei der Vorstellung zurück, die Umsiedlung der Deutschen zu einem Zeitpunkt zu beginnen, als das Reich völlig verwüstet war und Hunger und Krankheit herrschten, also die Umsiedlung eine Katastrophe auf die andere häufen mußte. Doch in den apokalyptischen Tagen am Ende des Zweiten Weltkrigs waren die meisten der siegreichen Führer Osteuropas entschlossen, große Teile des alten Reichs zu annektieren und sie so gründlich wie möglich von Deutschen zu räumen. Sie wollten bei der Durchführung ihres Programms keine Zeit verlieren.

Die große Vertreibung der Deutschen begann, sobald die sowjetische Armee Gebiete eroberte, in denen Deutsche lebten. Millionen Menschen flüchteten auf eigene Faust oder wurden von der deutschen Wehrmacht auf ihrem Rückzug evakuiert. Millionen aber blieben zurück, und ihre Vertreibung setzte schon im Frühjahr 1945 ein.

Zur Zeit der Potsdamer Konferenz waren die Vertreibungen in vollem Gang, und nur sowjetische, polnische und tschechoslowakische Instanzen hätten ihnen Einhalt gebieten können. Stattdessen beschleunigten sie die Vertreibungen und brachten damit die westlichen Verbündeten in eine Zwangslage, in der sie nur hoffen konnten, das Unvermeidliche hinauszuzögern oder vielleicht eine geordnete Umsiedlung durch Verhandlungen mit den vertreibenden Ländern zu erreichen. Hätten die Sowjetunion und die provisorischen Regierungen von Polen und der Tschechoslowakei nicht darauf bestanden, dann hätten die westlichen Alliierten keine Umsiedlungen deutscher Bevölkerung vor dem Frühjahr 1946 zugelassen.[47] Bis dahin, so hoffte man, sei das Chaos des deutschen Zusammenbruchs wenigstens teilweise überwunden und die Wirtschaft so weit instandgesetzt worden, daß die Aufnahme der Vertriebenen verkraftet werden konnte.

Lange vor Kriegsende übermittelten die westlichen Alliierten ihre Ansichten über Methoden und Zeitplan der Umsiedlungen den provisorischen Regierungen von Polen und der Tschechoslowakei, die ihrerseits die Sprachregelung von der geregelten und humanen Übersiedlung übernahmen und einverstanden waren, den von den Alliierten aufgestellten Zeitplan innezuhalten.[48]

Wie oben erwähnt, legte der tschechoslowakische Außenminister Dr. Ripka im November 1944 den alliierten Regierungen ein Memorandum vor,[49] das den Wunsch seiner Regierung aussprach, die Deutschen so bald wie möglich aus der Tschechoslowakei zu entfernen, einschließlich der Deutschen aus dem Sudetengebiet, das die Tschechoslowakei nach Kriegsende wieder in Besitz nehmen wollte.

Der amerikanische Außenminister Stettinius antwortete in einer Note vom 16. Januar 1945:[50] „Die amerikanische Regierung vertritt deshalb die Meinung, daß Aussiedlungen der Art, wie sie in der Note Eurer Exzellenz angesprochen werden, nur im Einklang mit den geeigneten internationalen Absprachen durchgeführt werden sollten, wie sie in der Denkschrift Eurer Exzellenz vom 8. Oktober 1944 vorgeschlagen werden, und unter internationaler Aufsicht... *So lange solche internationalen Absprachen fehlen, hält es die amerikanische Regierung für richtig, daß keine unilateralen Aktionen zur Aussiedlung großer Gruppen unternommen werden,* und sie entnimmt den oben erwähnten Erklärungen, daß die tschechoslowakische Regierung solche unilaterale Aktion auch nicht beabsichtigt." (Kursive vom Verfasser)

Die britische Regierung vermied ebenfalls eine bindende Erklärung über den Zeitpunkt, zu dem die Umsiedlungen einsetzen sollten.[51] Nach britischer Ansicht sollte die endgültige Entscheidung über das Schicksal der deutschen Minderheiten in Osteuropa aufgeschoben werden, bis sich die großen Alliierten über die gesamte deutsche Frage geeinigt hätten.[52]

Über die Volksdeutschen in Polen und die Reichsdeutschen in den Gebieten, mit denen Polen entschädigt werden sollte, wurden viel weniger diplomatische Noten ausgetauscht, da weder die polnische Exilregierung in London noch die kommunistische in Polen selbst ihre Pläne für die Aussiedlung der Deutschen den westlichen Alliierten vorlegten. Immerhin war die Haltung der Anglo-Amerikaner unzweideutig, und bei der Konferenz von Jalta hatte man sich darauf geeinigt, daß die Umsiedlungen nur nach den alliierten Vereinbarungen am Ende des Krieges einsetzen sollten.

Die Sowjetunion hatte dagegen ein politisches Interesse daran, die Aussiedlungen zu fördern. So begannen die Vertreibungen aus Ostpreußen, Pommern und Schlesien ohne Zustimmung, ja ohne Wissen der westlichen Verbündeten lange vor dem Ende der Feindseligkeiten. In der Tschechoslowakei und im Sudetenland dagegen fanden – sieht man von lokalen Zwischenfällen ab – keine Vertreibungen vor der Kapitulation Deutschlands statt, weil die Armee von Feldmarschall Schörner noch den größten Teil der von Deutschen bewohnten Gebiete hielt. Unmittelbar nach der Entwaffnung der Wehrmacht begannen dann aber die „wilden Vertreibungen".

Am 18. Juni 1945 legte der Director of the Office of Strategic Services im State Department, William Donovan, Präsident Truman ein Memorandum über die Rückkehr des Sudetenlandes in die Tschechoslowakei vor. Zu den erörterten Problemen gehörte der Übergang der Souveränität an die Tschechoslowakei und die vorgeschlagene Entfernung der Sudetendeutschen. Völlig ahnungslos darüber, daß die Vertreibungen bereits eingesetzt hatten (unter anderem die Vertreibung von dreißigtausend Deutschen aus Brünn nach Österreich am 30. Mai 1945, siehe auch Kapitel 6), entwarf Donovan eine Übersicht über die Nachkriegssituation im Licht der amerikanischen Interessen:[53] „Eines der schwierigsten Probleme wird aus der bereits ausgesprochenen Absicht der tschechischen Regierung entstehen, Deutsche in großer Anzahl zu vertreiben. In diesem Punkt könnten die Interessen der Tschechoslowakei und die der Besatzungsmächte aufeinanderstoßen. Die Tschechen sind daran interessiert, die Vertreibung möglichst zu beschleunigen; das entspräche dem Volksempfinden den Deutschen gegenüber und würde die Besatzungsmächte vor vollendete Tatsachen stellen. Andererseits könnte es das Interesse der Besatzungsmächte fordern, solche Umsiedlungen in großem Maßstab zu vermeiden oder hinauszuschieben, um nicht mit dieser zusätzlichen Verantwortung belastet zu werden."

Nach Donovans Ansicht war also die Aussiedlung der Deutschen aus der Tschechoslowakei eine noch weitgehend offene Frage, was Zeitpunkt und Umfang der Aktionen betraf. Die westlichen Alliierten beabsichtigten, jede Bevölkerungsbewegung in ihre Zonen hinein zu regeln und zu beaufsichtigen, weil eine zeitlich nicht abgestufte Ankunft von Deportierten das bereits in ihren Zonen herrschende Chaos vergrößern mußte.

Ein Telegramm der britischen Botschaft vom 22. Juni 1945 an das State Department illustriert die gemeinsame Politik der westlichen Alliierten:[54] „Wenn erst die Hauptfragen im Prinzip entschieden worden sind, wird es Aufgabe des Alliierten Kontrollrats für Deutschland sein, zu beschließen, wann und in welcher Größenordnung deutsche Minderheiten von jenseits der deutschen Grenzen in Deutschland aufgenommen werden können."

Das State Department antwortete mit einem Memorandum vom 11. Juli 1945, die Bestimmung von Methoden und Zeitplan der Umsiedlungen werde dem Alliierten Kontrollrat in Deutschland überlassen.[55]

Unterdessen waren schon die tschechische Miliz und die Swoboda-Armee dabei, die Sudetendeutschen über die Grenze zur sowjetisch besetzten Zone zu treiben.[56] Gleichzeitig verstärkte die tschechoslowakische Regierung ihre Bemühungen, möglichst rasch eine Legalisierung der Umsiedlung durch die westlichen Verbündeten zu erreichen.

Ohne zu erwähnen, daß die Vertreibungen schon begonnen hatten, übergab der tschechoslowakische Unterstaatssekretär im Außenministerium, Wladislaw Clementis, am 3. Juli 1945 dem amerikanischen Geschäftsträger in der Tschechoslowakei, Klieforth, eine lange schriftliche Erklärung, die das Recht der

Alliierten betonte, Umfang und Zeitplan der Umsiedlungen zu bestimmen, die aber auch die Hoffnung aussprach, daß die Regelung nicht verzögert werde, weil sonst „die ganze tschechische und slowakische Bevölkerung ernstlich beunruhigt" sei.[57]

Klieforth übermittelte die Erklärung telegraphisch nach Washington und erhielt am 13. Juli eine Antwort, in der die Ansicht der Vereinigsten Staaten bestätigt wurde, daß „Umsiedlungen, wie in den tschechischen Noten vom 23. November 1944 und vom 3. Juli 1945 vorgeschlagen, nur in geregelter Weise und im Einklang mit der internationalen Absprache vorgenommen werden sollten."[58]

b) Potsdam: Umsiedlungsmoratorium

Eben diese internationale Übereinkunft wurde bei der Potsdamer Konferenz festgelegt,[59] doch entgegen den Wünschen der Tschechoslowakei und Polens beschlossen die Alliierten, zunächst ein Moratorium aller Vertreibungen zu erlassen. Während der erste Paragraph von Artikel XIII des Potsdamer Protokolls der Umsiedlung von Deutschen aus Polen, der Tschechoslowakei und Ungarn endgültig zustimmte, sprach der zweite Paragraph die Bedenken der Alliierten über die zerrüttende Wirkung fortgesetzter Vertreibungen nach Deutschland aus. Der dritte Paragraph verlangte ausdrücklich, daß erst dann weitere Vertreibungen stattfinden sollten, wenn eine gründliche Prüfung des gesamten Problems durch die Besatzungsmächte vorliege. Der offizielle Text der Paragraphen zwei und drei lautet:[60]

„Da der Zustrom einer großen Zahl Deutscher nach Deutschland die Lasten vergrößern würde, die bereits auf den Besatzungsbehörden ruhen, halten sie es für wünschenswert, daß der alliierte Kontrollrat in Deutschland zunächst das Problem unter besonderer Berücksichtigung der Frage einer gerechten Verteilung dieser Deutschen auf die einzelnen Besatzungszonen prüfen soll. Sie beauftragen demgemäß ihre jeweiligen Vertreter beim Kontrollrat, ihren Regierungen so bald wie möglich über den Umfang zu berichten, in dem derartige Personen schon aus Polen, der Tschechoslowakei und Ungarn nach Deutschland gekommen sind, und eine Schätzung über Zeitpunkt und Ausmaß vorzulegen, zu dem die weiteren Überführungen durchgeführt werden könnten, wobei die gegenwärtige Lage in Deutschland zu berücksichtigen ist.

Die tschechoslowakische Regierung, die Polnische Provisorische Regierung und der Alliierte Kontrollrat in Ungarn werden gleichzeitig von Obigem in Kenntnis gesetzt und ersucht werden, inzwischen weitere Ausweisungen der deutschen Bevölkerung einzustellen, bis die betroffenen Regierungen die Berichte ihrer Vertreter an den Kontrollausschuß geprüft haben."

Die Vorbehalte waren natürlich auf Verlangen der Briten und Amerikaner aufgenommen worden, die sich auch ohne Ankunft immer neuer verelendeter Vertriebener mit genügend Problemen herumzuschlagen hatten. Stalins völlige Gleichgültigkeit gegen das Schicksal der Vertriebenen erregte seine westlichen

Verbündeten mehr als nur oberflächlich. Er wäre einverstanden gewesen, alle Deutschen über Nacht zu vertreiben, wie er 1941 die Wohlgadeutschen (nach Kasachstan) deportiert hatte, die Krim-Tataren 1944,[61] die Leningrader Bauern 1929/30.[62] Als Churchill in Potsdam meinte, man müsse darüber nachdenken, wohin sich die Deutschen wenden sollten, antwortete Stalin, daß die Tschechen bereits alle Deutschen aus dem Sudetenland in die russisch besetzte Zone vertrieben hätten, und zwar zwei Stunden nach Ankündigung der Ausweisung.[63] Stalins Behauptung stimmte nicht, da immer noch mindestens zwei Millionen Sudetendeutsche und einige hunderttausend reichsdeutsche Flüchtlinge in der Tschechoslowakei waren, doch immerhin lag nun das Eingeständnis auf dem Tisch, daß schon eine sehr große Zahl Deutscher von den Tschechen in die sowjetisch besetzte Zone vertrieben worden war und daß Stalin diesen Präzedenzfall ungerührt hinnahm und jede Verzögerung weiterer Vertreibungen für überflüssig hielt. Er gab dem Protest seiner westlichen Verbündeten nur in so weit nach, daß er die humanitäre Ausdrucksweise des Artikels XIII übernahm und der westlichen Forderung zustimmte, daß die drei Außenminister sich zusammensetzen und ein Programm entwickeln sollten, das den Zustrom von Deutschen in die verschiedenen Besatzungszonen regelte. So berichtete das britische Mitglied des Unterausschusses, der den Artikel XIII verfaßt hatte:[64] „Uncle Joe war schließlich ebenfalls bereit, die polnische und die tschechische Regierung und den Kontrollrat für Ungarn aufzufordern, die Vertreibungen hinauszuschieben, bis der Bericht des Alliierten Kontrollrats für Deutschland vorliege. Das kann vielleicht für den Augenblick Massenvertreibungen verhindern, doch ich zweifle nicht daran, daß sich auch weiterhin täglich Hunderte von Deutschen nach Westen absetzen werden . . . Wir haben unser bestes getan, um einen gewissen Überblick über die Aufnahmefähigkeit Deutschlands zu erhalten, doch hier stellten sich die Russen quer, weil sie überhaupt nicht daran zweifeln, daß Deutschland Millionen Ausgewiesener aufnehmen kann. Bis zu einem gewissen Grad wird die Sache durch die Wendung im Absatz 2 abgesichert: ‚unter Berücksichtigung der gegenwärtigen Situation in Deutschland‘.“

c) Nach Potsdam: Mißachtung des Moratoriums
Doch für Stalin war seine durch Artikel XIII entstandene Verpflichtung höchstens ein Lippenbekenntnis zu der Notwendigkeit, vorübergehend die Vertreibungen einzustellen, denn sowjetische Instanzen in der Tschechoslowakei und in Polen unternahmen keine Schritte, um die fortgesetzte Vertreibung von Deutschen in die sowjetische Besatzungszone zu verhindern. Die Folge: Das im Artikel XIII vorgesehene Moratorium wurde weder von der Tschechoslowakei noch von Polen beachtet. Nur der Kontrollrat in Ungarn erreichte nach unmittelbarer Anweisung des Alliierten Kontrollrats in Berlin, daß alle Maßnahmen zur Vertreibung bis zum Januar 1946 ausgesetzt wurden.
Die Sowjetunion aber versäumte nicht nur, die Regierungen der Tschecho-

slowakei und Polens von der dringenden Notwendigkeit eines Aufschubs zu überzeugen; in grober Verletzung des Artikels XIII agitierte die sowjetische Propaganda in beiden Ländern wirksam gegen die Westmächte, die pro-deutsch und pro-faschistisch seien, weil sie wünschten, die Vertreibungen zu verzögern oder ganz einzustellen, und weil sie damit die tiefsten Wünsche und Hoffnungen des tschechischen und des polnischen Volkes durchkreuzten.[65] So wurden die Westmächte und einheimische demokratische Politiker, die entweder mit dem Westen sympathisierten oder sich offensichtlich um das Schicksal der Deutschen sorgten, öffentlich angeprangert und ausgeschaltet. Diese geschickte politische Erpressung machte es gemäßigten Politikern in beiden Ländern fast unmöglich, sich offen den Vertreibungen zu widersetzen, und führte sogar so weit, daß die westlichen Alliierten im Kontrollrat ihre Zustimmung viel früher gaben, als sie ursprünglich beabsichtigt hatten.

Doch unmittelbar nach der Konferenz von Potsdam glaubten die westlichen Verbündeten tatsächlich, eine Atempause gewonnen zu haben, in der sie versuchen konnten, das dringende Problem der Unterbringung und Ernährung vor dem Wintereinbruch 1945/46 zu lösen, weil Hungersnot und Massensterben drohten.[66] Die Überzeugung, eine Frist gewonnen zu haben, wurde durch eine *pro-forma*-Erklärung der polnischen[67] und der tschechoslowakischen[68] Regierung gestützt, man wolle die Vertreibungen zunächst einstellen. Doch die polnische Zustimmung erhielt eine zusätzliche Erklärung, es sei notwendig, Stettin und Schlesien von Deutschen zu räumen, da die polnische Regierung wünsche, die Gebiete wieder aufzubauen.[69]

So berichtete z. B. Sir William Strang, politischer Berater bei der britischen Militärregierung in Berlin, in einem Telegramm vom 2. September 1945 an das Foreign Office:[70] „Am 22. August 1945 erklärte der polnische Gouverneur einer Anzahl prominenter deutscher Bürger, die kamen, um bessere Behandlung zu erbitten: Stettin und das Gebiet 30–40 Meilen westlich der Stadt würden in Kürze von allen Deutschen (ungefähr 250000) geräumt werden. Um Greuel zu vermeiden, wie sie die Deutschen in Polen verübt hätten, werde empfohlen, daß sofort mit der freiwilligen Evakuierung von Waisen, Kranken und kinderreichen Familien begonnen werde.

Als die Deutschen einwandten, daß die Bevölkerung bereits zu sehr vom Hunger geschwächt sei, um eine beschleunigte Räumung zu überstehen, antwortete er, er sei nicht in der Lage, für die Ernährung der Deutschen in diesem Gebiet zu sorgen."

Während also die Westalliierten unzweideutig erklärt hatten, daß sie im Augenblick keine weiteren Vertreibungen wünschten, sagten die Polen, „gewiß, aber . . ." und fuhren mit ihren Maßnahmen fort, Deutsche in die Sowjetzone zu schicken. Natürlich blieben die Deportierten nicht immer in der überfüllten Zone, sondern setzten ihren Weg in die britische oder amerikanische fort. Die Lage veranlaßte die britische Regierung, der russischen und der amerikanischen dringend vorzuschlagen, gemeinsam die provisorische polnische Regierung zu ersuchen, sofort die Vertreibungen einzustellen. Am 9. September 1945 übermittelte die britische Botschaft dem amerikanischen Außenminister diesen Vorschlag und stellte fest, daß[71] „trotz des Ersuchens, das die drei Regierungen gemäß der Vereinbarung der Potsdamer Konferenz an sie gestellt haben, die polnischen Behörden fortfahren, jedenfalls auf indirekte Weise, die noch verbliebenen deutschen Einwohner aus den der polnischen Verwaltung unterstellten deutschen Gebieten zu vertreiben. Die Schwierigkeiten für die Kontrollkommission, die bereits durch die vorausgegangenen Vertreibungen unabsehbar sind, werden von Tag zu Tag schlimmer."

Der amerikanische General Eric Wood, Stellvertretender Direktor der Abteilung für Kriegsgefangene und Verschleppte in der Kontrollkommission für Deutschland, berichtete nach einer Reise nach Polen, daß die Polen bereit seien, die Vertreibungen auszusetzen, „ausgenommen aus Oppeln und Stettin".[72] Daraufhin telegrafierte der amerikanische politische Berater für Deutschland, Robert Murphy, nach Warschau, um die Notwendigkeit klarzumachen, sämtliche Vertreibungen während der Herbst- und Winterzeit einzustellen. Am 12. September 1945 bat Murphy telegrafisch Außenminister Byrnes um entsprechende Instruktionen, um im Direktorat vorschlagen zu können, daß Polen, die Tschechoslowakei und der Alliierte Kontrollrat für Ungarn formell ersucht werden sollten, weitere Vertreibungen bis zum Frühjahr 1946 aufzuschieben.[73]

Ähnlich wie die Polen umging auch die tschechoslowakische Regierung den britischen und amerikanischen Widerstand, indem sie die Ausgewiesenen in größerer Zahl in die sowjetische Besatzungszone schickte. Bei einer Besprechung des Koordinierungs-Ausschusses im Alliierten Kontrollrat teilte am 3. Oktober 1945 General Wassili Danilowitsch Sokolowsky mit, daß die meisten Ausgewiesenen, die jetzt in die russische Besatzungszone strömten, aus der Tschechoslowakei kamen.[74] Einige Monate danach behaupteten die Vertreter der tschechoslowakischen Regierung in Verhandlungen mit der Militärregierung der Vereinigten Staaten über die Organisierung von Umsiedlungen in die US-Zone, daß seit der Potsdamer Vereinbarung – und im Widerspruch zu ihr – siebzig- bis fünfundsiebzigtausend Deutsche in „organisierten Transporten" in die Sowjetzone gebracht worden seien.[75]

Über die Ausgewiesenen, die nicht in „organisierten Transporten" verschickt oder einfach über die Grenze abgeschoben worden waren, gab es keine Zahlen. Das aber war das Schicksal vieler Sudetendeutscher, die damals in die amerikanische Besatzungszone kamen. Robert Murphy berichtete über den Zustrom von Flüchtlingen in einem Telegramm vom 25. September 1945 an Außenminister Byrnes. Er fügte hinzu:[76] „Angeblich sind diese Zugänge Ergebnis der Behandlung deutscher Elemente in der Tschechoslowakei; diese Behandlung verhinderte eine geregelte und humane Umsiedlung. Der kommandierende General ist angewiesen, einen Tatsachenbericht zur Übermittlung an das Außenministerium vorzulegen, aus dem die Behandlung Deutscher durch die Tschechen und die vermutliche Wirkung auf die Auswanderung der Deutschen in die amerikanische und die übrigen Zonen Deutschlands hervorgeht."

Anschließende Berichte amerikanischer Beauftragter in der Tschechoslowakei sprachen von Übergriffen gegen deutsche Zivilisten; dadurch sei eine unorganisierte Absatzbewegung der Deutschen über die Grenzen in die amerikanische Besatzungszone ausgelöst worden. Tatsächlich hatten sich in verschiedenen sudetendeutschen Städten schwere Ausschreitungen gegen deutsche Zivilisten ereignet, am schlimmsten wohl bei dem Massaker von Aussig am 31. Juli 1945: Die tschechische Miliz wurde zu Berserkern, als sich im nahegelegenen Schönpriesen eine Explosion in einem Munitionslager ereignete. Die genaue Zahl der Opfer wird man niemals erfahren, man rechnet mit tausend bis zweitausendsiebenhundert Menschen.[77] Geradezu makaber klingt es, daß dieser Progrom gegen die deutsche Bevölkerung von der tschechoslowakischen Regierung als Argument angeführt wurde, um die westlichen Alliierten zu einem beschleunigten Tempo der „Umsiedlungen" zu veranlassen. Wenn auch kein Beweis irgendwelcher Art vorgebracht wurde, schürte doch eine Propagandakampagne die Angst vor angeblichen „Werwolf"-Unternehmungen in der Tschechoslowakei. So erklärte Minister Ripka in Prag in einer Rundfunkrede vom 20. August 1945:[78] „Unser Volk ist beunruhigt . . . über die Verzögerung der Umsiedlung. Wir sind uns der technischen und der Ernährungsprobleme durchaus bewußt, welche die Alliierten im Zusammenhang mit der Deportation der Deutschen aus der Tschechoslowakei und aus Polen nach Deutschland zu überwinden haben, doch man sollte Verständnis dafür aufbringen, daß die Gefühle unserer Bevölkerung ständig durch Werwolf-Organisationen aufgewühlt werden und daß ihr Eigentum immer noch zerstört wird. Wir erleben großangelegte Sabotageakte wie kürzlich in Usti nad Labem (Aussig an der Elbe). Viele Angehörige unseres Volkes fühlen sich nicht sicher, bis sie wissen, daß die Deutschen fortziehen."

Die Angst kann man sich allerdings schwer vorstellen, denn die Sudetendeutschen waren entwaffnet und warteten zu Hunderttausenden in Lagern auf ihren Abtransport. Die noch in den Dörfern Verbliebenen konnten kaum eine Gefahr für die tschechoslowakische Bevölkerung bilden.

Das erkennbare Motiv für die beschleunigte Vertreibung war nicht die Sicherheit der Tschechen, sondern die beherrschende Idee, das Sudetenland, das immerhin 700 Jahre lang von Deutschen bewohnt gewesen war,[79] vollständig zu entdeutschen und auf diese Weise einen reinen, nur aus Tschechen und Slowaken bestehenden Nationalstaat zu schaffen. Dieser Drang war stärker als der Wille der Alliierten, so daß die britische und amerikanische Weigerung, diese Umsiedlungen sofort zu genehmigen, die Flüchtlingssituation in der britischen wie der amerikanischen Zone nicht vor ständiger Verschlimmerung schützte. Obwohl nur wenige Sudetendeutsche unmittelbar aus der Tschechoslowakei in die westlichen Besatzungszonen kamen, wanderten ständig

Sudetendeutsche und natürlich auch Deutsche aus den Gebieten jenseits von Oder und Neiße weiter, wenn sie in der völlig überfüllten russischen Zone keinen Platz gefunden hatten.

Die Vertreibungen aus dem Sudetenland gingen aber nicht nur nach Norden und Westen, sondern auch nach Süden in das ebenfalls verarmte und überfüllte Österreich.

Am 23. August 1945 berichtete die *Neue Zürcher Zeitung*: „Britische Beobachter in Wien teilen mit, daß auch nach der Erklärung von Potsdam, die einen geregelten Transfer vorschrieb, Hunderttausende von Vertriebenen die österreichische Grenze überschritten haben. Es wird ausdrücklich festgestellt, daß die Vertreibungen nicht, wie Churchill annahm, auf russischen Befehl, sondern auf Veranlassung der örtlichen tschechischen Behörden erfolgen, welche Prag nicht wirksam zu kontrollieren vermöge. Im Bericht eines Holländers, der aus der Tschechoslowakei eintraf, heißt es, daß die tschechische Miliz ihre Opfer häufig in die nächstliegenden Häuser und Höfe treibt, wenn russisches Militär sich nähert, und ihnen verbietet, sich bemerkbar zu machen. In Berlin und vom Mecklenburgischen bis nach Sachsen treffen Kolonnen halbverhungerter Menschen ein, die von Stadt zu Stadt, von Dorf zu Dorf weitergeschickt werden. Tausende erreichen überhaupt kein Ziel mehr und leben in Straßengräben und Wäldern."

Am 15. September 1945 schrieb der Londoner *Economist*:[80] „Obwohl die Potsdamer Erklärungen das Einstellen von ungeordneten und unmenschlichen Massenvertreibungen der Deutschen verlangen, geht die gewaltsame Abschiebung aus den Provinzen Ostpreußen, Pommern, Schlesien und Teilen von Brandenburg – das 1939 eine Bevölkerung von gut neun Millionen hatte – weiter. Auch die Vertreibung der dreieinhalb Millionen Sudetendeutschen aus der Tschechoslowakei wird fortgesetzt . . .

Der Rat der Außenminister muß dieser erschütternden Tragödie ein Ende machen. Die in diesen Landstrichen umherziehenden Millionen sind praktisch ohne Unterkunft und Nahrung. Die bewohnbaren Teile der städtischen Zentren waren schon vor ihrer Ankunft überfüllt, und das flache Land kann sie nur begrenzt aufnehmen. Unweigerlich werden deshalb Millionen an Hunger und Erschöpfung sterben.

Selbstverständlich haben die Deutschen Strafe verdient, aber keine Folterung dieser Art. Wenn die Polen und Tschechen für zivilisierter als die Nazis gelten möchten, werden sie die Vertreibung sofort unterlassen."

Im Sitzungssaal des Unterhauses fragte am 10. Oktober 1945 Mr. Bower den Außenminister Bevin, ob die Regierung Seiner Majestät bereits bei der Regierung von Polen protestiert habe „gegen die Grausamkeiten, die deutschen Frauen und Kindern im Zusammenhang mit ihrer Vertreibung zugefügt werden". Bevin antwortete bejahend:[81] „Ich habe die polnische Regierung ersucht, alle weiteren Vertreibungen von Deutschen in diesem Augenblick zu unterlassen, wozu sie nach der Konferenz von Potsdam ebenfalls aufgefordert wurde durch die Regierung Seiner Majestät, die Regierung der Vereinigten Staaten und die sowjetische Regierung. Der polnische Botschafter in London hat vor kurzem dem Foreign Office versichert, es seien strenge Befehle ausgegeben worden, alle Vertreibungen von Deutschen aus den von Polen besetzten Gebieten künftig zu unterlassen."

Trotz dieser Versicherung Bevins informierte Captain Marples das Unterhaus am 22. Oktober 1945,[82] daß „nach einem Bericht des Internationalen Roten Kreuzes Proteste gegen unorganisierte Deportationen von Deutschen durch Polen und Tschechen ohne Wirkung geblieben sind, daß immer noch Flüchtlinge nach Berlin strömen und zu Tausenden auf den Straßen sterben."

Am 25. Oktober 1945 empfing Premierminister Attlee eine Deputation, die von Sir William Beveridge angeführt wurde und sich aus sieben Parlamentsabgeordneten, vier Bischöfen, dem berühmten Verleger Victor Gollancz und mehreren anderen prominenten Engländern zusammensetzte. Sie drängten darauf, daß angesichts der unmittelbar drohenden Hungersnot und des Elends von Millionen Menschen die Regierung Seiner Majestät „mit der russischen, der polnischen und der tschechoslowakischen Regierung verhandeln solle, um zu erreichen, daß sofort und den ganzen Winter hindurch keine Deutschen aus ihrer Heimat in Osteuropa vertrieben werden und daß eine gemeinsame interalliierte Politik in dieser Frage noch vor dem Frühjahr entwickelt wird".[83]

Das Parlament verwandte den Tag danach auf die Debatte über europäische Verhältnisse. Der erste Redner im Unterhaus war Sir Arthur Salter von der Universität Oxford. Er legte einen Antrag vor, die Regierung Seiner Majestät aufzufordern, daß sie alle nur denkbaren Schritte unternehmen solle, um eine Katastrophe in Deutschland zu verhindern, besonders[84] „indem sie allen Einfluß bei jenen Regierungen aufbietet, die Deutsche in großer Zahl aus ihrer Heimat in Osteuropa vertrieben haben, damit gesichert wird, daß diese Vertreibung mindestens bis Ende des Winters unterbrochen wird. Falls sie dann wieder aufgenommen wird, dann auf geregelte Weise, wie es die Potsdamer Erklärung voraussetzt, und mit Zustimmung aller vier Regierungen, die Deutschland kontrollieren . . ."

Im Verlauf der Debatte, die sich nun entspann, verdammte Mr. Michael Foot die unverhüllte, eindeutige Mißachtung der Potsdamer Vereinbarung und drängte auf äußerste Anstrengungen, die Vertreibungen während des Winters zu verhindern, weil es sonst völlig unmöglich sei, sie den Vorschriften des Protokolls entsprechend durchzuführen.[85]

Am 27. Oktober berichtete aber die Londoner *Times*:[86] „Die polnischen Behörden in Breslau zerstörten heute eines der wenigen deutschen Denkmäler in der Stadt, das Standbild Kaiser Wilhelms I., und gaben bekannt, daß die noch in Breslau anwesenden 200 000 Deutschen gezwungen werden sollten, in eine der besetzten Zonen Deutschlands umzusiedeln. Der Bürgermeister, Mr. Stanislaw Gosniej, erklärte in einer Rede vor dem Denkmal, daß ‚jede Woche

4000 Deutsche die Stadt verlassen, und binnen sechs Monaten wird Wroclaw (Breslau) die zweite Stadt ganz Polens sein'.‟

Nach dieser Nachricht besorgt, telegraphierte das Foreign Office dem britischen Botschafter in Warschau am 3. November:[87] „Können Sie bestätigen? Wie läßt sich dieses Verhalten mit der polnischen Zusicherung vereinbaren, daß die Vertreibungen eingestellt worden sind?‟

Am 16. November telegraphierte das Foreign Office erneut dem britischen Botschafter in Warschau:[88] „Unter Bezug auf Ihr Telegramm Nr. 862 vom 5. November über die fortgesetzte Vertreibung von Deutschen aus Breslau durch polnische Behörden habe ich Euer Exzellenz mitzuteilen, daß Sir Orme Sargent in einer Besprechung mit dem polnischen Botschafter am 12. November Monsieur Straßburger auf den Bericht der *Times* vom 27. Oktober aufmerksam machte.

Monsieur Straßburger gab sofort zu, daß diese Äußerungen von Monsieur Gosniej, falls er sie gemacht habe, im Gegensatz ständen zur Politik der polnischen Regierung und zu den Zusicherungen, die sie der Regierung Seiner Majestät gemacht hat. Er versprach, den Bericht dem polnischen Außenminister vorzulegen, der sich noch in London aufhielt, weil schlechtes Wetter seine Abreise verzögerte.

Sir Orme Sargent nahm die Gelegenheit wahr, Monsieur S. klarzumachen, daß der Bericht, auf den er ihn aufmerksam gemacht hatte, nur einen Fall der unbefriedigenden Art erwähne, in der die polnische Regierung ihre Zusicherungen einhalte. Er sprach davon, daß selbst dann, wenn die polnische Regierung und ihre Vertreter ihre Verpflichtungen strikt erfüllten, das Leben für die Deutschen in dem deutschen, unter polnischer Verwaltung stehenden Gebiet unerträglich werde, so daß sie gezwungen seien, das Land zu verlassen, nur um zu überleben.

Während Monsieur Straßburger einräumte, daß die polnischen Einwohner zweifellos in vielen Fällen das Gesetz in eigene Hände genommen hätten, wies er doch auf das Durcheinander in diesen Gebieten hin, das es schwierig, wenn nicht gar unmöglich mache, genau festzustellen, was wirklich vor sich geht. Monsieur Straßburger erwähnte Berichte, die ihn erreicht haben, wonach manche Deutsche das Territorium verlassen, andere aber, die vorher nach Deutschland geflohen seien, zurückzukehren versuchten.‟

Schließlich änderte sich aber nichts. In diesem Sinn kommentierte der *Economist* am 10. November 1945:[89] „Es ist eine unangenehme, aber feststehende Tatsache, daß die Proteste der Westmächte gegen die sofort vorgenommenen Vertreibungen von Deutschen aus den Gebieten an Oder und Neiße und aus dem Sudetenland unwirksam waren. Die Vertreibungen gehen weiter . . .‟

Der in Artikel XIII verlangte Aufschub war also völlig unbeachtet geblieben.[90] Die Regierungen Polens und der Tschechoslowakei weigerten sich, obwohl sie das Gegenteil beteuerten, den Westmächten eine Atempause einzuräumen. Der Zustrom verelendeter Vertriebener in die zerstörten britischen und amerikanischen Zonen ging weiter. Appelle, die Vertreibung bis Winterende einzustellen, waren erfolglos geblieben.

Unter diesen Umständen war die beste Möglichkeit, eine weitere Verschlechterung der Verhältnisse in der amerikanischen und der britischen Besatzungszone zu verhindern, ein Plan für die geregelte Umsiedlung. Ein solcher Plan hatte den Vorteil, die Zahl der Menschen und ihre Ankunftszeit im voraus zu bestimmen, und schon das hätte mindestens die Möglichkeit zugelassen, einige wenige, aber unumgänglich notwendige Vorbereitungen zu treffen.

Der Alliierte Kontrollrat legte einen solchen Plan am 20. November 1945 auf den Tisch. Danach sollten von den dreieinhalb Millionen Deutschen, die man noch in Polen und den von Polen verwalteten Gebieten vermutete,[91] zwei Millionen in die sowjetische und die übrigen in die britische Besatzungszone geschickt werden; von den zweieinhalb Millionen Deutschen, die sich vermutlich noch in der Tschechoslowakei und im Sudetenland befanden, sollte die amerikanische Zone eine Million siebenhundertfünfzigtausend Menschen aufnehmen, die sowjetische siebenhundertfünfzigtausend; eine halbe Million Deutsche aus Ungarn wurden für die amerikanische Zone bestimmt, und 150000 Deutsche aus Österreich wollte man in die französische schicken. Alle Übersiedlungen sollten bis zum 1. August 1946 abgewickelt werden.[92]

Man hielt es für möglich, die Ausgewiesenen nach dem folgenden Zeitplan zu deportieren:[93] Im Dezember 1945 zehn Prozent der Gesamtzahl, im Januar und Februar 1946 je fünf Prozent, im März und April je fünfzehn Prozent, im Mai und im Juni je zwanzig Prozent, im Juli wiederum zehn Prozent.

Doch dieser Zeitplan war ein Vorschlag, und wie sich dann herausstellte, begannen „organisierte Übersiedlungen" erst Mitte Januar 1946. Der Plan des Alliierten Kontrollrats sah außerdem vor, daß die Transporte bei rauhem Wetter und zu anderen Zeitpunkten eingestellt werden sollten, falls die Besatzungsmächte keine Neuankömmlinge mehr unterbringen konnten.

Die Vorausberechnung der Übersiedlungen bis zum August 1946 konnte aber nicht erfüllt werden, weil sich ungeheure Schwierigkeiten einstellten. Es war sehr schwer für die Besatzungsbehörden, für die Millionen elender Menschen zu sorgen: Sie kamen in ein Land, in dem die täglichen Rationen auf 1000 Kalorien gesunken waren,[94] ein Land, wo in manchen Städten nur noch zehn bis zwanzig Prozent der Vorkriegswohnungen zur Verfügung stand,[95] wo der Mangel an Heizmaterial zu zahlreichen Fällen von erfrorenen Familien führte.[96]

In Österreich war die Flüchtlingslage ebenfalls kritisch, so daß der Alliierte Kontrollrat in Wien versuchte, Ausweisungen aus der Tschechoslowakei und vor allem aus Jugoslawien einzudämmen. Von der etwa halben Million Volksdeutscher in Jugoslawien wurden Tausende zur Zwangsarbeit verschleppt,[97] Tausende wurden in Lager interniert,[98] während andere, die näher an der österreichischen Grenze wohnten, entweder über die Grenze flüchteten oder von jugoslawischen Behörden ausgewiesen wurden,[99] obwohl in der Potsdamer Konferenz keine Genehmigung zur Ausweisung der Volksdeutschen aus Jugoslawien erteilt wurde und jeder Hinweis darauf im Artikel XIII des Protokolls fehlt.

Am 15. Oktober 1945 berichtete der *News Chronicle* aus Wien: „Drei- oder viertausend Deutsche aus allen Balkanstaaten hat man an der österreichisch-ungarischen Grenze zusammengeholt, um sie in Österreich abzuladen . . .'' Daraufhin telegraphierte das Foreign Office dem britischen Botschafter in Belgrad und bat um eine Erklärung. Der Botschafter telegraphierte am 6. Dezember zurück, die jugoslawische Regierung habe ihn informiert, daß keine Volksdeutschen ausgewiesen worden seien.[100]

Am 18. Dezember telegraphierte der britische Gesandte in Wien, Mr. Mack, an das Foreign Office und an die Botschaft in Belgrad: „Die jugoslawische Behauptung ist unwahr'',[101] und wies auf mehrere Ausweisungen hin.

Am 29. Dezember bestätigte der britische Botschafter aus Belgrad:[102] „Gegen alle Menschen von deutscher Abkunft wird in Slowenien eine Kampagne durchgeführt. Leute mit deutschen Namen sind verhaftet (darunter britische und französische Staatsangehörige) und andere nach Österreich deportiert worden, nachdem man ihnen Papiere als österreichische ,Displaced Persons' gegeben hatte.''

Dazu das Foreign Office in einem Telegramm vom 4. Januar 1946:[103] „. . . Wenn aus Jugoslawien nach Österreich vertriebene Personen Deutsche aus Österreich sind, handelt die jugoslawische Regierung gegen das ausdrückliche Ersuchen des Alliierten Rats in Österreich, dem sie beizustimmen schien, als sie die in Ihrem Telegramm 2286 erwähnten Zusicherungen abgab. Wenn diese Vertriebenen nicht Deutsche, sondern Jugoslawen sind, gibt es noch weniger Grund dafür, sie nach Österreich zu vertreiben. Falls Sie keine Einwände haben, machen Sie der jugoslawischen Regierung bitte geeignete Vorhaltungen über die Vorfälle, die in dem betreffenden Telegramm aus Wien berichtet werden. Falls die jugoslawische Regierung mit diesen Vertreibungen fortfährt, werden die britischen Behörden keine andere Wahl haben, als sie mit Gewalt zu verhindern.''

Im Hinblick auf die britische Verstimmung wegen der fortlaufenden Vertreibungen wandte sich die jugoslawische Regierung an die amerikanische Botschaft in Belgrad und versuchte, in einem Aide-mémoire vom 19. Januar 1946 über den „Transfer der restlichen deutschen Minderheit aus Jugoslawien nach Deutschland'', das am 16. Mai 1946 erneut eingereicht wurde, unter fälschlicher Berufung auf die Potsdamer Vereinbarungen die Amerikaner dazu zu bewegen, ihre „guten Dienste'' zur Verfügung zu stellen, damit „eine Entscheidung'' bezüglich der Volksdeutschen in Jugoslawien durch den Alliierten Kontrollrat in Berlin beschleunigt herbeigeführt werden könne.[104]

Inzwischen war aber die Lage der Flüchtlinge in Deutschland so katastrophal geworden, daß die amerikanischen Behörden den jugoslawischen Wünschen keine Folge leisteten.[105] Doch liefen die Vertreibungen aus Jugoslawien,

Polen und der Tschechoslowakei weiter und führten zu dem totalen Chaos in Österreich und Deutschland. So stellte das Internationale Komitee vom Roten Kreuz 1947 fest:[106] „Hätte man daran gedacht, daß die Repatriierung von rund anderthalb Millionen Griechen aus Kleinasien nach dem Ersten Weltkrieg mehrere Jahre dauerte und Hilfspläne in großem Maßstab erforderte, dann wäre die Vorhersage nicht schwer gewesen, daß die übereilte Verpflanzung von vierzehn Millionen Menschen eine Menge Probleme humanitärer Art aufwerfen werde, vor allem in einem mit Ruinen übersäten Europa, in dem der Hunger regierte."

Aber die Welt hatte zu viel Leiden und Tod gesehen. Das Elend der deutschen Vertriebenen stieß auf taube Ohren und blinde Augen.[107] Dreißig Jahre nach dem Krieg übersteigt der Umfang dieser menschlichen Katastrophe die Vorstellungskraft.

Sechstes Kapitel

„Geregelte und humane" Umsiedlungen

Sofern das Gewissen der Menschheit jemals wieder empfindlich werden
sollte, werden diese Vertreibungen als die unsterbliche Schande aller
derer im Gedächtnis bleiben, die sie veranlaßt oder sich damit abgefunden haben . . . Die Deutschen wurden vertrieben, aber nicht einfach
mit einem Mangel an übertriebener Rücksichtnahme, sondern mit dem
denkbar höchsten Maß von Brutalität.

Victor Gollancz (Unser bedrohtes Erbe 1947, S. 156–57)

Jede ausgedehnte Umsiedlung von Menschen ist notwendigerweise mit Härte
und Leiden verbunden. Sie ist und bleibt eine außergewöhnliche Maßnahme,
denkbar nur in außergewöhnlichen Zeiten.

Rückblickend läßt sich feststellen, daß die westlichen Alliierten die Schwierigkeiten unterschätzten, die mit der Überführung der Deutschen auf sie
zukamen; doch wenn man diese historischen Ereignisse im richtigen Zusammenhang sieht, erkennt man, daß die Vertreibung der Deutschen im Sommer
1945 von den meisten Politikern als eine Art Abebben des Krieges empfunden
wurde. Parlamentsdebatten, offizielle Memoranda, Instruktionshefte und andere Dokumente zeugen davon und enthüllen außerdem den optimistischen
Glauben, den die meisten Staatsmänner im Westen teilten, daß die Wiederan-
siedlung der Deutschen in „geregelter und humaner" Weise erfolgen werde.
Im Licht der späteren Wirklichkeit erscheinen manche Einzelheiten des westlichen Plans schlichtweg utopisch. So sollte zum Beispiel den Umsiedeln-
den eine angemessene Entschädigung für ihre bewegliche und unbewegliche
Habe, die sie zurücklassen mußten, zuteil werden.[1] Die Aussiedlungen sollten nach und nach und unter internationaler Aufsicht erfolgen.[2] Transporte
sollten im Winter und wenn es die Besatzungsbehörden wünschten, abgesagt
werden . . .

Schon in voraufgehenden Kapiteln dieser Studie ist darauf hingewiesen
worden, daß mehr als zwei Millionen Deutsche ihre Ausweisung nicht überlebt haben. Wahrscheinlich kam eine Million im Verlauf der Evakuierungen
durch die Wehrmacht und während der Flucht in den letzten Kriegsmonaten
um. Die übrigen, meistens Frauen, Kinder und alte Leute, fielen den scho-
nungslosen Methoden der Vertreibung zum Opfer. Natürlich sind nicht sämtliche Umsiedlungen so brutal durchgeführt worden; in den Sommermonaten
von 1946 und 1947 waren die Transporte verhältnismäßig gut organisiert und

forderten viel weniger Menschenleben. Doch die Vertreibungen von 1945, vor allem die des Winters und diejenigen, die in die sowjetische Besatzungszone führten, waren nach Methoden und Folgen wahre Katastrophen.

Drei Perioden oder Phasen sollten unterschieden werden: die erste, die Zeit vor Potsdam, wurde durch die „wilden" Vertreibungen gekennzeichnet, wie sie die polnische und die tschechoslowakische Regierung ohne westliche Zustimmung, aber mit Ermunterung durch die Sowjetunion, vornahmen. In dieser Phase beschleunigten beide Staaten die Vertreibungen, um die Konferenz in Potsdam möglichst vor vollendete Tatsachen zu stellen; doch die Aufgabe, so viele Menschen in Bewegung zu setzen, ließ sich so schnell nicht durchführen, so daß das Problem der Umsiedlung von Millionen Gegenstand der Verhandlungen in Potsdam werden mußte. Die zweite und die dritte Phase umfassen also die Vertreibungen nach Potsdam; sie sollten, wie es Artikel XIII ausdrücklich verlangt, „geregelte und humane" Umsiedlungen sein. (Natürlich läßt es sich schlecht vorstellen, wie die gewaltsame Entwurzelung von Millionen Menschen überhaupt „human" sein kann; doch kann man nicht daran zweifeln, daß viel Leiden und Sterben vermieden worden wäre, wenn die Umsiedlungen wenigstens „geregelt" vor sich gegangen wären.)

Die unmittelbar nach der Konferenz und bis Ende 1945 vorgenommenen Ausweisungen zeigen dieselbe Schonungslosigkeit, die bereits die Phase vor Potsdam charakterisiert hatte. Organisierte Transporte konnten schon deshalb nicht auf den Weg gebracht werden, weil die Alliierten einen Aufschub der Umsiedlungen verlangt hatten, um die Aufnahme der Ausgewiesenen vorbereiten zu können. Und sogar nachdem der Kontrollrat in Berlin am 20. November 1945 offizielle Richtlinien für die Umsiedlungen herausgebracht hatte, wurden seine Zeitpläne zunächst gar nicht beachtet; trotz aller Proteste der Westmächte wurden die ungeregelten Vertreibungen fortgesetzt.[3] Nur nach und nach faßte man 1946 und 1947 größere Gruppen in organisierten Transporten zusammen, die sicherlich ebenso schwer auf den Ausgewiesenen lasteten wie die ersten Vertreibungen, aber längst nicht so viele Todesopfer forderten.

Die Zeit vor Potsdam: Wilde Vertreibungen

Lange vor Kriegsende erhielten polnische Behörden von der sowjetischen Besatzungsmacht die Genehmigung, in die deutschen Provinzen Ostpreußen, Pommern und Schlesien einzuziehen.[4] Einheimische Deutsche mußten ihre Wohnungen räumen, andere, die ihr Zuhause behalten hatten, wurden durch Ausschreitungen von Angehörigen der polnischen und sowjetischen Streitkräfte veranlaßt, alles aufzugeben und nach Westen zu fliehen. Sie brauchten also später nicht mehr ausgewiesen zu werden.[5]

In der Tschechoslowakei setzten die Vertreibungen erst nach der deutschen Kapitulation ein. Während der folgenden Wochen wurden Zehntausende von

Sudetendeutschen gezwungen, zur österreichischen oder zur deutschen Grenze zu trecken.

Die verhältnismäßig seltenen Berichte, die in zeitgenössischen amerikanischen und britischen Zeitungen erschienen, zeichnen ein eintöniges Bild von Elend und Tod unter den Vertriebenen. So brachte die Londoner *Daily Mail* einen Artikel von Rhona Churchill über die Verhältnisse in der neu erstandenen Tschechoslowakei und besonders über die Vertreibung der Deutschen aus der mährischen Hauptstadt Brünn am 30. Mai 1945:[6]

„Hier, zum Beispiel, die Ereignisse vom vergangenen Monat in Brno, als junge Revolutionäre der tschechischen Nationalgarde beschlossen, die Stadt zu ‚reinigen‘.

Kurz vor neun Uhr abends marschierten sie durch die Straßen und riefen alle deutschen Bürger auf, um neun Uhr vor ihren Häusern zu stehen, ein Gepäckstück in jeder Hand, bereit, die Stadt auf immer zu verlassen.

Den Frauen blieben zehn Minuten, die Kinder zu wecken, sie anzuziehen, ein paar Habseligkeiten zusammenzupacken und sich auf die Straße zu stellen.

Hier mußten sie allen Schmuck, Uhren, Pelze und Geld den Nationalgardisten ausliefern, bis auf den Ehering; dann wurden sie mit vorgehaltenen Gewehren in Marsch gesetzt, der österreichischen Grenze entgegen.

Es war stockfinster, als sie die Grenze erreichten, die Kinder weinten, die Frauen stolperten vorwärts. Die tschechischen Grenzwachen drängten sie über die Grenze den österreichischen Grenzwachen entgegen. Da kam es zu neuer Verwirrung. Die Österreicher weigerten sich, die Leute aufzunehmen, die Tschechen, sie wieder ins Land zu lassen. Sie wurden für die Nacht auf ein offenes Feld getrieben. Am nächsten Morgen erschienen ein paar Rumänen als Wache.

Sie sind immer noch auf diesem Feld, das zum Konzentrationslager geworden ist. Sie haben nur zu essen, was ihnen die Wachen gelegentlich bringen. Rationen erhalten sie nicht. . . . Jetzt wütet eine Typhusepidemie unter ihnen, und es heißt, daß täglich hundert sterben.

Fünfundzwanzigtausend Männer, Frauen und Kinder haben diesen Gewaltmarsch aus Brünn mitgemacht, darunter eine Engländerin, die mit einem Nazi verheiratet ist, eine Österreicherin von siebzig Jahren, eine sechsundachtzigjährige Italienerin.

Überall im Lande werden jetzt Konzentrationslager für Deutsche eingerichtet. Man schickt die Leute unterschiedslos hinein, während sie auf ihr Visum für Deutschland warten. Sogar deutsche Juden und Nazigegner, die erst kürzlich aus den Konzentrationslagern der SS befreit wurden, sind nicht sicher . . .“

F. A. Voigt, jahrelang Berlin-Korrespondent des *Manchester Guardian* und 1945 Herausgeber der einflußreichen Monatsschrift *Nineteenth Century and After*, gab seinem Artikel die Überschrift „Orderly and Humane“:[7]

„Zu den Hochburgen der sudetendeutschen Arbeiterbewegung gehörte Bodenbach. Als es von den Russen besetzt wurde, entwickelte sich ein Terrorregime mit Plündern und Schänden von Frauen. Die Tschechen litten ebenso darunter wie die Deutschen. Gegen die Deutschen wurden besondere Maßnahmen ergriffen, doch viele von ihnen erhielten einen Ausweis als „Antifaschisten" und blieben verschont. Als die neuen tschechischen Behörden die Macht übernahmen, wurden diese Ausweise eingezogen, die Deutschen vertrieben oder in Konzentrationslager gebracht, ohne Rücksicht auf ihre mutmaßliche Vergangenheit . . .

Am 31. Juli kam es zu einer Explosion im Kabelwerk von Usti (Aussig an der Elbe). Die ‚Werwölfe' sollten sie verursacht haben, wofür es allerdings keinerlei Hinweise gab. Ein Blutbad folgte. Frauen und Kinder wurden von der Brücke in den Fluß gestürzt, Deutsche auf der Straße erschossen. Man schätzt, daß zweitausend bis dreitausend Menschen umgebracht wurden."

Der britische Botschafter in Prag, Mr. Nichols, der über diese Ausschreitungen in Aussig mit Entsetzen erfuhr, telegraphierte dem Foreign Office:[8]

„Ich habe mehrere Berichte aus verschiedenen Quellen erhalten, aus denen hervorgeht, daß die tschechische Bevölkerung von Usti nad Labem (Aussig) kürzlich Ausschreitungen gegen die einheimischen Deutschen begangen hat, und zwar nach Explosionen und Bränden in der Stadt.

2. Zwei Frauen englischer Herkunft, die dabei in Usti anwesend waren, bestätigen die Aussagen und fügen hinzu, daß die fraglichen Taten wahrscheinlich als spontane Ausschreitungen tschechischer Schlägertypen erfolgten. Sie meinen, die Masse der tschechoslowakischen Bevölkerung sei am nächsten Tag über die Ausschreitungen tief beschämt gewesen.

3. Dieses Verhalten steigert die Entschlossenheit der amerikanischen Truppen in Böhmen, auf ‚Gerechtigkeit auch für Deutsche' zu bestehen; doch ihre Einstellung verursacht wiederum Spannungen mit den Tschechoslowaken, die den Amerikanern Sympathie mit den Deutschen vorwerfen. Es heißt, daß die Amerikaner ein Dossier mit Fotografien über die tschechoslowakischen Ausschreitungen anlegen.

4. Ich habe in halb-offiziellen Briefen über das berichtet, was ich selbst unternommen habe, um der tschechoslowakischen Regierung klarzumachen, welch schlechten Dienst sie ihrer eigenen Sache mit solchem Verhalten zufügt und wie wichtig es ist, sich streng an Gesetz und Ordnung und allgemeinen Anstand zu halten. Obwohl die leitenden Leute es einsehen, zeigt der neueste Vorfall, daß die Zentralregierung noch nicht das ganze Land unter Kontrolle hat."

Doch ein Leitartikel auf der ersten Seite der Prager Tageszeitung *Svobodny Smer* beschwerte sich am 18. Juli darüber, daß die Anglo-Amerikaner zu mild zu den Deutschen seien:[9] „Es ist unmöglich zu begreifen, wie es noch Leute gibt, welche die Deutschen in Schutz nehmen wollen . . . Was hilft es uns, wenn die Öffentlichkeit in Amerika unsere Meinung teilt, daß die Deutschen keine menschlichen Wesen sind, sondern nur Halb-Menschen, oder wenn sie der These zustimmt, daß die Deutschen so behandelt werden müssen, wie sie es verdienen, wenn zur selben Zeit junge Leute aus Oklahoma oder Michigan über die Straßen zwischen Marianske Lazne, Cheb und Asch in ihren Sechszylindern reisen und kein Interesse zeigen . . .‟

Nach den vielen Jahren der deutschen Besetzung in der Tschechoslowakei ist es vielleicht verständlich, daß viele Tschechen auf allgemeine Vergeltung eingestellt waren. In den östlichen Gebieten des Sudetenlandes, die durch die sowjetische Armee besetzt waren, konnten Mitglieder der tschechischen Miliz ihre Rache gegen schuldige und unschuldige Deutsche ungehindert ausüben. Im westlichen Sudetenland sorgte aber die amerikanische Dritte Armee unter General Patton für Ordnung und Disziplin. Nicht selten mußten amerikanische Soldaten und Offiziere eingreifen, wenn Mitglieder der tschechischen Miliz versuchten, sudetendeutsche Zivilpersonen zu verhaften oder auszuplündern.[10] Vertreibungen aus diesem Gebiet wurden auch in Jahre 1945 nicht gestattet. Aber der Schutz der Amerikaner galt nur in einem beschränkten Gebiet über eine kurze Zeit. Schließlich wurden die Sudetendeutschen aus Eger und Marienbad genauso entwurzelt wie die Sudetendeutschen aus dem russisch besetzten Karlsbad, Aussig und Reichenberg.

Die gemischte Hilfskommission des Internationalen Roten Kreuzes, die auch den nach Berlin und in die westlichen Besatzungszonen gelangten Vertriebenen zu helfen suchte, berichtete ebenfalls über die Sinnlosigkeit und Unmenschlichkeit der Vertreibung:[11]

„Diese entwurzelten Massen wanderten über die Hauptstraßen, hungernd, krank und müde, oft voller Ungeziefer. Wo immer sie auftauchten, wurden sie weitergeschickt, bald in diese, bald in eine andere Richtung. Nehmen Sie als Beispiel den Fall eines Schlesiers und seiner Frau. Sie kamen bis Mecklenburg, wo sie die offizielle Anweisung erhielten, nach Schlesien zurückzukehren. Der Mann ging zu seinem Karren zurück, setzte seine Frau darauf, die nicht mehr gehen konnte, und kehrte nach Schlesien zurück. Kaum waren sie angekommen, wurden sie sofort wieder ausgewiesen . . . Oder denken Sie an die Kinder. Am 27. Juni 1945 kam im Westhafen von Berlin ein Schiff mit der traurigen Fracht von rund dreihundert fast zu Tode verhungerten Kindern an, die aus einem Heim im pommerschen Finkenwalde stammten. Kinder von zwei bis vierzehn Jahre lagen bewegungslos auf dem Schiffsboden, die Gesichter von Hunger gezeichnet, an Krätze leidend, von Ungeziefer zerfressen. Leib, Knie und Füße waren geschwollen – bekanntes Symptom des Hungers.‟

Nach Potsdam: August bis Dezember 1945

Artikel XIII des Potsdamer Protokolls enthielt die erste offizielle Genehmigung für die Umsiedlung von Deutschen, doch keineswegs eine Art Blankoscheck für Vertreibung. Wie bereits im fünften Kapitel dieser Studie erörtert, verlangte der Artikel ausdrücklich einen Aufschub, weil das vom Krieg zerrüttete Deutschland keine weiteren Vertriebenen aufnehmen konnte; außerdem wurde die Zustimmung der Alliierten davon abhängig gemacht, daß die Regierungen Polens, Ungarns und der Tschechoslowakei ihre Verpflichtungen erfüllten, für eine „geregelte und humane" Durchführung zu sorgen.

Winston Churchill, einer der wichtigsten Urheber der Vertreibungspolitik, gehörte auch zu den ersten, die ihre Besorgnis über die Art und Weise der Durchführung ausdrückten. In seiner oft zitierten Rede vom 16. August 1945 vor dem Unterhaus sagte er:[12] „Besonders beschäftigen mich in diesem Augenblick die Berichte, die uns über die Bedingungen zukommen, unter denen die Vertreibung und der Auszug der Deutschen aus dem neuen Polen durchgeführt werden. Vor dem Krieg lebten acht bis neun Millionen Menschen in diesen Gebieten. Die polnische Regierung sagt, von diesen befänden sich noch 1 500 000, die bisher nicht vertrieben wurden, innerhalb der neuen Grenzen. Andere Millionen müssen hinter den britischen und amerikanischen Linien Zuflucht genommen haben, wodurch sie die Lebensmittelknappheit in unserer Zone erhöhten. Über eine riesige Anzahl fehlt jede Nachricht. Wohin haben sie sich gewandt, was war ihr Schicksal? Die gleichen Zustände können sich in veränderter Form bei der Ausweisung einer großen Anzahl Sudetendeutscher und anderer Deutscher aus der Tschechoslowakei wiederholen. Spärliche und vorsichtige Berichte über die Dinge, die vor sich gingen und gehen, sind durchgesickert; es ist aber nicht ausgeschlossen, daß eine Tragödie ungeheuren Ausmaßes sich hinter dem Eisernen Vorhang, der Europa gegenwärtig entzweischneidet, abspielt."

Entsprechend berichtete der Politische Berater bei der britischen Militärregierung in Berlin, Sir William Strang, in einem Telegramm vom 1. September 1945 an das Foreign Office:[13] „Die Vertreibungen werden kaum vorher angekündigt, die Flüchtlinge gehen mit dem, was sie tragen können. Viele streben nach Berlin, weil Eisenbahnlinien dorthin führen und sie auf eine zentrale Organisation hoffen, die ihnen hilft. Auf dem Weg zu den Bahnstationen leben sie von dem, was sie auf dem Feld und in Häusern stehlen können, und Kranke und Alte bleiben unterwegs liegen. Die meisten Flüchtlinge haben bei der Ankunft in Berlin keinerlei persönlichen Besitz, weil sie ihn gegen Nahrungsmittel eingetauscht haben oder unterwegs von Soldaten beraubt worden sind."

Aber nicht alle Flüchtlinge, die nach Berlin strömten, wurden von den polnischen Behörden offiziell ausgewiesen. Wie Sir William Strang am 1. September telegraphisch berichtete:[14] „Räumung veranlaßt durch Vorenthaltung von Lebensmittelkarten, ‚Finden' von Waffen in deutschen Häusern, Rauben und Plündern und die Drohung mit dem, was allen Deutschen zustoßen wird, die in dem Gebiet leben, wenn es endgültig polnisch wird. Flüchtlinge werden auf Straßen und in Zügen ausgeraubt. Nach einem Gewährsmann bieten Kohlenzüge das sicherste Transportmittel, doch nach Aussage von jemandem, der mit einem Kohlenzug reiste, wurde er zwischen Breslau und Berlin viermal geplündert. Bestimmte Waren, z. B. Medikamente, können nur in Zlotys bezahlt werden, die Deutsche nicht erhalten, und die Preise steigen

16. Heimatlose in Berlin im Sommer 1945 (Bundespresseamt)

17. Pommersche Flüchtlinge in Berlin zur Zeit der Potsdamer Konferenz (U.S.Army Bild)

18. Allmählich werden die Vertreibungen „geregelter" (Bundesarchiv)

19. Am meisten leiden die Alten und die Kinder (Sudetendeutsches Archiv)

20. *Vertriebenenlager in der amerikanischen Zone* (U.S.Army Bild)

21. *Vertriebene aus dem Sudetenland* (U.S.Army Bild)

22. *Der britische Verleger Victor Gollancz während seiner Mission 1946 in der englischen Besatzungszone* (Gollancz Archiv)

23. *Kinder im Flüchtlingslager in Berlin, 1947* (U.S.Army Bild)

teilweise um 1000%. Viele Deutsche weigern sich noch, das Land zu räumen, weil sie hoffen, daß die Grenze weiter östlich festgelegt wird, als die Polen hoffen, doch die Rationen sind so gering (von 500 bis 700 g Brot in der Woche, kein Fleisch oder Fett), daß die Sterblichkeit bereits alarmierend ist.''

Einige Berichte über das Geschehen in Ostdeutschland wurden in der westlichen Presse veröffentlicht. Daraufhin erhoben sich mehrere Proteststimmen. Am 19. Oktober 1945 schrieb Bertrand Russell, aufgerüttelt durch die Berichte über die Massenvertreibung, an die *Times*:[15]

,,In Osteuropa werden jetzt von unseren Verbündeten Massendeportationen in einem unerhörten Ausmaß durchgeführt, und man hat ganz offensichtlich die Absicht, viele Millionen Deutsche auszulöschen, nicht durch Gas, sondern dadurch, daß man ihnen ihr Zuhause und ihre Nahrung nimmt und sie einem langen schmerzhaften Hungertod ausliefert. Das gilt nicht als Kriegsakt, sondern als Teil einer bewußten ,Friedens' politik . . . Im Potsdamer Protokoll wird vorgeschrieben, daß die Ausweisungen von Deutschen in ,geregelter und humaner' Weise durchgeführt werden sollten. Und es ist wohl bekannt – durch öffentliche Berichte wie durch Briefe, die zahlreiche britische Familien von Verwandten und Freunden in den Besatzungsarmeen erhielten –, daß diese Bedingung von unseren russischen und polnischen Verbündeten nicht beachtet worden ist. Es ist richtig, wenn man der ungeheuren öffentlichen Entrüstung, die dadurch ausgelöst wurde, auch Ausdruck gibt, damit unsere Verbündeten erfahren, daß die britische Freundschaft durch die Fortsetzung einer solchen Politik vollständig verlorengehen könnte.''

Doch die rücksichtslosen Vertreibungen setzten sich trotz der offensichtlichen Konsequenzen fort. Am 8. Dezember 1945 schrieb Bertrand Russell wieder, diesmal im *New Leader*:[16]

,,Jederzeit werden Frauen und Kinder in Eisenbahnzügen zusammengetrieben, jeder nur mit einem Koffer, dessen Inhalt unterwegs meistens geraubt wird. Die Reise nach Berlin dauert viele Tage, in denen keine Nahrungsmittel verteilt werden. Viele erreichen Berlin als Tote; Kinder, die unterwegs sterben, werden aus dem Fenster geworfen . . . Viele von denen, die man aus ihrem Haus treibt, werden nicht mit der Eisenbahn befördert, sondern müssen zu Fuß nach Westen wandern. Genaue Statistiken über die Zahl der auf diese Weise Vertriebenen sind nicht zu erhalten, denn nur die Russen könnten sie vorlegen.[17] Ernest Bevin schätzt sie auf neun Millionen. Nach der Aussage eines britischen Offiziers, der sich jetzt in Berlin aufhält, sterben ganze Bevölkerungen, und die Berliner Krankenhäuser ,lassen den Anblick von Konzentrationslagern ganz normal erscheinen'.''[18]

Typisch für Presseberichte, wie sie Bertrand Russell zu seinen Briefen veranlaßten, sind die folgenden:

,,Unter dem zerbombten Dach des Stettiner Bahnhofs . . . blickte ich heute nachmittag in einen Viehwagen, der an den Puffern neben Bahnsteig 2 abgestellt worden war.

Auf einer Seite lagen vier Gestalten tot unter Decken, auf Tragen aus Bambus und Raphiabast; in einer anderen Ecke vier weitere, alles Frauen, im Sterben.

Eine rief kaum hörbar nach Wasser . . . Zwei Sanitätshelferinnen taten, was sie konnten, um die kleinen Wünsche der Sterbenden zu erfüllen.

Der Zug kam aus Danzig. Er war sieben Tage unterwegs gewesen. Manchmal dauert es länger.

Diese Leute im Viehwagen und Hunderte, die auf den Bündeln mit ihrer Habe auf dem Bahnsteig und in der Bahnhofshalle lagen, waren das tote oder sterbende oder verhungernde Strandgut, das die Flut menschlichen Elends, die täglich Berlin erreicht, zurückgelassen hatte. Am nächsten Tag wird es in einen anderen Zug gepackt, der eine andere Stadt ansteuert, immer in hoffnungsloser Suche nach Nahrung und Hilfe.

Tausende – bis zu fünfundzwanzigtausend am Tag – kommen zu Fuß in die Außenbezirke gewandert, wo man sie anhält und ihnen den Zugang zu der bereits überfüllten Stadt verwehrt.

Jeden Tag werden zwischen fünfzig und hundert Kindern – bisher in kurzer Zeit schon insgesamt fünftausend –, die beide Eltern verloren haben oder verlassen worden sind, auf den Berliner Bahnhöfen aufgesammelt und in Waisenhäuser oder zu Pflegemüttern in Berlin gebracht.

Ohne eine zentrale Kontrolle versuchen die Wohlfahrtsausschüsse, mit Schwierigkeiten fertigzuwerden, die über ihre Kräfte gehen. (Die Organisation erhielt weder Telefon noch Auto und ist bei der Koordinierung irgendwelcher Pläne, falls es überhaupt Pläne gibt, auf einen Kurier mit Fahrrad angewiesen, der wiederum von der Gnade mitfühlender militärischer Straßenkontrollen abhängt).

Hier in Berlin leben wir im Schatten von Hunger und Mangel, im Schatten des Todes und der Epidemien, wie sie die Welt in der uns überlieferten Geschichte nicht erlebt hat . . .

Das ist eine grobe Mißachtung der Potsdamer Vereinbarung, in der gefordert wird, daß die Umsiedlungen von Menschen in ‚geregelter und humaner Weise' vor sich gehen sollen . . ." (Norman Clark, Bericht aus Berlin, *News Chronicle*, 24. August.)

„Es gibt keine zuverlässigen Angaben über die Zahl ausgewiesener Deutscher, die von der Ostgrenze und durch die russische Zone kommen, aber wahrscheinlich sind es Millionen. Mit ihrem Wunsch, den Westen zu erreichen, stehen sie schließlich vor den gesperrten Grenzen der britischen und der amerikanischen Zone, die schon selbst genügend Schwierigkeiten haben.

Die Potsdamer Erklärung verlangte, wie man sich erinnern wird, menschliche Behandlung der ausgewiesenen deutschen Staatsangehörigen, und angesichts solcher entsetzlicher Berichte, wie sie der Konferenz aus Städten wie Breslau und Stettin vorgelegt wurden, hat man die betreffenden Länder aufgefordert, weitere Ausweisungen zunächst aufzuschieben.

Es gibt aber keinen Hinweis darauf, daß diese Anordnung befolgt worden ist. Hier im Robert-Koch-Krankenhaus, das ich heute morgen besuchte, sind mehr als sechzig deutsche Frauen und Kinder, die allesamt vor einem Monat aus einem Danziger Kranken- und einem Waisenhaus geholt und in Viehwagen ohne Stroh, ohne jede Nahrung oder Wasser, nach Deutschland transportiert wurden. Als der Zug Berlin erreichte, hieß es, daß von dreiundachtzig Personen, die in zwei Waggons zusammengepfercht gewesen, zwanzig gestorben waren . . .

Man darf sich sicherlich nicht damit beruhigen, daß die Deutschen sich dieses Elend selbst zuzuschreiben haben; Brutalität und Zynismus, gegen die der Krieg geführt wurde, sind in Europa immer noch am Werke, und wir werden Zeugen von menschlichem Leiden, das schon fast an das von den Nazis verursachte heranreicht. Vollständige Informationen über diese Massenvertreibungen sind dringend notwendig; alles, was der Kontrollrat heute tun könnte, wäre, sich an seinen Koordinationsausschuß zu wenden, damit die Tatsachen vollständig erfaßt werden." (Berlin-Korrespondent der *Times*, Bericht vom 10. September.)[19]

Im November 1945 berichtete F. A. Voigt in *Nineteenth Century and After*:[20]

„Ein Zug, der am 31. 8. Berlin erreichte, war am 24. in Danzig abgefahren mit dreihundertfünfundzwanzig Patienten und Waisen aus dem Marienkrankenhaus und dem Waisenhaus in der Weidlergasse. Sie waren in fünf Viehwagen zusammengepfercht, auf dem nackten Boden, ohne Stroh. Es gab weder Ärzte noch Schwestern oder Medikamente. Die einzige Nahrung erhielten die Waisen zu Beginn der Fahrt: 20 Kartoffeln und 2 Stück Brot. Die Patienten hatten nichts, doch von Zeit zu Zeit hielt der Zug, und die Mitfahrenden, die dazu noch imstande waren, versuchten, Nahrungsmittel aufzutreiben . . .

Zwischen sechs und zehn Patienten in jedem Wagen starben unterwegs. Die Leichen wurden einfach aus dem Zug geworfen. Als der Zug in Berlin ankam, wurden fünfundsechzig Patienten und Waisen in das Robert-Koch-Krankenhaus gebracht, wo neun von ihnen starben. Was aus den übrigen geworden ist, wissen wir nicht . . .

Ungefähr um die gleiche Zeit kam ein Transport mit sudetendeutschen Männern, Frauen und Kindern aus Troppau. Sie waren achtzehn Tage lang in offenen Viehwagen unterwegs gewesen. Zweitausendvierhundert Menschen hatten die Fahrt angetreten, eintausenddreihundertfünfzig erreichten Berlin. Es sind also mehr als tausend unterwegs gestorben."[21]

Donald Mackenzie, Berlin-Korrespondent der New Yorker *Daily News*, berichtete am 7. Oktober 1945:[22]

„Eine andere Frau mit Narben von Peitschenhieben quer über dem Gesicht sagte, als die Gruppe, mit der sie in Oberschlesien zur Eisenbahn marschierte, durch Sagan kam, standen polnische Zivilisten links und rechts der Straße, und die Flüchtlinge wurden systematisch beraubt und geschlagen, als sie vorüber-

gingen . . . Sie schloß ihre Aussage mit der Vermutung, sie sei schwanger. Auf
der Reise nach Berlin war sie dreißigmal vergewaltigt worden."

Außenminister Ernest Bevin, der sich selbst einen Eindruck vom Elend der
Vertriebenen in Berlin verschaffte, berichtete vor dem Unterhaus:[23] „Es war
ein jämmerlicher Anblick – dieser lange Zug von Kinderwagen und kleinen
Fahrzeugen aller Art, und die Leute fast alles Frauen und Kinder und ganz
wenige Männer. Man konnte nur noch sagen: ‚Mein Gott, das ist der Preis für
Dummheit und Krieg.' Es war der schlimmste Anblick, den man sich denken
kann."

Amerikanische Behörden in Berlin waren ebenso über die Katastrophe
alarmiert, die vor ihren Augen abrollte.

Vor diesem Hintergrund des vollständigen Chaos und des tiefen menschlichen Leidens schrieb Robert Murphy, der politische Berater der amerikanischen Militärregierung in Berlin, am 12. Oktober 1945 ein dringendes Memorandum für das State Department. Darin hieß es:[24]

„Allein auf dem Lehrter Bahnhof in Berlin haben unsere Sanitätsdienststel-
len täglich im Durchschnitt zehn Menschen gezählt, die an Erschöpfung,
Unterernährung und Krankheit gestorben sind. Sieht man das Elend und die
Verzweiflung dieser Unglücklichen, spürt man den Gestank des Schmutzes,
der sie umgibt, stellt sich sofort die Erinnerung an Dachau und Buchenwald
ein. Hier ist Strafe im Übermaß – aber nicht für die *Parteibonzen*, sondern für
Frauen und Kinder, die Armen, die Kranken . . .

Daß im Sudetenland die Deportationen nicht fortgesetzt werden, liegt zum
Teil an der Anwesenheit unserer Truppen, deren Kommandeure in freundli-
cher, aber fester Haltung den ansässigen Tschechen erklärt haben, daß gewisse
Vorgänge im Namen der Menschlichkeit nicht geduldet werden können; doch
trotzdem haben sich rücksichtslose Ausweisungen ereignet, und zwar so häufig, daß unsere Soldaten oft Haß auf das befreite tschechische Volk empfinden."

Am 26. Oktober schickte Außenminister Byrnes ein Telegramm an Murphy, in dem er die Absicht der Vereinigten Staaten noch einmal bestätigte, daß
„alle Umsiedlungen, die vorgenommen werden, in geregelter und humaner
Weise" durchgeführt werden sollten; er drückte seine Besorgnis über Berichte
aus, die das Gegenteil bezeugten und ihn aus verschiedenen Quellen erreicht
hätten.[25]

Da die Situation in Berlin immer unerträglicher wurde und der Winter
heranrückte, schickte Murphy am 23. Oktober 1945 ein zweites Telegramm
an Byrnes, in dem er die furchtbare Lage der deutschen Vertriebenen bedauerte:[26]

„Mitarbeiter, die Flüchtlingszüge aus dem Osten ankommen sahen, stellen
fest, daß sich die Leute meistens in bedauernswertem Zustand befinden. Einzelne, die aufs gratewohl befragt wurden, erzählten, sie seien nach kurzer
Benachrichtigung aus ihren Häusern vertrieben worden und in vielen Fällen

von dem Augenblick an, wo sie ihre Wohnung verließen, bis zur Ankunft in Berlin beraubt worden. Sie berichten, daß sie ausgeplündert und um die wenigen Habseligkeiten gebracht wurden, die sie überhaupt mitnehmen durften. Die meisten Menschen, die in Berlin ankamen, hatten nur wenig Handgepäck. Wenn sich auch aus so begrenzten Beobachtungen kein endgültiges Urteil bilden läßt, hat die Mission andererseits Beweise von unterschiedlichster Herkunft, aus denen hervorgeht, daß schlechte Behandlung und Beraubung weit verbreitet sind."

Die niederdrückenden Berichte veranlaßten Außenminister Byrnes zu einem Telegramm, in dem er am 30. November 1945 den amerikanischen Botschafter in Polen, Arthur Lane, anwies, der provisorischen Regierung die amerikanische Mißbilligung auszudrücken.[27]

„Die US-Regierung ist ernstlich bestürzt über Berichte von fortgesetzten Massentransporten mit deutschen Flüchtlingen, die offenbar aus den Gebieten östlich der Oder-Neiße-Linie nach Deutschland gekommen sind. Diese Leute sind vermutlich in Eile aus ihren Wohnungen vertrieben und um all ihren Besitz gebracht worden, bis auf das, was sie tragen konnten. Berichte zeigen, daß diese Flüchtlinge, meistens Frauen, Kinder und alte Leute, in einem erschreckenden Zustand der Erschöpfung angekommen sind, daß manche an ansteckenden Krankheiten leiden, daß vielen ihre letzte persönliche Habe genommen worden ist. Solches Massenelend und die schlechte Behandlung Schwacher und Hilfloser lassen sich mit dem Potsdamer Protokoll nicht vereinbaren ... ebenso wenig mit internationalen Regeln für die Behandlung von Flüchtlingen."

Statt diese Anweisungen sofort auszuführen, telegrafierte Lane zurück. Er meinte, daß die Deutschen wahrscheinlich die schlechte Behandlung übertrieben darstellten, „wie es ihrer Art entspricht, nach einem verlorenen Krieg zu jammern".[28] Er warnte vor den unerwünschten politischen Folgen, die eine solche Erklärung in diesem Augenblick haben könne, wo die mächtige kommunistische Partei in Polen großen Zulauf erhielt, während sie ihre Feinde – vor allem Mikolajczyk – anprangerte und die westlichen Alliierten als pro-deutsch und pro-faschistisch hinstellte. In einem zweiten Telegramm wies Lane darauf hin, daß der britische Botschafter in Warschau seine Meinung vollständig teile, es sei unklug, der polnischen Regierung Vorstellungen über die Behandlung von Deutschen zu machen, weil solche Proteste die Polen nur ärgern und kaum die Dinge ändern würden.[29]

Byrnes ließ sich von ihm überzeugen und gestattete Lane deshalb, seine Vorstellungen mündlich vorzutragen, statt sie als schriftliche Note zu überreichen. Er erlaubte ihm ferner, die polnische Regierung zu beruhigen: Der Schritt der Vereinigten Staaten sei in keiner Weise durch mangelnde Würdigung der durch die Deutschen verursachten Leiden bedingt, sondern beruhe auf dem Interesse der US-Regierung, den Artikel XIII des Potsdamer Protokolls beachtet zu wissen, ferner auf dem Wunsch, daß die Umsiedlung von

Deutschen in humaner Weise erfolge, also in Übereinstimmung mit den Leit-
gedanken, die zu dem Artikel XIII geführt hatten.[30]

Trotz dieser neuen und versöhnlicheren Instruktion zögerte Lane immer
noch, die Polen auf die Sache der Deutschen hin anzusprechen. Ebenso zögerte
der britische Botschafter in Warschau, der vorschlug, „wie Nelson bei der
Beschießung von Kopenhagen das Fernrohr vor das blinde Auge zu halten".[31]
Doch am 22. Dezember 1945 telegraphierte das Foreign Office seinem Botschafter in Warschau:[32]

„Radio Warschau meldete am 18. Dezember, daß ein Erlaß des Regierungs-
bevollmächtigten für Westpommern veröffentlicht worden ist, wonach Beschäftigung jeder Art für Deutsche in Stettin verboten ist.

Das klingt kaum vereinbar mit ‚geregelten und humanen' Maßnahmen für
Umsiedlung. Deutsche in Stettin werden vermutlich entweder gezwungen
werden, zu verhungern, wo sie sind, oder sich eilig auf den Weg machen, bevor
geeignete Anordnungen für ihre Umsiedlung oder ihre Aufnahme getroffen
werden können.

Falls Sie keine Einwände haben, erwähnen Sie bitte diesen Bericht den
polnischen Behörden gegenüber und kommentieren Sie ihn im oben umrisse-
nen Sinn."

Angesichts der starken anti-deutschen Stimmung in Polen und vor allem im
Hinblick auf die geschickte kommunistische Propaganda versprach dieser
diplomatische Schritt keine positiven Ergebnisse. Bereits im Sommer hatte der
britische Bevollmächtigte Robin Hankey mit dem polnischen Außenminister
Wincenty Rzymowski gesprochen, der versichert hatte, die polnische Regierung habe nicht vor, das Durcheinander in Deutschland durch Ausweisung
von vielen Deutschen zu verschlimmern, aber Polen plane, so rasch wie
möglich alle Deutschen aus Stettin und Schlesien zu entfernen, um diese
Gebiete wiederaufzubauen. Als Lane später mit Rzymowski sprach, erhielt er
praktisch die gleiche Antwort,[33] und die Vertreibungen wurden auf die gleiche
überstürzte und ungeregelte Weise fortgesetzt. Tadeusz Zebrowski, Leiter der
anglo-amerikanischen Abteilung im Außenministerium der provisorischen
polnischen Regierung, der bei der Besprechung Lanes mit Rzymowski anwesend war, behauptete, die Deutschen würden nicht schlechter behandelt als die
Polen, die von der Sowjetunion aus Ostpolen vertrieben wurden.[34] In einem
Telegramm an Minister Byrnes erwähnte Lane, er habe viele Klagen von Polen
gehört; so würden Ostpolen in offenen Gepäckwagen nach Westen verfrachtet, trotz der herrschenden Kälte, was „in der vergangenen Woche zum Tod
von sechs Kindern in einem Eisenbahnzug geführt hat."[35]

Der amerikanische Botschafter in der Tschechoslowakei, Lawrence Steinhardt, wurde ebenfalls angewiesen, auf die tschechische Regierung einzuwir-
ken und ihr die Notwendigkeit klarzumachen, daß die Umsiedlungen von
Deutschen unterbrochen und daß die denkbar humansten Methoden bei künftigen Ausweisungen angewandt werden müßten. Obwohl die tschechische

Regierung mehrmals versicherte, daß die Vertreibungen eingestellt worden seien,[36] traf es nicht zu; ebensowenig sind während des Jahres 1945 die Methoden spürbar gemildert worden.

Im September 1945 unterrichtete das Hauptquartier der US-Streitkräfte für den europäischen Kriegsschauplatz den Kommandierenden General für den östlichen Militärdistrikt, General Patton, nach Berichten seien Deutsche in die amerikanische Besatzungszone eingedrungen, und zwar entgegen den in Potsdam getroffenen Vereinbarungen. Man nehme an, hieß es, daß die Behandlung der Deutschen in der Tschechoslowakei der Grund sei, weshalb viele Menschen Sicherheit und Zuflucht im amerikanisch besetzten Gebiet suchten.[37]

Zahlreiche Aussagen, die sich in den Ostdokumenten des Koblenzer Archivs befinden, bezeugen die Flucht mehrerer sudetendeutscher Familien, die sich damals zu den Amerikanern retteten, weil sie entweder von den Tschechen körperlich mißhandelt worden waren oder sich vor unmittelbarer Bedrohung fürchteten.[38]

Angesichts solcher Unterlagen ist es interessant, daß Botschafter Steinhardt nicht der Ansicht war, die Behandlung der Deutschen sei unangemessen grob. In einer Note an Außenminister Byrnes meinte er: „Es ist erstaunlich, wie selten es zu schlechter Behandlung der Deutschen, zu willkürlichen Vertreibungen oder freiwilligem Abzug kommt."[39]

Schlechte Behandlung ist natürlich ein relativer Begriff. Doch der Kommentar von Botschafter Steinhardt erhält seine besondere Note durch die Tatsache, daß die amerikanischen Truppen in der Tschechoslowakei Augenzeugen so vieler Vorfälle geworden waren, bei denen die Deutschen mit Gewalt aus ihrem Haus getrieben und „oft gleich oder unterwegs um die paar persönlichen Dinge gebracht wurden, die sie tragen konnten. Wer sich weigerte, wurde geprügelt."[40] Wie Robert Murphy zweimal Außenminister Byrnes mitteilte,[41] waren die amerikanischen Militärdienststellen zunehmend besorgt wegen der antitschechischen Einstellung, die sich unter den amerikanischen Soldaten verbreitete, weil sie häufig Zeugen der Übergriffe gegen hilflose Zivilisten geworden waren. Viele Male mußten amerikanische Soldaten eingreifen, um deutsche Frauen und Kinder vor den Ausschreitungen der tschechischen Miliz zu schützen.[42]

Die Vertreibungen aus Jugoslawien, die nach Österreich führten, ließen sich überhaupt nicht kontrollieren. Sie waren nicht einmal im Artikel XIII des Potsdamer Protokolls vorgesehen. So berichtete der News Chronicle am 15. Oktober 1945 aus Wien:[43] „Ein Zug, der nun auf einem Nebengleis in Wilfernsdorf bei Bruck steht, fuhr vor 16 Tagen aus Jugoslawien ab mit 650 deutschen Frauen und Kindern und einigen wenigen Männern aus Südwest-Ungarn. Sie haben nur das zu essen, was sie bei sich hatten. Niemand kümmert sich um sie. Der Zug wurde nach Wien und wieder zurückgefahren, da die Leute nirgends hingehen konnten. Das österreichische Rote Kreuz erhält keine Erlaubnis, die Flüchtlingslager zu betreten oder den Insassen zu helfen."

Die Jahre 1946–47: „Organisierte" Umsiedlungen

Nachdem der Alliierte Kontrollrat Richtlinien für die Umsiedlung von Deutschen aus der Tschechoslowakei, Polen und Ungarn erlassen hatte, verbesserten sich seine Kontrollmöglichkeiten.

Doch viele Probleme, mit denen sich die westlichen Alliierten 1946 und 1947 herumzuschlagen hatten, waren aus dem Versagen in Potsdam entstanden, wo sie keinen wirksamen Mechanismus für eine geregelte und humane Übersiedlung durchgesetzt hatten. Am 30. Januar 1946 erklärte der Lordkanzler des britischen Oberhauses, Lord Jowitt, auf eine Anfrage des Lordbischofs von Chichester:[44] „Es gibt keinen internationalen Mechanismus für die Umsiedlung und die Kontrolle ihrer Durchführung. Die Maßnahmen sollen unmittelbar zwischen der Regierung der ausweisenden Staaten und den Behörden der jeweiligen Zone in Deutschland abgesprochen werden, in die man die Einwanderer schickt."

Der Lordkanzler sprach dann die Hoffnung aus, es werde der britischen Regierung gestattet sein, das Verfahren der Umsiedlung aus der Tschechoslowakei zu beobachten. Andererseits stellte er fest, daß es bisher der britischen Regierung nicht gestattet sei, in Polen das Verfahren der Umsiedlung an Ort und Stelle zu beobachten, und er halte es auch, wie er sagte, für nicht wahrscheinlich, daß künftig Gelegenheit dazu geboten werde.[45]

Unterdessen hatte das Internationale Komitee vom Roten Kreuz (IKRK) erfolglos versucht, seinen Delegierten in der Tschechoslowakei[46] und in Polen die Möglichkeit zu verschaffen, die Umsiedlungen zu überwachen und die Leiden der Vertriebenen zu mildern.

Ein unzutreffender Bericht des offiziellen Prager Rundfunks, wonach die Vertreibung der Deutschen aus dem Gebiet Karlsbad vom IKRK überwacht werde, mußte vom IKRK in Genf dementiert werden:[47] „Le Comité international de la Croix-Rouge, pour sa part, tient à préciser qu'il n'exerce aucun contrôle sur les transferts de populations d'origine allemande hors de Tchécoslovaquie et qu'il n'a d'ailleurs pas été appelé à le faire. En effet, les decisions relatives à des transferts de populations et à leurs modalités sont du ressort exclusif des gouvernements intéressés."

Da es dem Internationalen Roten Kreuz nicht möglich war, die Ausweisungen an Ort und Stelle zu überwachen, mußte es sich damit begnügen, Hilfe für die Vertriebenen zu beschaffen, wenn sie ihren Bestimmungsort erreicht hatten.

General Lucius Clay, 1945/46 Stellvertretender Militärgouverneur der amerikanischen Besatzungszone, von 1947–49 Militärgouverneur, schilderte die ersten Vertreibungen des Jahres 1946, wie sie sich bei der Ankunft in der Zone darstellten:[48]

„Die Transporte begannen im Januar 1946. Der Anblick, den die erste Zugladung aus Ungarn bot, war erschütternd. Die Ausgewiesenen waren ohne genügenden Proviant und nur mit notdürftigstem Reisegepäck zusammengeholt worden; hungrig und armselig kamen sie an. Nach mehrfach wiederholten Vorstellungen wurde vereinbart, daß jeder Ausgewiesene etwas Gepäck und 500 RM mitnehmen durfte. Besondere Schwierigkeiten gab es mit den Tschechen; nicht nur der persönliche Besitz der Sudetendeutschen, auch junge kräftige Arbeiter wurden zurückbehalten, während man uns die Alten, die Frauen und die kleinen Kinder schickte. Erst als wir aus diesem Grunde die Transporte zeitweilig einstellten, erreichten wir auf dem Verhandlungsweg, daß diese Zustände behoben wurden."

Die Vertreibungen aus Polen in die britische Besatzungszone machten den gleichen trostlosen Eindruck, wenn sich auch die Verhältnisse seit dem Katastrophenjahr 1945 gebessert hatten. Der Lübecker Korrespondent des *Manchester Guardian* berichtete am 10. März 1946:[49]

„Trotz der Potsdamer Vereinbarung, wonach die Umsiedlung der deutschen Bevölkerung aus dem Osten geregelt und human vor sich gehen sollte, vertreiben die polnischen Behörden Deutsche aus den neuerdings polnischen Gebieten. Sie kündigen die Ausweisung zehn Minuten vorher an und schicken die Menschen ohne Nahrungsmittel in überfüllten Zügen in die britische Besatzungszone.

Ein dreiundsiebzigjähriger Mann und ein Kind von achtzehn Monaten wurden tot im ersten Transport aufgefunden, der in Lübeck unter der Bezeichnung ‚Operation Swallow' am 3. März ankam. Im zweiten Transport lagen drei Tote. Im allgemeinen packt man eintausendfünfhundert Menschen in einen Zug mit 26 Waggons, die ungeheizt und zum größten Teil beschädigt sind. Der vierte Transport brachte aber zweitausendsiebzig Menschen, so daß die Leute kaum stehen, geschweige denn sitzen konnten.

Die britischen und polnischen Behörden waren übereingekommen, daß die Polen den Ausgewiesenen Rationen für eine Reise von ein bis zwei Tagen mitgeben sollten, aber es wird kaum jemals etwas verteilt. Im ersten Transport erhielt jede Person ein halbes Brot, im zweiten wurde ein Dreipfundsbrot unter acht Leute verteilt, dazu ein Pfund Zucker unter sechzig. Im dritten Zug gab es keine Nahrungsmittel, nur heißes Wasser und Tee. Die Rationen sollen nur für die Reise von Stettin nach Lübeck reichen, die 22 Stunden dauert, doch bis zum Sammelpunkt in Stettin sind die Flüchtlinge oft sieben Tage unterwegs, so daß sie schließlich zehn Tage lang keine ordentliche Mahlzeit erhalten. Sie kommen erschöpft oder krank in den Durchgangslagern an. Im ersten Transport waren dreihundertfünfzig Menschen krank, von denen zweihundertfünfzig in ein Lübecker Krankenhaus geschafft werden mußten. In den späteren Transporten war die Zahl der Kranken noch größer. Die meisten leiden an Krätze, Typhus ist noch nicht aufgetreten.

Im allgemeinen ist ihre körperliche Verfassung schlechter als die der früheren Flüchtlinge aus der russischen Zone, und manche tragen noch die Spuren von Mißhandlung. Die britischen Sanitätsoffiziere haben festgestellt, daß die meisten Frauen vergewaltigt worden sind, darunter ein Kind von zehn Jahren, eines von sechzehn Jahren. Die meisten Leute sind über fünfzig Jahre alt, manche in den achtzigern. Es sind Kranke und Krüppel darunter, obwohl Briten und Polen verabredet hatten, daß keine Kranken geschickt werden sollten. Es kommen auffallend wenige junge Leute, die offenbar in Polen zur Zwangsarbeit zurückgehalten werden . . .

Die Verhältnisse haben sich leicht gebessert, seit eine britische Sanitätsmannschaft in Stettin die Zusammenstellung der Züge überwacht. Wahrscheinlich gibt es jetzt etwas bessere Nahrung; mit DDT-Puder, der aus der britischen Zone kommt, verringert man die Seuchengefahr; und wahrscheinlich wird man die Verschickung der Kranken und der Kinder ohne Begleitung einstellen. Doch bisher ist noch nichts geschehen, um die Behandlung der Flüchtlinge auf der ersten Etappe ihrer Reise, von ihrem Zuhause bis Stettin, zu überwachen.

Man rechnet damit, daß insgesamt im Laufe der nächsten Monate anderthalb Millionen Flüchtlinge ankommen werden, täglich fünfzehnhundert mit der Bahn, tausend mit Schiffen. Die Zahl aber liegt vermutlich näher an der Zweimillionengrenze . . ."

Anne O'Hare McCormick, Sonderkorrespondentin der *New York Times*, berichtete im Februar 1946 aus Deutschland:[50]

„In Potsdam war man auch übereingekommen, daß die erzwungene Auswanderung in ‚humaner und geregelter Weise' durchgeführt werden sollte. Aber wie jedermann weiß, der den schrecklichen Anblick der Empfangsstellen in Berlin und München erlebt hat, vollzieht sich der Exodus unter alptraumhaften Zuständen, ohne internationale Beaufsichtigung oder auch nur vorgespiegelte humane Behandlung. Wir sind mitverantwortlich für Greuel, die nur den Grausamkeiten der Nazis zu vergleichen sind . . ." Im Oktober 1946 berichtete Miß McCormick wieder über den Fortgang der Umsiedlung:[51]

„Der Umfang dieser Umschichtung und die Verhältnisse, unter denen sie vor sich geht, haben in der Geschichte nichts Vergleichbares. Niemand, der diese Greuel unmittelbar erlebt, kann daran zweifeln, daß es sich um ein Verbrechen gegen die Menschheit handelt, für das die Geschichte eine furchtbare Vergeltung üben wird . . ."

Zwar sprechen diese Berichte also nicht gerade für eine Verbesserung, doch tatsächlich wurden die Verhältnisse 1946 besser, und die Sterblichkeitsquote sank entscheidend. Als dann der Winter 1946/47 einsetzte, konnten westliche Militärdienststellen mehrere Eisenbahntransporte verhindern[52] und damit auch eine Wiederholung der Katastrophe von 1945/46, als Tausende an Unterkühlung starben oder einfach während des langen Transports in ungeheizten Wagen erfroren.

Mittlerweile gelang es dem Internationalen Roten Kreuz in Warschau, das Problem unmittelbar mit dem polnischen Innenministerium zu besprechen, und Anfang 1947 konnte es die Behörde veranlassen, einige Deportationen aufzuschieben; im Januar waren nämlich einige Transporte in jämmerlichem Zustand an ihren Bestimmungsorten angekommen.[53] Aber leider wurden nur wenige Deportationen – grundsätzlich von Leuten aus den Internierungslagern – zurückgestellt, andere jedoch unangefochten durchgeführt.

Insgesamt wurden etwa sechs Millionen Menschen von den „organisierten Umsiedlungen" erfaßt, und wenn sich auch die ausweisenden Länder häufig nicht einmal an das von den westlichen Alliierten geforderte Mindestmaß an Proviant und menschlicher Behandlung hielten, rettete doch die bloße Tatsache, daß man im Westen rechtzeitig wußte, wann ein Transport und wie viele Menschen ankommen würden, vielen Ausgewiesenen das Leben.[54] Hätte es diese „organisierten Umsiedlungen" nicht gegeben, wären also alle Deutschen so brutal vertrieben worden wie im Jahre 1945, dann hätten die Verluste an Menschenleben durch Flucht und Vertreibung nicht zwei, sondern drei Millionen und mehr betragen.

Internierungslager

Was geschah mit den Deutschen, die nicht sofort vertrieben wurden? Ihr Schicksal wechselt von einer Provinz zur anderen, von einem Kreis zum anderen, einem Dorf zum anderen. Wer in seiner Wohnung bleiben konnte, litt am wenigsten, wenn man auch an der Grenze zum Verhungern lebte und viele Mißhandlungen erdulden mußte. Schlimmer erging es denen, die in Lagern interniert wurden, um dort auf die Ausweisung zu warten.[55] Es stellte sich heraus, daß die sofort ausgewiesenen Deutschen das beste Los gezogen hatten – falls sie den Transport überlebten –, weil ihre Aussicht auf Überleben im Westen besser war.

Auf Grund vieler Berichte versuchte das Internationale Rote Kreuz Zutritt in die Lager zu bekommen. Es stieß aber auf Widerstand. Selbst die wenigen Lager, die das IKRK inspizieren durfte, wurden als „nicht zufriedenstellend" beurteilt. Im Lager von Svidnik in der Tschechoslowakei zum Beispiel wurden die Deutschen zum Minenräumen eingesetzt, bis energische Proteste des Roten Kreuzes in Pressburg hier erfolgreich eingriffen.[56] Da internierte Deutsche keinerlei internationalen Status hatten, der ihnen Schutz gewährte, empfahl das IKRK, sie als „Zivilinternierte"[57] einzustufen, denn sie waren ja nur interniert worden, um auf die eigentliche Vertreibung zu warten. Das IKRK wollte von den internierenden Staaten ermächtigt werden, alle notwendigen Hilfsmaßnahmen in den Lagern zu ergreifen, bis die Insassen ausgewiesen werden sollten. Obwohl aber das IKRK von keinem dieser Staaten die entsprechende Genehmigung erhielt, war immerhin die tschechoslowakische Regierung weniger widerspenstig als die anderen osteuropäischen Regierungen; sie erlaubte dem IKRK, in vielen Lagern Hilfe zu leisten.

Am 14. März 1946 richtete das Internationale Komitee ein Memorandum an die Prager Regierung. Während es zum Vertreibungs-Beschluß selbst nicht

Stellung nehmen konnte,[58] erinnerte das IKRK an seine Verpflichtung, nach besten Kräften dazu beizutragen, daß die Durchführung der Ausweisungen so human wie möglich vor sich gehe. Allgemein gesagt, vertrat das IKRK die Ansicht, daß es bei so wenig zufriedenstellenden Verhältnissen in den Lagern wichtig sei, der Internierung so rasch wie möglich ein Ende zu machen.

Zu den schlimmsten Lagern in der Tschechoslowakei der Nachkriegszeit gehörte das ehemalige KZ Theresienstadt. H. G. Adler, der als Jude dort inhaftiert gewesen war, schildert die Verhältnisse im Lager von 1946:[59]

„Bestimmt gab es unter ihnen welche, die sich während der Besetzungsjahre manches haben zuschulden kommen lassen, aber die Mehrzahl, darunter viele Kinder und Halbwüchsige, wurden bloß eingesperrt, weil sie Deutsche waren. Nur weil sie Deutsche waren . . .? Der Satz klingt erschreckend bekannt; man hatte bloß das Wort ‚Juden' mit ‚Deutsche' vertauscht. Die Fetzen, in die man die Deutschen hüllte, waren mit Hakenkreuzen beschmiert. Die Menschen wurden elend ernährt, mißhandelt, und es ist ihnen um nichts besser ergangen, als man es von deutschen Konzentrationslagern her gewohnt war. Der Unterschied bestand lediglich darin, daß der herzlosen Rache, die hier am Werke war, das von der SS zugrundegelegte großzügige Vernichtungssystem fehlte. Das Lager stand unter tschechischer Verwaltung, doch wurde von dieser nicht verhindert, daß Russen gefangene Frauen vergewaltigten. . ."

In Polen waren die Verhältnisse nicht besser. Aus einem vertraulichen Bericht von R. W. F. Bashford an das Foreign Office, der in Berlin im Sommer 1945 entstanden ist, geht hervor:[60]

„Konzentrationslager sind nicht aufgehoben, sondern von den neuen Besitzern übernommen worden. Meistens werden sie von polnischer Miliz geleitet. In Swientochlowice (Oberschlesien) müssen Gefangene, die nicht verhungern oder zu Tode geprügelt werden, Nacht für Nacht bis zum Hals in kaltem Wasser stehen, bis sie sterben. In Breslau gibt es Keller, aus denen Tag und Nacht die Schreie der Opfer dringen."

In einem ähnlichen Bericht vom 28. August 1945, der im amerikanischen Senat behandelt wurde, heißt es:[61]

„Im oberschlesischen Y. ist ein Aussiedlungslager eingerichtet worden, in dem zur Zeit tausend Menschen untergebracht sind. Ungefähr vierhundert von ihnen, Männer, Frauen und Kinder, stammen aus Dörfern der Umgebung. Ungefähr siebenhundert wurden als Zivilarbeiter nach B. gebracht und sind jetzt von der Gnade der Polen abhängig.

Viele von ihnen leiden an Hungersymptomen; es gibt Fälle von Tuberkulose und immer neue Typhusfälle . . . Zwei Leute, die schwer an Syphilis erkrankt waren, sind auf sehr einfache Weise behandelt worden; man hat sie erschossen und in flachen Gräbern beerdigt. Gestern wurde eine Frau aus K. erschossen und ein Kind verwundet.

. . . Man hätte wohl erwarten dürfen, daß nach Entdeckung der Scheußlichkeiten, die sich in den Konzentrationslagern der Nazis ereigneten, niemals etwas derartiges wieder geschehen würde; das aber scheint leider nicht so zu sein. Zuverlässige Augenzeugen sagen aus, daß in Y., in der Nähe von A., ein polnisches Konzentrationslager besteht, in dem deutsche Gefangene ebensolche Grausamkeiten erdulden. Ein Insasse, der die polnische Miliz gestört hatte, wurde furchtbar geprügelt und mußte den Rest der Nacht in einem Keller bis zum Hals in Wasser stehen . . . Abgesehen von diesem Lager gibt es zum Beispiel einen Gefangenenkeller der polnischen Miliz in B., wo die Gefangenen so schrecklich geschlagen werden, daß die Einwohner der Häuser in der Umgebung ausziehen wollen, weil sie die Schreie der Opfer nicht länger ertragen können."

Schlimme Ausschreitungen ereigneten sich auch im Lager Lamsdorf in Oberschlesien, wo die achttausendvierundsechzig Internierten buchstäblich dezimiert wurden durch Hunger, Krankheit, harte Arbeit und körperliche Mißhandlungen.[62] Der überlebende Lagerarzt Heinz Esser berichtete, daß sechstausendvierhundertachtundachtzig Internierte, darunter sechshundertachtundzwanzig Kinder, im Lager umgekommen sind.

Erst im Juni 1946 war es dem IKRK möglich, einen ständigen Delegierten nach Polen zu entsenden. Während der ersten Monate in Warschau hatte er große Schwierigkeiten, sein Recht auf Untersuchung des Problems der deutschen Minderheit durchzusetzen.[63] Trotz wiederholtem Ersuchen durfte der IKRK-Delegierte erst am 27. Juni 1947 ein Internierungslager besichtigen, und zwar Kalawsk.[64] Doch im Sommer 1947 waren die meisten Deutschen bereits vertrieben, viele Lager schon aufgehoben, darunter auch das berüchtigte Lamsdorf. Es blieben aber immer noch Internierungslager übrig, zu denen man das IKRK allerdings nicht zuließ.[65]

Über die Zustände in jugoslawischen Internierungslagern erhielt das IKRK private Appelle und Berichte, wonach die „Bedingungen für die Internierung im Hinblick auf Nahrung, Hygiene und Behandlung nicht zufriedenstellend" seien.[66] Das IKRK hatte aber kaum eine Möglichkeit, sich für Zivilinternierte einzusetzen, weil man die Forderung, eine verstärkte Delegation des IKRK in Jugoslawien zu genehmigen, abschlug, so daß sie sich auf die übliche Arbeit zugunsten der deutschen Kriegsgefangenen beschränken mußte.[67]

Die Anträge des IKRK, Zivilinternierungslager in Rumänien besichtigen zu dürfen, wurden seit März 1945 ständig abgewiesen.[68] In Ungarn durften im November 1945 und im Januar 1946 mehrere Lager besucht werden; die Eindrücke veranlaßten die Delegation des IKRK, die ungarische Regierung um Verbesserung der Verhältnisse zu ersuchen.[69]

Überlebende dieser Internierungslager haben nach ihrer Abschiebung in den Westen von monate-, ja jahrelangen Quälereien bei allmählichem Verhungern und schlechter Behandlung in Hunderten von Aussagen berichtet.

Die alliierten Behörden der britischen und der amerikanischen Besatzungszonen konnten mehreren Fällen nachgehen, darunter auch den Zuständen in dem berüchtigten Internierungslager Budweis in Südböhmen. Der stellvertre-

tende Leiter des Lagers in den Jahren 1945/46, Vaclav Hrnecek, floh später
nach Bayern, wo er von ehemaligen Lagerinsassen erkannt wurde. Man stellte
ihn vor ein amerikanisches Gericht der Alliierten Hochkommission für
Deutschland; Vorsitzender war der Richter Leo M. Goodman. Das Gericht
begründete sein Urteil – acht Jahre Freiheitsentzug – mit der bewiesenen
Tatsache, daß Budweis auf verbrecherische und grausame Weise geleitet worden und – wenn auch ohne Gaskammern und systematische Liquidation der
Menschen – ein Schreckensort gewesen war, wo Menschenleben und Menschenwürde nichts galten. Das Gericht wies dann hin auf die Unparteilichkeit
demokratischer Rechtsverfahren, die einen Mann wie Hrnecek bestrafen
müsse, wenn auch alle seine Opfer Deutsche gewesen waren – und zwar
schwer bestrafen, um vom Sadismus abzuschrecken.[70]

Beurteilung

Seit dem Prozeß gegen Hrnecek und dem Ende der Vertreibungen sind mehr
als zwei Jahrzehnte verflossen. Doch die westliche Welt außerhalb Deutschlands erinnert sich erstaunlich wenig an die Ereignisse. Im Laufe der Zeit hat
sich die Vorstellung von einer geordneten „Repatriierung" der Ostdeutschen
herausgebildet, besonders in den Vereinigten Staaten und in Frankreich. Vor
kurzem veröffentlichtes westdeutsches Material über die eindeutigen Unmenschlichkeiten, die sich während der Vertreibung ereigneten, sind von der
gesamten Ostblockpresse als „Provokationen" und „Geschichtsfälschungen"
abgetan worden.[71] Westdeutsche Wissenschaftler, die diese Epoche erfor-
schen, erhielten entsprechend das Etikett „Chauvinisten, Revanchisten, Irre-
dentisten", sogar „Neo-Nazis".[72] Es ist, als ob ein „Wahrheitsministerium"
Orwellscher Art die Geschichte dieser traurigen Zeit neu schriebe.

Im März 1977 sind die Ermittlungen der Staatsanwaltschaft in Hagen über
die 1945 bis 1946 verübten Greueltaten im ehemaligen polnischen Internierungslager Lamsdorf abgeschlossen worden. Nach fast zwölfjährigen Nachforschungen und Anhörungen von über hundert Zeugen richtete sich nun der
Mordvorwurf gegen sieben Polen und einen Deutschen, die vermutlich in
Polen wohnhaft sind. Als diese Nachricht bekannt wurde, rollte eine gewaltige
Protestwelle über ganz Polen. Marion Gräfin Dönhoff schrieb in der ZEIT:
„Jetzt sind in Polen wieder alle Schleusen der Agitation geöffnet."[73] In der
polnischen Parteizeitung *Trybuna Ludu* schrieb Ryszard Wojna über die
„antipolnischen Aktivitäten der westdeutschen Nationalisten und Revisioni-
sten" und wies den „provokatorischen Vorwurf" zurück. In einem Interview
mit dem Direktor der Hauptkommission zur Erforschung von Naziverbre-
chen in Polen, Professor Czeslaw Pilichowski, sagte dieser über Radio Warschau:[74] „Hier muß ganz deutlich und mit reinem Gewissen gesagt werden,
daß Polen die Aussiedlung von Deutschen aus den westlichen und nördlichen
Gebieten, eigentlich aus dem Gebiet ganz Polens, auf der Grundlage der

Beschlüsse des Potsdamer Vertrages vom 2. August 1945 durchgeführt hat, also auf der Grundlage des Völkerrechts und der Beschlüsse der Antihitler- und internationalen Koalition."

Dies ist die offizielle Auffassung im Ostblock, und polnische und tschechoslowakische Autoren, die sich mit diesem komplexen Themenkreis befassen, lenken zähe die ganze Aufmerksamkeit auf die Zustimmung der Alliierten und auf deren allgemeine Verantwortlichkeit. Sie versäumen aber stets zu erwähnen, daß sehr viele dieser „Umsiedlungen" tatsächlich ohne Zustimmung oder sogar im Gegensatz zu den Richtlinien der Westalliierten vorgenommen wurden.

So schrieb der verstorbene Professor Boleslaw Wiewiora in seiner vielgelesenen Abhandlung über die polnisch-deutsche Grenze:[75] „Die Aussiedlung der deutschen Bevölkerung aus den polnischen Nachkriegsterritorien war ein wesentlicher Bestandteil einer allgemeinen Regelung für die nationalen Minderheiten; die Alliierten haben sich gegen Ende des Zweiten Weltkriegs darauf geeinigt."

Das ist teilweise natürlich richtig, doch um diese Behauptung zu ergänzen, müßte man sich mit dem Zwiespalt befassen, der zwischen polnischen Wünschen und alliierter Zustimmung bestand, vor allem, was die Zahl der Auszuweisenden und den Zeitplan für die Umsiedlungen betraf. Es wäre ebenso notwendig, sich mit der Frage der Durchführung auseinanderzusetzen. Denn wenn man die Terminologie, die von politischer Zweckdienlichkeit diktiert wird, einmal fortläßt, handelt es sich schlicht um kriminelle Vertreibung.

Professor Ludwik Gelberg von der Polnischen Akademie der Wissenschaften hat in ähnlicher Weise die Vertreibung der Deutschen dadurch zu rechtfertigen versucht, daß er sich auf den alliierten Beschluß in Artikel XIII des Potsdamer Protokolls beruft.[76] Wie Wiewiora erwähnt auch er nicht, daß die westlichen Alliierten eine Zahl von Auszuweisenden im Auge hatten, die um mehrere Millionen *niedriger* war als die der dann tatsächlich Vertriebenen.[77] Er hat auch nicht erklärt, warum die polnische Regierung damals den von den Alliierten in Artikel XIII geforderten Aufschub der Ausweisungen nicht beachtete.

Der verstorbene Freiherr von Braun, Direktor des Göttinger Arbeitskreises hat in mehreren Schriften auf die Millionen von Todesfällen während der Vertreibung und auf die Tatsache hingewiesen, daß es sich „in erster Linie um Frauen, Kinder und alte Leute" handelte.[78] In einer Antwortschrift an Herrn von Braun umging Professor Gelberg das Thema der Verantwortung für den Tod Unschuldiger und zog es vor, die Ausrottung der Juden durch die Nazis zu erwähnen.[79] Die fürchterlichen Verbrechen der Nazis sind aller Welt bekannt. Doch war Rache an unschuldigen Frauen und Kindern jemals rechtens?[80] Die harte *lex talionis* ist von zivilisierten Völkern seit langem aufgegeben worden.[81]

Gleichzeitig hat man den Versuch unternommen, alle Verluste an Menschenleben, die während der Vertreibung eintraten, auf den Krieg selbst zu schieben. Das ist auch die These des Buches *Truth or Conjecture? German Civilian War Losses at the East.* (Wahrheit oder Vermutungen? Deutsche Kriegsverluste an Zivilisten im Osten), 1966 veröffentlicht von der Polnischen West-Presseagentur in Warschau. Das Buch versucht – wie es auch manche Verteidiger der Nationalsozialisten im Hinblick auf die Judenermordungen[82] getan haben – die Dinge zu verschleiern, die statistischen Methoden und die Integrität der Statistiker in Zweifel zu ziehen, jeder Auseinandersetzung über die Verfahren der Vertreibung aus dem Wege zu gehen und die Zahl der Opfer so lange zu drehen und zu wenden, bis der Eindruck entsteht, „es war gar nicht so schlimm". Die polnische Regierung hat allerdings nicht das ausgeklügelte System der KZs eingeführt, das die nazistische Ausrottungsmethode kennzeichnet. Trotzdem ist es unbestreitbar, daß in polnischen Internierungslagern Zehntausende deutscher Zivilisten umgekommen sind, während sie auf ihre „Umsiedlung" nach Deutschland warteten. Wie vorherzusehen, erwähnt *Truth or Conjecture* weder Lamsdorf noch andere einzelne Internierungslager.

Über das, was im Sudetenland und in der Tschechoslowakei allgemein vor sich ging, bringen Eduard Beneschs *Erinnerungen* nur ein sehr unvollständiges Bild. Zwar bekennt er sich zum Grundsatz der geregelten Ausweisung – „Die Umsiedlungen konnten genau kontrolliert und koordiniert und unter angemessenen und humanen Bedingungen durchgeführt werden"[83] – aber er läßt nicht durchblicken, daß solche idealen Umsiedlungsverhältnisse die Ausnahme und nicht die Regel bildeten. Er bedauert nur kurz, daß „unsere subalternen Behörden einige sehr wenige Ausschreitungen begingen, die des Landes von Masaryk nicht würdig waren".[84] Immerhin forderten diese Ausschreitungen zweihundertvierzigtausend Opfer.[85]

In seinem Buch *The Transfer of the Sudeten Germans* räumt Professor Radomir Luza ein, daß „Übergriffe, Prügeln und Morde zwischen Mai und Juli 1945" vorkamen,[86] gibt aber eine sehr niedrige Zahl von Opfern an. Im Gegensatz zu Benesch erwähnt er die Ausschreitungen von Brünn[87] und Aussig[88] und fügt hinzu, daß im Sommer 1945 „die Evakuierungen sehr oft unter außerordentlich harten Bedingungen durchgeführt wurden, da die Deutschen in Zügen transportiert oder gezwungen wurden, bis zur Grenze zu marschieren. Oft wurden sie nur wenige Stunden vor ihrem Abtransport benachrichtigt."[89] Er erwähnt auch, daß „eine Welle von Selbstmorden unter den Deutschen diese Anfangsphase der Umsiedlungen begleitete."[90] In der Hauptsache befaßt er sich aber mit den organisierten Transporten der Jahre 1946/47. Trotzdem scheint uns jedoch seine Schlußbemerkung, die Umsiedlungen seien „im großen und ganzen in angemessener, humaner Weise" durchgeführt worden,[91] nicht haltbar.

Die Walter-Kommission, die dem Repräsentantenhaus der Vereinigten Staaten über die Vertreibungen der Deutschen zu berichten hatte, sagt über das

Schicksal der Sudetendeutschen:[92] „Ungefähr eine Viertel Million Sudetendeutscher wurde auf unmenschliche Weise durch selbständige Aktionen von
‚Partisanen' aus den Grenzgebieten nach Deutschland getrieben. Die übrigen,
etwa zweieinhalb Millionen, wurden Ende 1945 und 1946 nach Deutschland
geschickt, und zwar durch eine organisierte Umsiedlung, die von der tschechoslowakischen Regierung durchgeführt wurde. *Die Verhältnisse waren so,
daß keine dieser Unternehmungen als human und geregelt bezeichnet werden
kann.* Sudetendeutsche, die sich 1938 loyal gegen die Tschechoslowakei verhalten und deshalb unter dem Naziregime gelitten hatten, wurden zum größten Teil ebenfalls von der Vertreibung betroffen." (Kursive vom Verfasser)

Es war eine „Tragödie ungeheueren Ausmaßes", wie Churchill es sagte, die
sich in Ostmitteleuropa nach dem Kriege abspielte, eine Schande, für die es
keine Rechtfertigung gibt. Wenn sich polnische und tschechoslowakische
Wissenschaftler auf Artikel XIII des Potsdamer Protokolls zur Legalisierung
der Vertreibung berufen, so muß ihnen heute grundsätzlich das Recht, sich
darauf zu stützen, abgesprochen werden, da die damaligen Regierungen Polens
und der Tschechoslowakei fortdauernd – vor allem in der kritischen Zeit
unmittelbar nach Potsdam – gegen Geist und Buchstaben dieses Artikels
verstoßen haben.

Es mag dahingestellt bleiben, ob die Umsiedlung einer Bevölkerung, wenn
sie international beaufsichtigt, graduell und „in geregelter und humaner
Weise" durchgeführt wird, mit den allgemein anerkannten Völkerrechtsnor-
men vereinbar ist. Doch eine Aussiedlung von Menschen, die von Ausschreitungen und Unmenschlichkeiten begleitet wird wie die Vertreibung der Deutschen aus Ostmitteleuropa, stellt in jedem Fall eine ernste Verletzung des
positiven Völkerrechts dar – ein „Verbrechen gegen die Menschlichkeit".[93]
Man mag über die Möglichkeiten streiten, in der Umsiedlung ein Mittel zur
Durchsetzung legitimer Zwecke zu sehen – wenn es etwa darum geht, einen
Friedensschluß mit größerer Aussicht auf Dauer zu erreichen. Aber wenn
solche Umsiedlungen über zwei Millionen Zivilisten das Leben kostet, dann
verurteilt die Rechtswidrigkeit der Mittel unvermeidlich den Zweck.[94]

Wenn damit in erster Linie natürlich ein Urteil über die Personen ausgesprochen ist, die in der Sowjetunion, Polen, der Tschechoslowakei, Jugoslawien,
Ungarn und Rumänien die Vertreibungen veranlaßten und durchführten,
bleibt es dennoch für einen heutigen Amerikaner eine beschämende Tatsache,
daß die Westalliierten den „Aussiedlungen", wenn auch mit Vorbehalten,
zustimmten und so für Not, Elend und Tod von Millionen Menschen mitverantwortlich wurden. Die Frage nach der Verantwortung der Westalliierten für
die Vertreibung der Deutschen ist damals bereits von manchen Personen
gestellt und in ihrer Bedeutung erkannt worden. Vielleicht hat niemand besser
als Robert Murphy die Problematik dargestellt, die sich für Amerika daraus
ergab, daß es in den Krieg gezogen war, um den Verbrechen des nationalsozialistischen Terrorregimes ein Ende zu bereiten, und sich nun selbst in Verbre-

chen gegen die Menschlichkeit verstrickt sah. In einem Memorandum vom
12. Oktober 1945 an das State Department schrieb Murphy in bewegenden
und eindringlichen Worten:[95]

„Unser Wissen, daß sie Opfer harter politischer Beschlüsse sind, die mit
äußerster Rücksichtslosigkeit und Mißachtung der Menschlichkeit durchgeführt werden, mildert die Wirkung nicht. Die Erinnerung an andere Massendeportationen stellt sich ein, von denen die Welt entsetzt war und die den
Nazis den Haß eintrugen, den sie verdienten. Diese Massendeportationen, die
von den Nazis inszeniert wurden, haben zu unserer moralischen Empörung
beigetragen, in der wir den Krieg wagten und die unserer Sache Kraft verlieh.

Nun ist die Sache umgekehrt. Wir finden uns in der scheußlichen Lage,
Partner in diesem deutschen Unternehmen zu sein und als Partner unweigerlich die Verantwortung mitzutragen. Die Vereinigten Staaten kontrollieren
allerdings nicht unmittelbar die Ostgebiete Deutschlands, durch welche diese
hilflosen und ausgeraubten Menschen ziehen, nachdem man sie aus ihrem
Heim gewiesen hat. Die unmittelbare Verantwortung liegt bei der polnischen
provisorischen Regierung und in geringerem Maß bei der tschechischen . . .

In Potsdam kamen die drei Regierungen überein, daß die Umsiedlungen in
geregelter und humaner Weise durchgeführt und daß Polen und die Tschechoslowakei aufgefordert werden sollten, vorübergehend die Ausweisung von
Deutschen einzustellen. Trotz offizieller Beteuerungen spricht doch alles dafür, daß man die beiden Punkte nicht beachtet hat, vor allem Polen nicht . . .

Wenn die Vereinigten Staaten auch vielleicht keine Mittel haben, einen
grausamen, unmenschlichen und immer noch fortgesetzten Prozeß aufzuhalten, so scheint es doch, daß unsere Regierung unsere in Potsdam klar dargeleg-
te Einstellung unmißverständlich wiederholen könnte und müßte. Es wäre
sehr bedauerlich, wenn es einmal heißen sollte, daß wir ein *particeps* von
Methoden gewesen seien, die wir bei anderen Gelegenheiten oft verdammt
haben."

Dem ist nichts hinzuzufügen.

Siebentes Kapitel

Vom Morgenthau-Plan zum Marshall-Plan

Durch die Potsdamer Vereinbarung wurde die Regierung der Vereinigten Staaten unbeabsichtigt zum Mitverantwortlichen für den massenhaften Hungertod, besonders in Deutschland – gegen das geltende humanitäre Prinzip des Völkerrechts, wonach immer dem Sieger die Verantwortung zufällt, nach besten Kräften die unschuldigen Opfer der besiegten Bevölkerung zu schützen.

Hon. Charles W. Vursell (Anhang zu Congressional Record, 1. 2. 1946, S. A-397)

Der Morgenthau-Plan und JCS/1067

Man hat gesagt, der Morgenthau-Plan sei eine – gegen Deutschland gerichtete – Wiederholung des großen Fehlers, den man bei der politischen Neuordnung nach dem amerikanischen Bürgerkrieg beging. Der Vergleich ist nicht abwegig. Präsident Lincolns Vorsatz „Groll gegen niemanden, Milde für alle"[1] wurde durch das uralte *vae victis* der Nordstaaten-Radikalen ersetzt, die den Süden so behandeln wollten, daß er niemals wieder auf die Beine käme. Ähnlich hat man nach dem Zweiten Weltkrieg das humanitäre Ideal der Atlantik-Charta einem schlecht durchdachten Plan geopfert, der auf die Vernichtung des deutschen Industriepotentials hinauslief und Deutschland zu einem Ackerland machen wollte.[1a] Der Plan basierte auf einem Memorandum, das Finanzminister Henry Morgenthau jr. für die Konferenz von Quebec, 11.–16. September 1944, ausgearbeitet hatte; an der Konferenz nahmen außer Präsident Roosevelt der britische und der kanadische Premierminister, Churchill und MacKenzie King, teil.[2]

Wenn auch der Morgenthau-Plan von den westlichen Alliierten nicht übernommen wurde, tauchte doch viel von ihm in JCS/1067[3] auf und spielte in dieser Form eine wichtige Rolle für die Gestaltung der amerikanischen und britischen Besatzungspolitik in den ersten Monaten und Jahren nach der deutschen Kapitulation, als man eine gründliche industrielle Demontage Deutschlands vornahm.[4]

JCS/1067 war eine Weisung der Joint Chiefs of Staff an den Oberbefehlshaber der US-Besatzungstruppen, General Dwight D. Eisenhower. Sie wurde am 1. April 1945 ausgegeben und instruierte Eisenhower:[5] „Sie werden nichts unternehmen, was den notwendigen Lebensstandard in Deutschland auf eine höhere Stufe heben könnte, als sie in den benachbarten Nationen vorhanden ist, und Sie werden geeignete Maßnahmen ergreifen, um dafür zu sorgen, daß der grundlegende Lebensstandard des deutschen Volkes nicht höher ist als der in der benachbarten Nation . . ."

Aus vielen Gründen war diese Weisung unangebracht hart. Einmal, weil Deutschland immer einen höheren Lebensstandard als die meisten seiner Nachbarn gehabt hatte, da es das am weitesten industrialisierte Land in Europa war. Deshalb schien der Versuch, seinen Lebensstandard auf den von Polen oder Jugoslawien zurückzuschrauben, so unsinnig, wie es der Vorschlag gewesen wäre, den Lebensstandard der Vereinigten Staaten an den von Mexiko oder Guatemala anzupassen. Die Weisung JCS/1067 war also in diesem Sinne eine Strafmaßnahme, die den wirtschaftlichen Rückschritt in Deutschland befördern und die Wiederherstellung des *status quo ante* verhindern sollte.[6] Während diese Direktive die amerikanischen Behörden anwies, darüber zu wachen, daß sich der deutsche Lebensstandard nicht über den seiner Nachbarn hob, versäumte sie jedoch, einen Mechanismus zu entwerfen, nach dem der Lebensstandard der verschiedenen in Betracht kommenden Länder zu messen und zu vergleichen gewesen wäre. Deshalb nahmen die alliierten Befehlshaber im besetzten Deutschland schlicht an, daß der Lebensstandard in den anderen europäischen Ländern immer noch niedriger als der deutsche sei, und verhinderten private Initiativen, die viele Deutsche, vor allem die verelendeten Vertriebenen, von Hungertod und Krankheit hätten retten können.[7]

Diese schlecht durchdachte Weisung tauchte zusammen mit anderen Verirrungen des Morgenthau-„Plans" in der westlichen Argumentation bei der Potsdamer Konferenz wieder auf, die die Zukunft der deutschen Wirtschaft mit gestalten sollte. Punkt 12 von Artikel III des Potsdamer Abkommens sah vor:[8] „So frühzeitig wie nur möglich soll die deutsche Wirtschaft dezentralisiert werden, damit die gegenwärtige überstarke Konzentration wirtschaftlicher Macht, wie sie sich in Kartellen, Syndikaten, Trusts und anderen monopolistischen Zusammenschlüssen niedergeschlagen hat, beendet wird."[8] Punkt 13 formulierte den Gedanken, Deutschland in einen Agrarstaat umzuwandeln. „Bei der Organisierung der deutschen Wirtschaft soll vor allem die Entwicklung der Landwirtschaft und friedlichen Heimarbeit gefördert werden."[9] Punkt 15 faßte noch einmal den Grundgedanken in Worte, Deutschlands Lebensstandard niedrig zu halten. Die Alliierten sollten darüber wachen, „daß Produktion und Erhaltung der Werte und Einrichtungen gesichert werden . . . die lebenswichtig sind, um einen durchschnittlichen Lebensstandard in Deutschland aufrechtzuerhalten, der den durchschnittlichen Lebensstandard europäischer Länder nicht übersteigt."[10]

Dieser Punkt 15 wurde dann so strikt befolgt, daß die Besatzungsbehörden in allen vier Zonen mehrmals die dringenden Bitten des Internationalen Roten Kreuzes zugunsten der hungernden deutschen Bevölkerung abschlugen und die Lieferung von Nahrungsmitteln und Medizin um viele Monate verzöger-

ten. Als erste gestattete die britische Zone im Oktober 1945[11] dem Roten
Kreuz, Hilfslieferungen zu schicken, dann folgten die Franzosen im Dezember
des Jahres. Doch die amerikanische und die sowjetische Zone wiesen im sehr
strengen Winter 1945/46 alle Spenden zurück. US-Militärbehörden rieten den
Delegierten des Internationalen Roten Kreuzes in Berlin, alle verfügbaren
Hilfslieferungen in andere bedürftige Gebiete Europas zu schicken, obwohl
umfangreiche irische und schweizerische Spenden ausdrücklich für Deutschland bestimmt waren.[12] Diese Entscheidung wirkte sich bei den Heimatvertriebenen besonders verheerend aus, „deren Lage viel prekärer war als die der
übrigen Bevölkerung".[13] Schließlich konnten ab März 1946 Spenden in die
amerikanische, ab April auch in die sowjetische Zone geliefert werden.[14] Doch
Zehntausende von Deutschen waren inzwischen verhungert, und viele mußten
noch sterben, ehe die Spendenvorräte des Internationalen Roten Kreuzes sie
erreichen konnten.

In einem Brief vom 14. Dezember 1945 an Präsident Truman hatte Senator
Hawkes dringend die Wiederaufnahme des Postdienstes in Deutschland und
die offizielle Genehmigung von privaten Hilfsmaßnahmen empfohlen. Präsident Trumans Antwort vom 21. Dezember 1945 klingt wie ein Echo des
Morgenthau-Plans:[15] „Wenn wir auch nicht wünschen, ungebührlich grausam
gegen Deutschland zu verfahren, kann ich doch nicht viel Sympathie für die
Leute aufbringen, die den Tod so vieler Menschen verursacht haben... Bevor
nicht das Unglück jener, die von Deutschland bedrückt und gequält wurden,
vergessen ist, scheint es nicht richtig, unsere Bemühungen den Deutschen
zugutekommen zu lassen. Ich gebe zu, daß es natürlich viele Unschuldige in
Deutschland gibt, die mit dem Naziterror wenig zu tun hatten. Aber die
administrative Last, diese Leute herauszufinden, um sie anders als die übrigen
zu behandeln, ist fast untragbar."

Wenn also nach Präsident Trumans Auffassung die amerikanische Politik
gegen Deutschland nicht „ungebührlich grausam" sein sollte, so doch wenigstens ein bißchen grausam. Das aber war Morgenthauismus, obwohl man sich
irrt, wenn man annimmt, Präsident Truman hätte sich in irgendeiner Weise
verpflichtet gefühlt, dem Plan des so offenherzigen Finanzministers zu folgen.[16] Tatsächlich hatte Truman niemals die Ausflüge des Finanzministers in
die Außenpolitik während der Roosevelt-Verwaltung gebilligt, und nach Roosevelts Tod machte er es sehr deutlich, daß ihm Morgenthaus dilettantisches
Eingreifen nicht willkommen sei. Das führte denn auch zu Morgenthaus
Rücktritt; als er hörte, daß ihn Präsident Truman nicht zur Potsdamer Konferenz hinzuziehen wollte, reichte er sein Rücktrittsgesuch ein. Truman nahm es
unverzüglich an.[17]

Minister Morgenthaus Abschied begrub allerdings nicht den Morgenthau-
Plan.[18] Wie schon erwähnt, knüpften viele der in Potsdam festgelegten Prinzi-
pien der Besatzungspolitik an Morgenthaus Vorschläge an, besonders das
Programm der Dezentralisierung. Aus diesem Grund hielten sich auch viele

Kritiker der Regierung an das Etikett „Morgenthau-Plan", wenn sie diese Art des modernen karthagischen Friedens meinten, der schließlich Deutschland auferlegt wurde. Ein Jahr, nachdem der Morgenthau-Plan offiziell ad acta gelegt worden war, griff zum Beispiel Senator Shipstead im Senat die Besatzungspolitik der Vereinigten Staaten an und verurteilte mit ätzenden Worten „Amerikas ewiges Schanddenkmal, den Morgenthau-Plan für die Vernichtung der deutschsprechenden Menschen".[19]

Und wenn auch manche der schlimmsten Punkte des Morgenthau-Plans beiseite geschoben wurden, war die Potsdamer Regelung schließlich teilweise sogar noch härter. So war Morgenthau davon ausgegangen, daß Polen „den Teil Ostpreußens, der nicht an die UdSSR geht, und den südlichen Teil Schlesiens"[20] erhalten solle; es war keine Rede davon, Polen – nicht einmal zur „provisorischen Verwaltung" – irgendeinen Teil der Provinzen Pommern und Brandenburg oder den nördlichen Teil Schlesiens zu überlassen. Die Flüsse Oder und Neiße wurden in dem Plan niemals als Westgrenzen Polens genannt.[21]

Doch trotz solcher einzelner Abweichungen hatten Morgenthau-Plan und Potsdamer Protokoll einen entscheidenden gemeinsamen Hintergrund: Im Mittelpunkt der Zukunftsvorstellungen stand die paradoxe Politik, aus Deutschland ein Agrarland zu machen, während man ihm zu gleicher Zeit seine wertvollsten Agrargebiete raubte und die Einheimischen in den übervölkerten Rumpf verbannte, der nach den Niederlanden[22] und Belgien[23] die größte Bevölkerungsdichte in Europa aufwies.[24] Selbst das Deutschland vor dem Ersten Weltkrieg,[25] das um fast 60 Prozent größer als der Torso von 1945 war, hatte sich nur zu 80 Prozent mit landwirtschaftlichen Erzeugnissen selbst versorgen können.[26] 1922, nach dem Verlust von mehr als 3 Millionen Hektar Agrarland (Posen, der Korridor, Nordschleswig, Elsaß-Lothringen, Eupen-Malmedy und ein Teil Oberschlesiens) durch den Versailler Vertrag, waren es noch 75 Prozent des Bedarfs, den Deutschland selbst erzeugen konnte.[27] Das Ende des Zweiten Weltkriegs brachte einen weiteren Verlust von reichlich 4,3 Millionen Hektar Agrarland, so daß Deutschland nur noch 61 Prozent seines Nahrungsbedarfs produzieren konnte.[28] Wie also sollte es jemals zu einem Agrarstaat werden, den sowohl der Morgenthau-Plan wie auch Punkt 13 von Artikel III des Potsdamer Protokolls anvisierten? Jedem Amateur-Nationalökonom mußte es einleuchten, daß Restdeutschland sich nicht selbst ernähren, geschweige denn Nahrungsmittel exportieren konnte. Andererseits mußte natürlich exportiert werden, damit wenigstens ein Mindestmaß an Nahrungsmitteln für die eigene Bevölkerung eingekauft werden konnte. Aber was konnte Deutschland exportieren? Ähnlich wie in Großbritannien war Kohle der einzige Bodenschatz von Bedeutung, hatte bisher aber den eigenen Bedarf gedeckt; selbst wenn ein Überschuß an Kohle ausgeführt werden konnte, hätte er nicht die notwendige Einfuhr aufwiegen können. Mitteleuropas Wirtschaftssituation brachte es mit sich, daß Deutschland nur als industrieller

Produzent überleben, sonst aber verhungern mußte.[29] Die Alliierten selbst hatten, als sie ihm ein Viertel des kultivierbaren Bodens entrissen, unabsichtlich eine Lage geschaffen, in der Deutschlands Existenz noch stärker als vor dem Krieg von der Industrialisierung abhing.[30]

Doch wenn man auch öfters auf Anzeichen des Morgenthau-Syndroms stieß, die man vorübergehender Gehässigkeit und Rachsucht nach diesem Kriege zuschreiben kann, billigte die anglo-amerikanische Öffentlichkeit nicht, daß man Deutschland auf die Dauer zum Verhungern verurteilte.

Entscheidend für das allmähliche Abrücken vom Morgenthau-Plan war aber die Besorgnis, Deutschland könne, als Elendsgebiet Europas von sozialen Unruhen geschüttelt, ins kommunistische Lager getrieben werden – wonach das übrige Europa folgen mochte. Die Entwicklung in Mittel- und Osteuropa hatte bereits eine verhängnisvolle Wendung genommen. Die Antikommunisten in Polen waren aus der Regierung entfernt worden, nur wenige hatten sich in Sicherheit bringen können. Die gleiche undemokratische Entwicklung bahnte sich in Rumänien, Ungarn, der Tschechoslowakei an. Frankreichs und Italiens kommunistische Parteien verdoppelten ihre Aktivität und führten mehrere Generalstreiks durch: Europa schien reif für die kommunistische Machtübernahme. Vielleicht führte das Gespenst eines kommunistischen Europas schließlich mehr als humanitäre Überlegungen die westlichen Mächte zu einer gründlichen Änderung ihrer Besatzungspolitik in Deutschland. Damit war der Weg zur Erfüllung der Versprechungen aus Punkt vier der Atlantik-Charta frei: Hier wurde eine vernünftige Politik entworfen, die auch beim Wiederaufbau einer demokratischen und friedliebenden deutschen Nation angewandt werden konnte. Wie Briten und Amerikaner 1941 versprochen hatten,[31] „werden sie danach streben, unter voller Berücksichtigung der bestehenden Verpflichtungen, daß alle Staaten, ob groß, ob klein, Sieger und Besiegte, unter gleichen Bedingungen Zugang zum Handel und zu den Rohstoffen der Welt haben, die für ihr wirtschaftliches Gedeihen unentbehrlich sind."

Die Geburt des Marshall-Plans

a) Die wirtschaftliche Lage in Europa

Als das Moskauer Treffen des Außenminister-Rates im März 1947 scheiterte, waren die Westmächte davon überzeugt, daß es dringend notwendig sei, unabhängig von der Sowjetunion einen neuen Kurs zu steuern. Europa stand der völlige wirtschaftliche Zerfall bevor; George W. Kennan bemerkte:[32] „Es war eindeutig, daß die Sowjetführer am Versagen der westeuropäischen Wirtschaft unter nichtkommunistischem Vorzeichen ein politisches Interesse hatten." In diesem kritischen Augenblick der europäischen Geschichte waren die Vereinigten Staaten als einziges Land der Welt imstande, der kranken europäischen Wirtschaft auf die Beine zu helfen. Und gerade das schlug der neue amerikanische Außenminister vor.

General George C. Marshall war ein fähiger militärischer Stratege im Zweiten Weltkrieg gewesen und erwies sich nun als noch besserer Staatsmann. Außenminister unter Präsident Truman (1947–49), arbeitete er eng mit George F. Kennan zusammen, um die „Eindämmungs"-Politik und die Truman-Doktrin durchzusetzen. Ein wichtiges Element dieser Politik bildete das Europäische Wiederaufbau-Programm, besser bekannt als „Marshall-Plan"; er wurde als Echo auf Minister Marshalls berühmte Rede in Harvard vom 7. Juni 1947 entwickelt. Der Plan entsprach nicht nur der besten amerikanischen Tradition, den Bedürftigen zu helfen – er stellte außerdem intelligente Politik dar. Es ist interessant, daß Marshalls ursprünglicher Plan beide Seiten des Eisernen Vorhangs im Auge hatte. Die Länder der sowjetischen Einflußsphäre sollten ebenso von der amerikanischen Hilfe profitieren wie die westlichen Demokratien. Natürlich wären die Staaten, denen die Hilfe zugutekam, in eine gewisse Abhängigkeit von ihren Wohltätern geraten, und es ist verständlich, wenn die Sowjetunion keineswegs von dem Gedanken begeistert war, ihre Satelliten mit irgendeiner anderen Macht enger verknüpft zu sehen. Sie unternahm also Schritte, um zu verhindern, daß sich irgendeines der osteuropäischen Länder an einer „imperialistischen Machenschaft" beteiligte. Nur die Tschechoslowakei antwortete zustimmend auf die Einladung der Außenminister Bevin und Bidault, an der Pariser Konferenz von 1947 teilzunehmen, bei der ein gemeinsamer Wiederaufbauplan für Europa erörtert werden sollte. Doch nach einem Besuch, den Ministerpräsident Klement Gottwald und Außenminister Jan Masaryk in Moskau abstatteten, zog die Tschechoslowakei ihre Zusage zurück.[33]

Die Sowjetunion konkurrierte ferner mit dem Marshall-Plan durch ein Wiederaufbauprogramm für die osteuropäischen Länder, den sogenannten „Molotow-Plan". Die Kominform, die ihr Hauptquartier in Belgrad hatte, koordinierte Handelsabkommen innerhalb der sowjetischen Sphäre und lenkte ein beträchtliches Handelsvolumen, das sonst nach Westeuropa geflossen war, in den Osten. Im Oktober 1947 drängte die Kominform die Kommunisten in den verschiedenen Ländern, den Marshall-Plan als ein Instrument zur „Weltherrschaft des amerikanischen Imperialismus" zu bekämpfen.[34] Der Marshall-Plan setzte sich dennoch durch. Am 12. Juli 1947 trafen sich Vertreter von Belgien, Dänemark, Frankreich, Griechenland, Irland, Island, Luxemburg, den Niederlanden, Norwegen, Österreich, Portugal, Schweden, der Schweiz, der Türkei und des Vereinigten Königreichs in Paris, um gemeinsame wirtschaftliche Probleme zu besprechen. Das besetzte Deutschland, das sich in der weitaus schlimmsten Lage befand, nahm an dieser ersten Konferenz nicht teil, aber immerhin waren alle drei westlichen Besatzungsmächte von Anfang an die führenden Kräfte bei der Durchführung des Programms.

Obwohl die Alliierten von 1945–47 ihre harten Friedensbedingungen in Deutschland in die Tat umgesetzt hatten, erkannten Wirtschaftsexperten schon bald, daß sich Westeuropa nur erholen konnte, wenn die wichtigsten

Industrieländer, und darunter auch Deutschland, zu einer gesunden Wirtschaft zurückfanden.[35] Wie General Lucius Clay feststellte, „war es klar, daß sich Westeuropa nicht erholen konnte, wenn in Deutschland ein wirtschaftliches Vakuum herrschte".[36]

b) Die wirtschaftliche Lage in Deutschland
Der Zustand der deutschen Wirtschaft war so schlimm, wie er nur sein konnte. Ihre industrielle Produktion erreichte nur 27 Prozent des Vorkriegsvolumens.[37] Dieser alarmierende Rückgang lag zum Teil an der gründlichen Demontage der deutschen Industrie, wie sie der Potsdamer Politik der „Reparationen durch Sachleistungen" entsprach, sie lag aber auch an der Verwüstung durch den Krieg, an der Spaltung des alten Wirtschaftsgefüges durch die Aufteilung in Zonen, schließlich aber auch an mangelnden Arbeitskräften, denn Millionen waren noch in Kriegsgefangenschaft, und die Menschen in Deutschland waren durch Unterernährung und Krankheiten in ihrer Arbeitsleistung deutlich beeinträchtigt.[38]

Der Abtransport von Fabriken und Betriebsanlagen über das hinaus, was anderswo sinnvoll genutzt werden konnte, war eine der ersten Maßnahmen im Sinne Morgenthaus, die auf heftige Kritik einflußreicher Leute in den Vereinigten Staaten und in Großbritannien stießen. Demontierte deutsche Fabriken rosteten überall in russischen und polnischen Speichern vor sich hin, sogar auch in Frankreich. Damit wurde aber nicht nur die deutsche, sondern die gesamte europäische Produktion getroffen und der Wiederaufbau des Kontinents verhindert.[39]

Da die meisten industriellen Demontagen der Sowjetunion zufielen, wurde das Problem durch die westlichen Besatzungszonen gelöst, die im Frühjahr 1946 mit dem Abtransport Schluß machten. General Clay erklärte den aufgebrachten Russen seinen Entschluß mit den Punkten 14 und 15 aus Artikel III des Potsdamer Protokolls; danach sollten nämlich die deutschen Betriebsmittel während der Viermächte-Besatzung gleichmäßig auf die verschiedenen Zonen verteilt werden, um eine ausgewogene Wirtschaft für ganz Deutschland zu ermöglichen und den Bedarf an Einfuhren zu senken.[40] Da die Sowjetunion die Ressourcen aus ihrer Besatzungszone nicht mit denen der anderen Zonen zusammenwarf, sondern ein Höchstmaß an Reparationen aus ihrer Zone zog, ohne den anderen darüber Rechenschaft zu geben, wurde die Demontage zugunsten der Russen im Westen eingestellt.

Die wirtschaftliche Aufspaltung, die durch die Einteilung in Zonen verursacht worden war, beeinträchtigte weiterhin den Wiederaufbau. Die Sowjetzone richtete sich mehr und mehr nach Osten aus, die französische stagnierte, zum Teil, weil Frankreich nicht bereit war, an irgendeinem Programm für ganz Deutschland teilzunehmen, ehe nicht die Saarfrage[41] in seinem Sinne gelöst worden war, aber auch, weil Frankreich Deutschlands Stärke fürchtete.

Doch der Wiederaufbau Westeuropas konnte nicht auf die Vereinigung von ganz Deutschland warten. Noch vor Marshalls Ansprache in Harvard hatten sich die amerikanische und die britische Zone zu gemeinsamem wirtschaftlichen Vorgehen zusammengeschlossen.[42] Diese sozusagen bizonale Besatzung konnte erst am 8. April 1949[43] auch die französische Zone einbeziehen, an dem Tag, an dem das Besatzungsstatut in Kraft trat.[44] Die Gründung der Bundesrepublik Deutschland folgte am 24. Mai 1949.[45]

Millionen Dollar aus dem Fonds des Marshall-Plans wurden in die junge Bundesrepublik gepumpt; die rasche Erholung ihrer Wirtschaft überstieg bei weitem die Hoffnungen der amerikanischen Regierung, die tatsächlich nur einen verhältnismäßig geringen Anteil des Fonds für das deutsche Wiederaufbau-Programm zur Verfügung gestellt hatte.

Vom 3. April 1948 bis zum 30. Juni 1952 erhielten das Vereinigte Königreich aus dem Marshall-Fonds 3 176 Millionen Dollar, Frankreich 2 706 Millionen, Italien 1 474 Millionen und Westdeutschland nur 1 389 Millionen.[46] Doch die stärkste Wirkung zeigte sich in Deutschland:[47] „Die Ergebnisse waren überwältigend, von keinem anderen europäischen Land erreicht, obwohl Deutschland nur einen verhältnismäßig kleinen Teil der Mittel aus dem Marshall-Plan erhielt. Europa bekam insgesamt 20 Milliarden Dollar von den Vereinigten Staaten; im Jahre 1954 beliefen sich die Pro-Kopf-Beträge auf 39 Dollar für Deutschland, dagegen 72 Dollar für Frankreich, 77 für England, 33 für Italien und 104 für Österreich. Aber in Deutschland kam die Hilfe genau zum richtigen Zeitpunkt, als sich das Bedürfnis nach physischem und psychischem Wiederaufbau bis zum Siedepunkt erhitzt hatte."

Der aufsehenerregende Erfolg des Marshall-Plans in Deutschland hat materiell zum Erfolg des Plans im übrigen Europa beigetragen und zweifellos mit dazu geführt, daß die Bundesrepublik Deutschland schon bald volle Souveränität erhielt – am 5. 5. 1955.

In einem „Abkommen zwischen der Bundesrepublik Deutschland und den Vereinigten Staaten von Amerika über die Regelung der Ansprüche der Vereinigten Staaten von Amerika aus der Deutschland geleisteten Nachkriegs-Wirtschaftshilfe"[48] vom 27. Februar 1953 erklärte sich die Bundesrepublik einverstanden, eine Milliarde Dollar aus dem Fonds des Marshall-Plans binnen dreißig Jahren an die Vereinigten Staaten zurückzuzahlen. Dankbar für die hilfreiche Hand zu einer Zeit, als es ums pure Überleben ging, hat die Bundesrepublik bereits den vollen Betrag zurückgezahlt.

Die Rolle der Vertriebenen für das deutsche „Wirtschaftswunder"

Von 1945 bis 1948 waren die Aussichten auf Wiederaufbau in dem völlig übervölkerten und unterernährten Deutschland trübe gewesen. Große Schwierigkeiten bei der Beschaffung von Nahrungsmitteln, Heizmaterial und Wohnungen hatten sich durch den stetigen Zustrom Vertriebener beträchtlich verschlimmert. Was sollte man mit diesen verelendeten Millionen beginnen?

Deutschlands um seine Industrie gebrachte Nachkriegswirtschaft konnte nicht einmal genügend Arbeitsplätze für die im Westen ansässige Bevölkerung schaffen, geschweige denn für die neuen Mitbürger. Aus diesem Grund versicherten viele amerikanische[49] und französische[50] Politiker, daß nur eine großzügige Auswanderung in andere Länder, einschließlich der Vereinigten Staaten und Australiens, eine Lösung bot. Noch 1950 empfahl ein Kongreß-Ausschuß der Vereinigten Staaten unter Vorsitz des Abgeordneten Francis E. Walter:[51] „Selbst wenn, wie besprochen, die größten Anstrengungen gemacht werden, um die Masse der Flüchtlinge in die deutsche Wirtschaft einzubeziehen, sollte man einer guten Million deutscher Vertriebener und Flüchtlinge die Möglichkeit zur Auswanderung bieten."

Die hier vorgeschlagene Auswanderung fand allerdings nicht statt, weil Deutschland dank dem Marshall-Plan imstande war, die Arbeitskraft der Vertriebenen als einen höchst wertvollen Faktor zu nutzen. Das hochgerühmte „Wirtschaftswunder", ermöglicht durch den Zustrom des Dollars, gründete sich zum andern Teil auf die vielen ausgebildeten Arbeiter, die vorher ohne Beschäftigung gewesen waren. Zwei wichtige Ziele wurden mit einem Schlag erreicht: die schnelle wirtschaftliche Erholung und die Integration von Millionen Vertriebenen.[52]

Wenn auch die meisten Vertriebenen aus vorwiegend landwirtschaftlichen Gebieten kamen, darf nicht übersehen werden, daß dort auch beachtliche Industrien zuhause waren und daß viele Vertriebene entsprechendes Fachkönnen und Fachkenntnisse mitbrachten.[53]

So gab es zum Beispiel in Ostpreußen und Pommern eine gut entwickelte Holz- und Papierindustrie, die sich auf die großen Wälder stützte. Beide Provinzen durften sich außerdem bedeutender Schiffsbauunternehmen rühmen, vor allem in Stettin, Elbing und der Freien Stadt Danzig, aber auch in anderen Häfen. Textilindustrie, in erster Linie die Herstellung fertiger Kleidung, gehörte zu Stettins wichtigsten Industriezweigen.

Viel stärker industrialisiert war allerdings Oberschlesien gewesen, dank seinen Bodenschätzen; hier lagerte Deutschlands zweitgrößtes Kohlevorkommen. In Schlesien hergestellte Produkte der Schwerindustrie waren in ganz Deutschland und im Ausland vertrieben worden. 37 Prozent der Arbeitskräfte hatten in Ober- und Niederschlesien in der Industrie gearbeitet.

Auch das Sudetenland verfügte über Kohlevorkommen, vor allem im nördlichen Böhmen und im österreichischen Schlesien. Das Sudetenland erzeugte Musikinstrumente, hochwertige Kristallwaren, Schmuck und Möbel, aber auch mehrere Biersorten, auf die die Tschechoslowakei so stolz war.[54]

So war es möglich, durch harte Arbeit und Hilfe des Auslands die Millionen Vertriebener einzugliedern. Die Deutschen verwandelten die Mittel aus dem Marshall-Plan in Arbeit, die ihnen nicht nur das Überleben ermöglichte, sondern auch einen allmählichen Wiederaufbau ihres Daseins in einer liberalen, demokratischen und friedliebenden Gesellschaft.

Exkurs: Frieden ohne Friedensvertrag

Es war und ist noch immer die Politik der Vereinigten Staaten, den Abschluß eines Friedensvertrages mit der Regierung eines vereinten und freien Deutschlands zu erreichen, doch die Bemühungen sind bisher vereitelt und im Augenblick unmöglich gemacht worden durch die Politik der sowjetischen Regierung.

Präsident Harry Truman (Department of State, Bulletin, 1951, Band 25, S. 769)

Die Verhandlungen über einen Friedensvertrag mit Deutschland bis zur Moskauer Konferenz

In der Geschichte Europas sind Kriege immer entweder durch Friedensverträge oder durch Unterjochung der Besiegten beendet worden.[1] Deutschland nach dem Zweiten Weltkrieg bildete hier einen Sonderfall, denn die siegreichen Alliierten boten ihm weder einen Friedensvertrag an, noch vollendeten sie die Unterwerfung durch Annexion des eroberten Reichs.[2] Dreißig Jahre nach der deutschen Kapitulation ist Deutschland noch geteilt, ein Friedensvertrag nie unterzeichnet worden.

Dagegen schlossen die Alliierten Friedensverträge mit sämtlichen ehemaligen Achsenpartnern Deutschlands und mit seinen Verbündeten. In seinem alljährlichen Rechenschaftsbericht der US-Regierung erklärte Präsident Truman am 6. Januar 1947 vor dem Kongreß, „daß Friedensverträge mit Italien, Bulgarien, Rumänien und Ungarn endgültig vorbereitet worden sind".[3] Der Friedensvertrag mit Italien wurde am 10. 2. 1947 unterzeichnet[4] und im Sommer des Jahres von Italien und den meisten Alliierten ratifiziert. Ungefähr zur gleichen Zeit traten die Verträge mit Bulgarien, Rumänien und Ungarn in Kraft.[5]

Japan, die zweite Achsenmacht, mußte länger auf den Vertrag warten, weil die Sowjetunion, die erst eine Woche vor der japanischen Kapitulation in den Krieg gegen Japan eingetreten war, Einwände aller Art gegen die amerikanischen Vertragsentwürfe vorbrachte.[6] Schließlich wurde der Friedensvertrag am 8. September 1951 in San Francisco geschlossen und trat am 28. April 1952 in Kraft,[7] allerdings ohne Ratifizierung durch die sowjetische Regierung.

Ebenso hätte ein Friedensvertrag mit Deutschland von einer Mehrheit der Alliierten – ohne die Sowjetunion – ratifiziert werden können, wäre das Land nicht in Jalta in vier Zonen aufgeteilt worden.[8] Vom ersten Augenblick der eigentlichen Besatzungsverwaltung an hatte die Sowjetunion damit begonnen, in ihrer Zone den Kommunismus zu fördern. Der sprichwörtliche Eiserne Vorhang[9] trennte schon bald die sowjetische Zone vom übrigen Deutschland, obwohl die Alliierten übereingekommen waren, Deutschland nicht zu spalten, sondern als Einheit zu behandeln.[10]

Zur Zeit der Potsdamer Konferenz sprachen sich alle Alliierten, auch die Sowjetunion, dafür aus, den Krieg mit Deutschland durch einen Friedensvertrag zu beenden. Artikel II des Potsdamer Protokolls setzte einen Außenminister-Rat zur „Friedensregelung mit Deutschland" ein; sie sollte dann „von der Regierung von Deutschland angenommen werden, wenn eine dazu befugte Regierung berufen worden ist".[11]

Doch der Außenminister-Rat kam nur langsam voran. Über ein Jahr nach Einstellung der Feindseligkeiten berichtete Außenminister Bevin dem Unterhaus: „Unser Fernziel ist die Vorbereitung eines Friedensvertrags, doch bevor er feststeht, muß gewaltige Vorbereitungsarbeit geleistet werden."[12] Das Unternehmen kam aber nicht von der Stelle, weil so viele Punkte der Okkupation zu Spannungen führten.

Wie in den Kapiteln fünf und sechs gezeigt, mißbrauchte die Sowjetunion das Problem der deutschen Minderheiten in Polen und in der Tschechoslowakei für ihre eigenen Zwecke und beschuldigte die westlichen Alliierten, sie seien prodeutsch und widersetzten sich den berechtigten polnischen und tschechoslowakischen Wünschen. Die überstürzte Vertreibung, die in der britischen und der amerikanischen Zone so viele Schwierigkeiten hervorrief, wurde ja mit Zustimmung und Ermunterung der UdSSR vorgenommen, obwohl die Sowjetregierung dem Artikel XIII des Potsdamer Protokolls und damit auch einem vorläufigen Aufschub der Vertreibung zugestimmt hatte. Und während die Sowjetunion demontierte Industrieanlagen aus den westlichen Besatzungszonen erhielt, gab sie ihrerseits kein Korn Getreide für die Industriegebiete der westlichen Zonen her, denen außerdem noch unaufhörlich Ostdeutsche zuströmten.

Montgomery beschrieb die Verhältnisse folgendermaßen:[13] „Die Russen waren auf dem besten Wege, ihre Zone in eine Wüste zu verwandeln; alles, was Wert hatte, wurde nach Rußland geschickt; dabei waren die Lebensbedingungen in ihrem Gebiet jetzt schon entsetzlich. Unsere Erkundungstrupps, die nach Wegen und Lagern für Polen suchten, die nach Polen zurückkehrten, berichteten, daß die Deutschen in der Zone sich wie das Vieh von allem möglichen ernährten, was sie gerade ergattern konnten, und daß die Hungersnot schon deutlich zutage trat.

Infolge der schrecklichen Verhältnisse in der russischen Zone und wegen der Ausweisung von Deutschen aus dem Gebiet, das die Russen den Polen gegeben hatten, aus der Tschechoslowakei und anderswoher kamen jetzt wöchentlich 40000 deutsche Flüchtlinge in die englische Zone, und ein Ende dieses Stromes war noch nicht abzusehen."

Außenminister Bevin stellte im Parlament fest:[14] „Wir und die Amerikaner mußten Nahrung und andere Dinge kaufen, um sie nach Westdeutschland zu schicken, während die Russen entsprechende Waren von Ostdeutschland nach Rußland bringen. Diese Lage ist unhaltbar. Entweder beachten wir Potsdam als Ganzes, oder wir müssen eine neue Regelung vereinbaren."

Spannungen entstanden auch in Berlin, wo Anfang 1946 drei städtische Richter, deren Urteile den Ansichten der deutschen Kommunistenführer nicht genehm waren, verschwanden – von der sowjetischen Militärverwaltung verhaftet. General Lucius Clay protestierte so heftig wie erfolglos.[15] Ein anderer Vorfall spiegelt die unterschwelligen Spannungen zwischen den Besatzungsmächten: Im April 1946 versuchten sowjetische Truppen, die Eisenbahnlinie aus dem amerikanischen Sektor Berlins abzubauen. Nur die rasche Ankunft amerikanischer Panzer verhinderte die Durchführung des gewagten Übergriffs.[16]

Viel folgenreicher aber war die Spannung, die sich aus der völlig unterschiedlichen Vorstellung des neuen Deutschlands entwickelte. Es wurde schnell deutlich, daß die Sowjetunion daran interessiert war, Deutschland entweder ganz in die sowjetische Einflußsphäre einzubeziehen oder es so gründlich zu demontieren, daß es in Zukunft niemals wieder zu einer Bedrohung für die sowjetische Macht in Europa werden konnte. Die westlichen Alliierten wiederum wußten, daß die Genesung Europas nur bei wirtschaftlichem Gedeihen Deutschlands zu erreichen war, und empfahlen nun einen allmählichen Wiederaufbau des friedlichen Industriepotentials in Deutschland.[17]

Die ersten Anzeichen dieser Entwicklung tauchten in den Reden von Außenminister Byrnes auf. Der unnachgiebige Ton von Byrnes' Erklärung zum Sinn der Potsdamer Regelung am 12. Dezember 1945[18] war spürbar gemildert in seiner denkwürdigen Stuttgarter Rede vom 6. September 1946.[19] Hier kamen konstruktive Gedanken zu Wort: „Wir begrüßen die wirtschaftliche Einigung Deutschlands. Wenn eine vollständige Einigung nicht erreicht werden kann, werden wir unsere ganzen Kräfte einsetzen, um eine möglichst umfassende Einigung sicherzustellen." Und als Warnung an die Sowjetunion, deren kommunistische Propaganda den Westen beunruhigte: „So lange in Deutschland eine Besatzungsmacht notwendig ist, wird die Armee der Vereinigten Staaten ein Teil dieser Besatzungsmacht sein." Dieser Ausspruch wurde besonders lebhaft begrüßt, nicht nur in Deutschland, sondern auch in ganz Westeuropa. Im Unterhaus ließ Außenminister Bevin am 22. Oktober 1946 die britische Zufriedenheit mit der Stuttgarter Rede durchklingen.[20]

Im Jahre 1947 wurde dann die allmähliche Auflösung einer wirksamen Viermächte-Kontrolle über das besetzte Deutschland sichtbar. Der Alliierte Kontrollrat in Berlin konnte auf keine wichtigen, abgeschlossenen Leistungen verweisen, und die Punkte, die genau überlegt sein wollten, häuften sich ständig. Doch noch weniger Fortschritte hatte der Rat der Außenminister beim Entwurf des Friedensvertrags aufzuweisen. Vom 10. März bis 24. April tagte er in Moskau, um vor allem die Friedensregelung für Deutschland zu erörtern. Trotz ausgedehnten, monatelangen Vorbereitungen der Westmächte hatte man doch versäumt, die Verhandlungsführung im Bezug auf die Ziele und Mittel zu ihrer Erreichung genau aufeinander abzustimmen; damit erhielten die Russen die Möglichkeit, aus jeder kleinsten Meinungsverschiedenheit ihren Vorteil zu ziehen und ständig so viele Einwände und Zusätze vorzubringen, daß die westlichen Pläne schließlich scheiterten. Freimütig erklärte Stalin dem neuen amerikanischen Außenminister Marshall: „Das hier sind lediglich erste Spähtruppgeplänkel um die Deutschlandfrage."[21]

Da die Russen so offensichtlich nicht zur Zusammenarbeit bereit waren, scheiterte die Moskauer Konferenz. Gewiß hatten die Westmächte von vornherein nicht damit gerechnet, daß sie zu einer vollständigen Übereinstimmung über den Friedensvertrag mit Deutschland gelangen würden, hatten aber doch gehofft, daß die Moskauer Konferenz eine tragfähige Grundlage schaffen und daß man sich in absehbarer Zeit auf einen Friedensvertrag einigen würde. Stattdessen verschlechterten sich die amerikanisch-russischen Beziehungen ständig nach dieser verfehlten Konferenz. Der Kalte Krieg entwickelte sich schnell. Robert Murphy, der als politischer Berater der amerikanischen Militärregierung für Deutschland an der Konferenz teilgenommen hatte, bemerkte: „Meiner Meinung nach war es die Moskauer Konferenz des Jahres 1947, auf der der Eiserne Vorhang erst wirklich niederging."[22]

Die Gründung der beiden deutschen Staaten

Ein zweiter und letzter Versuch, doch noch zu einer Übereinstimmung über die Präliminarien für den Friedensvertrag zu kommen, wurde auf der Londoner Sitzung des Außenminister-Rats im November und Dezember 1947 unternommen. Obwohl sich die Gegensätze zur Sowjetunion immer mehr verschärften, sprachen die Minister noch gemeinsam darüber, einen Friedensvertrag mit Deutschland zu schließen und eine für ganz Deutschland geltende Regierung unter alliierter Kontrolle zu berufen, die dann den Vertrag unterzeichnen und nach und nach die Verantwortung für das Leben in Deutschland übernehmen sollte.[23]

Das Scheitern dieser Konferenz veranlaßte die Westmächte, eine gesonderte Regierung für Westdeutschland einzusetzen und ihren wirtschaftlichen Erfolg durch den Zustrom von Dollars aus dem Marshall-Plan zu sichern. Natürlich löste diese Entscheidung höchsten Alarm bei den sowjetischen Führern aus. In einem schlecht durchdachten Versuch, die Westmächte wieder an den Verhandlungstisch zu bringen, blockierten die Russen die Westsektoren Berlins; die ersten Schritte dazu erfolgten im März 1948. Nach der Veröffentlichung des sogenannten Londoner Programms über die Modalitäten, unter denen eine gesonderte westdeutsche Regierung eingesetzt werden sollte, schloß sich im Juni 1948 der russische Blockadering um Berlin vollständig.[24] In den Wintermonaten waren die entsprechenden Dienststellen der US-Verwaltung vollauf mit der Berliner Luftbrücke beschäftigt, die der sowjetischen Blockade entgegenwirkte, und mit der Durchführung des Londoner Programms. Westdeutsche Politiker entwarfen mittlerweile eine demokratische Verfassung für den neuen westdeutschen Staat, und die britischen, französischen und amerikanischen Behörden arbeiteten ein neues Besatzungsstatut aus, das gleichzeitig mit der Einsetzung der neuen westdeutschen Regierung in Kraft treten sollte.

Als der Termin für die neue Sitzung des Außenminister-Rats näherrückte, erhielt das Londoner Programm seine endgültige Gestalt. Am 8. Mai 1949 wurde die Verfassung für die westdeutsche Republik angenommen, am 12. Mai das neue Besatzungsstatut den westdeutschen Vertretern übergeben.[25] General Lucius Clay, dem das Londoner Programm besonders am Herzen lag, sah die endgültige Annahme als persönlichen Erfolg an und wünschte nicht, es irgendeiner neuen und ungewissen Übereinkunft mit den Russen zu opfern.

Am 23. Mai 1949 versammelte sich der Außenminister-Rat in Paris, um die deutsche Frage zu erörtern. Trotz geringen Erfolgsaussichten ergriffen die Westmächte doch die Gelegenheit, die einzelnen Länder der sowjetischen Besatzungszone aufzufordern, sich der Bundesrepublik Deutschland anzuschließen, unter den liberalen Bedingungen des Londoner Programms. Wie vorauszusehen, blockierten die sowjetischen Behörden den Vorschlag zur Vereinigung, wie sie zwei Jahre vorher schon die tschechoslowakische oder polnische Beteiligung am Marshall-Plan vereitelt hatten. Als die sowjetische Regierung vor die vollendete Tatsache des Londoner Programms gestellt wurde – das ohne sie entstanden war –, lehnte sie es kategorisch ab.

Dieser Zusammenbruch aller Versuche, sich mit den Russen über die Zukunft Deutschlands zu verständigen, und die Gründung eines gesonderten westdeutschen Staates zementierten die Teilung Deutschlands und Europas. Doch es ist zweifelhaft, daß ein anderer Kurs der westlichen Seite – abgesehen von völliger Unterordnung unter die russischen Wünsche – zu einer Wiedervereinigung Deutschlands geführt hätte. Die Russen hätten nur bei der Gründung eines sozialistischen Deutschlands mitgemacht, das ihnen später so reif in den Schoß gefallen wäre, wie es mit der Tschechoslowakei 1948 geschah.[26]

An diesem Punkt ist es besonders interessant, daß George F. Kennan in einer Niederschrift aus dem Sommer 1945, also lange vor der Entwicklung zum Kalten Krieg, die Lage schon völlig realistisch einschätzte:[27] „Die Idee, Deutschland gemeinsam mit den Russen regieren zu wollen, ist ein Wahn. Ein ebensolcher Wahn ist es, zu glauben, die Russen und wir könnten uns eines schönen Tages höflich zurückziehen und aus dem Vakuum werde ein gesundes und friedliches, stabiles und freundliches Deutschland steigen. Wir haben keine andere Wahl, als unseren Teil von Deutschland – den Teil, für den wir und die Briten die Verantwortung übernommen haben – zu einer Form von Unabhängigkeit zu führen, die so befriedigend, so gesichert, so überlegen ist, daß der Osten sie nicht gefährden kann."

Und tatsächlich entstanden aus den schwelenden Trümmern zwei neue deutsche Staaten. Verschüttete Quellen geistiger Kraft tauchten wieder auf. In den westlichen Besatzungszonen legte diese Wiedergeburt schöpferische Kräfte frei, die Jahrhunderte lang zu den Pfeilern der westlichen Welt gehört hatten. Jeder Schritt wurde allerdings bewacht – sogar geleitet – von den Besatzungsbehörden, die als eine Art Kuratorium wirkten. Natürlich begingen diese Treuhänder so manchen groben Fehler, doch als die junge Bundesrepublik Deutschland sich festigte, überließen sie ihr allmählich nicht nur den Anschein, sondern auch die Ausübung der Souveränität. Im Gegensatz dazu wurde die Ostzone zum sowjetischen Satelliten,[28] in dem sich nicht nur die Wirtschaft, sondern auch die Gewerkschaften, die Presse und die Universitäten nach Moskau ausrichteten. Allmählich erhielt die „Deutsche Demokratische Republik" dann doch ein gewisses Maß an Selbständigkeit; der Phönix durfte sich aus der Asche erheben, blieb aber im Käfig.

Beendigung des Kriegszustands durch Proklamation und Eingliederung der Bundesrepublik Deutschland in das westliche Sicherheitsystem

Da kein Friedensvertrag mit einem vereinten Deutschland erreicht worden war, entschlossen sich die Westmächte, zum Teil aus innenpolitischen Gründen, den Kriegszustand durch unilaterale Erklärungen zu beenden.[29]

Der Weg vom totalen Krieg zum Zustand des Friedens war lang. Natürlich hörte am 9. Mai 1945 nach der bedingungslosen Übergabe das Schießen auf, sieht man von kleineren Zusammenstößen ab, die sich noch Tage oder Wochen danach ereignen konnten, wenn einzelne Soldaten oder versprengte Gruppen über die Kapitulation nicht informiert waren oder sie einfach nicht hinnehmen wollten. Doch das waren, wie gesagt, seltene Ausnahmen. Die große Masse der deutschen Streitkräfte wurde zu Kriegsgefangenen oder zu dem, was man als „surrendered enemy personnel" bezeichnete – feindliche Truppen, die sich ergeben hatten. Trotz dieser bedingungslosen Kapitulation blieb aber rechtlich der Zustand des Krieges gegen Deutschland noch sechs Jahre lang bestehen.

Am 31. Dezember 1946 gab Präsident Truman eine Proklamation „Zur Beendigung der Feindseligkeiten des Zweiten Weltkriegs" heraus.[30] Es hieß darin: „Obwohl noch ein Kriegszustand besteht, ist es heute möglich zu erklären – wünschenswert im Interesse der Öffentlichkeit – daß die Feindseligkeiten beendet sind." Als Ergebnis dieser Proklamation traten in den USA eine Reihe von Kriegs- und Notverordnungen außer Kraft, und die Befugnisse der Verwaltung wurden wieder fast auf Friedensumfang zurückgeschraubt. Die amerikanische Besatzungspolitik in Deutschland wurde allerdings von dieser Proklamation nicht betroffen. Im April 1949 übergaben die Westmächte die Verwaltung ihrer Besatzungszonen der Regierung der Bundesrepublik Deutschland, doch zur selben Zeit trat das neue Besatzungsstatut in Kraft, das die Souveränität der neuen Republik erheblich einschränkte. Ungefähr zur gleichen Zeit setzte die Sowjetunion eine rivalisierende ostdeutsche Regierung ein. Doch auf beiden Seiten änderte sich kaum etwas an der völkerrechtlichen Natur der von den Alliierten ausgeübten Autorität.[31]

Trotz der Teilung Deutschlands in zwei Republiken proklamierte Präsident Truman am 24. Oktober 1951 die Beendigung des Kriegszustands *mit ganz Deutschland*.[32] Die Erklärung bestätigte noch einmal die amerikanische Einstellung zu einem Friedensvertrag mit Deutschland: „Es war und ist noch immer die Politik der Vereinigten Staaten, den Abschluß eines Friedensvertrages mit der Regierung eines vereinten und freien Deutschlands zu erreichen, doch die Bemühungen sind bisher vereitelt und im Augenblick unmöglich gemacht worden durch die Politik der sowjetischen Regierung . . .“

Truman erklärte auch, warum man den Friedensvertrag durch eine Proklamation vorläufig ersetzen wolle: „Es ist trotzdem für wünschenswert gehalten worden, den bestehenden Zustand des Krieges mit Deutschland zu beenden und Deutschland aus seinem gegenwärtigen Feind-Status zu befreien, womit gewisse Beeinträchtigungen für deutsche Staatsangehörige aus dem Wege geräumt werden.“

Doch diese Erklärung des Präsidenten im Jahre 1951 verlieh der Bundesrepublik Deutschland noch nicht die volle Souveränität; sie erhielt sie erst mit dem am 23. 10. 1954[33] in Paris unterzeichneten und am 5. 5. 1955 in Kraft getretenen „Vertrag über die Beendigung des Besatzungsregimes in der Bundesrepublik Deutschland.“ Mit gleichem Datum ist der „Vertrag über die Beziehungen zwischen der Bundesrepublik Deutschland und den Drei Mächten“ – der sogenannte „Deutschlandvertrag“ – in Kraft getreten. Dieser Vertrag[34] ist von entscheidender Bedeutung für die Zukunft Deutschlands, weil die Drei Mächte damit ihr Interesse an der Wiedervereinigung Deutschlands und der Unterzeichnung eines Friedensvertrages mit ganz Deutschland bekräftigten. Im Artikel 7 heißt es:[35]

1. Die Bundesrepublik und die Drei Mächte sind darüber einig, daß ein wesentliches Ziel ihrer gemeinsamen Politik eine zwischen Deutschland und seinen ehemaligen Gegnern frei vereinbarte friedensvertragliche Regelung für ganz Deutschland ist, welche die Grundlage für einen dauerhaften Frieden bilden soll. Sie sind weiterhin darüber einig, daß die endgültige Festlegung der Grenzen Deutschlands bis zu dieser Regelung aufgeschoben werden muß.

2. Bis zum Abschluß der friedensvertraglichen Regelung werden die Bundesrepublik und die Drei Mächte zusammenwirken, um mit friedlichen Mitteln ihr gemeinsames Ziel zu verwirklichen: ein wiedervereinigtes Deutschland, das eine freiheitlich-demokratische Verfassung ähnlich wie die Bundesrepublik besitzt und das in die europäische Gemeinschaft integriert ist . . .

4. Die Drei Mächte werden die Bundesrepublik in allen anderen Angelegenheiten konsultieren, welche die Ausübung ihrer Rechte in Bezug auf Deutschland als Ganzes berühren.

Die Pariser Verträge schlossen auch eine Resolution der NATO ein, die westeuropäische Union in das System des Atlantikpakts einzubeziehen. Der Resolution wurde eine bedeutsame Erklärung der Bundesrepublik Deutschland angefügt, in der sie sich verpflichtet, „niemals ihre Zuflucht zur Gewalt zu nehmen, um die Wiedervereinigung Deutschlands oder die Veränderung der gegenwärtigen Grenzen der Bundesrepublik zu erreichen" und alle Streitfragen zwischen Deutschland und anderen Mächten mit friedlichen Mitteln zu schlichten.[36] Trotz dieser Versicherung war die Mitgliedschaft der Bundesrepublik Deutschland in der NATO eine Quelle großer Bedenken für die Staaten des Ostblocks; sie verfestigte schließlich die Teilung in zwei deutsche Staaten. Wie vorauszusehen, trat die DDR dem Warschauer Pakt bei[37] und wurde nun auch militärisch zum Vasall der Sowjetunion.

Die Wiedervereinigungsproblematik im Kalten Krieg

Die Frage der Wiedervereinigung war den Deutschen völlig aus der Hand genommen und hing ausschließlich vom politischen Handel der Großmächte ab.

In den Jahren des Kalten Kriegs beharrten Washington wie Moskau auf ihren gegensätzlichen Auffassungen über die ersten Phasen der deutschen Wiedervereinigung. Washington hielt an der These fest, daß nur Bonn das Recht habe, für alle Deutschen zu sprechen, und erwartete die Wiedervereinigung durch irgendeine Form der Volksabstimmung, die ja schon der Größenverhältnisse wegen kaum verfehlen konnte, die DDR in der Bundesrepublik Deutschland aufgehen zu lassen.[38] Auf der anderen Seite setzte Moskau, das seit 1955 diplomatische Beziehungen mit der Bundesrepublik Deutschland unterhielt, seine Bemühungen fort, für die Regierung der „Deutschen Demokratischen Republik" eine breitere Anerkennung zu erreichen; daneben betonte Moskau, daß die Wiedervereinigung nur zu einer Form von Konföderation führen könne. Der Moskauer Plan sah vor, daß beide Staaten jeweils gewisse besonders wichtige Wirtschaftszweige getrennt und politische Grundzüge für sich beibehalten sollten. Obwohl dieser Plan, oberflächlich betrachtet, vernünftig klingt, lag schon ein Moment des Zwanges in ihm, das die freie Ausübung des Selbstbestimmungsrechtes verhindern mußte. Darüber hinaus war zu fürchten, daß die Verwirklichung des Moskauer Plans der UdSSR außerordentliche Möglichkeiten bieten werde, das freie Wirtschaftsystem im Westen zu untergraben.

Der Ost-West-Konflikt machte sich auch in den unterschiedlichen Auffassungen über die zeitliche Abstimmung bemerkbar. Washington und Bonn drängten darauf, daß erst die deutsche Wiedervereinigung erreicht werden und nur dann die Unterzeichnung eines Friedensvertrags erfolgen solle. Moskau und Ostberlin aber schlugen vor, mit einem Friedensvertrag zu beginnen, den wohl beide Staaten unterzeichnen sollten – daraufhin wären sie bereit, über Wiedervereinigungspläne zu reden. Es gab in keiner Richtung irgendeinen

Fortschritt.[39] 1957 bemühte man sich noch einmal dringlich um eine Lösung des deutschen Problems. Im dritten Gespräch der berühmten Reith-Lectures,[40] die George F. Kennan auf der Höhe des Kalten Krieges hielt, wurde das Thema der deutschen Wiedervereinigung in harten Worten erörtert. Man vermutete damals im Westen, daß die Wiedervereinigung Deutschlands auch die Spaltung Europas in West und Ost beheben könne. Andererseits schienen die Russen sehr daran interessiert, eine nukleare Bewaffnung der Bundesrepublik Deutschland durch die NATO zu verhindern. War jetzt vielleicht der Zeitpunkt für ein „do, ut des"-Geschäft gekommen? Würden die Russen in eine Wiedervereinigung Deutschlands einwilligen, wenn es dann zum neutralen Land erklärt wurde wie Österreich im Jahre 1955?[44] Mag sein. Doch diese Vorstellung widersprach dem, was Adenauer im Mai 1957 bei der Bonner NATO-Tagung erklärt hatte, daß nämlich die Wiedervereinigung nicht durch die Neutralisierung Deutschlands erreicht werden dürfe und daß eine solche Neutralisierung die Spannungen keineswegs verringern würde. Man hielt es für unwahrscheinlich, daß die Sowjetunion die Entwicklung eines wahrhaft neutralen Deutschlands nur beobachten werde, ohne zu versuchen, sie zu unterlaufen; deshalb weigerten sich die Westmächte, die Gefahr einer kommunistischen Machtübernahme des ganzen Landes auf sich zu nehmen, und hielten es unter diesen Umständen für klüger, die freie Bundesrepublik Deutschland zu festigen, selbst auf die Gefahr hin, Ostdeutschland für alle Zeiten aufzugeben.

Zu den eindrucksvollsten Kritikern des Gedankens an eine deutsche Wiedervereinigung gehörte Raymond Aron; er behauptete, die Teilung Europas könne nicht mehr rückgängig gemacht werden, weil sie in der Tat die ungefährlichste Lösung darstelle, und erklärte die amerikanische Außenpolitik ausführlich und sehr offen:[42] „Die gegenwärtige Situation in Europa ist anormal oder absurd, aber sie ist klar umrissen; jeder weiß, wo die Demarkationslinie liegt, und niemand hat ernste Sorgen um das, was geschehen könnte. Wenn auf der anderen Seite des Eisernen Vorhangs etwas geschieht – und das haben wir vor einem Jahr (in Ungarn) erlebt –, dann geschieht auf dieser Seite nichts. Eine so klare Teilung Europas hält man zu Recht oder zu Unrecht für weniger gefährlich als jede andere Ordnung der Dinge."

Freilich eine anormale Lage – aber besser als eine *mehrdeutige*, in der die Gefahr eines nuklearen Zusammenstoßes viel größer wäre. Aus diesem Grund scheint Ende der fünfziger Jahre niemand, der in Europa oder Amerika in einer Führungsposition war, wirklich gewünscht zu haben, die Teilung Europas rückgängig zu machen.[43] Die zwanzig Jahre, die seit den Reith-Lectures vergangen sind, haben bewiesen, daß westliche Staatsmänner mehr denn je am *status quo* interessiert sind und nicht ernstlich an eine Wiedervereinigung Deutschlands oder Europas denken, mag auch von Zeit zu Zeit irgendjemand ein Lippenbekenntnis dazu ablegen. Es scheint, als sei die Entscheidung, Europa für unbestimmte Zeit geteilt zu lassen, vor langem gefaßt, wenn auch nicht ausgesprochen worden. Dieser Entschluß wurde auch in der tschechoslowakischen Krise von 1968 sichtbar, die unzweideutig zeigte, daß die Sowjetunion nicht die Absicht hat, ihren Zugriff auf die Satelliten zu lockern, und daß die Westmächte nicht bereit sind, einen Krieg mit der Sowjetunion heraufzubeschwören, indem sie sich aktiv für die Freiheit und die Menschenrechte in Mittel- und Osteuropa einsetzen.

Achtes Kapitel

Anerkennung oder Revision der Oder-Neiße-Linie

Bei der Erörterung der polnisch-deutschen Grenze müssen wir vom Potsdamer Protokoll ausgehen, in dem vorgesehen wird, daß „die endgültige Festlegung der Westgrenze Polens bis zur Friedensregelung warten" soll. Mr. Molotow äußerte die Ansicht, daß die Entscheidung über die Westgrenze bereits gefallen sei. Wie das erwähnte Zitat zeigt, ist das durchaus nicht der Fall. Eine gerechte Grenzziehung erfordert, daß die Belange der Einwohner, die unmittelbar betroffen sind, gründlich geprüft werden, wie ich bereits bei unserem Treffen in Moskau am 9. April 1947 sagte. Ferner müssen wir die Bedeutung dieser Grenze für die wirtschaftliche und politische Stabilität Europas im Auge behalten.

Außenminister George C. Marshall am 27. Nov. 1947 in der Sitzung des Außenminister-Rats in London (Department of State, Bulletin, Band 17. S. 1078)

Ostpolitik und Warschauer Vertrag von 1970

Nach zweieinhalb Jahrzehnten, in denen der Westen die Oder-Neiße-Grenze angeprangert hatte, entschloß sich die Regierung der Bundesrepublik Deutschland, einen neuen Kurs in der Außenpolitik einzuschlagen. Am 7. 12. 1970 wurde in Warschau der Vertrag unterzeichnet, der die Unverletzbarkeit der Grenze bestätigte. Es heißt in Artikel I:[1] „Die Bundesrepublik Deutschland und die Volksrepublik Polen stellen übereinstimmend fest, daß die bestehende Grenzlinie, deren Verlauf im Kapitel IX der Beschlüsse der Potsdamer Konferenz vom 2. August 1945 von der Ostsee unmittelbar westlich von Swinemünde und von dort die Oder entlang bis zur Einmündung der Lausitzer Neiße und die Lausitzer Neiße entlang bis zur Grenze mit der Tschechoslowakei festgelegt worden ist, die westliche Staatsgrenze der Volksrepublik Polen bildet."

Die große politische Bedeutung dieses Vertrages läßt sich nicht bestreiten, doch die völkerrechtliche Dauerhaftigkeit[2] der getroffenen Regelung wird dadurch relativiert, daß die Bundesregierung erklärt hat, sie könne nur im Namen der Bundesrepublik Deutschland handeln, wie es in der Note der Bundesregierung an die drei Westmächte ausdrücklich heißt.[2a] Damit wurde versucht, die Frage der Endgültigkeit der Oder-Neiße-Grenze für den Fall einer Wiedervereinigung Deutschlands offen zu halten. So hat zum Beispiel der damalige deutsche Bundesaußenminister Walter Scheel in einem Interview in Warschau am 5. 11. 1970 erklärt[3]: „Die Bundesregierung kann nur die Bundesrepublik Deutschland verpflichten. Ihrem Handeln sind rechtliche Grenzen gesetzt. Es gibt keinen Friedensvertrag, und so lange es keinen Friedensvertrag gibt, können die Rechte der Vier Mächte durch bilaterale Verträge nicht berührt werden. Unser polnischer Partner weiß, daß wir einen gesamtdeutschen Souverän nicht präjudizieren können." Entsprechend heißt es auch im Kommuniqué der Bundesregierung zum Warschauer Vertrag[4]: „Ein wiedervereinigtes Deutschland kann also durch den Vertrag nicht gebunden werden ... Wir messen der formellen Aufrechterhaltung des Friedensvertragsvorbehalts in jedem Falle eine wesentliche, auf die Wahrung der Belange Gesamtdeutschlands gerichtete Bedeutung bei."

Die Frage, ob trotz dieser Erklärungen ein künftiges wiedervereinigtes Deutschland durch das Warschauer Vertragswerk völkerrechtlich irgendwie gebunden wäre, läßt sich aber nicht in wenigen Zeilen beantworten. Die Regeln des allgemeinen Völkergewohnheitsrechtes bezüglich der Staatensukzession oder der Grundsätze der beweglichen Vertragsgrenzen würden im Falle einer friedlichen Wiedervereinigung Deutschlands wahrscheinlich nicht ausschlaggebend sein, denn das Gefüge vertraglicher Instrumente, das einen solch hochpolitischen Vorgang regelte, würde selbstverständlich auch über die Frage der Bindung an frühere Verträge befinden.[4a]

Nun ist der Wille der Bundesrepublik, bei der Grenzregelung des Warschauer Vertrages nicht über den territorialen Status Deutschlands zu verfügen, allen klar geworden. Die eigentliche Bedeutung des Vertrages liegt also in der Konkretisierung des Gewaltverzichts und in der Tatsache, daß, solange die Bundesrepublik besteht, die Oder-Neiße-Grenze garantiert bleibt.

Seit dem Inkrafttreten des Warschauer Vertrages[5] am 3. Juni 1972 hat das Bundesverfassungsgericht in zwei Fällen zu Aspekten des Vertrages Stellung genommen.

Was den Fortbestand Deutschlands anbetrifft, hat das Bundesverfassungsgericht am 31. Juli 1973 ein klares Urteil gefällt:[5a] „Das Deutsche Reich existiert fort... besitzt nach wie vor Rechtsfähigkeit, ist allerdings als Gesamtstaat mangels Organisation, insbesondere mangels institutionalisierter Organe selbst nicht handlungsfähig."

Was die anderen Teile Deutschlands betrifft, so wird im selben Urteil festgestellt: „*Andere Teile* Deutschlands haben allerdings mittlerweile in der Deutschen Demokratischen Republik ihre Staatlichkeit gefunden." (Kursive vom Verfasser.) Daß das BVerfGE nicht von „den anderen Teilen", sondern unbestimmt von „anderen Teilen", ohne Gebrauch des bestimmten Artikels, spricht, scheint darauf hinzuweisen, daß es nach der Auffassung des Bundesverfassungsgerichtes noch weitere Teile Deutschlands jenseits des Staatsgebildes Bundesrepublik Deutschland und DDR gibt.[6] Aus dieser Deduktion ist argumentiert worden, daß Deutschland als Rechtssubjekt mit dem Gebietsbestand seiner völkerrechtsgemäßen Vorkriegsostgrenze fortbestehen muß.[7]

In einem Beschluß vom 7. Juli 1975 hat der Erste Senat des Bundesverfassungsgerichtes speziell zu der Frage Stellung genommen, ob die Verträge von Warschau und Moskau mit dem verfassungsrechtlichen Deutschlandbegriff in Einklang stehen. Der Spruch stellt dazu u. a. fest, den beiden Verträgen kann *nicht* die Wirkung beigemessen werden, „daß die Gebiete östlich von Oder und Neiße mit dem Inkrafttreten der Ostverträge aus der rechtlichen Zugehörigkeit zu Deutschland entlassen und der Souveränität, also sowohl der territorialen wie der personalen Hoheitsgewalt der Sowjetunion und Polens endgültig unterstellt worden seien".[7a]

Diese rechtlichen Überlegungen können aber nur dann Bedeutung gewinnen, wenn unvorhersehbare politische Entwicklungen die Vereinigung der Bundesrepublik Deutschland mit der DDR ermöglichen und damit den Weg zu Verhandlungen mit Polen freigeben. Solche Veränderungen der politischen Landschaft Europas sind nach dem Warschauer Vertrag gerade nicht zu erwarten, aber sie waren auch vor dem Vertrag kaum vorstellbar, weil sich die Sowjetunion und Polen stets der deutschen Wiedervereinigung widersetzten und kategorisch erklärten, daß die Grenze an Oder und Neiße endgültig sei.

Ohne Rücksicht auf das, was sich künftig ereignen könnte, ist es eben nicht die Bundesrepublik Deutschland, sondern die DDR, die die Grenze mit Polen teilt, und sie hat bereits 1950 eine eigene Vereinbarung mit Polen getroffen und darin die Oder und Neiße als „endgültige Friedensgrenze" zwischen Deutschland und Polen anerkannt.[8] Ausgeprägter als der Warschauer Vertrag von 1970 hat der sogenannte „Görlitzer Vertrag" vom 6. 7. 1950 eher politische als völkerrechtliche Bedeutung, denn damals war die „Deutsche Demokratische Republik" weder *de facto* noch *de jure* ein souveräner Staat; weder die Regierung noch der Staat waren von der überwiegenden Mehrheit der Vereinten Nationen anerkannt. Die Görlitzer Vereinbarung könnte also im Völkerrecht kaum ernst genommen werden, denkt man nur daran, daß die DDR kein Recht hatte, im Namen ganz Deutschlands zu sprechen, das sich 1950 formell noch im Kriegszustand befand, zu einer Zeit, als die Vier Großmächte, die durch die Berliner Erklärung vom 5. Juni 1945 die Oberhoheit über Deutschland übernommen hatten, einen Friedensvertrag für ganz Deutschland immer noch erwogen.[9]

Am 6. Juni 1950 wurde ein Kommuniqué in Warschau bekanntgegeben, um die Völkerrechtsgemeinschaft von der Endgültigkeit der Grenze an der Oder und Neiße in Kenntnis zu setzen. Am 8. Juni hat das amerikanische State Department in einer Verlautbarung an die Presse wie folgt Stellung genommen:[10] „Zur Klärung der Frage hat das State Department heute Auszüge aus den folgenden Dokumenten herausgegeben: (1) das offizielle Protokoll der Konferenz zu Berlin (Potsdamer Vereinbarung vom 1. August 1945); (2) die Rede von Außenminister James F. Byrnes, gehalten am 6. September 1946 in Stuttgart, Deutschland; und (3) die am 9. April 1947 abgegebene Erklärung von Außenminister George C. Marshall bei dem Treffen des Rates der Außenminister in Moskau. Diese Dokumente enthalten die Stellung der Vereinigten Staaten zur Frage der endgültigen Festlegung der Grenze zwischen Polen und Deutschland. Die Stellung der Vereinigten Staaten zu dieser Frage bleibt unverändert."

Trotz dieser eindeutigen Erklärung und Rechtsverwahrung der Regierung der Vereinigten Staaten haben Polen und die DDR am 6. Juli 1950 ihren „Vertrag" geschlossen.

Doch entscheidender als jedes von der Bundesrepublik Deutschland oder der Deutschen Demokratischen Republik geschlossene Übereinkommen ist die tatsächliche Anerkennung oder Nicht-Anerkennung der Oder-Neiße-Grenze durch jene Staaten, die am Ende des Zweiten Weltkrieges das Recht hatten, Deutschlands Schicksal zu bestimmen: die Vereinigten Staaten, Großbritannien, die Sowjetunion und Frankreich.[11]

Der Warschauer Vertrag von 1970 tastet die Rechte der Großen Vier nicht an. So erklärt Artikel IV ausdrücklich: „Dieser Vertrag berührt nicht die von den Parteien früher geschlossenen oder sie betreffenden zweiseitigen oder mehrseitigen internationalen Vereinbarungen."

Außerdem bestätigen die Noten, die von der Bundesrepublik Deutschland an die Vier Mächte gerichtet wurden, sowie die Antworten der Westmächte, daß „der Vertrag zwischen der Bundesrepublik Deutschland und der Volksrepublik Polen die Rechte und Verantwortlichkeiten der Französischen Republik, des Vereinigten Königreichs Großbritannien und Nordirland, der Union der Sozialistischen Sowjetrepubliken und der Vereinigten Staaten von Amerika, wie sie in den bekannten Verträgen und Vereinbarungen ihren Niederschlag gefunden haben, nicht berührt und nicht berühren kann".[11a]

Einige dieser Rechte sind im Vertrag über die Beziehungen zwischen der Bundesrepublik Deutschland und den Drei Mächten (Deutschlandvertrag) vom 26. Mai 1952 enthalten:

Artikel 2:

(1) Die Drei Mächte behalten im Hinblick auf die internationale Lage die bisher von ihnen ausgeübten oder innegehabten Rechte in Bezug auf (a) die Stationierung von Streitkräften in Deutschland und den Schutz von deren Sicherheit, (b) Berlin und (c) Deutschland als Ganzes einschließlich der Wiedervereinigung Deutschlands und einer friedensvertraglichen Regelung.
(2) Die Bundesrepublik wird sich ihrerseits jeder Maßnahme enthalten, welche diese Rechte beeinträchtigt, und wird mit den Drei Mächten zusammenwirken, um ihnen die Ausübung dieser Rechte zu erleichtern.

Artikel 7:

(1) Die Bundesrepublik und die Drei Mächte sind darüber einig, daß ein wesentliches Ziel ihrer gemeinsamen Politik eine zwischen Deutschland und seinen ehemaligen Gegnern frei vereinbarte friedensvertragliche Regelung für ganz Deutschland ist, welche die Grundlage für einen dauerhaften

Frieden bilden soll. Sie sind weiterhin darüber einig, daß die endgültige Festlegung der Grenzen Deutschlands bis zu dieser Regelung aufgeschoben werden muß.

Am 23. Oktober 1954 wurde das Protokoll über die Beendigung des Besatzungsregimes in der Bundesrepublik Deutschland in Paris *unterzeichnet*. Das Protokoll verstärkte Artikel 2[12] und ist zusammen mit dem Deutschlandvertrag am 5. Mai 1955 in Kraft getreten.

Im Hinblick auf diese Rechte bestätigte Präsident Richard Nixon in einem Bericht für den Kongreß der Vereinigten Staaten „US-Politik in den siebziger Jahren: Frieden schaffen" die traditionelle amerikanische Haltung und erklärte, es stehe fest, daß „alliierte Rechte und Verantwortlichkeiten nicht von den Bedingungen" der vor kurzem geschlossenen Verträge der Bundesrepublik Deutschland mit der Sowjetunion und mit Polen verletzt würden."[13]

Entsprechend heißt es in dem Beschluß des Bundesverfassungsgerichtes vom 7. Juli 1975:[13a] „Mit Rücksicht auf die Gesamtverantwortung der Vier Mächte für Deutschland als Ganzes konnten nach der Rechtsauffassung der Bundesregierung Verfügungen über den territorialen Status Deutschlands, die eine friedensvertragliche Regelung vorweggenommen hätten," ohne die Zustimmung der Vier Mächte nicht getroffen werden."

In diesem Sinne kann eine endgültige völkerrechtliche Regelung über die Oder-Neiße-Grenze nur mit der offiziellen Zustimmung der vier Mächte zustandekommen.

Die Sowjetunion hat als der wichtigste Urheber der Oder-Neiße-Grenze diese natürlich als endgültig anerkannt.[14] Doch im Gegensatz zu populären Vorstellungen hat keine der Westmächte eine formelle Anerkennung ausgesprochen, obwohl ihre öffentliche Opposition zur Oder-Neiße-Grenze längst nicht mehr so nachdrücklich wie früher klingt und sie im allgemeinen Brandts Ostpolitik wohl als ein Mittel begrüßten, die Spannungen in der Welt zu verringern.[15]

Offiziell halten jedoch die Regierungen der Vereinigten Staaten, Großbritanniens und Frankreichs an der Rechtsposition fest, daß die Oder-Neiße-Grenze gemäß Artikel IX des Potsdamer Protokolls nur eine vorläufige ist und später gebilligt oder revidiert werden muß, wenn ein Friedensvertrag mit Deutschland geschlossen wird.[16] Doch die Sowjetunion hat einen solchen Friedensvertrag unmöglich gemacht, weil sie eine Wiedervereinigung – es sei denn unter kommunistischen Vorzeichen[17] – verhindert. Deshalb wird die völkerrechtliche Endgültigkeit der Oder-Neiße-Grenze wahrscheinlich so lange ungeklärt bleiben, bis die Westmächte offiziell auf ihr Recht verzichten, die Erfüllung der Potsdamer Vereinbarung zu fordern.

Darüber hinaus haben sich die drei Westmächte in dem oben abgedruckten Artikel 7 des Deutschlandvertrages verpflichtet, die endgültige Festlegung der Grenzen Deutschlands bis zur Friedensregelung aufzuschieben. Sollte eine der Westmächte einseitig die Oder-Neiße-Grenze vor Abschluß eines Friedensvertrages anerkennen, so würde sie daher gegen eine völkerrechtliche Vertragspflicht verstoßen.

Man könnte fragen, ob es noch eine Rechtfertigung für die Nicht-Anerkennung durch die Westmächte gibt, nachdem sogar die Bundesrepublik Deutschland selbst ihren Anspruch auf die früheren deutschen Provinzen östlich von Oder und Neiße aufgegeben hat. Darauf läßt sich nur auf politischer, nicht auf juristischer Ebene antworten: die Vereinigten Staaten zum Beispiel haben durch die Anerkennung der Oder-Neiße-Linie nichts zu gewinnen. Aber auch nichts zu verlieren. Doch jede Bestätigung von ihrer Seite müßte natürlich motiviert sein, und eine solche Begründung zugunsten der Anerkennung wäre im Augenblick schwer zu formulieren.

Nun lassen die politischen Verhältnisse in den siebziger Jahren keine Änderung der Oder-Neiße-Grenze zu. Jedoch haben die drei Westmächte weiterhin das Recht, auf einer vom Warschauer Vertrag abweichenden Grenzregelung zu bestehen, die juristisch sogar von den Grenzen des Deutschen Reiches im Jahre 1937 ausgehen könnte.

Rückblick auf das Potsdamer Protokoll

Ein Rückblick auf die Geschichte der Oder-Neiße-Linie zeigt, daß sich die Vereinigten Staaten und Großbritannien nachdrücklich den Methoden widersetzten, mit denen die Sowjetunion und Polen versuchten, die Nachkriegsgrenze zwischen Deutschland und Polen festzulegen. Wie in Kapitel drei dargelegt, verwarfen Roosevelt wie Churchill in Jalta Stalins Vorschläge. Vier Monate später, als die Großen Vier mit der Berliner Deklaration vom 5. Juni 1945 die Souveränität über Deutschland übernahmen, handelte es sich formal und ausdrücklich um die Souveränität über Deutschland in seinen Grenzen „vom 31. Dezember 1937."[18] Die endgültige Grenzziehung blieb stets dem Friedensvertrag vorbehalten.

Die westliche Zustimmung zur Annexion deutschen Gebiets durch Polen hing unmittelbar mit der Theorie der Entschädigung zusammen, wobei der Umfang der Entschädigung, die Polen erhalten sollte, in Potsdam wiederholt erörtert wurde. Doch die Meinungsverschiedenheiten unter den Alliierten verhinderten, daß sie eine für die Friedensregelung bindende Verpflichtung eingingen. Trotz der formellen Zurückstellung der Grenzfrage annektierte die Regierung Polens mit sowjetischer Unterstützung das ganze Ostdeutschland jenseits von Oder und Neiße.[19] Der Umfang der Territorien war viel größer, als die Westmächte Polen durch den Friedensvertrag zugestehen wollten, und die Annexionen brachten die Westmächte tatsächlich um eine Quelle möglicher Reparationsleistungen und, was wichtiger war, um eine Quelle der Nahrungsmittel für die deutsche Bevölkerung in den westlichen Besatzungszonen. Anglo-amerikanische Proteste klangen sehr entschieden, blieben aber völlig wirkungslos. Wie Admiral Leahy, der an der Potsdamer Konferenz teilnahm, formulierte: „Wir hätten schon auf militärische Aktion vorbereitet gewesen sein müssen, um das sowjetische *fait accompli* rückgängig zu machen."[20]

Trotz diesen Übergriffen stimmten die westlichen Alliierten dem umstrittenen Artikel IX des Potsdamer Protokolls zu, der Polen die vorläufige Verwaltung der Gebiete jenseits von Oder und Neiße zusprach. Welche völkerrechtliche und geschichtliche Bedeutung kommt diesem Artikel zu? Nach einem weitverbreiteten Vorurteil werden oft die damals gefaßten Beschlüsse mit den Entscheidungen eines Friedensvertrags verwechselt. Doch die Potsdamer Konferenz war kein zweites Versailles; alle Beteiligten verstanden sie als eine von mehreren vorbereitenden Konferenzen, die der eigentlichen Friedenskonferenz vorausgehen mußten. Sie befaßte sich vornehmlich mit konkreten Problemen, die sich aus Deutschlands bedingungsloser Kapitulation ergaben. Zu den hartnäckigsten Irrtümern, die dem grundsätzlichen Mißverständnis entspringen, gehört die Annahme, Artikel IX setze Polens Nachkriegsgrenze an Oder und Neiße fest. Tatsächlich schließt schon die Fassung des Artikels IX eine solche Interpretation aus. „Die Häupter der drei Regierungen bekräftigen ihre Auffassung, daß die endgültige Festlegung (delimitation) der Westgrenze Polens bis zu der Friedenskonferenz zurückgestellt werden soll."[21] Hier ist nicht von „Demarkation", sondern von „Delimitation" die Rede; daraus geht hervor, daß die provisorisch entworfene Grenzlinie in jeder Richtung noch geändert werden konnte. Sie mußte also noch *definiert* werden.[22] Deshalb spricht der Artikel keine Abtrennung von Territorium aus, und Polen war *de jure* nicht berechtigt, Souveränität auszuüben.

Wie schon erwähnt, wurde die endgültige Regelung aufgeschoben, weil man sich sonst in einer Sackgasse verrannt hätte. Die westlichen Alliierten, besonders Truman, wollten sich nicht bei diesem verhältnismäßig unwichtigen Punkt einer langen Tagesordnung viel wichtigerer Fragen festfahren. In Potsdam – wie schon fünf Monate zuvor in Jalta – wären die westlichen Alliierten durchaus bereit gewesen, Polen die südliche Hälfte Ostpreußens, die Freie Stadt Danzig, den äußersten Zipfel Pommerns und die Provinz Oberschlesien einzuräumen. Das Territorium war zwar kleiner als das von der Sowjetunion annektierte polnische Gebiet jenseits der Curzon-Linie, aber wertvoller durch reiche Bodenschätze, eine entwickelte Industrie und fruchtbares Agrarland. Hätten sich Polen und die Sowjetunion damit zufrieden gegeben, wäre die Zustimmung der westlichen Alliierten und dann eine feste Verpflichtung ihnen sicher gewesen. Wie Churchill aber in Potsdam anmerkte, „verdiente zwar Polen eine Entschädigung für das Land östlich der Curzon-Linie, das es an Rußland verlieren sollte, doch nun verlangte es mehr, als es aufgab."[23] Und trotzdem wäre es vielleicht möglich gewesen, daß die westlichen Alliierten so weit gegangen wären, eine Grenze an der Oder anzuerkennen – wenn auch nur, um das Thema vom Tisch zu bringen. Doch die Polen und die Russen verlangten weitere deutsche Gebiete westlich der Oder, bis an die Görlitzer

Neiße. Das war unannehmbar. Churchill war sogar auf einen Bruch mit den Sowjets wegen dieser Frage vorbereitet;[24] er fürchtete, daß es dann, wenn Polen erst einmal die vorläufige Verwaltung über diese Gebiete übernommen habe, sehr schwierig sein werde, irgendwelches Agrarland für Nachkriegsdeutschland zurückzugewinnen, das doppelt so dicht wie Polen besiedelt war und das man nicht einfach zu einem hoffnungslosen Elendsgebiet werden lassen durfte: Ein übervölkertes und hungerndes Deutschland konnte leicht zu einer Gefahr für den Frieden Europas werden. Deshalb riet Churchill Truman zu fester Haltung, die der Präsident auch während der ersten neuen Plenarsitzungen in Potsdam bis zum 25. Juli 1945 einnahm. Doch nach dieser Sitzung kehrte Churchill nach Großbritannien zurück, um den Ausgang der britischen Wahlen abzuwarten, die dann völlig überraschend der Labour Party den Sieg und Churchill um sein Amt brachten. Wäre er nach den Wahlen in seiner früheren Funktion nach Potsdam zurückgekehrt, hätte man wahrscheinlich nicht die westliche Neiße als Grenze gelten lassen, nicht einmal vorübergehend. Der neuen Mannschaft, Attlee und Bevin, fehlte aber die Erfahrung und Zähigkeit, sich gegen Stalin zu behaupten,[25] während Truman, den die schwierige Grenzfrage allmählich ermüdete, beschloß, einer vorläufigen polnischen Verwaltung des Gebietes – das ja ohnehin in Händen der Polen war – zuzustimmen. Entsprechend wurde die Angelegenheit in der elften Plenarsitzung am 31. Juli 1945 geregelt. Doch wenn sich die westlichen Alliierten auch im Augenblick fügten, so gaben sie doch nicht auf. Vor allem Truman stellte ausdrücklich fest, daß die Abtretung von Territorium eine Angelegenheit des Friedensvertrags sei.[26]

Außenminister Byrnes faßte den Standpunkt der drei Mächte zusammen: Sie würden einer „Interims-Verwaltung" durch Polen zustimmen, damit es keine weiteren Streitigkeiten zwischen ihnen über die Verwaltung des Gebiets durch die provisorische polnische Regierung gebe, doch darunter werde von allen verstanden, daß hierdurch keine Gebietsabtretung bewirkt werde.[27] Der Bericht läßt keinen Einspruch von Stalin oder Molotow erkennen. Man ging also keine Verpflichtung hinsichtlich der polnischen Westgrenze ein, – eine wohlüberlegte Unterlassung, die umso deutlicher wird, wenn man sie mit dem Versprechen der westlichen Alliierten in Artikel VI vergleicht, den sowjetischen Anspruch auf Königsberg bei der Friedenskonferenz zu unterstützen.

„Angesichts dieser geschichtlichen Tatsachen," schrieb Außenminister Byrnes, „kann man kaum einem Menschen guten Glauben zubilligen, der behauptet, die polnische Westgrenze sei auf dieser Konferenz festgelegt oder eine Zusage sei gegeben worden, sie in einer bestimmten Weise festzulegen."[28]

Da die Grenzregelung ohnehin provisorisch sein sollte und vielleicht auch wegen der Hektik der letzten Konferenztage, versäumte man sogar, die Stadt Stettin im Artikel IX des Protokolls zu erwähnen, der lediglich bestimmt, daß die provisorische Grenze „unmittelbar westlich von Swinemünde und von dort die Oder entlang" verlaufen sollte. Dieser Regelung nach wäre Stettin auf der deutschen Seite geblieben. Jedoch ist die Frage der Grenzfestlegung im Stettiner Raum bei der elften Plenarsitzung am 31. Juli 1945 abschließend erörtert worden. Nach den Protokollen von Benjamin V. Cohen, einem Mitglied der amerikanischen Delegation, sagte Truman zum Abschluß der Diskussion um Polen, welche die Stettiner Frage bis dahin nicht berührt hatte: „Damit ist die polnische Frage erledigt." Darauf vergewisserte sich Stalin: „Stettin liegt auf polnischem Territorium." Der britische Außenminister Bevin antwortete: „Ja, wir sollten die Franzosen verständigen." Stalin erwiderte mit einem „Ja".[29]

Diese Regelung war aber keine Überraschung für die Anglo-Amerikaner. Bereits der schriftliche Vorschlag der amerikanischen Delegation vom 29. Juli hatte die Einbeziehung Stettins unter die polnische Verwaltung erwähnt.[30] Die Potsdamer Dokumente verraten aber nichts über das westlich der Oder an das Stettiner Haff angrenzende Gebiet, das die Polen auch besetzten. Es ist möglich, daß ungeachtet des unzureichenden Wortlauts der Potsdamer Grenzbeschreibung ein Konsens erreicht wurde. Dafür spricht eine in London hergestellte Landkarte, die dem Abkommen vom 26. Juli 1945 über Ergänzungen zum Protokoll vom 12. September 1944 über die Besatzungszonen beigefügt wurde.[31] Diese Karte zeigt außer den Grenzlinien der Besatzungszonen drei handschriftlich eingezeichnete Grenzlinien um Stettin, von denen zwei schwach gezogene Linien östlich der heutigen Grenze verlaufen und eine stärker gezogene Linie etwa der heutigen Westgrenze Polens auf dem linken Oderufer entspricht.[32]

Wenn tatsächlich kein Konsens über dieses Hinterland erreicht worden war, hätten die Westmächte protestieren können, als am 21. September 1945 eine sowjetisch-polnische Kommission ein polnisch-sowjetisches Grenzabkommen unterzeichnete, auf Grund dessen in der Zeit vom 4. bis 8. Oktober durch Vermessung im Gelände eine Grenzlinie festgelegt wurde, die der heutigen Grenze zwischen Polen und der DDR im Raum westlich der Odermündung im wesentlichen entspricht.[33]

Aber in der Perspektive der Ereignisse von 1945 war die Frage Stettins und des Hinterlandes für die Westmächte relativ unerheblich. Diese kleineren Verschiebungen spielten sich ohnehin im Bereich der sowjetischen Besatzungszone bzw. des polnischen Verwaltungsgebietes ab. Außerdem schien wenig Grund dafür zu bestehen, sich über eine Grenze aufzuregen, die, wie vereinbart, nur provisorischen Charakter haben sollte. Man würde ja später darauf zurückkommen.

Die westlichen Alliierten und die Entwicklung nach Potsdam

Als Präsident Truman am 9. August 1945 in die Vereinigten Staaten zurückgekehrt war, hielt er eine Rundfunkrede an die Nation, in der er über die wichtigen Beschlüsse der Potsdamer Konferenz berichtete. Zur Frage der deutschen Grenzen sagte er, die provisorische polnische Regierung der Nationalen Einheit stimme mit den Großen Drei darin überein,[34] „daß die endgültige Bestimmung der Grenzen nicht in Berlin unternommen werden, sondern auf die Friedensregelung warten solle. Immerhin wurde ein beträchtlicher Teil der bisherigen russischen Besatzungszone in Deutschland bei der Berliner Konferenz Polen übergeben *zu Verwaltungsaufgaben, und zwar bis zu den endgültigen Beschlüssen der Friedensregelung.*" (Kursive vom Verfasser.)

Präsident Truman sagte ferner:[35] „Das Territorium, das die Polen verwalten sollen, wird Polen ermöglichen, seine Bevölkerung besser zu unterhalten. Es wird eine kurze und besser zu verteidigende Grenze zwischen Polen und Deutschland schaffen. Von Polen besiedelt, wird es zu einer homogeneren Nation führen."

Diese letzte Aussage ist oft – aus dem Zusammenhang gerissen –[36] so ausgelegt worden, als habe Truman die Oder-Neiße-Grenze für endgültig gehalten, obwohl er gerade eben in der selben Rede das Gegenteil erklärt hatte. Offensichtlich bedeutete Trumans Äußerung nicht, daß er meinte, daß *alle* Gebiete, die nun von den Polen verwaltet werden sollen, schließlich in ihren Besitz übergehen würden, wenn sie auch nach westlichen Vorstellungen wahrscheinlich die Hälfte tatsächlich erhalten sollten. Auf keinen Fall ist anzunehmen, daß Präsident Truman in einem Überblick für die Nation auf die Feinheiten einer Grenzregelung eingehen wollte, die sich noch nicht genau übersehen ließ. Zu unterstellen – wie es polnische und russische Wissenschaftler getan haben –, daß Trumans Erklärung den „Charakter einer maßgeblichen Interpretation"[37] habe, ist lächerlich. Trumans Haltung in Potsdam war für jedermann viel zu klar, als daß eine „maßgebliche Interpretation" in einer Präsidentenbotschaft an das amerikanische Volk gesucht zu werden brauchte, an Zuhörer also, die wenig von den Problemen der deutsch-polnischen Grenze wußten und sich noch weniger darum kümmerten. In seinen *Memoirs,* die sich eng an die offiziellen amerikanischen Protokolle aus Potsdam halten, erinnert sich Truman:[38] „Wir hatten uns auf einen Kompromiß über die Grenzen Polens geeinigt. Er war das Beste, was wir erreichen konnten, aber wir hatten dabei vorausgesetzt, daß die endgültige Regelung dem Friedensvertrag überlassen bliebe."

Ein überzeugender Beweis für die Tatsache, daß die Sowjetunion und Polen durchaus die Vorläufigkeit der territorialen Regelungen kannten, bietet der sowjetisch-polnische Vertrag vom 16. August 1945 über ihre gemeinsame Grenze durch das deutsche Ostpreußen: Darin wurde die endgültige Grenzziehung ausdrücklich bis zum Friedensvertrag aufgeschoben[39] – was völlig unnötig gewesen wäre, wenn Polens Grenzen nicht mehr Gegenstand einer Revision nach der Potsdamer Konferenz sein sollten.

Winston Churchill, Verlierer der britischen Wahl, hielt seine erste ausführliche Rede als Oppositionsführer am 16. August 1945 vor dem Unterhaus. Zum Thema der polnischen Westgrenze bestätigte er noch einmal die offizielle

Auffassung der britischen Regierung und fuhr fort:[40] „Ich muß meine persönliche Meinung zu Protokoll geben, daß die Polen zugestandene, provisorische Westgrenze, die ... ein Viertel des Ackerlandes ganz Deutschlands umschließt, kein gutes Vorzeichen für die künftige Karte Europas ist."

Viele skeptische Autoren, besonders polnische, haben versucht, Churchills Erklärung als pures politischer Manöver eines Oppositionsführers abzutun,[41] doch der Vorwurf hält genauer historischer Analyse nicht stand, denn die Berichte zeigen, daß Churchills Einverständnis, Polen auf Kosten Deutschlands zu entschädigen, stets durch seine Forderung gebremst wurde, daß diese Entschädigung im rechten Verhältnis zum polnischen Verlust und zur Möglichkeit der Deutschen stehen müsse, Umsiedler aus den betreffenden Gebieten aufzunehmen.[42] Kaum drei Wochen vor dieser umstrittenen Rede vom 16. August hatte Churchill im wesentlichen das Gleiche zu der polnischen Delegation in Potsdam gesagt. Am Nachmittag des 24. Juli machte die Delegation der provisorischen polnischen Regierung unter Führung von Stalins Schützling, dem Ministerpräsidenten Bierut, Churchill einen Besuch, in erster Linie, um dem polnischen Anspruch auf das Gebiet bis zur Oder und Neiße Nachdruck zu geben. Churchill erinnerte zunächst daran, daß Großbritannien wegen Polen in den Krieg eingetreten war und daß es immer Sympathie für Polens Belange gezeigt habe. Andererseits machte er Bierut klar, daß Polens Gebietsansprüche in den Augen der westlichen Alliierten übertrieben seien und, wenn sie erfüllt würden, Deutschland um sein bestes Agrarland und wichtige Bodenschätze bringen werde; dann würde Polen Nahrung und Heizmaterial der Deutschen haben, während die amerikanischen und britischen Besatzungsbehörden zusätzlich die Last auf sich nehmen müßten, neun Millionen Deutschen aus den annektierten Gebieten Mund und Herd zu füllen.[43] Bierut gab zurück, daß nur anderthalb Millionen Deutsche ausgewiesen zu werden brauchten, da die übrigen bereits geflohen oder umgekommen seien.[44] Er fuhr fort:[45] „Ein großer Teil der Bevölkerung der von den Polen beanspruchten Gebiete, insbesondere in Schlesien, sei in Wirklichkeit polnisch, wenn man sie auch zu germanisieren versucht habe. Es handle sich geschichtlich um polnisches Territorium, und in Masuren lebe immer noch eine starke polnische Bevölkerung."

Solche verzerrten Argumente veranlaßten Churchill, das Thema fallenzulassen und auf das nicht weniger dornige der freien Wahlen in Polen überzugehen.

Am Morgen des 25. Juli hatte Churchill eine zweite Unterredung mit Bierut, in der er betonte, daß die Grenzfrage mit den Problemen der Reparationen und Bedarfsdeckung verknüpft sei. Unumwunden erklärte er Bierut, daß Polen zuviel verlange und daß sich Großbritannien und die Amerikaner diesen Forderungen widersetzen würden. Churchill vermerkt in seinen Erinnerungen:[46] „Mein Appell blieb wirkungslos. Die Welt hat immer noch an den ‚ernsten Folgen' zu tragen, die ich damals voraussagte."

24. *Junge in Hamburg, 1946* (Gollancz Archiv)

25. *Mülltonnen in den amerikanischen Kasernen in Berlin, April 1946* (U.S. Army Bild)

EDIBLE GARBAGE

NON-EDIBLE GARBAGE

TRASH ONLY

26. *General Lucius Clay und sein politischer Berater Robert Murphy in Berlin* (U.S. Army Bild)

27. *Außenminister James J. Byrnes hält seine berühmte Stuttgarter Rede am 6. September 1946: der Wendepunkt der amerikanischen Besatzungspolitik* (Süddeutscher Verlag)

28. Die Charta der Heimatvertriebenen vom August *1950 wurde 1975 feierlich bestätigt* (Bohn)

29. *Die Landsmannschaften der Ostpreußen, Pommern, Schlesier, Sudetendeutschen u. a. veranstalten jedes Jahr zu Pfingsten ihre Treffen. Hier das Pfingsttreffen von ca. 180 000 Sudetendeutschen 1977 in Wien* (P. Maier)

30. *Bundeskanzler Willy Brandt und Ministerpräsident Józef Cyrankiewicz unterzeichnen den Warschauer Vertrag am 7. Dezember 1970* (Bundespresseamt)

31. *Bundeskanzler Helmut Schmidt spricht mit dem polnischen Parteichef Edward Gierek in Helsinki im Juli 1975* (Bundespresseamt)

Churchills Ansicht wurde nicht nur von den britischen Konservativen geteilt, auch die Labour Party, die nach der neunten Sitzung der Potsdamer Konferenz an die Macht gekommen war, empfand nicht mehr Sympathie für das sowjetisch-polnische *fait accompli.* Am 10. Oktober 1945 verdeutlichte Außenminister Ernest Bevin die Politik seiner Partei hinsichtlich der Oder-Neiße-Linie:[47] „Die Regierung Seiner Majestät ist in keiner Weise verpflichtet, die bestehenden provisorischen Regelungen auf der Friedenskonferenz zu stützen ...Die Politik, welche die polnischen Behörden in den Gebieten einschlagen, die jetzt unter ihrer Verwaltung stehen, wird sicherlich die Haltung beeinflussen, die von der Regierung Seiner Majestät bei einer möglichen Diskussion über die endgültige Regelung in diesen Gebieten eingenommen wird."

Das war kein Parteimanöver. Es ist die eindeutige Feststellung der Tatsache, daß Großbritannien ohne Unterschied der Parteien Polens westliche Grenzen nur unter bestimmten Bedingungen endgültig anerkennen würde.

Doch die Aussichten auf Demokratie in Polen schwanden immer mehr, als die kommunistischen Polen mit Hilfe der sowjetischen Besatzer den oppositionellen Parteien die Pressefreiheit verweigerten, die Ergebnisse der Volksabstimmung vom 30. Juni 1946 fälschten und später viele Mitglieder der demokratischen Opposition verhafteten oder ermordeten.[48]

Andere Ereignisse in Polen erregten die britische und amerikanische Öffentlichkeit, etwa der Pogrom, der sich am 4. Juli 1946 in Kielce ereignete. Der gewalttätige, judenfeindliche Tumult kostete einundvierzig Juden das Leben, meistens Überlebenden von Hitlers Vernichtungslagern. Bei den Ausschreitungen in Kielce und anderen Orten hat die anwesende kommunistische Miliz nicht nur nichts zum Schutze der jüdischen Opfer unternommen, sondern in manchen Fällen sogar einige Juden verhaftet.[49] Diese Entwicklung trug dazu bei, daß sich die anglo-amerikanischen Beziehungen zur polnischen Regierung noch weiter abkühlten.

Am 22. Oktober 1946 wiederholte Außenminister Bevin die bekannte britische Ansicht, daß die Oder-Neiße-Grenze nicht endgültig sei und daß ihre Anerkennung von vielen noch nicht vorhandenen Faktoren abhänge. In seiner Ansprache vor dem Unterhaus erklärte er:[50] „Was die polnische Grenze angeht, will ich nicht verhehlen, daß wir in Potsdam erst nach langem Zögern mit den umfassenden Veränderungen einverstanden waren, auf denen unsere russischen Verbündeten bestanden ... Unsere eigene Einwilligung in die vorläufigen Regelungen in Potsdam war die Antwort auf verschiedene Zusicherungen der provisorischen polnischen Regierung, daß sie sobald wie möglich freie und unbehinderte Wahlen veranstalten wolle ... Wir sehen keinen Grund, warum wir schließlich die Abtretung dieses großen Gebietes an Polen ratifizieren sollten, wenn wir nicht gewiß sind, daß diese Zusicherungen tatsächlich voll verwirklicht worden sind. Wir möchten auch unbedingt wissen, ob die Polen imstande sind, das Gebiet zu entwickeln, damit die wirt-

schaftlichen Ressourcen angemessen genutzt werden, so daß hier nicht eine
Ödnis entsteht, aus der die Deutschen ausgeschlossen worden sind, die aber
von den Polen nicht bevölkert werden kann."

Ähnlich umriß der amerikanische Außenminister James J. Byrnes die amerikanische Haltung zu Polen, wobei er die sowjetische Behauptung zurückwies,
daß Polens Westgrenze bei der Potsdamer Konferenz festgelegt worden sei. In
seiner berühmten Stuttgarter Rede vom 6. September 1946 sagte er:[51] „Als
Ergebnis der Vereinbarung von Jalta trat Polen an die Sowjetunion Territorien
östlich der Curzon-Linie ab. Aus diesem Grund verlangte Polen im Norden
und Westen Grenzverschiebungen. Die Vereinigten Staaten werden eine Revision dieser Grenzen zugunsten Polens unterstützen. Doch der Umfang des an
Polen abzutretenden Gebiets kann erst bestimmt werden, wenn man sich auf
die endgültige Regelung einigt."

Was unter „endgültiger Regelung" zu verstehen sei, ging aus einer Äußerung von Sumner Welles, dem amerikanischen Unterstaatssekretär im Außenministerium, hervor. Er schrieb in diesem Jahr:[52] „Versuchsweise haben sich
die vier Mächte auf den Oderlauf als neue Ostgrenze Deutschlands geeinigt...
Wenn der Frieden diese vorläufige Entscheidung zur endgültigen machen
sollte, würden sie ein Unrecht fortsetzen und sozial und wirtschaftlich einen
schweren Fehler begehen, der unweigerlich dauernde Spannung und Unsicherheit in Europa hervorrufen müßte ... Ein großer Teil des Gebiets zwischen der Oder und der westlichen Grenze des einstigen polnischen Korridors
ist reicher Agrarboden. Ein Teil mindestens sollte den Deutschen zugänglich
bleiben, sowohl als Nahrungsquelle wie auch als Wohngebiet. Wenn die neue
deutsche Grenze mit Polen mit angemessener Rücksicht auf die wirtschaftlichen Bedürfnisse des deutschen Volkes festgelegt werden soll, müßte sie
ziemlich weit östlich der Oder verlaufen."

Bei diesem Stand der Dinge im November/Dezember 1946 trat der Außenminister-Rat in New York zusammen, um den Frieden mit Deutschland zu
erörtern. Um die neuen Grenzen zu bestimmen, beschloß er, die Ansichten der
Regierungen jener Staaten einzuholen, deren Streitkräfte am gemeinsamen
Kampf gegen die Achse teilgenommen hatten.[53] Wie vorauszusehen, empfahlen sämtliche Länder Osteuropas, die bereits in den sowjetischen Bannkreis
geraten waren, die Oder-Neiße-Linie, die von der Sowjetunion und der von
ihr beherrschten polnischen Regierung gewünscht wurde.[54]

Die Vertreter Belgiens und der Niederlande erklärten, nach ihrer Meinung
werde kein Frieden von Dauer sein, wenn er nicht eine teilweise Rückgabe der
unter polnische Verwaltung gestellten deutschen Gebiete einschließe, oder, als
Alternative, „eine Regelung, wonach das Land und seine Erträge für das
überbevölkerte Deutschland und seinen Nahrungsbedarf zugänglich gemacht
werden".[55]

Die südafrikanische Regierung verlangte ausdrücklich eine Revision der
polnisch-deutschen *de-facto*-Grenze und lehnte „jeden Versuch ab, große,

dem Wesen nach deutsche Wohngebiete zu verriegeln".[56] Andererseits gab die Regierung zu, daß „eine gemäßigte Berichtigung der Grenzen zugunsten Polens möglich sein sollte."[57] Kanadas Regierung empfahl einerseits, daß man nicht einer großen Anzahl Deutscher gestatten solle, außerhalb der künftigen deutschen Grenze zu leben, bemerkte dann aber, daß „übertriebene Verschiebungen der Bevölkerung, die aus politischen Gründen ohne Rücksicht auf wirtschaftliche und soziale Bedingungen unternommen werden, schwere Nachteile mit sich bringen und vielleicht zu ernsten Gefahren führen".[58]

Die Regierung von Australien schlug vor, daß „bei der Grenzziehung die Atlantik-Charta berücksichtigt wird, wobei allerdings zu bedenken ist, daß bestimmte Ansprüche, die aus Sicherheitsgründen gestellt werden, von überragender Bedeutung sein können".[59]

Da die Atlantik-Charta vorschrieb, „keine territorialen Veränderungen" vorzunehmen, „die nicht mit den frei geäußerten Wünschen der betroffenen Völker übereinstimmen", und da die Charta der Vereinten Nationen besonders den Grundsatz der Selbstbestimmung der Völker (Artikel 1 und 55) betont, hätten ja wohl, mindestens nach Ansicht der australischen Regierung, die Millionen Deutschen, die bereits aus den Gebieten östlich von Oder und Neiße vertrieben worden waren, und die Millionen, denen dieses Schicksal für 1947 und 1948 noch bevorstand, befragt werden sollen. Andererseits war der Artikel 107 in die Charta der Vereinten Nationen ausdrücklich aufgenommen worden, um den siegreichen Alliierten freie Hand bei der Behandlung der Deutschen zu geben. Weder die Atlantik-Charta noch der Leitgedanke der Selbstbestimmung in der Charta der Vereinten Nationen wurden von den meisten Mitgliedern der Vereinten Nationen als Hindernis für eine harte Behandlung Deutschlands angesehen.

So empfahl also keine der befragten Regierungen eine *restitutio in integrum*. Eine solche „Wiedereinsetzung in den vorigen Stand" hätte bedeutet, daß Deutschland die Gebiete östlich von Oder und Neiße zurückerhalten hätte, aber alle waren sich offenbar darin einig, daß ein Teil des Landes für immer Deutschland genommen und Polen gegeben werden sollte. Einige Regierungen lehnten es ab, ihre Ansicht über ein Thema zu äußern, das ihnen vermutlich gleichgültig war.

Die Moskauer Konferenz des Außenministerrats

Für Großbritannien und die Vereinigten Staaten bildete die Friedensregelung mit Deutschland natürlich kein zweitrangiges Thema. Außenminister Marshall, der die durch Übervölkerung und Nahrungsmangel verursachten Schwierigkeiten in Deutschland nur zu gut kannte, begab sich im März 1947 in der festen Absicht nach Moskau, sich für eine Grenzkommission einzusetzen, die eine vernünftigere Grenze zwischen Deutschland und Polen bestimmen sollte, eine Grenze, die irredentistische Bestrebungen auf ein Mindestmaß beschränken und Aussicht auf Dauer haben werde. Marshall wies Molotows Behauptung nachdrücklich zurück, daß die Entscheidung über Polens Westgrenze in Potsdam gefallen sei, und zitierte den Text von Artikel IX des Protokolls, nach dem die Angelegenheit bis zur Friedenskonferenz zurückgestellt wurde. Er bestätigte, daß „Polen zu einer Entschädigung für seine Verluste im Kriege berechtigt ist und daß die Vereinigten Staaten ihre Verpflichtungen einhalten wollen", bemerkte aber auch: „Wir dürfen nicht vergessen, daß ein großer Teil des Gebiets, das jetzt unter polnischer Verwaltung steht, lange deutsch gewesen ist und über landwirtschaftliche Ressourcen von lebenswichtiger Bedeutung für die deutsche und die europäische Wirtschaft verfügt."[60]

Großbritanniens Außenminister Bevin brachte konkretere Vorschläge über eine Revision der Oder-Neiße-Linie vor. Er bezog sich auf die unbestreitbare Tatsache, daß Westdeutschland Mangel litt, daß die Deutschen in der britischen Zone bei Rationen von 1 042 Kalorien täglich schon fast verhungerten,[61] und begründete damit seine Forderung, Agrarland zurückzugeben, und zwar in erster Linie Pommern und das reiche schlesische Bauernland zwischen Görlitzer und Glatzer Neiße.[62]

Molotow lehnte die Vorschläge rundheraus ab. Er brachte das spitzfindige Argument vor, daß die in Potsdam gezogene Grenze (nach Artikel IX) *notwendigerweise endgültig sein müsse*, weil ja die Alliierten eingewilligt hatten, daß die Deutschen aus den in Artikel XIII erwähnten Gebieten ausgesiedelt werden sollten.[63]

Zunächst leuchtet das Argument ein, vor allem, wenn man die Entstehung von Artikel XIII nicht kennt. Es ist auch von zahlreichen polnischen Wissenschaftlern[64] wiederholt worden und hat sogar in den Vereinigten Staaten ein Echo gefunden.[65] Wenn die Großmächte tatsächlich Polen angewiesen hätten, alle Deutschen aus den Gebieten östlich von Oder und Görlitzer Neiße zu vertreiben, wäre es allerdings widersinnig gewesen, daß die westlichen Alliierten zwei Jahre später behaupteten, die Vertreibungen seien nur als „vorläufige" gedacht, die Grenze müsse neu festgelegt und den vertriebenen Deutschen die Rückkehr gestattet werden. Wäre es wirklich so gewesen, dann hätte das sowjetisch-polnische Argument sein Gewicht gehabt. Doch die Dokumente enthüllen eine völlig andere Situation. Die westlichen Alliierten haben Polen niemals „befohlen", die Deutschen zu vertreiben, sondern standen in Potsdam einer völlig chaotischen Lage gegenüber, welche sie zwang, sofort zu handeln, und zwar aus Rücksicht auf die Millionen Deutschen, die bereits von Polen und Tschechen vertrieben wurden. Abgesehen von militärischem Eingreifen hatte es keinen praktischen Weg gegeben, diese Vertreibungen zu unterbinden, und Großbritannien und Amerika zögerten natürlich, um der besiegten Deutschen willen gegen ihre östlichen Verbündeten zu kämpfen. Man war zu einer Art Burgfrieden gelangt – und hatte damit alles erreicht, was im Sommer 1945 überhaupt möglich war. Die westlichen Alliierten hatten also ein Schema entworfen, jenen Artikel XIII, um etwas Ordnung in der Chaos zu bringen, das die Vertreibungen überall in Deutschland, also auch in ihren Besatzungszonen, hervorriefen. Zunächst erklärten sie, daß die Vertreibungen in „geregelter und humaner Weise" durchgeführt werden sollten; dann verlangten sie die sofortige Einstellung der Ausweisungen, damit dem Alliierten Kontrollrat die nötige Zeit blieb, die Aufnahme der Vertriebenen vorzubereiten.

In diesem Sinn ist es ein sehr bedenklicher Versuch, die Artikel IX und XIII als „organisches Ganzes" zu betrachten. Artikel IX bestimmte eine vorläufige Grenze. Artikel XIII führte Notmaßnahmen ein, die mit einer Lawine menschlichen Elends fertigwerden sollten. Beide Artikel wurden weder zusammen entworfen, noch sollten sie gekoppelt werden.[66]

Artikel XIII im Licht des Artikels IX: Interpretationsprobleme

An dieser Stelle hilft die Feststellung weiter, daß Artikel XIII eine zweischneidige Waffe ist. Wäre er tatsächlich untrennbar von Artikel IX, dann hätten die Alliierten ihn sorgfältiger formulieren müssen: In seiner vorliegenden Form sieht er nämlich Vertreibungen aus „Polen" und nicht etwa „aus Polen einschließlich der deutschen, gemäß Artikel IX unter polnische Verwaltung gestellten Gebiete" vor. Da aber „Polen" im Potsdamer Protokoll nicht verbindlich definiert worden ist und da seine Westgrenze bis zum Friedensvertrag unbestimmt bleiben sollte, konnte nach den gewohnten Regeln der Interpretation das in Artikel XIII erwähnte „Polen" nur Polen *ohne* die deutschen Gebiete östlich von Oder und Neiße bedeuten; die Oder-Neiße-Gebiete standen offiziell vorübergehend unter polnischer Verwaltung, aber Polen konnte keineswegs die Souveränität ausüben, die ihm nur der Friedensvertrag verleihen konnte.

Deshalb war die Brücke, die Molotow zwischen den beiden Artikeln schlug, eine recht waghalsige Sache für seine eigene juristische Argumentation, weil ja Polen im Artikel XIII nicht größer sein konnte als das im Artikel IX angesprochene Polen, das heißt Polen *ohne* Souveränität über die deutschen Ost-Provinzen.

So haben viele deutsche Juristen die Gelegenheit nicht versäumt, darauf hinzuweisen, daß den Ausweisungen aus Ostpreußen, Pommern, dem östlichen Brandenburg und Schlesien sogar das Mäntelchen der Legalität fehlte, weil eben diese Ausweisungen nicht ausdrücklich gestattet wurden. Im besten Falle konnte Molotow also bedauern, daß Artikel XIII schlecht formuliert wurde, daß er nicht wiedergab, was die Parteien eigentlich meinten, aber er konnte aus der Form, in der er nun einmal angenommen worden war, für seine Ansicht keine Stütze und keinen Anhalt gewinnen.[67]

Natürlich wurden auch amerikanische Juristen und Politiker auf die Mehrdeutigkeit des Artikels XIII aufmerksam. So glaubte z. B. General Lucius Clay, der an der Potsdamer Konferenz teilgenommen hatte, nicht, daß er sich auf die Deutschen, die in den deutschen Provinzen östlich von Oder und Neiße lebten, bezog.[68] Andererseits wies Außenminister Byrnes im Oktober 1945 den politischen Berater für Deutschland, Robert Murphy, an, daß Artikel XIII so interpretiert werden solle, als ob er auf Polen samt den Gebieten östlich von Oder und Neiße bezogen sei. Eigentlich darf kein Zweifel darüber bestehen, daß die Alliierten tatsächlich mit der Umsiedlung von Teilen der deutschen Bevölkerung aus diesen Gebieten rechneten. Gerade dieses Problem war Gegenstand zahlreicher Auseinandersetzungen in den Plenarsitzungen in Potsdam, wie aus den Protokollen eindeutig hervorgeht. Byrnes betonte aber wiederum, daß Artikel XIII „nicht das Potsdamer Einverständnis beeinträchtigen darf, wonach die endgültige Festlegung von Polens Westgrenze bis zum Friedensvertrag warten soll".[69]

Auch Arthur Lane, der amerikanische Botschafter in Polen von 1945–47, war im Zweifel über Sinn und Funktion des Artikels XIII. Vermutlich unter dem Einfluß polnischer Diplomaten, hatte er begonnen, Artikel IX im Zusammenhang mit seiner Auffassung von Artikel XIII zu interpretieren. Am 9. Mai 1947, kurz nach seinem Rücktritt als Botschafter, hatte er in Washington ein Gespräch mit Marshall, bei dem der Außenminister das Problem umriß:[70] „Der Präsident ist in Potsdam gezwungen gewesen, einer Regelung zuzustimmen, die ihm sehr unangenehm war. Damals hatten ja die Russen das Territorium in der Hand. Sie hatten absichtlich den Sinn der erreichten Übereinstimmung verzerrt, doch wie die Notizen und Erklärungen der Konferenzteilnehmer klar beweisen, haben wir nicht in eine definitive Grenzziehung eingewilligt."

Marshall erinnerte Lane außerdem daran, daß Lane 1945 die Anweisung erhalten hatte, mit den Polen die Frage einer humanen Umsiedlung zu erörtern, „denn die Polen fuhren tatsächlich mit der Deportation der deutschen Bevölkerung fort, was aber nicht hieß, daß wir damit einverstanden waren".[71]

Polens „wiedergewonnene Gebiete"

Die Sowjets reagierten heftig auf die amerikanische und die britische Weigerung, sich mit der Oder-Neiße-Linie als einer vollendeten Tatsache abzufinden. Einerseits hielten die Russen an der unhaltbaren Auffassung fest, daß Polens Westgrenze in Jalta bestimmt und in Potsdam bestätigt worden sei, andererseits begannen sowjetische und polnische Presseorgane mit einem panslawistischen Vorstoß, der seine Waffen hartnäckig aus der Vergangenheit bezog. Plötzlich ging es gar nicht mehr um eine Entschädigung Polens für die an die Sowjetunion abgetretenen Gebiete,[72] sondern darum, „alten polnischen Boden zu sichern."[73]

Ein Artikel in der Iswestija griff Außenminister Marshalls Erklärung vom 28. April 1947 an:[74] „Trotz seines offensichtlich vergeblichen Versuchs, die Dinge zu verwirren und die Haltung der US-Delegation in Moskau zugunsten einer Revision der Krim-Beschlüsse zu entstellen, läßt Marshalls Rundfunkrede doch keinen Zweifel daran, daß das, was sich im Ministerrat abspielte, ein Beispiel für die neue US-Politik war, die den Interessen Polens unmittelbar zuwiderläuft, weil sie die Rückkehr alten polnischen Landes ablehnt und die Germanisierung dieser polnischen Provinzen begünstigt. Es war der Versuch, die Potsdamer Beschlüsse zu umgehen. Man will den Polen jetzt deutlich machen, daß die neuen Grenzen ihnen die Dinge nur erschweren und Polen in keiner Weise nützen würden. Daher die offene Aufforderung, Polen seine neuen westlichen Gebiete zu nehmen, sie Deutschland zurückzugeben und auf diese Weise alle künftigen Schwierigkeiten aus dem Wege zu räumen. Die Tatsache, daß diese Vorschläge einen flagranten Vertrauensbruch darstellen, kümmert die Urheber des Schemas nicht."

Mit den selben Vorwürfen tadelte ein Artikel vom 22. Mai 1947 in der Iswestija auch den britischen Außenminister:[75] „Bevin versuchte, das bekanntlich sinnlose Argument vorzubringen, daß die Frage von Polens Westgrenze nicht geregelt sei und daß es sich dabei um eine Form von ‚Entschädigung' und nicht um die Rückkehr alten polnischen Landes handelte. Auch hier haben wir es mit dem offensichtlichen Versuch zu tun, das Potsdamer Abkommen zu revidieren und gewisse Zusagen zu umgehen, die sich aus dem Abkommen herleiten. Die Frage von Polens Westgrenze ist ein für allemal geregelt worden und nicht mehr Gegenstand irgendeiner Revision."

Im Jahre 1947 verstärkte sich der Feldzug, der alle Welt davon überzeugen sollte, daß Pommern, Schlesien und Ostpreußen schließlich zur polnischen Erde gehörten. Keine Gelegenheit wurde ausgelassen, um die panslawistische Behauptung zu verbreiten, daß diese Gebiete niemals ihren echten polnischen Charakter verloren hätten, obwohl hier seit mehr als siebenhundert Jahren Deutsche gelebt hatten.

Alles Gerede von Breslau oder Stettin als alten polnischen Städten oder von der Oder als einer alten polnischen Grenze sollte einmal in historischer Perspektive gesehen werden, in der dann auch Kiew und Smolensk als polnische Städte erscheinen. Während die am weitesten westlich lebenden Slawen im Zuge der slawischen Westwanderung die ehemaligen Gebiete der Vandalen und Goten an Weichsel und Oder eroberten,[76] führte der spätere polnische „Drang nach Osten" sie auch zur Herrschaft über Ukraine und Weißrußland.

Die sogenannten „polnischen Westgebiete" oder „wiedergewonnenen Territorien" waren zum größten Teil seit dem zwölften und dreizehnten Jahrhundert nicht mehr polnisches Herrschaftgebiet. In diesen dünn besiedelten Landschaften gab es schon bald deutsche Mehrheiten unter deutschen Fürsten; es galt deutsches Recht, die deutsche Sprache überwog. Ende des dreizehnten Jahrhunderts gehörten ganz Schlesien und Pommern zum Heiligen Römischen Reich Deutscher Nation; Ostpreußen (1226), Danzig (1263 Lübisches Recht) und Pommerellen (1308) wurden vom Deutschen Orden nach der Goldbulle von Rimini[77] erobert und besiedelt. In den folgenden sechs Jahrhunderten waren Schlesien und Pommern ohne Unterbrechung deutsch (beziehungsweise österreichisch und teilweise vorübergehend schwedisch), während Pommerellen und das Ermland von den Polen in Besitz genommen wurden. All diese polnischen Gewinne vor allem des fünfzehnten Jahrhunderts, als Polen eine mächtige, angriffsfreudige europäische Macht darstellte, wurden im achtzehnten Jahrhundert durch die drei Nachbarn zunichtegemacht: Sie radierten Polen von der Landkarte aus. Doch alle deutschen Gewinne auf Kosten der Polen wurden 1919 im Versailler Vertrag Polen zurückgegeben, und Polens Westgrenze verlief ungefähr wie vor der Ersten polnischen Teilung von 1772. Dadurch gerieten aber zwei Millionen Deutsche als Minderheit unter polnische Herrschaft.

Durch die Real- und später Personalunion mit Litauen erstreckte sich die polnische Herrschaft seit dem Anfang des fünfzehnten Jahrhunderts über weite Gebiete Rußlands und reichte nahezu bis vor die Tore Moskaus. In der Zeit der Wirren Anfang des siebzehnten Jahrhunderts gelangte sogar ein polnischer Königssohn für kurze Zeit auf den russischen Zarenthron. Kiew gehörte bis 1654, Smolensk bis 1667 zu Polen.[78] Hundert Jahre später verschaffte sich Rußland den Löwenanteil an den polnischen Teilungen, und 1815 erhielt es sogar Kongreßpolen mit der Hauptstadt Warschau. Nach dem ersten Weltkrieg vermochte der wiedererstandene polnische Staat zwar seine Grenzen im Osten über die von den Alliierten vorgeschlagene Curzon-Linie hinaus durch einen Krieg gegen die Sowjetunion auszudehnen, aber 1939 und 1945 verlor es diese Gebiete wieder. Die Sowjetunion annektierte dabei so viel Land, daß ihre Gewinne die der Zaren aus den drei polnischen Teilungen noch bei weitem übertrafen.

Wenn die Polen ihre historische Argumentation über die „urpolnischen" Territorien im Westen ernst nahmen, hätten sie konsequenterweise auch im Osten Ansprüche erheben müssen. Natürlich war daran in der politischen Situation 1945 nicht zu denken, und somit enthüllen sich die historischen „Beweise" als ein Mittel zum Zweck, um nämlich die machtpolitisch bedingte Westverlagerung des polnischen Staates gegenüber dem Ausland zu legitimieren. Polnische Wissenschaftler wurden in die Welt geschickt, um die Auffassung zu propagieren, daß Schlesien und Pommern, Breslau und Stettin tatsächlich die Wiege Polens seien. Diese Botschaft wurde auch amerikanischen und britischen Universitäten vermittelt, wo sie allerdings auf merkliche Ablehnung stieß.

Am 19. April 1947 kommentierte *The Economist* in einem Leitartikel:[79] „Die Ausstellung über Polens Westgebiete, die in der Abteilung für slawische Studien stattfindet und von einem Mitglied des Abteilungsvorstands eröffnet wurde, gehört zu einem offiziellen polnischen Unterfangen, die schlichte Tatsache zu leugnen, daß die Oder-Neiße-Linie Polen nur als Entschädigung für die sowjetischen Annexionen der östlichen Provinzen eingeräumt wurde, und um völlig unhaltbare ethnische Behauptungen durchzupauken. Die polni-

sche Regierung hat das Recht, in ihrem eigenen Land an Publizistik aufzubie-
ten, was immer ihr in den Sinn kommt, doch es ist alles andere als wünschenswert, daß sich hier akademische Institutionen mit dieser Art Propaganda
identifizieren, die sie nämlich nur als Ort ernsthafter und objektiver Forschungen unglaubwürdig machen."

Am 3. Mai 1947 brachte *The Economist* einen Leitartikel: *„1157 und ähnli-
ches"*.[80] „Es müßte eine Art Verjährungsgesetz für Forderungen aus vergangenen Eroberungen und Wanderbewegungen geben; in ethnographischer Hinsicht kann vernünftigerweise nur die allerjüngste Vergangenheit herangezogen
werden. Die Polen wären gut beraten, in ihrem eigenen Interesse das Gerede
vom mittelalterlichen slawischen Szczecin (das für die meisten Englisch Spre-
chenden immer noch Stettin heißt) fallenzulassen und ihre Sache, wie sie nun
einmal geworden ist, auf dem Handel beruhen zu lassen, der nun wirklich
durch das politische Tauziehen der Großmächte 1945 zustandekam und von
Ethnographie so weit entfernt ist wie von historischer oder irgendeiner anderen Gerechtigkeit. Es wäre wirklich weitaus das Beste, wenn sie ein paar
materielle Zugeständnisse im Sinne von Mr. Marshalls Vorschlägen machen
würden . . ."

Natürlich hatten die Polen nicht so viel Freiheit, um irgendwelche Zugeständnisse im Sinne der Vorschläge zu machen, die von den Außenministern
Marshall und Bevin auf der Moskauer Konferenz vorgebracht worden waren.
Daß auch die nächste Sitzung des Außenministerrats scheitern würde, war
deshalb vorherzusagen. Bei der Londoner Versammlung im November und
Dezember 1947 schlug Marshall wieder die Berufung einer Grenzkommission
vor, die sämtliche Grenzprobleme studieren sollte, einschließlich der Saar- und
der Oberschlesien-Frage.

Wieder verlegte ihm Molotow jeden Schritt, und die Konferenz endete mit
einem vollständigen Fiasko. In einer Rundfunkerklärung faßte Außenminister
Marshall am 19. Dezember 1947 zusammen:[81] „In dieser überaus wichtigen
Frage der Grenzen rieten drei Delegationen dazu, eine (oder mehrere) Grenz-
kommissionen zu berufen, die eine sachkundige Studie über alle vorgeschlagenen Änderungen von Vorkriegsgrenzen anfertigen sollten. Mr. Molotow
wollte nicht zustimmen. Es war mir nicht möglich, seinen dringlichen Hinweis
auf die Notwendigkeit, die Vorbereitungen für einen Frieden mit Deutschland
zu beschleunigen, in Einklang mit seiner kategorischen Ablehnung einer
Grenzkommission zu bringen, die von drei Delegationen als ein absolut wichtiger erster Schritt für jede ernstzunehmende Vorbereitung einer künftigen
Friedensregelung mit Deutschland angesehen wird."

Es war unübersehbar, daß der Ostblock den Westmächten den Handschuh
vor die Füße warf: Man berief eine konkurrierende Außenministerkonferenz
nach Warschau. Am 24. Juni 1948 trafen sich hier die Außenminister der
UdSSR, Albaniens, Bulgariens, der Tschechoslowakei, Jugoslawiens, Polens,
Rumäniens und Ungarns. In einer gemeinsamen Erklärung warfen sie dem

Westen vor, die Londoner Konferenz zum Scheitern gebracht zu haben:[82]
„Die Politik der Besatzungsmächte in den westlichen Zonen von Deutschland
ermuntert die deutschen revisionistischen Elemente, die eine Kampagne führen gegen die von den Konferenzen in Jalta und Potsdam geschlossenen
Abkommen über den demokratischen Wiederaufbau und die Entmilitarisierung Deutschlands, sowie über seine Verpflichtung zur Entschädigung für die
Schäden, die durch die deutschen Aggression verursacht worden sind. Sie
bekämpfen ebenso die Beschlüsse hinsichtlich der deutschen Einwohner, die
sie in feindseliger Absicht gegen ihre Nachbarstaaten benützen möchten. Im
Besonderen bekämpfen die deutschen revisionistischen Elemente die polnisch-
deutsche Grenze an der Oder und der westlichen Neiße, die eine unverletz-
liche Grenze ist, eine Friedensgrenze."

Nach dieser Erklärung stand unzweideutig fest, daß die Sowjetunion in der
Frage der Oder-Neiße-Linie nicht nachgeben werde. So blieb den westlichen
Alliierten nur eine Alternative: die Oder-Neiße-Grenze anzuerkennen oder
nicht anzuerkennen. Bis heute haben sie diese Grenze nicht anerkannt.

Diese Auseinandersetzung wirft ein Licht auf die Tatsache, daß einige
vorläufige territoriale Regelungen, die am Ende des Zweiten Weltkrieges
getroffen wurden, einen Grad von Dauer erreicht haben, der bei der Potsdamer
Konferenz nicht vorgesehen war. Wie in diesem Kapitel ausgeführt, stellt die
Entwicklung eine Usurpation dar; und wenn auch Usurpation in der europäischen Politik kein *Novum* ist, gibt es auch so manche Vorbilder für eine
weisere Politik, die freiwillig die Besetzung fremden Territoriums beendete,
wenn es dem Frieden diente, und die das Recht auf Selbstbestimmung so
achtete, wie es in die Charta der Vereinten Nationen eingebaut ist. So haben die
Franzosen das mehr oder weniger von ihnen annektierte Saargebiet 1955
wieder hergegeben,[83] nachdem die Bevölkerung des Saarlandes am 23. 10. 1955
mit Zweidrittelmehrheit das von Frankreich gewünschte Saarstatut ablehnte.
Darauf folgte der deutsch-französische Vertrag vom 27. 10. 1956 über die Regelung der Saarfrage (BGBl 1956 II S. 1587; BT Drucksachen II/2901, 3000), der
die politische Wiederangliederung des Saarlandes an die Bundesrepublik
Deutschland ermöglichte. Ebenso endete die vorläufige amerikanische Verwaltung von Okinawa im Jahre 1972, als die Vereinigten Staaten diese und
andere Inseln an Japan zurückgaben.[84] Doch die ursprünglich gedachte provisorische polnische Verwaltung der deutschen Provinzen östlich von Oder und
Neiße wird wahrscheinlich auf unbestimmte Zeit fortgesetzt werden, trotz der
Potsdamer Vereinbarungen und obwohl die Westmächte die Annexion nicht
anerkannt haben. Es bleibt, was es 1945 war: eine Angelegenheit der Machtpolitik.

Neuntes Kapitel

Im Blick auf die Zukunft

Détente darf nicht auf Lächeln gegründet sein, nicht auf mündliche
Zugeständnisse, sie muß auf festem Boden ruhen.

Alexander Solschenizyn, Rede vor dem amerikanischen Gewerkschafts-
verband AFL-CIO am 30. Juni 1975 in Washington

Weil wir frei sind, können wir gegenüber dem Schicksal der Freiheit
anderswo niemals gleichgültig sein.

Präsident Jimmy Carter in seiner Inaugurationsansprache am 20. Januar
1977

Seit Ende des Zweiten Weltkriegs haben sich Europa und die Europäer in
mancher Hinsicht gewandelt. Eine neue Generation ist ins Leben getreten, und
mit ihr neue Hoffnungen und Ziele an die Stelle der unerfüllten Wünsche der
Kriegsgeneration. Doch alte Probleme sind weitergereicht worden, und noch
gibt es für sie keine zufriedenstellenden Lösungen. Ein unbehaglicher Frie-
denszustand hält nun über dreißig Jahre an. Wird er noch weitere dreißig Jahre
überdauern?

Zur großen Erleichterung der meisten Europäer ist es um das sogenannte
„deutsche Problem" verhältnismäßig still geworden; doch würde wohl kaum
jemand behaupten wollen, es sei auf eine Weise gelöst worden, von der man
sich Dauer und Beständigkeit versprechen dürfe. Deutschlands Teilung
spiegelt die Teilung Europas. Der Eiserne Vorhang, der nach dem Krieg
niederging, ist nicht beseitigt worden, kein Friedensvertrag hat den Krieg mit
Deutschland formell beendet. Andererseits deuten manche der neuesten Entwicklungen in Europa und in der Welt darauf hin, daß der *status quo* eingefro-
ren wird und daß die Gefahr einer bewaffneten Konfrontation sich verringert.
Die Bundesrepublik Deutschland und die Deutsche Demokratische Republik
sind als Mitglieder in die Vereinten Nationen aufgenommen worden, haben
damit die letzten Spuren ihres „Feindstaaten"-Status[1] abgelegt und werden
nun auch international in gewissem Ausmaß als getrennte und souveräne
Staaten anerkannt. Die Wiedervereinigung bleibt indessen ein Hauptanliegen
der Bundesrepublik Deutschland[2], wenn es auch unwahrscheinlich ist, daß sie
in naher Zukunft erfüllt werden kann. Gewiß sollte man nicht behaupten, die
Wiedervereinigung sei völlig ausgeschlossen. Die Welt hat vor einiger Zeit die
Wiedervereinigung eines anderen geteilten Landes erlebt – Vietnam –, die

durch die militärische Unterwerfung des einen Teils durch den anderen erreicht wurde. Der Preis? Über eine Million Opfer, ein verwüstetes Land und
die Auslöschung der politischen und bürgerlichen Freiheiten in der unterworfenen Hälfte.[3] Natürlich denkt keiner der beiden deutschen Staaten an eine
solche Form von Wiedervereinigung. Wenn sie überhaupt zustandekommt,
dann nach einem langen Prozeß friedlicher Verhandlungen. Deshalb wird es
einstweilen bei der Koexistenz bleiben – es gibt keine machbare Alternative.

Die Konferenz über Sicherheit und Zusammenarbeit in Europa

Das Prinzip der Koexistenz in Europa erhielt vor einiger Zeit Auftrieb durch
die Konferenz über Sicherheit und Zusammenarbeit in Europa (KSZE), die am
3. Juli 1973 in Helsinki begann und in Genf vom 18. September 1973 bis zum
21. Juli 1975 fortgesetzt wurde.[4] Die Schlußphase fand dann wieder in Helsinki
statt; sie endete mit der Unterzeichnung der Schlußakte am 1. August 1975
durch die Hohen Vertreter u. a. der Bundesrepublik Deutschland, Frankreichs, Großbritanniens, der Sowjetunion, der Vereinigten Staaten und dreißig
anderer Staaten. Manche Beobachter haben schon von einem zweiten Potsdam
geredet und sogar von einer „Ersatz"-Friedensregelung; tatsächlich aber handelt es sich nicht um Vergleichbares. Die in Helsinki unterzeichnete Schlußakte stellt lediglich einen allgemeinen Prinzipienkatalog dar, das Ergebnis harter
Verhandlungen, in denen sich die beteiligten Nationen verpflichten, „den
Prozeß der Entspannung zu erweitern, zu vertiefen und ihre Fortschritte
dauerhaft zu machen".[5]

Aber was bedeutet „Entspannung"? Das Beharren der Sowjetunion auf der
schlagwortartigen Formulierung von der „Unwiderruflichkeit der Entspannung"[6] erwies sich für die westlichen Delegationen als unannehmbar; sie
wollten und sie wollen kein Schlagwort, sondern praktische Auswirkungen.
Wie Präsident Ford am 1. August 1975 in seiner Ansprache zu Helsinki sagte:[7]
„Friede ist nicht ein Stück Papier . . . Entspannung ist ein evolutionärer
Prozeß, kein statischer Zustand . . . Ich habe schon oft gesagt, Entspannung
muß eine zweigleisige Angelegenheit sein. Spannungen können nicht von einer
Seite aus allein abgebaut werden. Beide Seiten müssen die Entspannung wollen
und an ihr arbeiten. Beide Seiten müssen von ihr profitieren."

Welche Bedeutung hat nun die Schlußakte von Helsinki für das deutsche
Volk und besonders für die Hoffnungen Millionen deutscher Vertriebener und
ihrer Kinder? Wenn auch Helsinki nicht das Gewicht eines Friedensvertrages
zukommt, kann man von den Empfehlungen der Konferenz doch sagen, daß
sie den *status quo* in Europa festschreiben, und dazu gehört die Teilung
Deutschlands und der gegenwärtige Verlauf der deutsch-polnischen wie der
deutsch-tschechoslowakischen Grenze. Deshalb haben sich die Aussichten
einer auf die Wiedervereinigung Deutschlands oder auf die Revision der Oder-
Neiße-Grenze gerichteten Politik zweifellos verschlechtert.

Im sogenannten Korb 1 (Fragen der Sicherheit in Europa) hält die Schlußakte im einzelnen fest:[8] „Die Teilnehmerstaaten betrachten gegenseitig alle ihre Grenzen sowie die Grenzen aller Staaten in Europa als unverletzlich und werden deshalb jetzt und in der Zukunft keinen Anschlag auf diese Grenzen verüben."

Obwohl in der Bestätigung solcher Grundprinzipien der Beziehungen zwischen Staaten nichts Neues liegt, wird doch eine gewisse Mehrdeutigkeit spürbar, wenn es um den genauen Sinn von „Anschlag" auf die Grenzen eines anderen Staates geht. Enthält der oft geäußerte Wunsch der Bundesrepublik Deutschland, eine friedliche Wiedervereinigung zu erreichen, einen verbalen „Anschlag" auf die territoriale Unverletzlichkeit der Deutschen Demokratischen Republik? Es ist nicht völlig unwahrscheinlich, daß die DDR das Argument für ihre Versuche verwenden wird, die Politik der Bundesrepublik, die das Thema Wiedervereinigung international offenhalten möchte, zu durchkreuzen. Eine ähnliche Taktik könnten auch die Regierungen der Tschechoslowakei und Polens einschlagen, wenn es um irgendeine Erklärung der Bundesrepublik Deutschland geht, in der die bloße Möglichkeit einer Grenzrevision auftaucht, obwohl die Schlußakte von Helsinki ausdrücklich die Änderungen auf friedlichem Wege für zulässig erklärt:[9] „Sie sind der Auffassung, daß ihre Grenzen, in Übereinstimmung mit dem Völkerrecht, durch friedliche Mittel und durch Vereinbarung verändert werden können."

Jedenfalls ist die Bundesrepublik Deutschland, wenn sie auch ihre Fernziele nicht aus den Augen verliert, vollständig in den Prozeß der Entspannung mit eingeschlossen und wird weiterhin mit dem demokratischen Westen bei der Verwirklichung ihrer Nahziele zusammenarbeiten. Westdeutschlands Politiker haben seit langem erkannt, daß die Lösung für Deutschlands grundlegende Probleme nicht in ihren Händen liegt, sondern einzig in denen der beiden Supermächte. Aus diesem Grunde werden sie eine Politik beibehalten, die bescheidene Verbesserungen der innerdeutschen Beziehungen aushandelt, gleiche Rechte für die deutschen Minderheiten, die jetzt unter polnischer, tschechoslowakischer, ungarischer und rumänischer Herrschaft leben, Ausreisegenehmigungen für Zehntausende Deutscher, die in die Bundesrepublik Deutschland einwandern möchten, um mit Verwandten und Freunden vereint zu werden.

Während Korb Eins der Schlußakte von Helsinki der Sowjetunion eigentlich alles gab, was sie zur Bestätigung ihrer Gewinne in Europa wünschte, zeigte sich, daß Korb Drei (Achtung der Menschenrechte und Grundfreiheiten usw.) wohl eher enttäuschend als beglückend für Moskau war, denn er führte zu einem Dokument, das die Verpflichtung zur Wahrung der westlichen Begriffe von Freiheit für den einzelnen enthält und die Hoffnung vieler Deutscher belebte, die Sowjetunion und die osteuropäischen Länder könnten nun zu einer gewissen Milderung in ihrer Sphäre veranlaßt werden. Korb Drei sieht engere Kontakte und regelmäßige Besuche über die Grenzen hinweg vor, wenn es um familiäre Bindungen geht, um Eheschließung zwischen Bürgern verschiedener Staaten, um Reisen aus privaten oder beruflichen Gründen, Verbesserung der Verbreitung von, des Zugangs zu und des Austausches von Informationen in den Bereichen von Kultur, Bildung usw. Im Hinblick auf nationale Minderheiten heißt es:[10] „Die Teilnehmerstaaten, in Anerkennung des Beitrags, den die nationalen Minderheiten oder die regionalen Kulturen zur Zusammenarbeit zwischen ihnen in verschiedenen Bereichen der Kultur leisten können, beabsichtigen, wenn auf ihrem Territorium solche Minderheiten oder Kulturen existieren, diesen Beitrag unter Berücksichtigung der legitimen Interessen ihrer Mitglieder zu erleichtern."

Doch schon Korb Eins betont ausdrücklich die Absicht, die Menschenrechte der Europäer zu beiden Seiten des Eisernen Vorhangs zu schützen. In einem Paragraphen heißt es:[11] „Die Teilnehmerstaaten, auf deren Territorien nationale Minderheiten bestehen, werden das Recht von Personen, die zu solchen Minderheiten gehören, auf Gleichheit vor dem Gesetz achten; sie werden ihnen jegliche Möglichkeit für den tatsächlichen Genuß der Menschenrechte und Grundfreiheiten gewähren und werden auf diese Weise deren berechtigte Interessen in diesem Bereich schützen."

In einem anderen Paragraphen:[12] „Auf dem Gebiet der Menschenrechte und Grundfreiheiten werden die Teilnehmerstaaten in Übereinstimmung mit den Zielen und Grundsätzen der Charta der UN und mit der Allgemeinen Erklärung der Menschenrechte handeln."

Für das Problem der deutschen Minderheiten in Osteuropa ist natürlich der Artikel 13 der Allgemeinen Erklärung der Menschenrechte besonders wichtig, wo es heißt: „Jeder Mensch hat das Recht, jedes Land, einschließlich seines eigenen, zu verlassen, sowie in sein Land zurückzukehren." Doch wie die Erfahrung gelehrt hat, werden diese Grundsätze menschlicher Würde in den osteuropäischen Ländern häufiger verletzt als beachtet.[13] Es war kein Zufall, daß sich die Ostblockstaaten der Resolution der Vollversammlung vom 10. Dezember 1948 über die Menschenrechte nicht anschlossen.[14] Inzwischen haben aber viele Ostblockstaaten den Internationalen Pakt vom 19. 12. 1966 über bürgerliche und politische Rechte ratifiziert. In Artikel 12 heißt es (2): „Jedermann steht es frei, jedes Land einschließlich seines eigenen zu verlassen", und (4): „Niemandem darf willkürlich das Recht entzogen werden, in sein eigenes Land einzureisen".[14a] Durch diesen Pakt und durch die Schlußakte von Helsinki werden die Ostblockstaaten jetzt zur Beachtung der Grundrechte in ihren eigenen Ländern verpflichtet, doch wer realistisch denkt, hat wenig Hoffnung, daß diese Vereinbarungen den willkürlichen Umgang mit den Menschenrechten ändern können, der bisher leider das Leben im Lande und besonders die Minderheitenpolitik in den osteuropäischen Staaten gekennzeichnet hat.

Man schätzt heute, daß über eine Million von Reichs- und Volksdeutschen unter polnischer Herrschaft leben.[15] Sie wohnen zum größten Teil in den ehemaligen deutschen Provinzen jenseits der Oder-Neiße, genießen keinerlei Minderheitenrechte und sind hartnäckigen Polonisierungsversuchen ausgesetzt. Als die Bundesrepublik Deutschland im Warschauer Vertrag 1970 und dann wieder in der Erklärung von Helsinki die Unverletzlichkeit auch der Oder-Neiße-Grenze bestätigte, wollte sie damit nicht diese Deutschen im Stich lassen. Der Warschauer Vertrag verschaffte Polen die Versicherung, die es seit Kriegsende angestrebt hatte, und als Gegenleistung versuchten die Vertreter der Bundesrepublik Deutschland die Freigabe der zurückgehaltenen Deutschen zu erreichen, von denen viele enge Familienbindungen zum Westen hatten. Doch die polnischen Verhandlungspartner ließen sich nicht festlegen und gaben nur allgemeine Erklärungen in dem Sinne ab, daß Polen die Auswanderung einer großen Zahl von Deutschen zulassen werde. Aber im Gegensatz zu diesem Versprechen sank zunächst die Zahl der Menschen, denen Auswanderung erlaubt wurde, seit 1971 in jedem Jahr, obwohl nach Angaben des Deutschen Roten Kreuzes etwa dreihunderttausend in die Bundesrepublik auszuwandern wünschen. Sie wurden von Polen offenbar in der Erwartung zurückgehalten, daß man als Gegenleistung für ihre Freigabe zwei oder drei Milliarden Mark als Wirtschaftshilfe erhalten könne. Ein weiterer Beweis für Absichten, die eine Verletzung des Sinnes, wenn nicht auch des Buchstabens von Artikel III des Warschauer Vertrags darstellen, liegt in der rücksichtslosen Behandlung im Berufsleben und in anderen diskriminierenden Maßnahmen gegen Deutsche, die eine Eingabe auf Erlaubnis zur Auswanderung in die Bundesrepublik Deutschland gemacht hatten oder machen wollten.[16]

Die Enttäuschungen veranlaßten die Bundesrepublik Deutschland, einen neuen Vertrag mit Polen auszuhandeln; er wurde im Oktober 1975 unterzeichnet und im März 1976 vom Deutschen Bundestag genehmigt und vom Bundespräsidenten ratifiziert. Im Austausch gegen die Freigabe von hundertzwanzigtausend Deutschen sollen den Polen 2,3 Milliarden Mark als Wirtschaftshilfe zur Verfügung gestellt werden; vermutlich wird dann für die verbliebenen einhundertachtzigtausend Deutschen, die Polen verlassen möchten, noch einmal ein Vertrag geschlossen werden müssen.

Ähnliche Schwierigkeiten erleben die deutschen Minderheiten heute in anderen osteuropäischen Ländern.[17] Sie genießen mehr oder weniger geringfügige Minderheitenrechte, erhalten aber auch nicht die als Alternative angestrebte Auswanderungserlaubnis, so daß sie zum allmählichen Verlust ihres kulturellen Erbes verurteilt sind.

Die Berlin-Frage und die Entspannung

Berlin bleibt für den durchschnittlichen Nicht-Deutschen das Symbol der sogenannten „deutschen Frage". Jeder erinnert sich an den Mauerbau von 1961 und an die vielen Opfer, die starben, als sie in den Westen zu fliehen versuchten. Minenfelder, automatische Schießanlagen, Scharfschützen der

DDR-Volksarmee haben es für Ostdeutsche praktisch unmöglich gemacht, in die Freiheit zu entkommen; die legale Emigration ist außerordentlich schwierig, außer für Rentner. Am 3. September 1971 schlossen die Regierungen der Vereinigten Staaten, der Sowjetunion, Großbritanniens und Frankreichs das Viermächteabkommen über Berlin,[18] das die früheren Viermächtevereinbarungen über ganz Berlin ausdrücklich aufrechterhält und gewisse Fragen des Reise- und Nachrichtenverkehrs, des zivilen Transits, der Außenvertretung West-Berlins durch die Bundesrepublik Deutschland u. a. regelt. Diesem wichtigen Abkommen folgte der Grundvertrag, den Vertreter der Bundesrepublik Deutschland und der Deutschen Demokratischen Republik am 21. Dezember 1972 unterzeichneten. Der Grundvertrag sollte die innerdeutschen Beziehungen normalisieren und eine humanere Anwendung der individuellen Rechte in der DDR anregen. Leider sind die Schüsse an der Berliner Mauer und längs der ganzen Grenze zwischen DDR und Bundesrepublik Deutschland nicht verstummt.

Die Geschichte der Ost-West-Auseinandersetzung um Berlin tauchte noch einmal auf, als Präsident Ford am 1. August 1975 in Helsinki davon sprach, wie sehr er hoffe, Berlin möge sich in Zukunft als Beispiel friedlicher Regelung erweisen. Er fuhr fort:[19] „Die USA betrachten Berlin als einen Prüfstein der Entspannung und der Prinzipien dieser Konferenz. Wir begrüßen die Tatsache, daß die Ergebnisse der KSZE, vorbehaltlich der Rechte und Pflichten der Vier Mächte, für Berlin ebenso gelten, wie für ganz Europa."

Man kann nur hoffen, daß die Deutsche Demokratische Republik ihre Politik an der Berliner Mauer überprüfen und sie dem Geist und dem Buchstaben der Schlußakte von Helsinki anpassen wird.

Die deutschen Vertriebenen heute

Wenn auch die Regierung der Bundesrepublik Deutschland im Laufe der Zeit ihre Prioritäten neu geordnet hat, haben zahlreiche deutsche Vertriebene die Hoffnung nicht aufgegeben, eines Tages zumindest einen Teil ihrer verlorenen Heimat zurückzugewinnen. Mancher fragt sich, ob aus der Aktivität dieser Gruppen in der Bundesrepublik Deutschland eine Gefahr für den Frieden in Europa erwächst. Dreißig Jahre nach der Vertreibung aus ihren Heimatgebieten östlich von Oder und Neiße und aus dem Sudetenland sind sie sich ihrer Herkunft durchaus bewußt und treffen sich häufig zu kulturellen und politischen Veranstaltungen. In den Jahren 1975, 1976 und 1977 wurden zum Beispiel die Pfingsttreffen der Ostpreußen, der Pommern, Schlesier und Sudetendeutschen von einigen hunderttausend Vertriebenen besucht. Ihre Sprecher betonten das Recht auf die Heimat, und daß sie ihre legalen Ansprüche aufrechterhielten. Ihre Sprache war eindeutig „revisionistisch", doch sie betonten ebenso ausdrücklich, daß sie ausschließlich friedliche Wege befürworteten. Fünfundzwanzig Jahre nach dem Erscheinen der Charta der Vertriebenen – Stuttgart 1950[20] – wurden dieselben Grundsätze friedlicher Veränderungen wiederholt.

Man sollte hier an die denkwürdige Rede erinnern, die Albert Schweitzer am 4. November 1954 in Oslo zur Verleihung des Friedensnobelpreises hielt, einen starken Appell an das Gewissen der Menschheit, das ungeheuerliche Verbrechen der Massenvertreibungen zu verurteilen:[21] „In schlimmster Weise vergeht man sich gegen das Recht des geschichtlich Gegebenen, und überhaupt gegen jedes menschliche Recht, wenn man Völkerschaften das Recht auf das Land, das sie bewohnen, in der Art nimmt, daß man sie zwingt, sich anderswo anzusiedeln. Daß sich die Siegermächte am Ende des zweiten Weltkrieges dazu entschlossen, vielen Hunderttausend Menschen dieses Schicksal, und dazu noch in der härtesten Weise, aufzuerlegen, läßt ermessen, wie wenig sie sich der ihnen gestellten Aufgabe einer gedeihlichen und einigermaßen gerechten Neuordnung der Dinge bewußt wurden."

Seit Schweitzers Appell sind mehr als zwei Jahrzehnte vergangen. In dieser Zeit hat die Bundesrepublik Deutschland erfolgreich elf Millionen Vertriebene (die DDR hat dreieinhalb Millionen aufgenommen) eingegliedert und ihnen eine neue Heimat in einer freiheitlichen Gesellschaft gegeben; eine Leistung, die von Historikern kommender Zeiten sicherlich gewürdigt werden wird. Die europäische Geschichte hätte jedenfalls eine völlig andere Richtung genommen, wenn die deutschen Vertriebenen zu terroristischen Aktionen übergegangen wären, um die Rückkehr in die Heimat zu erzwingen. Doch die Deutschen haben im Zweiten Weltkrieg eine wichtige Lehre erhalten. Nach zivilen und militärischen Verlusten von mehr als sieben Millionen Menschen[22] haben sie sich gegen weiteres Blutvergießen entschieden. Stattdessen machen sie der Weltöffentlichkeit in Wort und Schrift den Anspruch des Menschen auf seine Heimat klar und bemühen sich um eine völkerrechtliche und moralische Begründung des „Rechts auf die Heimat", das Albert Schweitzer in seiner Rede zu Oslo verteidigt hatte.

Natürlich sind sich die meisten deutschen Vertriebenen dessen bewußt, daß sie niemals wieder in das Land zurückkehren werden, in dem sie zur Welt kamen. Sie erkennen auch an, daß inzwischen eine neue Generation Polen in Ostpreußen, Pommern und Schlesien aufwächst, eine neue Generation von Tschechen jetzt das Sudetenland bevölkert, die ebenso ein Recht auf Heimat haben. Niemand würde eine umgekehrte Vertreibung von Polen und Tschechen aus jenen deutschen Gebieten befürworten, die von den Regierungen Polens und der Tschechoslowakei am Ende des Zweiten Weltkriegs besetzt wurden. Aber es wäre auch unmenschlich zu erwarten, daß die deutschen Vertriebenen einfach vergessen, was mit ihnen geschehen ist. Es gibt kaum einen Vertriebenen, der während der Vertreibung nicht einen nahen Angehörigen verloren hat, denn zwei Millionen Menschen haben die Flucht und Vertreibung nicht überlebt. Auch wenn sich die Vertriebenen inzwischen ein neues Zuhause im Westen aufgebaut haben und ausdrücklich auf jede Form von

Gewaltanwendung zur Rückgewinnung des ihnen entrissenen Landes verzichten, wünschen sie doch eine gewisse Anerkennung des Opfers, das sie bringen mußten. Wer unter ihnen idealistisch denkt, hofft, daß ihr Erlebnis als Beispiel wirken möge und anderen Völkern die Tragödie der Entwurzelung erspart bleibe. Doch wenn die Erfahrungen der deutschen Vertriebenen als Fallstudie und als Warnung vor künftigen Vertreibungen dienen sollen, müssen die Tatsachen allgemein bekannt werden.

Die anglo-amerikanische Einstellung

Obwohl das Thema in Amerika oder Großbritannien nicht unbedingt Tabu ist, so hat die Presse die Vertreibung der Deutschen doch niemals ausführlich behandelt. Die meisten Amerikaner und Briten wissen kaum, daß sie überhaupt stattgefunden hat, und noch weniger, daß die westliche Zustimmung zum Prinzip der gewaltsamen Umsiedlung die amerikanische und die britische Regierung zu Helfershelfern dieser unmenschlichen Unternehmung gemacht hat. Gewiß sind die Westmächte nicht in dem Maße verantwortlich wie die vertreibenden Staaten, aber zweifellos hat erst die anglo-amerikanische Zustimmung zum Grundsatz der Zwangsumsiedlung die Katastrophe von 1945–48 möglich gemacht.

Dreißig Jahre nach dem Zweiten Weltkrieg ist es nicht zu früh, gewisse Aspekte näher zu beleuchten. Die Beschlüsse von Jalta und Potsdam über die Einwohner von Ostpreußen, Pommern, Schlesien und Sudetenland verdienen solche Untersuchungen. Natürlich können die drakonischen Maßnahmen, die man den Ostdeutschen zumutete, als Vergeltung für unsagbare NS-Verbrechen im Osten verstanden werden, aber die Vergeltung traf nicht nur „Parteibonzen", sondern „Frauen und Kinder, die Armen und die Kranken",[23] die ganze Bevölkerung ohne Rücksicht auf individuelle Schuld oder Schuldlosigkeit.

Der Geist der Menschlichkeit verlangt die Verurteilung kriminellen Verhaltens, gleich, ob es sich bei einer Aggression kundgibt oder im Vollzug einer unterschiedslosen Rache. Die freien Völker der Welt, vor allem aber die westlichen Demokratien, müssen die Werte von Freiheit und Humanität retten, für die sie sich doch offenbar einsetzen, und das kann nur durch Handeln im Sinn dieser Werte geschehen, nicht aber durch Lippenbekenntnisse.

Was können die westlichen Demokratien heute tun? Offensichtlich können sie den in Potsdam angerichteten Schaden nicht wieder gutmachen, aber sie könnten und sollten mindestens ihre Fehler von damals erkennen und über die Ursachen ihres Versagens nachdenken: Durch ihr Verhalten haben sie die Prinzipien der Atlantik-Charta, in deren Namen der Krieg geführt wurde, verleugnet. Bessere Einsicht in ihr Versagen könnte den westlichen Demokratien helfen, aus der höchst komplizierten Weltordnung (besser: Unordnung) von heute das Beste zu machen und sie über die Versprechungen und Ver-

pflichtungen wachen zu lassen, die in Helsinki abgegeben wurden. Die Geschichte wird zeigen, ob der Konferenz über Sicherheit und Zusammenarbeit
in Europa mehr Erfolg als der Potsdamer Runde bei dem Bestreben beschieden
ist, einen Beitrag zu einer gerechteren Weltordnung zu leisten.

Anmerkungen

Vorwort des Verfassers

1. Die Praxis der „free fire"-Zonen in Vietnam wird behandelt in Richard Falk, Gabriel Kolko und Robert Lifton (Hrsg.) *Crimes of War,* insbes. „The tombs of Ben Suc", S. 364 f., New York, 1971.
2. Kurze deutsche Fassung: „Im dunkelsten Deutschland", in Gollancz, *Stimme aus dem Chaos,* Nest Verlag, Frankfurt, 1960.

Einführung

1. In der englischen Ausgabe dieses Buches zitierte ich die Zahl 16 Millionen aus der Bevölkerungstabelle, Anlage 7 der Veröffentlichung des Bundes der Vertriebenen *Der wahre Tatbestand,* Bonn, 1960, S. 25. Diese Zahl enthält aber z. T. den Bevölkerungszuwachs der Vertriebenen nach ihrer Vertreibung. Daher habe ich mich entschlossen, die Zahl 15 Millionen in der deutschen Ausgabe des Buches zu verwenden. Das Schweizerische Rote Kreuz spricht von 18,1 Millionen Deutschen in den Gebieten, die durch die Vertreibung betroffen wurden. *Das Schweizerische Rote Kreuz,* Sept. 1949, S. 35. Diese Zahl schließt die Deutschen aus Ostpreußen, Danzig, Memel, Niederschlesien, Oberschlesien, Brandenburg, Pommern, Westpreußen, Posen-Warthegau, dem Sudetenland und Deutsche aus Jugoslawien und Rumänien ein, nicht aber die Deutschen aus Rußland. Das Bundesministerium für Vertriebene hat geschätzt, daß von ihnen 1,1 Millionen im Krieg umgekommen sind, 2,11 Millionen während der Flucht und Vertreibung. *Tatsachen zum Problem der deutschen Vertriebenen und Flüchtlinge,* Bonn, 1967, Tafel 4. Siehe auch die Tabellen des Statistischen Bundesamts, *Die Deutschen Vertreibungsverluste,* 1958, S. 38, 45, 46 usw. Man berücksichtige auch, daß nicht alle Deutschen aus Ost-Mitteleuropa abgeschoben worden sind. Ein Restbestand von ca. 2 Millionen ist in der Heimat verblieben; siehe *Tatsachen* a. a. O. und vergleiche Freda von Loesch, *Die Deutschen in den osteuropäischen Staaten,* 1972, S. 9.
2. Bundesrepublik Deutschland 248,6 je qkm; DDR 158 je qkm. Man vergleiche die Bevölkerungsdichte in Indien mit 179,3 je qkm, in der Volksrepublik China mit 82–90 je qkm, in den Vereinigten Staaten mit 22,6 je qkm. *Der Fischer Welt-Almanach,* 1974, S. 36, 72, 92, 30 und 167.
3. Der zusammenfassende Bericht der Potsdamer Konferenz wird gewöhnlich in nicht ganz sachgerechter Terminologie „Potsdamer Abkommen" genannt. Wie Professor F. A. von der Heydte festgestellt hat: „Der ‚Bericht' über das Ergebnis der Konferenz bildet in sich keine geschlossene Einheit; er ist als Ganzes gesehen kein Vertrag im Sinn des Völkerrechts. Insofern ist die Bezeichnung ‚Potsdamer Abkommen' unrichtig, die in amtlichen Dokumenten zuerst von der Sowjetunion gebraucht

wurde und im Laufe der Zeit gebräuchlich geworden ist." Strupp-Schlochauer, *Wörterbuch des Völkerrechts,* Band 2, 1961, S. 787.

4. B. Oded, Referat gehalten am 12. Juni 1975 in Göttingen während der Rencontre Assyriologique. Vgl. auch *Encyclopaedia Judaica,* Band 6, S. 1034ff., 1971; desgl. F. Veale, *Advance to Barbarism,* 1968, S. 66/67.

5. Arthur Doughty, *The Acadian Exiles,* 1916; John Brebner, *New England's Outpost,* 1927; John Brebner, *The Neutral Yankees of Nova Scotia,* 1937. Die Vertreibung der französischen Bauern aus Akadia ist Gegenstand des bekannten 47-seitigen Gedichtes *Evangeline* (1847) des amerikanischen Dichters Henry Wadsworth Longfellow (1807–1882), der in einem Vers bedauert:

> Where is the thatch-roofed village, the home of Acadian farmers, –
> Men whose lives glided on like rivers that water the woodlands,
> Darkened by shadows of earth, but reflecting an image of heaven?
> Waste are those pleasant farms, and the farmers forever departed!
> Scattered like dust and leaves, when the mighty blasts of October
> Seize them, and whirl them aloft, and sprinkle them far o'er the ocean.
> Naught but tradition remains of the beautiful village of Grand-Pré.

6. R. Billington, *Westward Expansion,* 1949, S. 312–14. Desgl. M. Starkey, *The Cherokee Nation,* 1946: desgl. D. Brown, *Bury my Heart at Wounded Knee,* 1970.

7. Vertrag von Lausanne, unterschrieben am 30. Januar 1923. *League of Nations Treaty Series,* Bd. 32, S. 76ff.

8. E. Kulischer, *Europe on the Move,* 1948; H. Wachenheim, „Hitler's Transfers of Population in Eastern Europe", *Foreign Affairs,* Band 20, S. 705ff., 1942: D. Loeber, *Diktierte Option,* 1974.

9. Siehe Victor Gollancz, *Unser bedrohtes Erbe,* 1947, passim, insbesonders S. 155ff.

10. Der Autor hat etwa 2000 Berichte über die Vertreibung studiert, die in der Sammlung Ost-Dokumente des Bundesarchives zu Koblenz enthalten sind. Er konnte außerdem eine Reihe dieser Aussagen durch eigene Befragungen der Vertriebenen und anderer, die ähnliche Erlebnisse hinter sich hatten, bestätigen.

11. Einschließlich belgischer und französischer Kriegsgefangener, die von der Roten Armee in Ostpreußen befreit wurden und den Beginn der Vertreibungen miterlebten.

12. Über die Oder-Neiße-Linie schrieb Churchill: „Hier war ein Unrecht im Werden, gegen das unter dem Gesichtspunkt der künftigen Befriedung Europas Elsaß-Lothringen und der Polnische Korridor nicht viel mehr als Kleinigkeiten waren. Eines Tages würden die Deutschen diese Gebiete zurückverlangen und die Polen nicht in der Lage sein, sie aufzuhalten." *Memoiren, Der Zweite Weltkrieg,* sechster Band, zweites Buch, S. 347.

13. In seiner Rede vor dem amerikanischen Gewerkschaftsverband AFL-CIO am 30. Juni 1975 in Washington sagte Solschenizyn: „Die Kommunisten in der Sowjetunion sind schlauer geworden. Jetzt spricht man nicht mehr, ,Wir werden euch ins Grab bringen.' Heute sagt man ,détente'." *U. S. News and World Report,* 14 Juli, 1975, S. 44.

Erstes Kapitel
Bevölkerungsumsiedlung als politisches Prinzip

1. Die Deutschen in den baltischen Staaten haben den Zaren loyal gedient und sogar teilweise im Ersten Weltkrieg in der russischen Armee gegen Deutschland gekämpft. Reinhard Wittram, *Baltische Geschichte*, 1954, S. 248 ff.

2. Das Nationalitätenprinzip hat sich vor allem im neunzehnten Jahrhundert durchgesetzt; damals gelang es z. B. dem italienischen Volk, sich unter der Führung von Cavour und Garibaldi zu einem einheitlichen Nationalstaat zusammenzuschließen. Auch Deutschland gelang unter Bismarck die nationale Einigung, wenngleich rund 12 Millionen in Österreich-Ungarn außerhalb dieses Staates blieben. Nur die Slawen hatten noch nicht die Selbstbestimmung erreicht.

3. Buchholz, Ernst (Hrsg.): *Raum und Bevölkerung in der Weltgeschichte*, (Bevölkerungs-Ploetz) *Vom Mittelalter zur Neuzeit*, Bd. 2, S. 299, 1955. S. Wambaugh, *Plebiscites Since the World War*, 1933, Bd. I, S. 150–52; Wambaugh, *Recueil des Cours*, 1927, Band 3, S. 199–200. Während in Oberschlesien die Volksabstimmung eine Mehrheit für die Deutschen ergab (59.6%) und dann zur Teilung des Landes führte, wurde nach dem Ergebnis der Volksabstimmung von Sopron (Oedenburg), wo sich die Mehrheit für Ungarn, die Minderheit für Österreich entschied, der ganze Bezirk Ungarn überlassen. Anlaß zur Teilung Oberschlesiens war ein bewaffneter Aufstand der Polen nach der Abstimmung; der Völkerbund mußte eingreifen, um eine allgemein deutsch-polnische Konfrontation zu verhindern. Er sprach am 19. Oktober 1921 den Industriebezirk im Südosten Oberschlesiens Polen zu, damit auch Kattowitz und Königshütte, die zu 85,4%, bzw. 74,7% für das Verbleiben bei Deutschland gestimmt hatten. Vgl. *Rapport Général du CICR sur son activité de 1921 à 1923*, S. 15–19.

4. Louis de Jong, *Die Deutsche Fünfte Kolonne im Zweiten Weltkrieg*, Stuttgart, 1959, für Tätigkeit in Polen, S. 145 ff., in Jugoslavien S. 210 ff., Ebenf. Inis Claude, *National Minorities*, 1955, S. 44–47; *Expellees and Refugees of German Ethnic Origin. Report of a Special Subcommittee of the Committee on the Judiciary House of Representatives*, März 1950; danach „Walter Report," S. 7. Radomir Luza, *The Transfer of the Sudeten Germans*, 1964, S. 51, 154, 321; Boleslav Wiewiora, *The Polish-German Frontier*, 1959, S. 118–21. Kral, Vaclav (Hrsg.): *Acta Occupationis Bohemiae et Moraviae*. Dokumente über die Fünfte Kolonne, S. 64–337.

5. Es ist natürlich eine ganz andere Frage, ob ein Staat das Recht zu kollektiver Bestrafung einer Gruppe haben sollte, ohne individueller Schuld nachzuforschen.

6. Ein Memorandum des Ausschusses für Nachkriegsprogramme des US-Außenministeriums rechtfertigte seine Zustimmung zu einer begrenzten Aussiedlung deutscher Minderheiten mit den Sätzen: „Diese deutschen Minderheiten wurden zur Vorhut der nationalsozialistischen Unterwanderung, und die Staaten, die sie Hitler auszuliefern halfen, empfinden berechtigten Zorn auf sie. Ihre Umsiedlung nach Deutschland würde wahrscheinlich zur Ruhe in den betroffenen Ländern beitragen." *Foreign Relations of the United States*, 1944, Band 1, S. 310.

7. I. Claude, *National Minorities*, 1955, S. 31. Der Verfasser [de Z.] hat auch viele der Petitionen im Archiv des Völkerbundes in Genf eingesehen. Siehe auch H. v. Truhart: *Völkerbund und Minderheiten-Petitionen*, Wien, 1931.

8. Text des Urteilsspruchs: *Publications of the Court*, Serie B, Nr. 6. Akten und

Dokumente dazu: Serie C, Nr. 3, 3. Sitzung, Band 3, Teil I und II. Vgl. *Survey of International Affairs*, 1925, Supplement, Royal Institute of International Affairs, S. 118.

9. *British Yearbook of International Law*, 1924, Band 5, S. 207/08. Vgl. Lauterpacht, *Annual Digest of Public International Law Cases*, Band 2, Fälle 167, 168.

10. Vgl. den Chorzow(Königshütte)-Fall, Urteil Nr. 9 vom 26. 7. 1927, Ständiger Internationaler Gerichtshof, *British Yearbook*, 1928, Band 9, S. 135 ff.; desgl. Urteil Nr. 13 vom 13. 9. 1928, Lauterpacht, a. a. O., Band 4, S. 268 ff., 499 ff.; desgl. viele Fälle vor dem Schiedsgericht für Oberschlesien.

10a. Erklärung von Außenminister Beck (Polen) am 13. September 1934, in *Nation und Staat*, Band 8, Oktober 1934, S. 60 ff., Zitat auf S. 62. Siehe auch Helmut Pieper, *Die Minderheitenfrage und das Deutsche Reich 1919–1933/34*, S. 325.

11. Vgl. Lauterpacht, a. a. O., unter anderem Band 3, Fall 239.

12. Lange vor Hitler hatte die Weimarer Republik sich dafür eingesetzt, die Minderheitenrechte ehemaliger deutscher Staatsbürger unter polnischer Herrschaft zu sichern. Siehe Lauterpacht, a. a. O., Band 2, Fall 123, Band 3, Fall 238 usw.

13. E. Benesch, „The New Order in Europe", in *Nineteenth Century and After*, 1941, Band 130, S. 154.

14. E. Benesch, „The Organization of Postwar Europe", *Foreign Affairs*, Bd. 20, 1942, S. 226–42; Zitat auf S. 238.

15. Brief des britischen Außenministeriums an Rudolf Storch (führender deutscher Sozialdemokrat im Londoner Exil), *Der Sudetendeutsche*, 29. 10. 1955, S. 1; desgl. R. Luza, a. a. O., S. 236. Siehe auch Public Record Office FO 371/46810 Dok. Nr. C-293.

16. Benesch, *Memoirs*, 1954, S. 207.

17. Ebenda, S. 222.

18. Ebenda, S. 195, 223.

19. Ebenda, S. 195.

20. In der Erörterung der Beschlüsse von Jalta sagte Clement Attlee im Unterhaus am 1. 3. 1945: „Die Umschichtung der Bevölkerung zum gegenwärtigen Zeitpunkt mag sehr, sehr schmerzlich sein, aber vielleicht ist sie weitaus besser als ein lang hingezögertes Leiden einer Bevölkerung unter Menschen, die sie hassen". *Parliamentary Debates*, House of Commons, Band 408, Spalte 1617.

21. *Foreign Relations of the United States*, 1943, Bd. 3, S. 15.

22. Ebenda; desgl. Sherwood, *Roosevelt and Hopkins*, 1948, S. 710.

23. Sikorski Institute, London, *Mikolajczyk Papiere.* Dokument Nr. P. R. M.-Z. 2. Siehe auch Arthur Lane, *I saw Poland Betrayed*, 1948, S. 64; auch zitiert *Congressional Record*, 5. 4. 1949, S. 3898.

24. Department of State, *Bulletin*, Band 11, S. 836, 24. 12. 1944. *Documents on American Foreign Relations*, 1944–45, Band 7, S. 898; Lane, a. a. O., S. 70.

25. Churchill, *Der Zweite Weltkrieg*, Band 6/2, S. 354–68.

26. *Parliamentary Debates*, House of Lords, Band 130, Spalte 1128, 8. 3. 1944.

27. *Société des Nations, Recueil des Traités*, Band 32, S. 76 ff., Abkommen über den Austausch griechischer und türkischer Volksgruppen und Protokoll, unterzeichnet in Lausanne am 30. 1. 1923. Zur Diskussion der juristischen Fragen siehe Séfériadès, „L'Echange des populations", in *Recueil des Cours*, 1928, Band 24, S. 311 ff., Academie de Droit International. Desgl. *American Journal of International Law*,

Band 18, 1924, Suppl., S. 84–90; Toynbee, *Survey of International Affairs*, 1925, Band 2, Royal Institute of International Affairs, S. 257–79. Vgl. C. A. Macartney, *National States and National Minorities*, 1968, S. 443 ff.

28. *Parliamentary Debates*, House of Commons, 15. 12. 1944, Band 406, Spalte 1484. Churchill, *Reden*, Bd. 5, Zürich, 1949, S. 468.

29. *Proceedings of the Lausanne Conference*, London, 1923, S. 212. Zitiert in G. Streit, *Der Lausanner Vertrag*, 1929, S. 24; desgl. Macartney, a. a. O., S. 444; desgl. Lord Noel-Buxton in *Parliamentary Debates*, House of Lords, Band 130, Spalte 1120, 8. 3. 1944.

30. *Parliamentary Debates*, House of Lords, Band 139, Spalte 68, 30. 1. 1946.

31. *Foreign Relations of the United States*, 1945, Band 2, S. 1234.

32. Ebenda, 1944, Band 1, S. 310. Desgl. 1945, Band 2, S. 1321–2 über britische Entschädigungspläne.

33. Ebenda, 1945, Band 2, S. 1291–2, Robert Murphy telegrafierte an das State Department: „Wenn die Vereinigten Staaten auch zu machtlos sein mögen, um einen grausamen und unmenschlichen Prozeß, der immer noch fortgesetzt wird, aufhalten zu können, so scheint es doch, daß unsere Regierung ihre Haltung, wie sie in Potsdam ausgesprochen wurde, unmißverständlich klarlegen sollte und könnte. Es wäre höchst unangenehm, wenn der Bericht anzeigte, daß wir *Beteiligte* an Methoden wären, die wir bei anderen Gelegenheiten oft verurteilt haben."

34. Bei Beendigung der Konferenz von Casablanca gab Präsident Roosevelt am 24. Januar 1943 seinen und Churchills Entschluß bekannt, „mit nichts geringerem zufrieden zu sein als mit der bedingungslosen Kapitulation Deutschlands". Diese wenig kluge Formulierung versteifte nur noch einmal den verzweifelten Widerstand der Deutschen. In der heftigen Rede zum „totalen Krieg", die Goebbels am 18. Februar 1943 im Berliner Sportpalast hielt, wies sein Publikum einhellig die Formel von der „bedingungslosen Kapitulation" zurück und erklärte sich für den totalen Krieg. Siehe A. Speer, *Erinnerungen*, 1969, S. 305–6. Desgl. Robert Murphy, *Diplomat unter Kriegern*, 1965, S. 292–3. R. Sherwood, *The White House Papers of Harry L. Hopkins*, 1948/9, S. 690.

35. In einem Memorandum des Ausschusses für Nachkriegsprogramme des US-State Department heißt es: „Hitler selbst hat das Beispiel gegeben durch zahlreiche erzwungene Auswanderungen von Menschen in seinem Gebiet Europas." *Foreign Relations of the United States*, 1944, Band 1, S. 310; s. auch A. de Zayas „International Law und Mass Population Transfers", *Harvard International Law Journal*, 1975, Band 16, S. 207–58, insbes. S. 213 ff. – Wenn Hitler den Krieg gewonnen hätte, gilt es als sicher, daß er die einheimische Bevölkerung von annektierten Gebieten deportiert hätte. Am 16. Juli 1942 bei einer Sitzung im Führerhauptquartier sagte er z. B. „Die Krim mit einem erheblichen Hinterland wird Reichsgebiet, und ihre russische Bevölkerung wird nach Rußland abgeschoben." Alexander Dallin, *Deutsche Herrschaft in Rußland*, Düsseldorf, 1958, S. 266. Otto Bräutigam, der bei dieser Sitzung anwesend war, hat seinerzeit aus dem Munde Hitlers selbst gehört, wie er sagte: „Die Krim wird ein deutscher Stützpunkt. Die Menschen dort müssen heraus, wohin, ist ganz wurscht." *So hat es sich zugetragen*, Würzburg, 1968, S. 496. Hitler hat vorgesehen, die Krim mit den Südtirolern zu besiedeln. Weiteres über die Annexion der Krim und geplante Deportation der Bevölkerung siehe in den Notizen des ehemaligen Vertreters des Auswärtigen Amtes beim Oberkommando des Hee-

res Dr. Hasso v. Etzdorf, Nürnberg-Dokument NG-2775 vom 12 August 1941, Aufzeichnungen VAA 1 Nr. 1 von Etzdorf 1939–42, 337369; Rosenberg Memorandum vom 7. Mai 1941, Nürnberg-Dokument 1028–PS und 1058-PS. Vgl. R. Ilnytzkyi, „Deutschland und die Ukraine", Osteuropa Institut, München, 1955, Bd. 1, S. 26; Bd. 2, S. 316ff.

36. Deutsche Dienststelle (WAST) Arbeitsbericht 1973–74, S. 11–12.

37. Siehe Ansprache von Premierminister Churchill im Unterhaus am 27. 2. 1945, *Parliamentary Debates*, Band 408, Spalte 1267; Lord Vansittarts Rede im Oberhaus am 23. 10. 1945, Band 137, Spalte 412–24; Präsident Roosevelts Ansprache vom 1. 3. 1945, *Congressional Record*, Band 91, Teil 2, insbes. S. 1620; Brief eines College-Professors für Geschichte an den Abgeordneten Hugh de Lacy, Anhang zu *Congressional Record*, 8. 5. 1945, S. A-2141.

38. C. Hull, *Memoirs*, 1948, Band 2, S. 1603.

39. H. Rothfels, *Die Deutsche Opposition gegen Hitler*, Krefeld, 1949. Der Verfasser hat Professor Rothfels mehrmals in Tübingen vor seinem Tode im Jahr 1976 besucht. Siehe auch Ulrich von Hassell, *Vom anderen Deutschland*, Zürich, 1947 und Allen Dulles, *Germany's Underground*, New York 1947; persönliche Erinnerungen über die Mitglieder der Widerstandsbewegung in dem Buch von Lutz Graf Schwerin von Krosigk, *Es geschah in Deutschland*, 1951, insbes. S. 326–63. Der Verfasser hat Graf Schwerin von Krosigk mehrmals in Essen befragt. v. Krosigk starb im März 1977.

40. Hans und Sophie Scholl gehörten der Geheimorganisation *Weiße Rose* an, die von dem Professor für Philosophie Kurt Huber geführt wurde. Prof. Huber wurde 1943 nach Entdeckung der Organisation durch die Gestapo hingerichtet.

41. J. Neuhäusler, *Kreuz und Hakenkreuz*. Persönliches Gespräch des Verfassers mit Bischof Neuhäusler in München. Der Bischof sprach begründete Kritik an der These der „Kollektivschuld" aus, wie sie von Karl Jaspers, dem Existenzphilosophen, in seinem sehr bekannten Essay „Die Schuldfrage" (1946) entwickelt wurde.

42. Pastor Niemöller war einer der Führer der „Bekennenden Kirche". Siehe Niemöller, *Der Christ im Kampf gegen die Angst und den Gewaltgeist der Zeit*, 1954. Siehe auch Bischof Hugo Hahn, *Kämpfer wider Willen*, 1969.

43. *The Times*, 18. 6. 1943; der Parlamentsabgeordnete Richard Stokes leitete die Opposition gegen diese Resolution.

44. *Statistisches Jahrbuch für das Deutsche Reich*, 1928, S. 581.

44a. *Statistisches Jahrbuch für Das Deutsche Reich*, 1933, S. 540.

45. Abgeordneter Raikes im Unterhaus am 15. 12. 1944, Band 406, Spalte 1496–7; Petherick, Spalte 1546/47; Rhys-Davis 1. 3. 1945, Band 408, Spalte 1622–25; Strauß, Spalte 1655; Pethick-Lawrence, Spalte 1656–63; Wheeler und Lucas im US-Senat, *Congressional Record*, 15. 1. 1945, S. 251–54, usw.

46. *Time*, 21. 5. 1945, S. 19.

47. *Parliamentary Debates*, House of Lords, Band 130, Spalte 1134, 8. 3. 1944.

48. Ebenda, House of Commons, Band 408, Spalte 1617, 1. 3. 1945.

49. Heinrich Brüning, Leiter der Zentrumspartei, deutscher Kanzler von März 1930 bis Juni 1932. Verfolgt von den Nationalsozialisten, floh Brüning im Mai 1934 zuerst nach Großbritannien, dann in die USA, wurde amerikanischer Staatsbürger und Professor an der Universität Harvard. Siehe Brüning, *Memoiren*, 1970, und *Briefe und Gespräche*, 1974, S. 354ff., 370, 374, 380, 400, 428, wo er seiner Sorge über die Vertreibung der Deutschen Ausdruck gibt.

50. „Nemesis" (griechische Göttin der Vergeltung), Haupttitel der amerikanischen Ausgabe dieses Buches.

Zweites Kapitel
Die Deutschen in der Tschechoslowakei

1. Unter „Sudeten" verstand man ursprünglich nur das Gebirgsland in Nordböhmen, das sich an Preußisch-Schlesien anschloß. Seit Beginn des Jahrhunderts bezog man den Ausdruck auf alle Deutschen in Böhmen und Mähren, später dann auf die ganze deutsche Bevölkerung der Tschechoslowakei. Zu den Bevölkerungsgruppen in der Tschechoslowakei siehe Perman, D.: *The Shaping of the Czechoslovak State*, 1962, S. 25.

2. Siehe Wilsons Reden vom 8. 1. 1918 (Vierzehn Punkte), 11. 2. 1918 („Four Particulars"), und die berühmte Rede von Mount Vernon vom 4. 7. 1918, *Foreign Relations of the United States*, 1918, Suppl. 1, Band 1, S. 12 ff., 108 ff., 268 ff.

3. Bis 1917 kämpften tschechische Freiwillige Seite an Seite mit den alliierten Truppen in den Schützengräben Frankreichs. 1917 wurde eine tschechische Legion in Rußland aufgestellt. Siehe J. Bradley, *Czechoslovakia: A Short History*, 1971, S. 144–147; desgl. D. Perman, *The Shaping of the Czechoslovak State*, 1962, S. 40.

4. *Congressional Record*, 8. 1. 1918, S. 681.

5. *Dokumentensammlung zur Sudetenfrage*, 2. Auflage, 1961, S. 45.

6. Ebenda, S. 46.

7. Ebenda, S. 47.

8. Joseph Hofbauer und Emil Strauß, *Josef Seliger, ein Lebensbild*, 1930, S. 147. Seliger war der führende sudetendeutsche Sozialdemokrat zur Zeit der Pariser Friedensverträge.

9. Die Republik „Deutschösterreich" wurde am 12. November 1918 gegründet und erklärte sich zu einem Teil der Weimarer Republik. Artikel 80 des Vertrags von Versailles und Artikel 88 des Vertrags von St. Germain verhinderten den Anschluß.

10. *Foreign Relations of the United States. The Paris Peace Conference*, 1919, Band 2, S. 379.

11. Ebenda, Band 12, S. 273.

12. Ebenda, S. 274. Neunzehn Jahre danach erfüllte das Münchner Abkommen einen Teil des Coolidge-Plans. Siehe Laurence Thompson, *The Greatest Treason*, 1968, S. 14.

13. *American Journal of International Law*, 1920, Band 14, Suppl. S. 30.

14. *Stenographische Protokolle über die Sitzungen der Konstituierenden Nationalversammlung der Republik Österreich*, 1919, Band 1, S. 765 ff. Zitat auf S. 770; desgl. Hermann Raschhofer, *Die Sudetenfrage*, 1953, S. 133.

15. Philip Brown, „Self-Determination in Central Europe", *American Journal of International Law*, 1920, Band 14, S. 235–239, Zitat auf Seite 237.

16. Die Sache der Sudetendeutschen wird umso überzeugender, wenn man bedenkt, daß ihre nationale Gruppe zur Zeit des Pariser Friedens größer war als die Einwohnerzahl von Norwegen (kaum 3 Millionen) und fast so zahlreich wie die der Dänen oder der Finnen (4 Millionen).

17. Anders als die Deutschen aus Posen und Westpreußen, die in großer Zahl nach

Deutschland auswanderten, um der Polonisierung zu entgehen, sind verhältnismäßig wenige Sudetendeutsche emigriert. Von 1919–1926 kamen mehr als eine Million
Deutsche aus Posen und Pommerellen, die ohne Volksabstimmung in den neuen
polnischen Staat einbezogen worden waren, nach Deutschland, während andere, die
gern geblieben wären, ausgewiesen wurden; ihr Landbesitz wurde beschlagnahmt.
In den Archiven des Völkerbunds in Genf gibt es etwa zwanzig Kästen mit Akten
über Proteste und Petitionen von aus Polen ausgewiesenen Deutschen.

18. *Stenographische Protokolle der Sitzungen des Abgeordnetenhauses der Nationalver-*
sammlung der tschechoslowakischen Republik, 1920, Band 1, S. 28 ff.

19. Wenzel Jaksch, *Europas Weg nach Potsdam*, 1967, S. 209 ff.; desgl. Kurt Rabl, *Das*
Selbstbestimmungsrecht der Völker, 1973, S. 103 ff.; Radomir Luza, *The Transfers of*
the Sudeten Germans, 1964, S. 34; *Brockhaus Enzyklopädie*, 1974, Bd. 19, S. 74. Der
Verfasser verfügt über eine Liste von Namen und Berufen der 54 Menschen, die am
4. März 1919 starben; unter ihnen waren ein Mann von 80 Jahren, Frauen und
mehrere Schüler, 11, 13 und 14 Jahre alt.

20. *Parliamentary Debates*, House of Lords, 30. 1. 1946, Band 139, Spalte 89.

21. Macartney, *National States and National Minorities*, 1968, S. 247 ff.

22. Inis Claude, *National Minorities*, 1955, S. 40.

23. Luza, a. a. O., S. 42; Thompson, a. a. O., S. 16.

24. C. Macartney, *National States and National Minorities*, 1968, S. 414–15.

25. *The Economist*, 10. 7. 1937, S. 72.

26. *Akten zur deutschen Auswärtigen Politik*, Serie D (1937–45), Band 2, *Deutschland*
und die Tschechoslowakei, S. 192. Den tschechischen Standpunkt zum Karlsbader
Programm vertritt R. Luza, a. a. O., S. 121–25; desgl. H. Ripka, *Munich Before and*
After, 1939, S. 20, 27/28, 37, 40; desgl. Benesch, *Memoirs*, 1954.

27. *Documents on British Foreign Policy*, 1919–1939, 3. Serie, Band 2, S. 50; desgl.
Thompson, a. a. O., S. 98/99; Luza, a. a. O. S. 135–138.

28. *Documents on British Foreign Policy*, 1919–1939, 3. Serie, Band 2, S. 675-7; desgl.
Luza, a. a. O., Fußnote 165 auf S. 145.

29. *Foreign Relations of the United States, 1938*, Band 1, S. 595.

30. Ebenda, S. 596.

31. Ebenda, S. 622.

32. A. Toynbee, „A Turning Point in History", *Foreign Affairs*, Januar 1939, S. 316.
Desgl. *The Times*, 2. 6. 1938, wo eine ähnliche Ansicht vertreten wird vom Dean of
St. Paul's; *The Times*, Leitartikel vom 4. 6. 1938 mit dem Vorschlag, daß die Tsche-
choslowakei ihren Minderheiten Volksabstimmungen gestatten solle.

33. Toynbee, a. a. O., S. 314.

34. Gleichzeitig kamen zwischen 675 000 und 743 000 Tschechen unter deutsche Herrschaft. Man schätzt allerdings, daß bis zu 500000 Tschechen das Sudetenland
verließen und in das tschechische Kernland Böhmen und Mähren zogen, während
Tausende von Deutschen, die außerhalb des neuen Reichsgebiets blieben, in die
annektierten Sudetengebiete aufbrachen. Diese Tschechen, die freiwillig das Sudetenland verließen, konnten ihr ganzes Hab und Gut mitnehmen. Siehe Schieder,
Dokumentation der Vertreibung, 1957, Band IV/1, S. 12; desgl. Luza, *a. a. O.,*
S. 158; E. Wiskemann, „Czechs and Germans after Munich", Foreign Affairs, 1939,
Band 17, S. 293.

35. *Foreign Relations of the United States, 1938*, Band 1, S. 708–10.

36. *Slezsky Sbornik, Acta Silesiaca,* 1969, S. 7.
37. Charles Maurice de Talleyrand (1754–1838) nannte die Entführung und Hinrichtung des Herzogs von Enghien (1804) auf einen leichten Verdacht des Verrats hin „mehr als ein Verbrechen – eine Dummheit" („plus qu'un crime – une sottise").
38. Der britische Außenminister Halifax telegraphierte dem britischen Botschafter in Berlin Henderson am 17. März 1939: „Bitte informieren Sie die deutsche Regierung, daß die Regierung Ihrer Majestät ihr klarzustellen wünscht, daß sie die Ereignisse der vergangenen Tage nur als eine vollständige Verwerfung des Münchener Abkommens und eine Verleugnung des Geistes betrachten kann, in dem die Vertragschließenden sich verpflichteten, zusammenzuarbeiten. Die Regierung Ihrer Majestät muß auch die Gelegenheit wahrnehmen, gegen die Veränderungen zu protestieren, die in der Tschechoslowakei durch eine deutsche militärische Aktion bewirkt worden sind und die nach ihrer Auffassung jeder Legalitätsbasis entbehren." *Documents on British Foreign Policy 1919–1939,* Third Series, Band 4, S. 291.
39. Eduard Taborsky, *The Czechoslovak Cause,* 1944, S. 56–58.
40. Tatsächlich war ein ähnlicher Vorschlag schon auf der Pariser Friedenskonferenz 1919 von dem französischen Soziologen Lavergne geäußert worden. Siehe E. Benesch, „The Organization of Postwar Europe", *Foreign Affairs,* Band 20, S. 228–42.
41. Holborn, *War and Peace Aims of the United Nations,* Band 2, S. 1036.
49. Ebenda.
43. Ebenda, S. 446.
44. E. Benesch, *The Annals,* März 1944, S. 166. Vergl. J. W. Brügel, *Tschechen und Deutsche, 1939–1946,* 1974.
45. H. Ripka, *Munich Before and After,* 1939, S. 196.
46. „Selbst wenn wir anschließend in den Krieg gezogen wären, um Deutschland für seine Handlung zu bestrafen, und wenn wir nach den entsetzlichen, über alle Kriegsteilnehmer verhängten Verlusten am Ende siegreich gewesen wären, so hätten wir die Tschechoslowakei niemals wiederherstellen können, so wie sie von den Pariser Verträgen gestaltet worden war." Toynbee, Arnold (Hrsg.): *Documents on International Affairs,* 1939–46, Bd. I, 1951, S. 67.
47. Holborn, a. a. O., Band 1, S. 253; UK Command Papers, 6379 (1942), Czechoslovakia; Benesch, *Memoirs,* S. 207. Für die amerikanische Zustimmung zur Aufhebung des Münchner Abkommens: *Foreign Relations of the United States,* 1943, Band 3, S. 529.
48. Brief des britischen Außenministeriums an Rudolf Storch, *Der Sudetendeutsche,* 29. 10. 1955, S. 1; Luza, a. a. O., S. 236.
49. Benesch, *Memoirs,* S. 207.
50. Ebenda, S. 222–23.
51. E. Franzel, *Die Vertreibung Sudetenland 1945–1946,* 1967, S. 214–19. Reinhard Heydrich wurde verletzt, als sein Wagen von einer Bombe tschechischer Terroristen am 27. Mai 1942 getroffen wurde; er starb einige Tage danach an den erlittenen Verletzungen. Es hieß, daß sich die Attentäter in Lidice versteckt hielten, nachdem sie aus einem englischen Flugzeug abgesprungen seien. Doch nicht nur die Opfer von Lidice litten durch Heydrichs Tod; der Naziterror forderte das Leben von ungefähr 2500 Tschechen im ganzen Protektorat, bis die Attentäter am 16. Juni 1942 gefunden worden waren. Siehe auch Luza, a. a. O., S. 210–22; Bradley, a. a. O., S. 164–66. Siehe auch Dusan Hamsik und Jiri Prazak: *Eine Bombe für Heydrich,*

Berlin, 1964: J. Hutak, *With Blood and with Iron-The Lidice Story.* London, 1957.
Vgl. Heydrich-Unterlagen in *Berlin Document Center.*

52. Luza, a. a. O., S. 260/1.
53. Ebenda, S. 262.
54. *Facts about Czechoslovakia,* 1958, S. 10.
55. *Time,* 22. 10. 1945, S. 35.
56. Ebenda, 5. 11. 1945, S. 30.
57. *Parliamentary Debates,* House of Commons, Band 414, 26. Oktober 1945, Spalte 2376.
58. *Parliamentary Debates,* House of Lords, Band 139, Spalte 89, 30. 1. 1946.
59. Axel de Gadolin, *The Solution of the Karelian Refugee Problem in Finland,* 1952. Am 14. Dezember 1939 erklärte der Völkerbund, die UdSSR habe sich außerhalb des Völkerbundpaktes gestellt.
60. Jahrzehntelang haben Historiker die Deutschen allgemein als Schlägertypen dargestellt. Eine moderne Geschichtsschreibung täte besser daran, die These vom Deutschen als „Benachteiligtem" zu prüfen. Ein französischer Aphorismus scheint die ganze Situation sarkastisch zusammenzufassen: „Cet animal est très méchant, quand on l'attaque il se défend" – dieses Tier ist sehr bösartig, wenn man es angreift, verteidigt es sich. In diesem Sinne kann die Forderung der Sudetendeutschen nach Gleichberechtigung nicht als abscheuliches Verbrechen bezeichnet werden, und ihre Trennung von den Tschechen durch das Münchener Abkommen könnte auch als eine verspätete Rechtfertigung der Coolidge-Kommission von 1919 angesehen werden.
61. Siehe Götz von Selle, *Ostdeutsche Biographien,* Würzburg, 1955: u. a. Gregor Mendel.(Nr. 192), Ferdinand Porsche (Nr. 32), Rainer Maria Rilke (Nr. 339), Emil v. Skoda (Nr. 208).

Drittes Kapitel
Die Entstehung der Oder-Neiße-Linie

1. Hans Grimm, *Volk ohne Raum,* erschienen im Jahre 1926, stellte den engen Raum Deutschlands bzw. der engen Täler um Lippoldsberg den weiten Räumen des kolonialen Afrikas gegenüber. Der Titel seines Romans wurde als nationalsozialistisches Propagandaschlagwort mißbraucht, um *Lebensraum* in Osteuropa auf Kosten der slawischen Völker zu verlangen.
2. Stokes erwähnte diese Erklärung Premierminister Churchill gegenüber während der Unterhausdebatte am 23. 2. 1944, *Parliamentary Debates,* House of Commons, Band 397, Spalte 901–2.
3. Englischer Text in Holborn, *War and Peace Aims of the United Nations,* 1943, S. 2, deutscher Text in *Europa Archiv, Dokumente und Berichte,* Bd. 6, Oberursel, 1948, S. 53.
4. *Parliamentary Debates,* House of Commons, 23. Feb. 1944, Band 397, Spalte 902; 22. März 1944, Band 399, Sp. 783–4; 16. Jan. 1944, Band 407, Sp. 31–32.
5. H. Rothfels „Frontiers and Mass Migrations in Eastern-Central Europe", *Review of Politics,* 1946, S. 59.
6. Churchill, *Der Zweite Weltkrieg, Die Große Allianz,* Band III/2, S. 354.

7. *Parliamentary Debates*, House of Commons, Band 400, Spalte 784, 24. 5. 1944. Man vergleiche den Text des Briefes von Churchill an Außenminister Eden vom 8. Januar 1942: „. . . Doch keine britische Regierung, an deren Spitze ich stehe, darf einen Zweifel offen lassen, daß sie sich an die Grundsätze der Freiheit und der Demokratie gebunden erachtet, die in der Atlantik-Charta niedergelegt sind, und daß diese Grundsätze ganz besondere Geltung haben, wenn Fragen territorialer Verschiebungen zur Debatte stehen. Meine Auffassung geht deshalb dahin, den Russen mitzuteilen, daß alle Grenzfragen der Entscheidung der Friedenskonferenz vorbehalten bleiben müssen." *Der Zweite Weltkrieg, Die Große Allianz*, Band III/2, S. 368.

8. Nachdem in Teheran beschlossen worden war, daß Polen Ostpreußen erhalten sollte, besuchte Premierminister Mikolajczyk die Vereinigten Staaten und erklärte vor der Presse am 14. 6. 1944 in Washington: „Polen wünscht nach dem Krieg Ostpreußen, das bisher wie ein Messer auf Polens Herz zielte". *Polish Information News*, London XXI, S. 536; desgl. Dissertation an der Universität Genf, 1952, „*The Division and Dismemberment of Germany*", von Harold Strauss, S. 86.

9. Churchill, *Der Zweite Weltkrieg*, Band III/2, S. 294, wo Eden über eine Unterredung mit Stalin am 16. 12. 1941 berichtet, in welcher Stalin vorschlug, Ostpreußen sollte an Polen abgetreten werden.

10. *Foreign Relations of the United States*, 1943, Band 3, S. 15; desgl. Sherwood, *Roosevelt and Hopkins*, 1948, S. 710.

11. *Foreign Relations of the United States*, 1943, Band 3, S. 25; Sherwood, a. a. O., S. 713.

12. Text des deutsch-sowjetischen Nichtangriffspaktes und des Geheimen Zusatzprotokolls, die am 23. 8. 1939 in Moskau unterzeichnet wurden, A. Toynbee (Hrsg.) *Documents on International Affairs 1939–1946*, Band 1, S. 408–10, The Royal Institute of International Affairs, London. Die Ribbentrop-Molotow-Grenze war für die Polen noch ungünstiger als die Curzon-Linie, die Ende des Ersten Weltkrieges von Lord Curzon als Polens Ostgrenze vorgeschlagen worden war. Damals hatten sich die Polen dagegen aufgelehnt und mit Waffengewalt eine günstigere russisch-polnische Grenze erzwungen, die bis zum 17. September 1939 in Kraft blieb.

13. Am 17. 11. 1943 wurde ein Memorandum von Stanislaw Mikolajczyk, dem Premierminister der polnischen Exilregierung, Präsident Roosevelt übermittelt. Das Memorandum protestierte nachdrücklich gegen den sowjetischen Vorschlag und schloß: „Die Zuerkennung von Ostpreußen, Danzig, Oberschlesien und die Begradigung und Verkürzung der polnischen Westgrenze werden in jedem Fall von der Notwendigkeit diktiert, für die Stabilität des künftigen Friedens zu sorgen, für die Entwaffnung Deutschlands und die Sicherheit Polens wie anderer Länder Mitteleuropas. Der Anschluß dieser Gebiete an Polen kann deshalb gerechterweise nicht als Gegenstand der Entschädigung für die Abtretung Ostpolens an die UdSSR behandelt werden . . ." *Foreign Relations of the United States*, 1943, Band 3, S. 482. In einem Gespräch mit Elbridge Durbrow am 6. 1. 1943 im Außenministerium hatte Arlet, Botschaftsrat der polnischen Botschaft in Washington, bereits den Wunsch ausgedrückt, daß Polen „Ostpreußen, einen Teil von Pommern wie von Oberschlesien" erhalten solle. Zunächst beriefen sich die polnischen Forderungen auf wirtschaftliche und strategische Gründe; später, als der Krieg fortschritt, wurde das Argument, Polen auf Kosten Deutschlands für seine beträchtlichen Verluste im Osten zu entschädigen, ausschlaggebend. Ebenda, S. 322.

14. Churchill, Der Zweite Weltkrieg, Band V/2, S. 49.
15. Ebenda, S. 50.
16. Ebenda.
17. Frankreich äußerte später seine Besorgnis vor einem übervölkerten Deutschland und schlug Massenauswanderung der Deutschen als Lösung vor. FO 371/46816.
18. Isaiah Bowman, amerikanischer Geograph und Präsident der John-Hopkins-Universität, nahm an der Pariser Friedenskonferenz von 1919 teil und später, 1945, in San Francisco. Er schrieb einen besonders scharfsichtigen Artikel über die Planung des Friedens, in dem er bemerkte: „Es herrscht ein tiefer psychologischer Unterschied zwischen einem Überlassen von Territorium durch einen Handelsvertrag und einem Pakt des internationalen Zusammenwirkens. Territorium ist nahe und einfach und erweckt persönliches Gefühl und Gruppenemotionen. Für ein Volk, das seiner Individualität bewußt ist: ‚wie süß der stille suchende Blick zurück‘. Ein solches Volk beseelt das Land selbst mit einer mystischen Qualität, hört, wie verehrte Vorfahren, Begründer vergangener Größe und Vollbringer heldischer Taten aus den Gräbern in seinem Boden noch reden. Eingeflossen in jede nationale Literatur sind die wechselnden Stimmungen der Landschaften, die Schöpfungen aus Fluß, Berg, Ebene, Wald und Küste. All die vertrauten Techniken des Lebens sind verwoben mit dem Komplex aus Gefühl, unvergessenen Erlebnissen und Phantasie, die Ort und Heim umgeben. Es ist das Recht auf solche Empfindungen und nicht nur auf so und so viele Quadratkilometer Land, das heimatlos wird, wenn es zu einem Wandel der Grenzen und der Herrschaft kommt." Isaiah Bowman, „The Strategy of Territorial Decisions", Foreign Affairs, 1946, Band 24, S. 177–94, Zitat auf S. 177.
19. Arthur Lane, I saw Poland Betrayed, 1948, S. 260. Siehe auch Brief von Botschafter Lane an Außenminister Marshall vom 13. 1. 1947, Foreign Relations of the United States, Band 2, S. 177.
20. Churchill, Der Zweite Weltkrieg, Bd. V/2, S. 90.
21. Foreign Relations of the United States, 1918, Band 1, Suppl. 1, S. 112.
22. Churchill, Der Zweite Weltkrieg, Bd. V/2, S. 98. Feis, Churchill, Roosevelt, Stalin, 1957, S. 287.
23. Bisher hatte noch niemand die Grenze an der Neiße ins Gespräch gebracht.
24. Foreign Relations of the United States, 1944, Band 1, S. 302–3.
25. Churchill, Der Zweite Weltkrieg, Bd. V/2, S. 155; Benesch, Memoirs, 1954, S. 149.
26. Ein „Sonderausschuß zur Untersuchung von Tatsachen, Beweismaterial und Umständen des Massakers vom Wald bei Katyn" wurde einstimmig als House Resolution 390, 82. Kongreß, 1. Sitzung vom 18. 9. 1951 eingesetzt. Der Text der Hearings wurde mit den entsprechenden Dokumenten veröffentlicht in 7 Teilen (2362 Seiten) unter dem Titel The Katyn Forest Massacre. Vgl. Committee on the Judiciary, United States Senate, The Human Cost of Soviet Communism, 92d Congress, 1 st Session, Dok Nr. 92–36, 16 Juli 1971, S. 20. Siehe auch Edward Rozek, Allied Wartime Diplomacy, 1958, S. 123–27; Josef Czapski, What Happened in Katyn? 1950; Gen. Wladyslaw Anders, Katyn, 1948. Eigene Beobachtungen wurden dem Verfasser mitgeteilt von Dr. Ernesto Giménez Caballero, dem spanischen Vertreter bei der internationalen Untersuchungsmission von 1943. Vgl. Alexander Werth, Rußland im Krieg, S. 434 ff.; Louis Fitzgibbon, Unpitied and Unknown, London, 1975. Brockhaus Enzyklopädie, 1970, Bd. 10, S. 32. – Im Public Record Office in London befinden sich zahlreiche unveröffentlichte Dokumente des Foreign Office

über den Fall Katyn und über die britischen Versuche, die Polen mit den Russen auszusöhnen, obwohl, wie es aus dem Memorandum von Owen O'Malley vom 31. Mai 1943 an Außenminister Eden hervorgeht, das Foreign Office intern glaubte, daß die Russen daran schuld waren. Siehe Akten mit Signatur FO 371/34577, FO 371/34575, FO 371/34572, FO 371/47734. – „Katyn 1940" steht auf einem Obelisken, der seit September 1976 auf dem Londoner Friedhof Gunnersbury an die 14 471 Polen erinnert, die 1940 von den Sowjets ermordet wurden. Im Leitartikel vom 17.9.1976 in *The Times* heißt es auf Seite 15: „In den 30 Jahren seit Kriegsende ist genug veröffentlicht worden, um jeden, der kein engagierter Verteidiger der Sowjets ist, davon zu überzeugen, daß das Massaker tatsächlich 1940 stattfand, als Katyn unter sowjetischer und nicht unter deutscher Kontrolle stand". Desgl. *Frankfurter Allgemeine Zeitung*, 18.9.1976, S. 2 und *Die Welt*, 20.9.1976, S. 8. – Siehe auch *Polish Affairs*, Nr. 98, Dezember 1976, London. Dieses Sonderheft ist dem Komplex Katyn gewidmet und beschreibt die Kontroverse um den Bau des Gunnersbury Obelisken.

27. *Foreign Relations of the United States*, 1943, Band 3, S. 376 ff. Siehe auch Note von Prime Minister Churchill vom 26. April 1943, Cabinet Papers 66/36. Vgl. Rozek, a. a. O., S. 128.

28. Kennan, *Memoiren eines Diplomaten*, 1968, S. 205. Rozek, a. a. O., S. 132 ff.

29. Sikorski kam am 4.7.1943 bei einem Flugzeugunglück in der Nähe von Gibraltar ums Leben. Ihm folgte Mikolajczyk als Premierminister der Exilregierung; David Irving, *Churchill and Sikorski, a Tragic Alliance*, 1969.

30. Benesch, *Memoirs*, S. 266; Rozek, a. a. O., S. 171.

31. Polnisches Protokoll der Konferenz am Freitag, den 13. Oktober 1944, zwischen Stalin, Churchill, Mikolajczyk und Harriman. Sikorski Institut, London, *Mikolajczyk-Papiere*, Dokument P. R. M. Z. 5 auf S. 9.

32. *Mikolajczyk-Papiere*, a. a. O., S. 10–11.

33. Rozek, a. a. O., S. 277 ff.; Mikolajczyk, *The Rape of Poland*, 1948, S. 97–99; Churchill, *Der Zweite Weltkrieg*, Bd. VI/1, S. 278.

34. Rozek, a. a. O., S. 283.

35. Ebenda, S. 285.

36. Churchill, *Der Zweite Weltkrieg*, Bd. VI/2, S. 35; Lane, a. a. O. 70. Von Anfang an dachte Stalin an eine Ausdehnung bis an die westliche, die Görlitzer (oder Lausitzer) Neiße. Doch da es auch die Glatzer Neiße gab, entwickelte sich später eine Auseinandersetzung zwischen den westlichen Alliierten und der Sowjetunion, welcher der beiden Neiße-Flüsse die Grenze bilden sollte. In Jalta und in Potsdam setzten sich die westlichen Alliierten für die östliche oder Glatzer Neiße ein; hätte sie die Grenze gebildet, wäre der größte Teil Niederschlesiens im Nachkriegsdeutschland geblieben.

37. Kennan, a. a. O., Band 1, S. 218 ff. In seinen berühmten *Memoiren*, die mehr als zwanzig Jahre nach den unheilvollen Beschlüssen von Jalta und Potsdam erschienen, faßte er zusammen: „Eine so unnatürliche Grenze wie die Oder-Neiße-Grenze konnte nur mit Waffengewalt aufrechterhalten und verteidigt werden – und dazu bedurfte es größerer Kraft, als Polen selbst aufzubringen imstande sein würde. Man konnte von den Polen aber auch nicht erwarten, daß sie die Verteidigung dieser Grenze den Westmächten anvertrauten. Das hatten sie schon einmal probiert, in den Jahren 1938 und 1939. Selbst damals schon hatten sich die Westmächte als eine

schwache Stütze gezeigt. Angesichts der Oder-Neiße-Grenze würde ein künftiges Deutschland irredentistische Ansprüche viel nachhaltiger und überzeugender geltend machen können als die von Hitler im Jahre 1939 vorgetragenen (und selbst für dessen Forderungen ließ sich einiges sagen, wie die Westmächte eingesehen hatten). Das aus einem guten Stück Deutschland herausgeschnitzte Polen müßte sich schon aus reinem Selbsterhaltungstrieb des ständigen Wohlwollens der Russen versichern, und zwar zu deren Bedingungen." – Zur Oder-Neiße-Linie bemerkt Churchill in seinen Kriegserinnerungen: „Hier war ein Unrecht im Werden, gegen das unter dem Gesichtspunkt der künftigen Befriedung Europas Elsaß-Lothringen und der Polnische Korridor nicht viel mehr als Kleinigkeiten waren." *Der Zweite Weltkrieg*, Band VI, Buch 2, S. 347.

38. Department of State, *Bulletin*, Band XI, S. 836, 24. 12. 1944. Statt Politik auf weite Sicht einzuschlagen, griffen die Vereinigten Staaten im September 1944 übereilt nach dem Irrlicht des Morgenthau-„Plans". Sechs Monate hindurch erging man sich in „keiner Politik" im Hinblick auf Deutschland. Am 20. Oktober schrieb Roosevelt an Hull: „Ich schätze es nicht, Pläne für ein Land zu machen, das wir noch nicht erobert haben." Siehe Hull, *Memoirs*, Band 2, S. 1621; desgl. Philip Mosley, „The Occupation of Germany", *Foreign Affairs*, 1949–50, Band 28, S. 596; Robert Murphy, *Diplomat unter Kriegern*, 1965, S. 278 ff.

39. *Foreign Relations of the United States, The Conferences at Malta and Yalta*, S. 189.

40. Ebenda, S. 509.

41. Ebenda, S. 510.

42. Ebenda, S. 680.

43. Ebenda, S. 716 (Bohlen-Niederschrift).

44. Ebenda, S. 717 (Bohlen-Niederschrift), S. 720 (Matthew-Niederschrift); desgl. Churchill Der Zweite Weltkrieg, Band VI/2, S. 38.

45. *Foreign Relations of the United States*, a. a. O. 717, desgl. in Matthew-Niederschrift S. 720, in Hiss-Notizen S. 726; Churchill, a. a. O. S. 40.

46. *Foreign Relations of the United States*, a. a. O. S. 717, 720, 725; Churchill, a. a. O. S. 39.

47. *Foreign Relations of the United States*, a. a. O. S. 792; Churchill, a. a. O. S. 42.

48. *Foreign Relations of the United States*, a. a. O. S. 869.

49. Ebenda, S. 907; Churchill, a. a. O. S. 52–53.

50. *Foreign Relations of the United States*, a. a. O. S. 905 und 938.

51. *Congressional Record*, House of Representatives, Band 91, Teil 2, 1. 3. 1945, S. 1621–22.

52. *Parliamentary Debates*, House of Commons, 27. 2. 1945, Band 408, Spalte 1267.

53. Ebenda, Spalte 1277.

54. Ebenda.

55. Ebenda, 1. 3. 1945, Spalte 1623.

56. Ebenda, Spalte 1655.

57. Ebenda, Spalte 1625.

58. *Rocznik Statystyczny*, 1947, S. 29.

59. *Time*, 15. 10. 1945, Band 46, S. 24.

Viertes Kapitel
Vorspiel zur Vertreibung: Die Flucht

1. E. Kulischer, *Europe on the Move*, 1948, S. 256–9; J. Schechtman, *European Population Transfers*, 1946, S. 66–225; desgl. Schechtman, „The Option Clause in the Reich's Treaties on the Transfer of Population" in *American Journal of International Law*, Band 38, 1944, S. 356 ff.; desgl. Alfred de Zayas, „International Law and Mass Population Transfers", *Harvard International Law Journal*, 1975, Band 16, S. 246–49; D. Loeber, *Diktierte Option*, 1973.

2. Theodor Schieder, *Dokumentation der Vertreibung*, Band I/1, S. 63 E, 101, 266, 274, 432, 479.

3. Ebenda, S. 155 E.

4. Diese abgeschlagene Offensive gegen Ostpreußen wird in der sowjetischen „Geschichte des Großen Vaterländischen Krieges 1941–1945" (deutsch 1961, Frankfurt a. M., S. 398) nur mit einem Satz erwähnt. Selbstverständlich gibt diese Geschichte keinen Hinweis auf Greueltaten der sowjetischen Armee. Der Verfasser, Prof. Doktor der Geschichtswissenschaft, Boris Semjonowitsch Telpuchowski, war Stellvertretender Leiter der Abteilung „Geschichte des Großen Vaterländischen Krieges" am Institut für Marxismus-Leninismus beim Zentralkomitee der KPdSU in Moskau. Die deutsche Übersetzung des Werkes wurde von Andreas Hillgruber und Hans-Adolf Jacobsen herausgegeben und kritisch erläutert.

5. Der Verfasser hat drei Gespräche mit General Hossbach geführt, um sich ein klares und authentisches Urteil über das Geschehen in Ostpreußen zu verschaffen. Eine gute Zusammenfassung der Ereignisse findet sich bei Schieder, *Dokumentation der Vertreibung*, Band I/1, S. 9 E–41 E. Die militärische Situation bei Hossbach, *Die Schlacht um Ostpreußen*, 1951; auch Kurt Dieckert und Horst Großmann, *Der Kampf um Ostpreußen*, 1960.

6. Siehe Rudolf Grenz, *Stadt und Kreis Gumbinnen*, 1971, S. 632–636, und S. 811–35, bekannt als „Heimatbuch" von Gumbinnen.

7. In einem persönlichen Gespräch bestätigte General Dethleffsen den Inhalt seiner Aussage von 1946. Die Erklärung kann heute eingesehen werden in den bundesdeutschen Archiven von Koblenz unter Ost-Dok. 2, Nr. 13, S. 31–33, und im Friedenspalast in Den Haag bei den Nürnberger Dokumenten, High Command Defense, Item H-1357, Affidavit Nr. 1608. Sie wird auch zitiert von E. G. Lass, *Die Flucht – Ostpreußen 1944–45*, 1964, S. 46/47. Es liegen ferner zeitgenössische Berichte über das Massaker von Nemmersdorf im politischen Archiv des Auswärtigen Amtes in Bonn, in der Sammlung Völkerrecht/Kriegsrecht, Band 82/8, Nr. 22. In diesem Band sind auch Berichte zu finden über Massaker in Goldap, Tutteln und Girnen.

8. Ost-Dok. 2, Nr. 13, S. 9–10; Schieder, *Dokumentation der Vertreibung*, Band I/1, S. 7 Fußnote. Desgl. Lass, a. a. O., S. 45/46. Auf Berichte über deutsche Zivilisten, meistens Frauen, die an Scheunentore genagelt worden waren, stößt man hier und da in der umfangreichen Sammlung von Erklärungen in den Ostdokumenten. Dieser besondere Vorfall ist dem Verfasser in Gesprächen mit deutschen Flüchtlingen aus Ostpreußen und Schlesien bestätigt worden, aber auch von Belgiern, die als Kriegsgefangene in Ostpreußen gewesen waren und nach ihrer Befreiung 1945 durch die Rote Armee Zeugen solcher Vorfälle wurden.

9. Schieder, *Dokumentation der Vertreibung,* Band I/1, S. 7/8; Ost-Dok. 2, Nr. 21, S. 715–16; Lass, a. a. O., S. 44/45.

10. Der Bericht der internationalen Ärztekommission wie auch die gesamten militärischen Berichte der Vierten Armee nach August 1944 sind verlorengegangen, wahrscheinlich in sowjetische Hände gefallen oder von den Deutschen selbst vernichtet. Doch General Dethleffsen hat mir selbst versichert, daß eine medizinische Untersuchungskommission erschienen ist und einen Bericht verfaßt hat. Ein vorläufiger Bericht über den Zustand der Leichen, datiert vom 26. 10. 1944, abgefaßt von Hauptmann Fricke (Abt. Ic A. O. Abw. III), kann in den Militärarchiven von Freiburg eingesehen werden, und zwar im Kriegstagebuch der Infanteriedivision 559. Die Geschehnisse im nahegelegenen Goldap wurden von einer internationalen Kommission in Berlin untersucht, deren Mitglieder nach Auskunft des Nürnberger Staatsarchives waren: Vorsitzender Dr. Hjalmar Mäe aus Estland (der Verfasser hat mit Dr. Mäe korrespondiert), Professor Dr. Puentes Rojo (Spanien), Hendrichs de Lestrieur (Niederlande), Petro Avancini (Italien), M. Calais (Schweden), Hermansen (Dänemark), Madjenovic (Serbien), Strandmais (Lettland).

11. Ost-Dok. 2, Nr. 8, S. 107; Lass, a. a. O., S. 47. Der Verfasser hat mit Hauptmann Herminghaus korrespondiert, der ausdrücklich die Echtheit der zitierten Erklärung bestätigte und dem Verfasser Hinweise auf weitere Untersuchungen gab. Vgl. Bericht in *Le Courrier,* Genf, 7. 11. 1944, Nr. 306, S. 1.

12. Frau Margot Grimm starb 1969. Der Verfasser hat mit ihrem Sohn Joachim Grimm korrespondiert. Die Erklärung in Frau Grimms Handschrift findet sich im Bundesarchiv Koblenz unter Ost-Dok. 2, Nr. 13, S. 49/50. Sie wird vollständig zitiert bei Lass, a. a. O., S. 47/48 und wird bekräftigt durch die Erklärung von Erika Feller, Ost-Dok. 2, Nr. 13, S. 33–36, ebenfalls zitiert bei Lass, a. a. O., S. 48.

13. Politisches Archiv des Auswärtigen Amtes, Bestand Völkerrecht/Kriegsrecht, Bd. 82/8. Der Verfasser hat diesen Fall mit dem ehemaligen Major Hinrichs besprochen, der sich an seine damalige Feststellung noch klar erinnern kann. Sein Bericht wurde dem Auswärtigen Amt durch den ehemaligen Vertreter des Auswärtigen Amtes beim Oberkommando des Heeres, Dr. Hasso v. Etzdorf, weitergeleitet. In einem persönlichen Gespräch mit Herrn Dr. v. Etzdorf wurde dem Verfasser bestätigt, daß mehrere dieser Meldungen beim Oberkommando des Heeres eingegangen sind.

14. Politisches Archiv des Auswärtigen Amtes, Bestand Völkerrecht/Kriegsrecht, Bd. 82/8. Diese Meldung hat der ehemalige Vertreter des Auswärtigen Amtes beim OKW/WPr Dr. Heinrich v. zur Mühlen in Telegrammform weitergeleitet. Dem Verfasser hat Herr Dr. v. zur Mühlen den Fall bei einem persönlichen Gespräch bestätigt.

15. Bundesarchiv/Militärarchiv Freiburg, RW 4/v. 709, S. 109ff.

16. Politisches Archiv des Auswärtigen Amtes, Bestand Völkerrecht/Kriegsrecht, Bd. 82/8. Der Verfasser hat mit Frau Marianne Stumpenhorst korrespondiert. Sie hat eine ausführliche Darstellung in Rudolf Grenz, *Stadt und Kreis Gumbinnen,* gegeben. Vgl. Karl Kurth (Hrsg.) *Dokumente der Menschlichkeit,* Würzburg, 1960, S. 208–246.

17. Politisches Archiv des Auswärtigen Amtes, Bestand Völkerrecht/Kriegsrecht, Bd. 82/8.

18. Public Record Office, Dokument FO 371/39083. Es wurde sogar vermutet, daß

unter Umständen die deutsche Gestapo ihre eigenen Landsleute getötet habe, wenn diese sich der Evakuierung widersetzten. Diese Vermutung zeigt, wie die Engländer die Lage in Ostpreußen verkannt hatten, denn das Problem lag gerade darin, daß die NS-Parteifunktionäre eine Evakuierung der Zivilbevölkerung als Defaitismus betrachteten und deswegen sich gegen die von der Armee vorgeschlagene Evakuierung erklärten.

18a. Mikrofilme der *Krasnaja Swesda* im British Museum, Colindale Library, und auch in Harvard University Library.

19. In der englischen Ausgabe des vorliegenden Buchs zitiert der Verfasser ein Ehrenburg zugeschriebenes Flugblatt, das nach Aussage mehrerer vom Verfasser befragter deutscher Offiziere an die Soldaten der Roten Armee zur Zeit der Oktoberoffensive 1944 verteilt wurde. Der Text lautet: „Tötet. Es gibt nichts, was an den Deutschen unschuldig ist, die Lebenden nicht und die Ungeborenen nicht! Folgt der Weisung des Genossen Stalin und zerstampft für immer das faschistische Tier in seiner Höhle. Brecht mit Gewalt den Rassenhochmut der germanischen Frauen! Nehmt sie als rechtmäßige Beute! Tötet, ihr tapferen Soldaten der siegreichen sowjetischen Armee!" – Eine deutsche Übersetzung des Flugblatts ist in den Erinnerungen von Großadmiral Dönitz *Zehn Jahre und zwanzig Tage* auf S. 424 zitiert. Bisher ist es dem Verfasser nicht gelungen, das russische Original aufzutreiben. Doch die Akten des politischen Archivs des Auswärtigen Amts, Abteilung Völkerrecht/Kriegsrecht und Kult. Pol. Geheim, wie auch die Akten des Bundesarchiv-Militärarchivs in Freiburg enthalten viele andere aufhetzende Flugblätter von Ehrenburg und anderen russischen Autoren. Ehrenburg selbst leugnet in seiner Autobiographie *Menschen, Jahre, Leben* (deutsch 1962), Band III, S. 32 ff., das zitierte Flugblatt verfaßt zu haben. Vgl. Alexander Werth, *Rußland im Krieg*, S. 644 ff. Siehe auch Ehrenburgs Artikel in *Krasnaja Swesda* vom 13. 8. 42. Vgl. Schieder, a. a. O., Bd. I/1, S. 61 E.

20. Ilja Ehrenburg, Воина Bd. 2, S. 22–23. Am 14. April 1945 wurde Ehrenburgs Haßpropaganda von G. F. Alexandrow in der *Prawda* scharf kritisiert. Siehe Alexander Werth, a. a. O., S. 646; Albert Seaton, *The Russo-German War 1941–45*, 1971, S. 543–44.

21. Bundesarchiv/Militärarchiv, Bestand H 3/493, Fremde Heere Ost. Auch zitiert in Alexander Werth, *Rußland im Krieg*, S. 644–46. Der Verfasser möchte dem Historiker Ortwin Buchbender, Köln, für seine Hinweise über russische Flugblattpropaganda im Zweiten Weltkrieg danken.

22, 23, 24. Ebenda.

25. Werth, a. a. O., S. 295.

26. Bundesarchiv/Militärarchiv, Bestand H 3/493, Fremde Heere Ost.

27. Befehl des Volkskommissars für Verteidigung Nr. 55, Moskau, 23. Februar 1942, in: J. Stalin, *Über den Großen Vaterländischen Krieg der Sowjetunion*, Berlin 1951 (2. Auflage), Seite 43 ff., Seite 50. Siehe auch Boris Telpuchowski: *Die sowjetische Geschichte des Großen Vaterländischen Krieges*, herausgegeben von A. Hillgruber und H. A. Jacobsen, Frankfurt, 1961, S. 71 E–72 E.

28. Werth, a. a. O., S. 644.

29. Werth, a. a. O., S. 644.

30. Kennan, a. a. O., S. 269, bestätigt und ergänzt in einem persönlichen Gespräch des Verfassers mit Kennan.

31. Ost-Dokumente im deutschen Bundesarchiv in Koblenz und persönliche Gespräche

des Verfassers mit zehn französischen und belgischen ehemaligen Kriegsgefangenen, die 1944/45 von der Roten Armee befreit wurden. Georges Hautecler vom Centre de Recherche et d'Etudes Historiques de la Seconde Guerre Mondiale des belgischen Erziehungsministeriums in Brüssel teilte mir mit, daß zwischen Januar und Mai 1945 209 belgische Kriegsgefangene starben und verschollen. Siebzig von ihnen sind, wie nachgewiesen, durch Kriegshandlungen umgekommen, durch Bomben russischer Flugzeuge, durch Beschuß, auch durch unprovozierte Ermordung durch sowjetische Soldaten. Am 11. März 1945 wurde Alphonse Adnet auf der Straße von Stolp nach Lauenburg von einem betrunkenen russischen Soldaten getötet. Am 8. April 1945 um 13,45 Uhr wurde René Urbain von einem betrunkenen russischen Soldaten getötet, „weil er keine Uhr hatte".

32. Die Ende des Zweiten Weltkriegs gegründete Freischärlerbewegung „Werwolf", die den Kampf der Nationalsozialisten gegen die Alliierten fortsetzen sollte, gewann keine Bedeutung und wurde nur in Rumänien eingesetzt unter Andreas Schmidt, der mit anderen russisch-deutschen Freiwilligen mit Fallschirmen abgesetzt wurde, um Sabotage gegen die Rote Armee zu verüben. (Theodor Schieder, *Dokumentation der Vertreibung* der Deutschen aus Ostmitteleuropa, Band 3, S. 77 E.) Es gab keinerlei organisierten oder nichtorganisierten Widerstand von Zivilisten gegen die Sowjetarmee in Ostpreußen oder Schlesien, weder Partisanengruppen noch Sabotageakte, es herrschte nur lähmende Angst. Nach Hitlers Selbstmord gab die Regierung Dönitz strenge Befehle gegen die geplante Werwolf-Freischar heraus und ließ sie über Funk aus Plön und Flensburg verbreiten. Der Verfasser erhielt diese Information im persönlichen Gespräch mit Graf Schwerin von Krosigk, Außen- und Finanzminister in der Dönitz-Regierung. Siehe auch Eisenhower, *Crusade in Europe,* 1948, S. 397. Im Public Record Office in London befindet sich ein Foreign Office Memorandum vom Juli 1945 über das Scheitern des geplanten „Werwolf". Dokument Nr. FO 371/46749.

33. Lew Kopelew, *Aufbewahren für alle Zeit,* 1976, S. 127.

34. *Congressional Record,* Senat, 4. 12. 1945, S. 11374; vgl. Schieder, *Dokumentation der Vertreibung,* Bd. I/1, S. 65 E, Berichte 72, 78, 131, Bd. I/2, Bericht Nr. 188.

35. Solschenizyn, *Archipel Gulag,* Band 1, Seite 32. Es scheint immerhin, daß sich die russischen Soldaten auch nicht gerade ritterlich gegen die soeben befreiten Osteuropäer benahmen. Milovan Djilas, der im Kriege die jugoslawische Militärmission in Moskau leitete, schreibt in seinem Buch *Conversations with Stalin,* 1962, S. 95, daß er sich bei dem sowjetischen Diktator über Greuel beschwerte, die von Soldaten der Roten Armee in Jugoslawien begangen worden waren. Stalin soll geantwortet haben: „Haben Sie kein Verständnis dafür, daß ein Soldat, der Tausende von Kilometern durch Blut und Feuer gegangen ist, Spaß an einer Frau hat oder etwas plündert?" C. Ryan in *The Last Battle,* 1966, S. 493, schilderte die vielen Fälle von Vergewaltigungen im eroberten Berlin. Siehe auch *Congressional Record,* House of Representatives, 1. 11. 45, S. 10292, über den Einzug der Roten Armee in Bulgarien: „Nach einigen abscheulichen Vorfällen merkten die Bauern, es sei am besten, die Soldaten nehmen zu lassen, was immer sie wollten." F. Voigt, „Orderly and humane" in *Nineteenth Century and After,* Nov. 1945, besonders über Vergewaltigungen im eroberten Danzig, S. 193 ff.

36. Alexander Solschenizyn, *Ostpreußische Nächte,* Darmstadt 1976, S. 35.

37. Über den ehemaligen Major der Roten Armee, den Germanisten Lew Kopelew,

heute Dissident in Moskau, siehe den ausführlichen Artikel von Marion Gräfin Dönhoff in *Die Zeit*, 6. 2. 1976, S. 3.
38. Lew Kopelew, a. a. O., S. 94.
39. Ebenda, S. 117.
40. Ebenda, S. 122.
41. Ebenda, S. 127.
42. Werth, a. a. O., S. 644.
43. Frank Keating, „Das Verhalten der Roten Armee im Sieg und während der Besatzungszeit", in B. H. Liddell-Hart, *Die Rote Armee*, Bonn 1956, S. 201.
44. Schieder, *Dokumentation der Vertreibung*, Band I/1, S. 79 Eff. Alfred Bohmann, *Menschen und Grenzen*, Band 1, S. 271; Kurt Böhme, *Gesucht wird*, die Geschichte der Sucharbeit des Deutschen Roten Kreuzes, S. 261 u. 275. Etwa eine Million Deutscher wurde in die Sowjetunion deportiert, doch darunter waren Hunderttausende Deutscher aus Rumänien, Jugoslawien und Ungarn, wie auch etwa 300000 Volksdeutsche aus der Sowjetunion, die mit der zurückflutenden deutschen Armee 1944 nach Westen geflohen waren und 1945 nach der bedingungslosen Kapitulation Deutschlands mit Gewalt repatriiert wurden. Diese Rußlanddeutschen kamen aber nicht wieder in ihre Dörfer im Schwarzmeergebiet, sondern in Arbeitslager irgendwo in der Sowjetunion. Siehe Karl Stumpp, *The German-Russians*, 1971. Desgl. Brief im Anhang zu *Congressional Record*, Senat, 2. 8. 1946 S. A–4774.
45. Der Verfasser hat die Originalberichte über die Deportationen im Deutschen Bundesarchiv in Koblenz durchgesehen. Unter den tragischsten Fällen sind die in den Ost-Dokumenten unter folgenden Signaturen gesammelten: Ost-Dok. 2, Nr. 68, S. 184, 249, 477; Nr. 139, S. 41, 88, 151; Nr. 140, S. 453, 521, 524.
46. Eine amerikanische Meinungsäußerung, die sich für die sowjetische Deportation von deutschen Zivilisten zu Zwangsarbeit ausspricht, findet sich bei John Fried, „Transfer of Civilian Manpower From Occupied Territory", *American Journal of International Law*, 1946, Band 40, insbes. S. 328/29. Albert Speer, Reichsminister für Bewaffnung und Munition, schrieb in seinem Nürnberger Tagebuch am 28. 3. 1947: „Die Deportation von Arbeitskräften ist ohne Zweifel ein internationales Vergehen. Ich lehne das Urteil nicht ab, weil andere Nationen jetzt das gleiche tun." *Erinnerungen*, 1969, S. 596. Bekanntlich wurde Speer in Nürnberg zu zwanzig Jahren Gefängnis verurteilt, weil er Zwangsarbeiter, vor allem aus Polen und der Ukraine, eingesetzt hatte. Alfred Rosenberg, Reichsminister für die besetzten Ostgebiete, hatte das Dekret, das die Rekrutierung von „Ostarbeitern" verfügte, am 19. 12. 1941 unterschrieben und wurde in Nürnberg wegen Versklavung von Menschen am 16. 10. 46 hingerichtet. Vergl. Oppenheim-Lauterpacht, *International Law*, 1955, Band 2, S. 441 ff.
47. *Foreign Relations of the United States. The Conferences at Malta and Yalta*, Protokoll über deutsche Reparationsleistungen, S. 982/3; desgl. Dokumente über Vorbereitung und Arbeitspapiere S. 158, 196, 937. Vgl. Byrnes, *In aller Offenheit*, S. 46–48. Siehe auch die Befürwortung der Zwangsarbeit durch Lord Vansittart im Oberhaus am 23. Oktober 1945. *Parliamentary Debates*, House of Lords, Bd. 137, Spalte 424; Pethick-Lawrence, *Parliamentary Debates*, House of Commons, Bd. 408, Spalte 1661, 1. 3. 1945.
48. *Foreign Relations of the United States*, 1945, Band 2, S. 1238–45.

49. Schieder, *Dokumentation der Vertreibung*, Band I/1, S. 87E. Die Gesamtzahl der umgekommenen reichs- und volksdeutschen Deportierten wird auf 350000 geschätzt. Siehe K. Böhme, a. a. O., S. 275.

50. Schimitzek, *Truth or Conjecture*, 1966, S. 266.

51. Telpuchowski, a. a. O., S. 483.

52. Schimitzek, a. a. O., S. 249.

53. Ebenda, S. 262; Elisabeth Wiskeman, *Germany's Eastern Neighbours*, 1956, S. 87; G. Paikert, *The German Exodus*, 1962, S. 6.

54. Bericht von Byron Price an Präsident Truman, 9. 11. 1945, *Documents on American Foreign Policy*, Band 8, S. 258. Siehe auch Radomir Luza, *The Transfer of the Sudeten Germans*, 1964, S. 268. Über das Fahnden nach „zerknirschten Herzen" siehe F. A. Voigt, „Eastern Germany", *The Nineteenth Century and After*, März 1946, S. 97–101. Desgl. Auszug aus einer Rede von Paul Bellamy in *Congressional Record*, 2. 8. 1946, S. A–4776. „Die Deutschen, mit denen ich sprach . . . zeigten mit wenigen Ausnahmen geringe Reue über ihr Verhalten."

55. In vielen Fällen blieben die amerikanischen besetzten Gebiete den deutschen Flüchtlingen verschlossen, die manchmal Hunderte von Kilometern geflüchtet waren, um dann doch im letzten Augenblick den Russen in die Hände zu fallen, unmittelbar an der amerikanischen Linie. Siehe Schieder, *Dokumente der Vertreibung*, Band I/1, desgl. Franzel, *Die Vertreibung Sudetenland 1945–1946*, 1967, S. 305–6.

56. Montgomery, *Memoiren*, 1958, S. 399–400.

57. Persönliche Berichte, die der Verfasser von französischen und belgischen ehemaligen Kriegsgefangenen erhielt. Siehe auch die Berichte in K. O. Kurth (Hrsg.), *Dokumente der Menschlichkeit*, 1960, mit einem Vorwort von Albert Schweitzer.

58. Schieder, *Dokumente der Vertreibung*, Band I/1, S. 36E–37E; G. Lass, a. a. O., S. 246–66.

59. Schieder, a. a. O., Band I/1, S. 82.

60. Ebenda, S. 68.

61. Ebenda, 37E, S. 69, 79 usw. *Ost.-Dok.* 2, Nr. 14, Fälle 11, 27, 58, 69, 83. Vgl. Lehndorff, *Ein Bericht aus Ost- und Westpreußen*, 1960, S. 32.

62. Ebenda. Auch persönliche Mitteilungen von vielen Flüchtlingen und Gespräch des Verfassers mit Admiral Adalbert v. Blanc, Chef der 10. Sicherungs-Division, und Kapt. zur See Hugo Heydel, Chef der 9. Sicherungs-Division.

63. Brustat-Naval, *Unternehmen Rettung*, 1970, S. 240; ferner persönliche Mitteilung von Admiral Engelhardt bei zwei 1972 geführten Gesprächen; Durchsicht der Berichte über Besprechungen von Admiral Dönitz mit Hitler, bes. Besprechung vom 31. 1. 1945 nach der Versenkung der *Wilhelm Gustloff*, am 18. 4. 1945 nach Versenkung der *Goya*, „Seekriegsleitung Besprechungen beim Führer", Institut für Zeitgeschichte, München, Mikrofilm MA-10(4), S. 144, 176. Jetzt veröffentlicht in Gerhard Wagner (Hrsg.): *Lagevorträge des Oberbefehlshabers der Kriegsmarine vor Hitler 1939–1945*, München, 1972. *Gustloff*, S. 643; *Steuben*, S. 650; *Goya*, S. 702. Siehe auch Schieder, a. a. O., Band I/1, S. 323ff., Bericht Nr. 84 von C. Adomeit über die Versenkung der *Goya*.

64. Brustat-Naval, a. a. O., S. 39–45. Die *Wilhelm Gustloff* war ursprünglich ein großes KdF-Passagierschiff, dann 1939/40 Lazarettschiff, 1941 wurde sie aus dem Lazarettdienst entlassen und offiziell nicht wieder als solches eingesetzt.

65. Brustat-Naval, a. a. O., S. 48, 56.

66. Als kleines Fahrzeug kann ein U-Boot nur eine Handvoll Menschen retten. Außerdem verlassen U-Boote den Schauplatz einer Versenkung möglichst schnell, um nicht entdeckt zu werden; wenn sie im Zweiten Weltkrieg erst einmal geortet worden waren, konnten sie ihrer geringen Geschwindigkeit wegen oft nicht mehr entkommen.

67. Nach Abbruch der diplomatischen Beziehungen (z. B. Krieg) kann ein dritter Staat (als sog. „Schutzmacht") zeitweilig mit der Wahrnehmung der Interessen jenes Staates beauftragt werden. Im 2. Weltkrieg hatte das Reich mehrere Staaten als Schutzmächte beauftragt, u. a. die Schweiz, Schweden und Spanien. Lazarettschiffe genießen besonderen Schutz im Kriege gemäß III. Haager Konvention vom 29. Juli 1899, X. Haager Konvention vom 18. Oktober 1907 und II. Genfer Konvention vom 12. August 1949 (insbes. Art. 22). Siehe Dietrich Schindler und Jiri Toman, *The Laws of Armed Conflicts*, Leiden, 1973.

68. IMT, Band 40, S. 50–51; Dönitz-Dokument 35.

69. Der ehemalige Chefarzt auf dem Lazarettschiff *Alexander von Humboldt* bestätigte dem Verfasser in einem persönlichen Gespräch, daß die *Humboldt* mehrmals von den Russen bombardiert wurde. Siehe Berichte im Militärarchiv-Freiburg, Signatur RW 2 v. 234, S. 33 ff.

70. Brustat-Naval, a. a. O., S. 240/41. Es soll aber angemerkt werden, daß nicht alle Schiffe durch russische Torpedos versenkt wurden. Einige, wie das große Lazarettschiff *Berlin*, liefen auf Minen, andere wurden bei der Bombardierung von Häfen versenkt, wo es kaum möglich gewesen wäre, sie zu schonen, da sie mitten zwischen legitimen militärischen Zielen lagen. Die *Humboldt* z. B. sank während eines englischen Luftangriffs auf Gotenhafen (Gdingen). Siehe auch Schieder, a. a. O., Band I/1, S. 318 ff., Bericht Nr. 83 von Major Udo Ritgen über die Evakuierung von Hela. Der Verfasser hat den späteren General Ritgen ebenfalls über seine Erlebnisse auf Hela befragt.

71. Brustat-Naval, a. a. O., S. 145 ff.

72. Ebenda, S. 217.

73. Die letzte große Gruppe von Soldaten und Zivilisten kam 1955 zurück nach den erfolgreichen Verhandlungen Adenauers in Moskau.

74. David Irving spricht in seinem Buch *The Destruction of Dresden* von 135 000 Toten. Die „Joint Relief Commission" des IKRK schätzte auf etwa 275 000 Opfer. Andere Schätzungen reichen von 25 000 bis 400 000. *Report of the Joint Relief Commission 1941–46*, S. 104; Götz Berganter: *Dresden im Luftkrieg*, Wien, 1976; Axel Rodenberger, *Der Tod von Dresden*, Frankfurt a. M., 1960; Schieder, a. a. O., I/1, S. 57 E, 259 E, 462; Thorwald, *Es begann an der Weichsel*, 1950, S. 126.

75. Schieder, a. a. O., Bd. I/1, S. 73 E; Berichte Nr. 19, S. 80; Nr. 46, S. 191; Nr. 73, S. 277; Bd. I/2, Nr. 181, S. 155.

76. Schieder, a. a. O., Band I/1, S. 69 E ff., 446 ff.; Band I/2, S. 688 ff.; desgl. G. Paikert, a. a. O., S. 7; *Ost-Dok.* 2, Nr. 14, Fälle 2, 5, 6, 10, 16, 19, 31, 33, 35, 44, 47, 61, 65, 67, 103 usw.; desgl. *Ost-Dok.* 2 Nr. 210, Fälle 5, 14, 36, 64 usw.

Fünftes Kapitel
Die anglo-amerikanische Vorstellung:
Begrenzte Umsiedlungen

1. Die Haager Landkriegsordnung von 1907 bestimmt die Rechte einer Besatzungsmacht in den Artikeln 42–56. Siehe Schindler, a. a. O., S. 82 ff.

2. Alexander Fischer (Hrsg.) *Teheran, Jalta, Potsdam,* 1968, S. 318. Churchill, Der Zweite Weltkrieg, Band VI/2, S. 362–363. Auch zitiert bei Byrnes, *In Aller Offenheit,* 1949, S. 114.

3. *Foreign Relations of the United States,* 1944, Band 1, S. 302/3.

4. I. Claude, *National Minorities,* 1955, S. 98, 230.

5. *Foreign Relations of the United States, The Conference at Malta and Yalta,* S. 179.

6. Ebenda, S. 190.

7. A. P. W. (Armistice and Post War Committee) (44) 34 vom 20. Juli 1944. Siehe auch „Memorandum for A. P. W. Committee by the Secretary of State" im Public Record Office, London Dokument FO 371/46810, C 293.

8. Foreign Relations of the United States, 1945, Band 2, S. 1227 ff.

9. *Parliamentary Debates,* House of Commons, Band 406, 15. 12. 1944, Spalte 1484.

10. B. Wiewiora, *The Polish-German Frontier,* 2. Ausg. 1964, S. 159–60. M. Lachs, *Die Westgrenze Polens,* 1967, s. 12; J. Kokot, *The Logic of the Oder-Neisse Frontier,* 1959, S. 8.

11. FO 371/46810.

12. *Foreign Relations of the United States 1945, The Conferences at Malta and Yalta,* S. 505 und 509.

13. Ebenda, S. 509.

14. Ebenda.

15. Ebenda, S. 717, (Bohlen-Niederschrift) S. 720, (Matthew-Niederschrift); desgl. Churchill, a. a. O., S. 39.

16. *Foreign Relations of the United States, 1945, The Conferences at Malta and Yalta,* S. 717.

17. In diesem Argument liegt ein verborgener Widerspruch, denn wenn 6 Millionen sterben und 6 Millionen an ihre Stelle treten, können keine territorialen Amputationen unternommen werden, ohne die Bevölkerungsdichte zu erhöhen und die Selbstversorgung des amputierten Landes zu verschlechtern. Was Churchill im Sinn hatte, war die Verringerung des deutschen Gebiets und der deutschen Bevölkerung, womit das alte Verhältnis von Bevölkerungszahl zu Nahrungs- und Rohstoffvorräten erhalten geblieben wäre. Aber so kam es nicht, denn während Deutschland einerseits fast 130000 Quadratkilometer Territorium verlor, wurden die Kriegsverluste der Bevölkerung durch die Umsiedlung von etwa 6 Millionen Volksdeutschen aus den baltischen Staaten, Altpolen, der Tschechoslowakei, Ungarn, Jugoslawien und Rumänien, die ja alle nicht in den Grenzen des Reichs von 1937 gelebt hatten, aufgefüllt. Zu dieser starken Einwanderung in ein verkleinertes Reich kamen die rund 10 Millionen Deutschen aus den abgetrennten Gebieten Ostpreußen, Pommern, Ostbrandenburg, Ober- und Niederschlesien und der Freien Stadt Danzig, die sich nun alle im Torso des Reichs zusammendrängen mußten.

18. *Foreign Relations of the United States, the Conferences at Malta and Yalta,* S. 907; desgl. Churchill, a. a. O., S. 52.
19. „Memorandum by U. K. Representative on the E. A. C." 16. März 1945. FO 371/46810.
20. Ebenda.
21. *Europa Archiv,* „Um den Frieden mit Deutschland", S. 74.
22. Ebenda, S. 77.
23. *Foreign Relations of the United States, The Conference of Berlin,* Band 2, S. 210; Truman, *Memoirs,* 1955, Band I, S. 369; Fischer, a. a. O., S. 263; Leahy, *I was There,* 1950, S. 406/7; Churchill, a. a. O., S. 355.
24. Byrnes, a. a. O., S. 113; Feis, *Between War and Peace,* 1960, S. 270; Churchill, a. a. O., S. 364, *Foreign Relations of the United States, The Conference of Berlin,* Band 2, S. 382; Fischer, a. a. O., S. 319. Einen Beweis dafür, daß die Anglo-Amerikaner den Ausführungen der Polen glaubten, gibt ein Brief vom 1. August 1945 von Geoffrey Harrison an John Troutbeck vom Foreign Office: „Einen Punkt hat die Konferenz, wie ich glaube, jedenfalls gesichert, daß nämlich das Problem jetzt nicht den Umfang annimmt, den wir gefürchtet hatten. Die Polen behaupten, daß jetzt nur noch höchstens eine bis anderthalb Millionen Deutsche in dem Gebiet leben, das sie bis zur Oder/Neiße Linie besetzen und dessen deutsche Einwohner sie abschieben wollen . . ." Public Record Office, Dok. Nr. FO 371/46811 C 4415.
25. Vier Monate nach dem Beginn der Potsdamer Konferenz setzte der Alliierte Kontrollrat für Deutschland fest, daß die noch in Polen und in den polnisch verwalteten Gebieten verbliebenen 3,5 Millionen Deutschen nach einem bestimmten Zeitplan umgesiedelt werden sollten. Man sollte aber dabei bedenken, daß polnische Behörden schon in den Sommer- und Herbstmonaten 1945 Deutsche vertrieben hatten, so daß es, falls am 20. 11. 1945 noch 3,5 Millionen Deutsche übrig waren, am 21.7.45 (als die fünfte Sitzung stattfand) wahrscheinlich mehr als 4 Millionen Deutsche gewesen waren.
26. Bohmann, *Menschen und Grenzen,* 1969, Band 1, S. 272.
27. In einem Telegramm vom 4. 6. 1945 an Truman bemerkte Churchill: „Ich sehe dem im Mittelabschnitt unserer Front beabsichtigten Rückzug der amerikanischen Armee auf unsere Zonengrenzen mit größtem Unbehagen entgegen, ist doch damit der Vormarsch der Sowjetmacht ins Herz Westeuropas und die Senkung eines eisernen Vorhanges zwischen uns und dem ganzen Osten verbunden". Churchill, *Der Zweite Weltkrieg,* Band 6, Buch 2, S. 295–96.
28. Boleslaw Wiewiora widerspricht dieser Ansicht in *The Polish-German Frontier,* 2. Aufl. 1964, S. 164.
29. Churchill, a. a. O., S. 356; desgl. Fischer, a. a. O., S. 263; *Foreign Relations of the United States, The Conference of Berlin,* Band 2, S. 212.
30. Churchill, a. a. O., S. 359; *Foreign Relations of the United States, The Conference of Berlin,* Band 2, S. 248 (Thompson-Notizen) S. 268 (Cohen-Notizen).
31. *Foreign Relations of the United States,* S. 1495. *Documents on American Foreign Relations 1945–46,* Band 8, S. 935; Holborn, *War and Peace Aims of the United Nations,* Band 2, S. 53; *Europa Archiv, Um den Frieden in Deutschland,* 1948, S. 88.
32. Es ist eine interessante Feststellung, daß während der ganzen Diskussion über die Frage der Umsiedlung Stalin die Einwände der westlichen Alliierten nicht zu sehen

schien. Die Polen und die Tschechen wollten die Deutschen loswerden, das genügte ihm. Schließlich aber hatte Hitler ja die Juden „loswerden" wollen, und sein ständiger Drang zu illegalen Aktionen hatte seine Bekämpfung notwendig gemacht. Wenn nun Polen und Tschechen die Deutschen abschieben und sich an ihnen rächen wollten, wäre die einzig mögliche Antwort darauf gewesen: Leider dürft ihr es nicht, und tut ihr es doch, begeht ihr ein Verbrechen.

33. *Foreign Relations of the United States, The Conferences at Malta and Yalta*, S. 189.

34. *Foreign Relations of the United States*, 1945, Band 2, S. 1261.

35. *Parliamentary* Debates, House of Commons, Band 403, Spalte 1726, 11. 10. 1944, Band 407, Spalte 675; *Parliamentary Debates*, House of Lords, Band 130, Spalte 1097–1134, 8. 3. 1944; Ripka, *The Future of the Czechoslovak Germans*, 1944, S. 20, wo er die Zahl auf „möglicherweise" 1 Million hinaufsetzt. Siehe auch *Foreign Relations of the United States*, 1945, Band 2, S. 1231, 1237.

36. *Expellees and Refugees of German Ethnic Origin. Report of a Special Subcommittee of the Committee on the Judiciary House of Representatives*, März 1950, „Walter-Report", S. 11.

37. *Foreign Relations of the United States*, 1945, Band 2, S. 1294.

38. Foreign Relations of the United States, The Conference of Berlin, Band 2, S. 399. Siehe auch Public Record Office, Dok. Nr. FO/371/46811, C-4256.

39. Cavendish Cannon ist im Jahre 1962 verstorben. A. A. Sobolew, der politische Berater der sowjetischen Militärregierung, konnte nicht ermittelt werden.

40. *Foreign Relations of the United States, The Conference of Berlin*, Band 2, S. 523, 536–37.

41. *Public Record Office*, FO 371/46811 Dok. Nr. C 4415. Auch persönliches Gespräch des Verfassers mit Sir Geoffrey Harrison 1976.

42. Damit meinte Harrison den 3. Absatz des Artikels XIII. Siehe Anhang S. 256.

43. Churchill, *The Sinews of Peace*, 1948, S. 100–101.

44. Vgl. Walter-Report, a. a. O., S. 4–7.

45. *New York Times*, 13. 11. 1946, Seite 26, Spalte 5, in einem Artikel der amerikanischen Journalistin Anne O'Hare McCormick.

46. *Parliamentary Debates*, House of Lords, 8. 3. 1944, Band 130, Spalte 1132.

47. *Foreign Relations of the United States*, 1945, Band 2, S. 1274, 1275, passim.

48. Ebenda, S. 1231, 1260.

49. Ebenda, S. 1228.

50. Ebenda, S. 1247.

51. Ebenda, S. 1248.

52. Ebenda, S. 1249.

53. Ebenda, S. 1256.

54. Ebenda, S. 1258.

55. Ebenda, S. 1263.

56. F. Voigt, „Orderly and Humane", *Nineteenth Century and After*, Nov. 1945, S. 201. Am 11. Juli lobte der tschechoslowakische Premierminister Fierlinger die russische Regierung, weil sie „umfassende Hilfe" bei der Aussiedlung der Deutschen angeboten habe. Am 28. Juli erklärte der tschechoslowakische Informations-Minister Kopecky in einer Rede zu Liberec (Reichenberg): „Marschall Stalin hat selbst das denkbar größte Verständnis für unsere Bemühungen, die Deutschen loszuwerden."

57. *Foreign Relations of the United States*, 1945, Band 2, S. 1262.

58. Ebenda, S. 1264.

59. Ebenda, *The Conference of Berlin*, Band *2*, S. 536–37.

60. Ebenda, S. 1495–96. *Documents on American Foreign Relations, 1945–1946*, Band 8, S. 935–36; Holborn, a. a. O., Band 2, S. 53; desgl. *Europa Archiv, Um den Frieden mit Deutschland*, 1948, S. 88–89, desgl. Fischer a. a. O., S. 403.

61. Minority Rights Group, *The Crimean Tatars, Volga Germans and Meskhetians*, 1973. Die Krimtataren wurden am 18. 5. 1944 überstürzt deportiert, und man schätzt, daß 45 Prozent von ihnen auf der Reise oder in den ersten 18 Monaten nach der Deportation gestorben sind. Vgl. Alexander Werth, *Rußland im Krieg*, S. 560. Siehe auch United States Senate, Committee on the Judiciary, *The Human Cost of Soviet Communism*, 92d Congress, 1st Session, Dok. Nr. 92–36, S. 20 (1971).

62. Solschenizyn, *Archipel Gulag*, Band I, 1974, S. 531.

63. *Foreign Relations of the United States, The Conference of Berlin*, Band 2, S. 87, 383; Whiteman, *Digest of International Law*, Band 3, S. 331; Walter-Report, a. a. O., S. 6; Herbert Feis, *Between War and Peace*, 1960, S. 270.

64. Public Record Office, Dok. Nr. FO 371/46811 C 4415.

65. *Foreign Relations of the United States*, 1945, Band 2, Telegramme des US-Botschafters in Warschau, 1279, 1280, 1319, 1321, 1323 und in Prag, S. 1284.

66. *Congressional Record*, Band 91, 19. 9. 1945, A 3950–51; 1. 11. 1945, 10292–94; 4. 12. 1945, 11371–82; 11. 12. 1945, A 5417–18; 13. 12. 1945, A 5709–11; 18. 12. 1945, 11287. Desgl. International Committee of the Red Cross, *Report on its Activities During the Second World War*, Band 3, S. 387–89, 424–35. V. Gollancz, *In Darkest Germany*, 1947, passim.

67. *Foreign Relations of the United States*, 1945, Band 2, S. 1266.

68. Ebenda, S. 1267.

69. Ebenda, S. 1266; Arthur Lane, *I Saw Poland Betrayed*, 1948, S. 153.

70. FO/371 46990, C 5334.

71. *Foreign Relations of the United States*, 1945, Band 2, S. 1272/73. Vgl. Foreign Office Brief an Molotow vom 7. Sept. 1945, Public Record Office Dok. Nr. FO 371/46990.

72. Ebenda, S. 1274.

73. Ebenda, S. 1274–75.

74. Ebenda, S. 1288, 1297, 1302.

75. Schieder, *Dokumentation der Vertreibung*, Band IV/1, Tschechoslowakei, S. 332. Einzelheiten aus den Gesprächen der Vertreter der CSR am 8. und 9. Januar 1945 über Mittel und Wege, die Vertreibung der Deutschen und ihre Aufnahme in der amerikanischen Besatzungszone in Deutschland durchzuführen.

76. *Foreign Relations of the United States*, 1945, Band 2, S. 1280. Berichte über körperliche Mißhandlung der Deutschen im Sudetenland: Murphys Telegramme vom 9. 10. 1945, ebenda, S. 1286, und Memorandum vom 12. 10. 1945, S. 1291.

77. Schieder a. a. O., Band IV/1, S. 72. Siehe Bericht eines ehemaligen Beamten der tschechischen Verwaltungskommission in Aussig, ebenda, S. 430–32. Desgl. Wenzel Jaksch, *Europas Weg nach Potsdam*, 1967, S. 438–39.

78. Holborn, a. a. O., Band 2, S. 1048.

79. Am 28. Juli 1945 hielt der tschechoslowakische Informationsminister Kopecky eine Rede in Liberec (Reichenberg). Darin hieß es: „Wir werden alle Deutschen

vertreiben, wir werden ihren Besitz beschlagnahmen, wir werden nicht nur die Städte, sondern das ganze Gebiet entdeutschen . . . so daß der siegreiche Geist des Slawentums das Land von den Grenzgebieten bis ins Innere durchdringen wird." Gollancz, *Unser bedrohtes Erbe*, 1947, S. 70.

80. *The Economist*, 15. 9. 1945, S. 369. Die Zeitung forderte noch einmal ein Ende der Vertreibungen in ihrem Leitartikel vom 13. 10. 1945: „Bei jeder Politik im Hinblick auf Deutschland ist es am wichtigsten, die Russen, Tschechen und Polen davon zu überzeugen, daß sie die Vertreibungen einstellen müssen." S. 514.

81. *Parliamentary Debates*, House of Commons, 10. 10. 1945, Band 414, Spalte 241.

82. Ebenda, 22. 10. 1945, Spalte 1816.

83. *The Times*, 26. 10. 1945, S. 4.

84. *Parliamentary Debates*, House of Commons, 26. 10. 1945, Band 414, Spalte 2351.

85. Ebenda, Spalte 2360. *The Times*, 27. 10. 1945, S. 4.

86. *The Times*, 27. 10. 1945, S. 3.

87. FO/371 46990, S. 59.

88. John Troutbeck an Victor Cavendish Bentinck, Public Record Office, FO 371/46990 vom 16. November 1945.

89. *The Economist*, 10. 11. 1945, S. 671. Zum Vergleich den Bericht von *Associated Press* über die Vertreibung der Deutschen aus Breslau, *The Times*, 27. 10. 1945, S. 3.

90. *Foreign Relations of the United States*, 1945, Band 2, S. 1301. Telegramm von Außenminister Byrnes an Robert Murphy, 26. 10. 1945.

91. In einem internen Schreiben des Foreign Office vom 3. Dezember 1945 bemerkte die Deutschland-Abteilung: „Genau so, wie wir in Potsdam von den Russen betrogen wurden, als sie behaupteten, daß nur anderthalb Millionen Deutsche östlich von Oder und Neiße geblieben seien, werden wir jetzt, wie ich fürchte, feststellen, daß es weit mehr Deutsche als die dreieinhalb Millionen sind, die der Kontrollkommission gemeldet wurden, selbst wenn man annimmt, daß bereits fünf Millionen nach Deutschland getrieben worden sind. Wie man glauben kann, daß das Deutschland von heute diese verhungernde Bevölkerung von bis zu vierzehn Millionen Menschen aufnehmen kann, übersteigt meine Vorstellungskraft." *Public Record Office*, FO 371/46816.

92. *Documents on American Foreign Relations*, 1945–46, Band 8, S. 256–57; Department of States, *Bulletin*, Band 13, S. 937; Walter-Report, S. 8; desgl. Außenminister Bevins Rede vor dem Unterhaus, *Parliamentary Debates*, 23. 11. 1945, Band 417, Spalte 764.

93. *Foreign Relations of the United States*, 1945, Band 2, S. 1316–17,; desgl. *Parliamentary Debates*, House of Commons, 19. 12. 1945, Band 417, Sp. 1471.

94. V. Gollancz, *Unser bedrohtes Erbe*, 1947, S. 22; IKRK, *Report on its Activities During the Second World War*, Band 1, S. 425.

95. V. Gollancz, *In Darkest Germany*, 1947, passim.

96. *Time*, 24. 12. 1945, S. 32.

97. Schieder, a. a. O., Band V, S. 93 E ff.

98. Ebenda, S. 107 E ff.

99. Ebenda, S. 112 E ff.

100. FO 371/46661, Nr. C 9282.

101. FO 371/46661, Nr. C 9701.

102. FO 371/46661, Nr. C 10094. Vgl. Schieder, a. a. O., Band V, S. 571–72.

103. FO 371/46661, Nr. C 10094.
104. J. B. Schechtman, „Postwar population transfers in Europe". In: *Review of Politics*, Bd. 15, 1953, S. 151 ff., vor allem S. 162 f., nach *New York Times* v. 19. u. 20. 10. 1946. Die jugoslawische Regierung habe „wiederholt darum gebeten, die Deutschen, wie in der Potsdamer Vereinbarung vorgesehen, nach Deutschland zu repatriieren". *New York Times* v. 19. 10. 1946. Desgl. Schieder, a. a. O., Bd. 5, S. 99 E.
105. Bereits am 28. 11. 1945 hatte Außenminister Byrnes dem amerikanischen Botschafter Patterson in Belgrad telegraphiert, daß weitere Vertreibungen über die österreichische Grenze aufhören müßten. Am 12. 12. 1945 telegraphierte Patterson zurück, daß die jugoslawische Regierung behauptete, keine Vertreibungen angeordnet zu haben, aber daß sie sich weigern würde, Volksdeutsche, die sich bereits außerhalb der Grenzen Jugoslawiens befänden, die Rückkehr zu gestatten. *Foreign Relations of the United States* 1945, Bd. 2, S. 1315, Fußnote 80, S. 1323.
106. IKRK, *Report on its Activities During the Second World War*, Band 1, S. 673.
107. Der Bericht des IKRK stellt mit Bedauern „die Gleichgültigkeit und den Mangel an Interesse für die deportierten Minderheiten bei Menschen, die selbst zu lange unterdrückt und verfolgt worden waren" fest. Band I, S. 674.

Sechstes Kapitel
„Geregelte und humane" Umsiedlungen

1. *Foreign Relations of the United States*, 1945, Band 2, S. 1321, Ripka-Memorandum, S. 1234–35; Foreign Office Memorandum FO 371/46810.
2. *Parliamentary Debates*, House of Lords, Band 130, Spalte 1097–1134. Desgl. US-Post-War Planning Committee Paper, 22. 11. 1944 in *Foreign Relations of the United States*, 1944, Band 1, S. 310.
3. *Expellees and Refugees of German Ethnic Origin. Report of a Special Subcommittee of the Committee on the Judiciary House of Representatives*, März 1950, „Walter-Report", S. 7: „Amerikanische militärische Berichte zeigen, daß Vertriebene in großer Zahl in die amerikanische Besatzungszone Deutschlands eindrangen, lange, bevor die offiziellen Umsiedlungen am 25. 1. 1946 begannen." Siehe auch Monthly Report of the Military Governor, OMGUS, Nr. 19., 1. 12. 1946–31. 1. 1947.
4. Schieder, a. a. O., Band I/1, S. 107 E–108 E. Band I/2, Bericht Nr. 240, S. 455; Bericht Nr. 242, S. 466.
5. Im Sommer 1945 besuchte eine Gruppe amerikanischer Senatoren Europa, um die dortigen Verhältnisse kennenzulernen. Senator Eastland berichtete dem Senat am 4. 12. 1945 über seine Eindrücke: „Wir wurden durch die Politik der russischen Regierung gehindert, in Ostdeutschland einzureisen, doch wissen wir durch authentische Berichte, die wir durch Personen oder durch die Presse erhielten, daß die Verhältnisse dort durch das Vorgehen der sowjetischen Regierung und das Verhalten der sowjetischen Truppen über alle Begriffe furchtbar sind. Nach Augenzeugenberichten bilden Raub und Plünderungen, Krankheiten, Vergewaltigungen und unterschiedslose Morde eines der schrecklichsten Kapitel in der menschlichen Geschichte. Mit Worten lassen sich die Verhältnisse dort nicht wiedergeben. Die Tugend der Frauen und der Wert des menschlichen Lebens sind die heiligsten Güter

des zivilisierten Menschen, doch in dem von Rußland besetzten Deutschland von heute sind sie das Wertloseste . . . Tausende sind ermordet worden, Tausende von Frauen vergewaltigt, und es herrschen Lebensbedingungen, die über die Vorstellungskraft der zivilisierten Welt hinausgehen." *Congressional Record,* Senat, 4. 12. 1945, S. 11372.

6. *Daily Mail, 6. 8.* 1945, zitiert bei Gollancz, *Unser bedrohtes Erbe,* S. 158–159.

7. F. A. Voigt, „Orderly and Humane", *The Nineteenth Century and After,* Nov. 1945, S. 203–4. die Herausgeber der Zeitschrift setzen hinzu: „Wir haben zwei voneinander unabhängige Berichte über das, was folgte, beide von zuverlässigen Personen. Einer stammt von einem britischen Offizier, der im Sept. 1945 eine Erkundungsreise ins Sudetenland unternahm." Zitiert auch in *Congressional Record,* 29. 3. 1946, S. 2805. Siehe auch Voigt, „Dark Places", *Nineteenth Century and After,* Februar 1946, S. 52–55.

8. FO 371/47091, Doc. No. N 10436, *Public Record Office,* London.

9. FO 371/47091 Nr. 9512.

10. Karl Kurth (Hrsg.) *Dokumente der Menschlichkeit,* 1960, S. 1–12.

11. *Report of the Joint Relief Commission of the International Red Cross, 1941–1946,* S. 103–4. Desgl. Norman Clark (aus Berlin berichtend) in einem Artikel der *News Chronicle,* 12. 9. 1945, eine ähnliche Darstellung aus einem Waisenhaus in Stettin; dazu *Time,* 12. November 1945, S. 27 ein Bericht über vertriebene Waisenkinder aus Danzig mit Bild von verhungernden Kindern. Desgl. V. Gollancz, a. a. O., S. 166f.

12. *Parliamentary Debates,* House of Commons, 16. 8. 1945, Band 414, Spalte 83/84; Churchill, Reden, Band 6, 1949, „Der höchste Triumph" S. 365.

13. FO 371/46990 Nr. C 5344.

14. FO 371/46990 Nr. C 5333; die gleiche Feststellung findet man in einer Denkschrift der Politischen Abteilung des Foreign Office. FO 371/46861.

15. *The Times,* 23. 10. 1945, S. 5; T. S. Eliot antwortete auf Lord Russells Brief in *The Times* vom 30. 10. 1945, S. 5.

16. *Congressional Record,* Senat, 5. 2. 1946, S. 878–79.

17. Sir Denis Allen, Polen-Spezialist des Foreign Office und Teilnehmer an der Potsdamer Konferenz, schrieb an den Autor in einem Brief vom 15. März 1977: „Wir waren uns damals nur zu gut – so sehr, wie man sich rückblickend kaum vorstellen kann – unserer Unkenntnis dessen bewußt, was in Osteuropa wirklich vor sich ging, und noch mehr unserer Unfähigkeit, die Ereignisse dort zu beeinflussen."

18. Im *Congressional Record,* House of Representatives, 1. 2. 1946, A-397, wird der britische Major zitiert: „Die schlimmsten Greuel in der modernen Geschichte finden in Ostdeutschland statt. Viele Millionen von Deutschen sind auf die Straße geworfen worden . . . sterben zu Tausenden auf den Straßen an Hunger, Dysenterie und Erschöpfung. Sogar ein flüchtiger Besuch in Berliner Krankenhäusern ist ein Erlebnis, neben dem Konzentrationslager normal erscheinen."

19. Zitiert in V. Gollancz, a. a. O., S. 162.

20. Voigt, a. a. O., S. 200; zitiert in *Congressional Record,* Senat 29. 3. 1946, S. 2806.

21. Voigt, a. a. O., S. 203.

22. Auch zitiert in *Congressional Record,* Senat, 4. 12. 1945, S. 11373–74. Weitere Vertreibungsberichte in *Congressional Record,* Senat, 11. 12. 1945, Appendix A-5417/18; House of Representatives, 1. 2. 1946, Appendix A-397, 398; Senat, 5. 2. 1946, S. 878/9, 894/5, 900–901; 29. 3. 1946, S. 2805/6; 29. 7. 1946, A-4772.

23. *Parliamentary Debates,* House of Commons, 26. 10. 1945, Band 414, Spalte 2382; zitiert in *The Times,* 27. 10. 1945, S. 4 und in US *Congressional Record,* 11. 12. 1945, S. A-5417 und noch einmal am 29. 1. 1946, S. 511.
24. *Foreign Relations of the United States,* 1945, Band 2, S. 1290–92.
25. Ebenda, S. 1301.
26. Ebenda, S. 1312.
27. Ebenda, S. 1317.
28. Ebenda, S. 1318–19.
29. Ebenda, S. 1321.
30. Ebenda, S. 1322.
31. Ebenda, S. 1323. Admiral Nelson brach die bewaffnete Neutralität Dänemarks im Jahre 1801, als er Kopenhagen ohne Kriegserklärung beschoß. Lord Nelson konnte nach einer Verwundung in der Schlacht von Calvi (Korsika) 1794 nur auf einem Auge sehen.
32. FO 371/46990.
33. Arthur Lane, *I Saw Poland Betrayed,* 1948, S. 153.
34. *Foreign Relations of the United States,* 1945, Band 2, S. 1325. Nach Angaben des Polnischen Jahrbuchs für 1947 sind insgesamt 1485603 Polen aus dem Gebiet östlich der Curzon-Linie nach Westpolen umgesiedelt worden. *Rosznik Statystyczny,* 1947, S. 29.
35. *Foreign Relations of the United States,* 1945, Band 2, S. 1325.
36. Ebenda, S. 1275, 1278.
37. Ebenda, S. 1280.
38. *Ost-Dokumente,* Bundesarchiv Koblenz; siehe auch Schieder, a. a. O., Band IV/1 und IV/2.
39. *Foreign Relations of the United States,* 1945, Band 2, S. 1283.
40. Ebenda, S. 1286.
41. Ebenda, S. 1286, 1291.
42. K. Kurth, (Hrsg.) *Dokumente der Menschlichkeit,* 1960, mit einem Vorwort von Albert Schweitzer, S. 1–12.
43. FO 371/46661, Nr. C 10094.
44. *Parliamentary Debates,* House of Lords, 30. 1. 1946, Band 139, Spalte 85.
45. Ebenda, Spalte 84.
46. Die Delegation des Internationalen Roten Kreuzes erhielt frühzeitig die Erlaubnis, in der Slowakei in den Lagern der deutschen Internierten zu helfen. Doch tschechische Behörden verlangten, daß für jeden Besuch eine Sondergenehmigung eingeholt wurde. *IKRK Report on its Activities During the Second World War* (im Folgenden: IKRK-Report), Band 1, S. 676.
47. *Revue Internationale de la Croix Rouge,* Nov. 1945, S. 898/9.
48. Lucius Clay, *Entscheidung in Deutschland,* 1950, S. 349. Vgl. G. Paikert, *The Danube Swabians,* 1967, S. 203ff. Auch schriftliche Auskünfte von Mrs. Eve Koehler, Milwaukee.
49. Gollancz, a. a. O., S. 169–170.
50. *New York Times,* 4. 2. 1946, „Abroad: As UNO Prepares to Settle in this Neigbourhood".
51. *New York Times,* 23. 10. 1946, „Abroad: Wiesbaden Plans Portentous Exhibition".
52. Clay, a. a. O., S. 350; desgl. M. Proudfoot, *European Refugees,* 1957, S. 375.

53. IKRK-Report, Band 1, S. 677.

54. A. Bohmann, *Das Sudetendeutschtum in Zahlen,* 1959. Es gibt Listen über die Transporte, die 1946 und 1947 in die amerikanische Besatzungszone geschickt wurden. Für die Transporte von Deutschen in die sowjetisch besetzte Zone wurden keine Listen angelegt. Es sollte nicht übersehen werden, daß vielleicht die Bahntransporte selbst „geregelt" durchgeführt wurden, daß aber die vielen Monate der Internierung, die meistens den Transporten vorausgingen, sehr viele Menschenleben kosteten, da viele bald nach der Ankunft in der amerikanischen oder sowjetischen Zone starben.

55. Persönliche Gespräche mit Überlebenden der Lager in Polen und in der Tschechoslowakei. Tonbänder im Besitz des Verfassers. Schriftliche Aussagen von Überlebenden in der Sammlung Ost-Dokumente des deutschen Bundesarchivs in Koblenz. Auch in verschiedenen Berichten bei Schieder, a. a. O.

56. IKRK-Report, Band 1, S. 334. Außerdem persönliche Nachforschungen in den Archiven des IKRK zu Genf.

57. Ebenda, S. 675.

58. Ebenda, S. 676.

59. H. G. Adler, *Theresienstadt 1941–1945. Das Antlitz einer Zwangsgemeinschaft,* 1955, S. 214. Desgl. Schieder, a. a. O., Band IV/1, S. 81. Desgl. persönliche Gespräche mit einem deutschen Überlebenden.

60. FO 371/46990.

61. „Evacuation and Concentration Camps in Silesia" in *Congressional Record,* Senat, 2. 8. 1946, Anhang A-4778/79.

62. H. Esser, *Lamsdorf, Dokumentation über ein polnisches Vernichtungslager,* 1971, S. 98; desgl. Schieder, a. a. O., Band I/2, S. 423 ff. Siehe auch Anfrage des CDU-Abgeordneten Milz an Bundesinnenminister Maihofer über die Dokumente von Lamsdorf, Bundestag-Drucksache 7/2642, 7. Wahlperiode, Fragen 11 und 12.

63. IKRK-Report, Band 1, S. 677.

64. Ebenda.

65. Im Jahre 1948 konnte das IKRK Kalawsk und die Sammelzentren von Breslau und Lodz besichtigen, aber keine anderen Lager für Zivilinternierte. *IKRK-Report* für 1948, S. 65.

66. IKRK-Report, Band 1, S. 678.

67. Ebenda; vgl. Schieder, a. a. O., S. 107 E–112 E.

68. IKRK-Report, Band 1, S. 678.

69. Ebenda. In einem Brief an den Verfasser vom 15. Mai 1977 berichtete der ungarische Journalist Dr. Aurel Varannai:
„Im Jahre 1945 fingen die Deportationen der Ungarn-Deutschen an. Damals war ich Korrespondent der Reuters-Agentur und besuchte die Internierungslager in West-Ungarn. Obwohl ich selber ein Opfer des Nationalsozialismus war, fand ich die unmenschlichen Zustände in diesen Lagern bestürzend. Im Juli 1945 veröffentlichte ich in der ungarischen Zeitung *Világ* einen Protest, der von zehn hervorragenden ungarischen Dichtern, Journalisten und Politikern unterzeichnet wurde. Wir betonten, daß wir alle wegen unserer jüdischen Herkunft oder politischen Einstellung Opfer des Nazismus waren. Dennoch mußten wir gegen die unmenschlichen Zustände protestieren – gegen die überfüllten Lager, gegen die ungenügende Versorgung, gegen die Mißhandlung der Internierten. Der Protest wurde unterzeichnet

u. a. von Max Fenyo, einem bekannten Autor und Direktor der Vereinigung der ungarischen Industrie, Béla Zsolt, ebenfalls Autor, Baron Miklós Wesselényi, Rudolf Andorka, einem ehemaligen Botschafter, Géza Supka, Herausgeber, Aurel Varannai, Generalsekretär der Gesellschaft für ungarischen Handel. Unser Protest war eine kühne Geste in jenen Zeiten. Er sollte in Verbindung mit der Historie der Aussiedlung der Deutschen aus Osteuropa erwähnt werden."

70. United States Court, Allied High Commission für Germany, Fifth District, Präsident Leo Goodman, *In re Hrnecek*, Sache Nummer Crim 52-A-5-486 vom 26. 5. 1954. Strafzumessung und Begründung S. 168–169: „Das Gericht ist sich der Tatsache bewußt, daß die Furcht vor Strafe eine wichtige Rolle bei der Abschreckung der meisten Leute vor der Übertretung der Gesetze spielt und daß dies einer der Zwecke der Bestrafung ist."

71. *Iswestija*, 3. 3. 1975; *Radio Moskau*, 2. 8. 1974 (Sendung in deutscher Sprache); *Rude Pravo*, 2. 8. 1974, S. 7, Artikel von Kubin „Zynismus ohnegleichen"; ibid., 5. 8. 1974, S. 5, Artikel von Karel Doudera, „Eine Legende verdreht die Geschichte"; ibid., 2. 2. 1975, Artikel von Doudera, „Cui Bono"; *Trybuna Ludu*, 7. 2. 1975 und 13. 2. 1975, Artikel von R. Wojna, 17. 2. 1975; *Neues Deutschland* 31. 7. 1974; 6. 8. 1974 usw.

72. In seinem Buch *The Polish-German Frontier* (2. Auflage, 1964) schreibt Professor Wiewiora zum Beispiel: „Es ist unschwer zu erkennen, daß Laun Hitlerische Gedankengänge vertritt." S. 156.

73. Dönhoff, „Mord bleibt Mord. Warschau attackiert Bonn" *Die Zeit*, 17. 3. 1977. Vgl. *Frankfurter Allgemeine Zeitung*, 11. 3. 77.

74. Monitor-Dienst, 21. März 1977. Übersetzung des Interviews von Professor Pilichowski in Radio Warschau am 17. 3. 1977.

75. Wiewiora, a. a. O., S. 132.

76. Gelberg, „Poland's Western Border and Transfer of German Populations", *American Journal of International Law*, 1965, Band 59, S. 590; vgl. M. Lachs, *Die Westgrenze Polens*, 1967.

77. Churchill, *Der Zweite Weltkrieg*, Band VI/2, S. 39, 346, 356 usw.; Truman, *Memoirs*, 1955, Band 1, S. 370; Byrnes, *In aller Offenheit*, 1949, S. 113.

78. von Braun, J. „Germany's Eastern Border and Mass Expulsions", *American Journal of International Law*, 1964, Band 58, S. 749.

79. Gelberg, a. a. O., S. 591.

80. Im englischen Unterhaus sagte Evans in einer Rede vom 22. 8. 1945: „Gegenwärtig strömen 200000 alte Leute, Frauen und Kinder jede Woche vom Osten nach Berlin hinein. Sie sind heimatlos und besitzen nur, was sie auf dem Leibe tragen. Eine Frau schob in zwei Kinderwagen sechs Kinder fast 150 km weit . . . Ist es das, wofür jene Herzen, die nicht zurückkommen werden, jene, die nicht alt werden, wie wir anderen alt werden, gekämpft haben und gestorben sind?" *Parliamentary Debates*, House of Commons, Band 413, Spalte 743. Vgl. Stanislaw Schimitzek, *Truth or Conjecture*, 1966.

81. Die Befriedigung der Rache bringt dann ihrerseits Ressentiments und neue Spannungen hervor, und auf diese Weise wächst die Spirale von Grausamkeit und Haß. „Das ist der Fluch der bösen Tat, daß sie fortzeugend Böses muß gebären." Schiller, *Die Piccolomini*, 5, 1.

82. Martin Broszat, „Zur Kritik der Publizistik des antisemitischen Rechtsextremis-

mus" in *Aus Politik und Zeitgeschichte*, Beilage 19/76 zur Zeitschrift *Das Parlament*, S. 3 ff.

83. Benesch, *Memoirs*, 1954, S. 222.
84. Ebenda, S. 237, Fußnote 9. Vgl. Bericht in *Neue Zürcher Zeitung*, 23. 8. 1945, S. 1, Spalte 7.
85. Statistisches Bundesamt, 1958, *Vertreibungsverluste*, S. 325.
86. R. Luza, *The Transfer of the Sudeten Germans*, 1964, S. 269.
87. Ebenda, S. 272, Fußnote 26. Vgl. Schieder, a. a. O., Band IV/1, S. 108; Band IV/2, S. 438 ff.; Gollancz, a. a. O., S. 158 und Bericht von Rhona Churchill in *Daily Mail*, 6. 8. 1945.
88. Luza, a. a. O., S. 272; Schieder, a. a. O., Band IV/1, S. 72; Band IV/2, s. 282 ff.; desgl. Jaksch, *Der Weg nach Potsdam*, 1958, S. 438/9; Ernst Paul, *Es gibt nicht nur ein Lidice*. Paul war wie Jaksch ein 1938 nach dem Münchner Abkommen nach London ausgewanderter sudetendeutscher Sozialdemokrat.
89. Luza, a. a. O., S. 272/3.
90. Ebenda, S. 273, Fußnote 29.
91. Ebenda, S. 321.
92. Walter-Report, a. a. O., S. 11; auch Proudfoot, a. a. O., S. 375. Vgl. Steinhardt Zitat in Bohmann, *Menschen und Grenzen*, Band 4, S. 458.
93. Der amerikanische Abgeordnete Caroll Reece erklärte im Repräsentantenhaus, die Vertreibung der Deutschen schließe das Verbrechen des Völkermordes ein (*Congressional Record*, 16. 5. 1957, S. 7118). Während die UN-Konvention über Verhinderung und Bestrafung von Völkermord die Umsiedlung einer Bevölkerung nicht als Form des Völkermords erfaßt, würden dennoch Umsiedlungen, die zu Vertreibungen führen und mit dem Tod von Millionen enden, in die Kategorie des Völkermords fallen. Siehe auch die Artikel von Anne O'Hare McCormick in *New York Times*, 4. 2. 1946 und 23. 10. 1946. Vgl. Raschhofer, *Die Sudetenfrage*, 1953, S. 298.
94. Alfred de Zayas, „International Law and Mass Population Transfers", *Harvard International Law Journal*, 1975, Band 16, S. 207 ff. Überarbeitete deutsche Fassung „Massenumsiedlungen und das Völkerrecht" in Th. Veiter (Hsg.), *Abhandlungen zu Flüchtlingsfragen*, Band X, 1975. S. 55 ff.
95. Siehe unten Anhang S. 259.

Siebentes Kapitel
Vom Morgenthau-Plan zum Marshall-Plan

1. Während seiner zweiten Inauguraladresse am 4. März 1865 sagte Abraham Lincoln: „With malice toward none; with charity for all; with firmness in the right, as God gives us to see the right, let us strive on to finish the work we are in; to bind up the nation's wounds . . .".
1a. *Documents on American Foreign Relations*, Band 7, 1944–45, S. 189. H. Morgenthau, *Germany ist Our Problem*, 1945, rezensiert in *Time*, 15. 10. 1945, S. 23. Siehe auch Artikel in *New York Times*, 10. 8. 1945. Auf englischer Seite war es Lord Vansittart, der einen harten Frieden empfahl in seinen Büchern *Bones of Contention*, 1943; *Black Record*, 1941 und *Lessons of my Life*, siehe Rezension in *Time*, 16. Juli 1945, S. 27.

2. Der amerikanische Außenminister Cordell Hull nahm zu dieser Zeit an der Konferenz von Dumbarton Oaks teil. Hull, *Memoirs*, Band 2, S. 1602.

3. Text der Direktive JCS/1067 in *Europa Archiv, Dokumente und Berichte*, Bd. 6 *Um den Frieden mit Deutschland*, Oberursel, 1948, S. 58 ff. Siehe auch L. Clay, *Entscheidung in Deutschland*, 1950, S. 25–26.

4. Dazu Senator Eastlands Kritik des Plans in *Congressional Record*, Senat, 4. 12. 1945, S. 11372–75; ebenf. Senator Langer, 18. 4. 1946, S. 3959 ff.

5. *Documents on American Foreign Relations*, Band 7, S. 196, 201; ebenf. H. Feis, *Between War and Peace*, 1960, S. 336; *Europa Archiv* a. a. O., S. 60–61.

6. In einem Memorandum an den Kriegsminister Stimson vom 26. 8. 1944 sprach sich Präsident Roosevelt gegen das *Handbook* aus, das vom Kriegsministerium für das Verhalten der militärischen Regierungsbeamten in Deutschland entworfen worden war. „Es weckt den Eindruck", bedauerte Roosevelt, „daß Deutschland genau so wiederhergestellt werden soll wie die Niederlande oder Belgien und daß die Bevölkerung von Deutschland so rasch wie möglich in ihren Vorkriegsbesitz wieder eingesetzt werden soll." *Foreign Relations of the United States*, 1944, Band 1, S. 544. Dazu Hull, *Memoirs*, S. 1602. In einem Memorandum Hulls für den Präsidenten vom 29. 9. 1944 heißt es: „Es ist von höchster Bedeutung, daß der Lebensstandard der Deutschen in den ersten Jahren ihnen klarmacht, daß sie den Krieg verloren haben . . ." *Foreign Relations of the United States, The Conferences at Malta and Yalta*, S. 158.

7. *Report of the International Committee of the Red Cross on its Activities During the Second World War*, Band 3., S. 288/89.

8. *Foreign Relations of the United States, The Conference of Berlin*, Band 2, S. 1504; ferner *American Journal of International Law*, 1945, Band 39. Suppl., S. 250; *Europa Archiv*, a. a. O., S. 82.

9. *Europa Archiv*, a. a. O., S. 82.

10. Ebenda, S. 82–83.

11. IKRK-Report, Band 3, S. 427/28.

12. Ebenda, S. 388, 431.

13. Ebenda, S. 431.

14. Ebenda, S. 433/4. Ferner *Revue Internationale de la Croix Rouge*, Band 28, S. 412/3.

15. *Congressional Record*, Senat, 29. 1. 1946, S. 512.

16. In seinen *Memoirs*, 1955, erinnert sich Präsident Truman an ein Gespräch mit dem Kriegsminister Henry L. Stimson: „Ich machte ihm klar, daß ich gegen das war, was man leichthin als Morgenthau-Plan bezeichnete, nämlich die Reduzierung Deutschlands auf ausschließliche Agrarwirtschaft. Ich war nie für den Plan gewesen, auch nicht, als ich im Senat war, und seit ich im Weißen Haus saß, hatte sich meine Ansicht noch schärfer herausgebildet. Ich hielt es für richtig, Deutschland zu entwaffnen, ihm seine militärische Macht zu nehmen, die Kriegsverbrecher zu bestrafen und es allgemein unter alliierte Kontrolle zu stellen, bis wir den Frieden wieder einführen konnten. Doch ich war nicht dafür, aus Deutschland einen Agrarstaat zu machen. Ein solches Programm konnte ganz Deutschland zum Verhungern bringen . . ." (Band 1, S. 235).

17. Ebenda, S. 327: „Als Minister Morgenthau erfuhr, daß ich im Juli nach Potsdam reisen wollte, fragte er, ob er mit mir kommen könne. Ich sagte ihm, nach meiner

Meinung werde der Finanzminister dringend in den Vereinigten Staaten gebraucht, weit mehr als in Potsdam. Er antwortete, für ihn sei es notwendig, hinzureisen, und wenn es ihm nicht möglich sei, müsse er seinen Abschied nehmen. ‚Na gut‘, antwortete ich, ‚wenn Sie es so auffassen, will ich Ihren Rücktritt gleich annehmen.‘ Und das tat ich. Es war das Ende des Gesprächs und das Ende des Morgenthau-Plans.“

18. Morgenthaus Verteidigung seines Plans in *Congressional Record*, 21. 3. 1946, S. A-2150–1 (Anhang). Eine lebhafte Darstellung der Konsequenzen, die eine Verwirklichung des Morgenthau-Plans durch JCS/1067 gehabt hätte, siehe David M. Nichol „The Hard Peace“ in Arthur Settel (Hrsg.) *This is Germany*, 1950, S. 226–48.

19. *Congressional Record*, Senat, 15. 5. 1946, S. 5039.

20. Morgenthau, a. a. O., im Anhang ein Memorandum für die Konferenz von Quebec. Siehe dort auch Karte auf S. 160.

21. Der Morgenthau-Plan sah ebenfalls die endgültige Abtretung des Saargebiets an Frankreich vor, doch das Potsdamer Abkommen räumte Frankreich nur gewisse begrenzte Rechte im Saarland ein, viel weniger, als Frankreich vielleicht erreicht hätte, wäre ihm eine Beteiligung an der Potsdamer Konferenz als gleichberechtigter Partner zugestanden worden. Die französische Regierung versuchte in der Folgezeit, besonders bei den Treffen der Außenminister, die Angelegenheit noch zu korrigieren. Der deutschen Bevölkerung im Saargebiet bot man beachtliche wirtschaftliche Vorteile, um sie für die französische Nationalität zu erwärmen, aber in der Abstimmung von 1955 entschied sich die Saarbevölkerung für die Rückkehr zu Deutschland. Dazu L. Cowan, *France and the Saar*, 1950; P. Fischer, *Die Saar zwischen Deutschland und Frankreich*, 1959.

22. 1972 hatten die Niederlande eine Bevölkerungsdichte von 326,7 je qkm. *Der Fischer-Welt-Almanach*, 1974, s. 124.

23. In Belgien betrug die Bevölkerungsdichte. 318,5 je qkm. Ebenda. S. 24.

24. Westdeutschland hatte eine Bevölkerungsdichte von 248,6, Großbritannien von 228,6. Ebenda, S. 36, 84.

25. 1914 nahm Deutschland ein Gebiet von rund 540000 qkm ein. Der amerikanische Staat Texas hat heute dagegen rund 680000 qkm bei einer Bevölkerungsdichte von etwa 16 Menschen pro qkm. *DTV Lexikon*.

26. Matthias Kramer, „Agriculture in Eastern Germany“, in *The German East*, 1954, S. 135. Desgl. G. C. Paikert, *The German Exodus*, 1962, Tabelle XI im Anhang.

27. Kramer, a. a. O.

28. Ebenda.

29. Kennan, *Memoiren eines Diplomaten*, 1968, Band 1, S. 415–48.

30. Um JCS/1067 richtiger einschätzen zu können, konsultierte Clay seinen Wirtschaftsberater, den Brigadegeneral William H. Draper, der ihm sagte: „Dieses Ding haben ökonomische Schwachköpfe zusammengestellt. Es wäre völlig absurd, den geschicktesten Arbeitern in Europa zu verbieten, soviel sie können für einen Kontinent zu produzieren, in dem aber auch alles fehlt.“ Murphy, a. a. O., S. 306.

31. *Europa Archiv*, a. a. O., S. 53; desgl. Department of State, *Bulletin*, Band 5, S. 125; *Documents on American Foreign Relations*, Band 4, S. 209. In diesem Geiste hatte die amerikanische Öffentlichkeit während des Krieges den Gedanken begünstigt, Europa beim Wiederaufbau zu helfen, einschließlich eines nicht-nationalsozialisti-

schen Deutschlands. Im Juli 1944 zum Beispiel führte das National Opinion Center der Universität Denver in allen 48 Staaten eine Umfrage durch, ob Amerikaner helfen sollten, Deutschland industriell wieder auf die Beine zu bringen, selbst auf Kosten einer fortgesetzten Rationierung im eigenen Land; das Ergebnis: 64% oder fast zwei Drittel des amerikanischen Volkes befürwortete diese Politik. Dazu Ausführungen von Senator Wheeler vor dem Senat am 15. Januar 1945, *Congressional Record*, Band 91, S. 253. Der Morgenthau-Plan wurde niemals wirklich populär in Amerika; sogar Anfang 1945, als 40% der amerikanischen Öffentlichkeit sich für eine Verstümmelung Deutschlands aussprachen, waren nur 13% für die Zerstörung der deutschen Industrie. Dazu Gallup, *The Gallup Poll 1935–71*, Band 1, 1972, S. 499, 501.

32. Kennan, a. a. O., Band 1, insbes. Kapit. 14, „Der Marshall-Plan" S. 328 ff.

33. Harry Price, *The Marshall Plan and its Meaning*, 1955, S. 28. Bekanntlich wurde Jugoslawien im Juni 1948 aus der Kominform ausgeschlossen. Bis Juni 1952 hatte es 109 Millionen Dollar aus dem Marshall-Plan erhalten. Ebenda, S. 86 und 91.

34. Ebenda, S. 29. Dazu Edwin Borchard, „Intervention. The Truman Doctrine and the Marshall Plan", *American Journal of International Law*, 1947, Band 41, S. 886.

35. Siehe Zitat des Berichts von N. H. Collisson, Stellvertretender Chef der ECA-Mission für die amerikanisch-britisch besetzten Zonen Westdeutschlands, an den Ausschuß für Auslandsbeziehungen des US-Senats; zitiert in *Congressional Record*, Senat, 5. 4. 1949, S. 3893.

36. Herbert Mayer, *German Recovery and the Marshall Plan*, 1969, S. 1.

37. Economic Cooperation Administration, *Third Report to Congress*, 1949, S. 126. Von 1938 bis 1947 hatte sich die industrielle Produktion in den Vereinigten Staaten mehr als verdoppelt. *Federal Reserve Bulletin*, November 1954, S. 1193; Price, a. a. O., S. 29.

38. Gollancz, *In Darkest Germany*, 1947, passim. Montgomery, *Memoiren*, 1958, S. 465.

39. Clay, *Entscheidung in Deutschland*, 1950, S. 145; desgl. Edward Mason, „Has our Policy in Germany Failed?", *Foreign Affairs*, 1946, Band 24, S. 579–90.

40. Clay, a. a. O., S. 142–143.

41. P. Fischer, *Die Saar zwischen Deutschland und Frankreich*, 1959, S. 48.; L. Cowan, a. a. O., S. 208 ff.

42. *Documents on American Foreign Relations*, 1947, Band 9, S. 65. Der Vertrag zwischen den Vereinigten Staaten und Großbritannien über die Vereinigung ihrer Zonen wurde am 2. 12. 1946 unterzeichnet.

43. *Documents on American Foreign Relations*, 1948, Band 10, S. 78 und Band 11, 1949, S. 111. Dazu Borchard, a. a. O., S. 887, wo der Autor eine pessimistische Voraussage für den Marshall-Plan äußert und erwähnt, daß sich Frankreich weiterhin gegen eine Steigerung der industriellen Produktion in Deutschland ausspricht.

44. *Documents on Foreign Relations*, Band 11, 1949, S. 109.

45. Die Verfassung der Bundesrepublik Deutschland trat am 24. Mai 1949 in Kraft. Dazu Strupp-Schlochauer, *Wörterbuch des Völkerrechts*, Band 1, S. 354. Am 21. September 1949 wurden die Alliierten Hochkommissare in Deutschland formell von der Gründung der Bundesrepublik Deutschland unterrichtet und proklamierten, daß das Besatzungsstatut in Kraft sei. Department of State, *Bulletin*, Band 21, S. 512, 3. 10. 1949.

46. Price, a. a. O., S. 91.
47. Eugene Davidson, *The Death and Life of Germany*, 1959, S. 382/3; Paikert, a. a. O., S. 34–37.
48. Department of State, *Bulletin*, Band 28, 1953, S. 373, 374, 665. Ferner *Bundesgesetzblatt*, 1953, Teil 2, S. 492 ff.
49. 1948 führte Senator Langer Section 12 des DP-Gesetzes ein, womit die Einwanderung von deutschen Vertriebenen in die USA erleichtert wurde. Dazu Anhang zu Congressional Record, 24. 5. 1951, S. A-3055. Von 1948 bis Juni 1950 gab das Außenministerium nur 10090 Visa an Einwanderer deutscher Abkunft aus.
50. Siehe Erklärung von Bidault über das Problem der deutschen Bevölkerung vom 15. 3. 1947, *Documents on International Affairs 1947/8*, Royal Institute of International Affairs, S. 422–24.
51. Walter-Report, a. a. O., S. 87. Eine gegen die Auswanderung gerichtete Ansicht vertritt die Streitschrift des Göttinger Arbeitskreises, 1950, *Die Auswanderung, ein Mittel zur Lösung der deutschen Frage?* Die Schrift schließt mit den Worten: „Erst die Wiederangliederung des Deutschen Ostens an Europa kann mit der Lösung der Deutschen Frage zugleich den Aufbau eines einheitlichen, sich selbst erhaltenden Europa ermöglichen. Bis der Zeitpunkt hierfür gekommen ist, darf nicht durch Auswanderung eine nur scheinbare Lösung erstrebt werden". S. 9.
52. Mayer, a. a. O., S. 100.
53. E. Dittrich, „Verlagerungen in der Industrie", in Lemberg und Edding (Hrsg.), *Die Vertriebenen in Westdeutschland*, 1959, Band 2, S. 296–374.
54. Die Deutschen hatten in Böhmen und Mähren fast in allen von ihnen gegründeten Städten Brauereien eingerichtet. Deutsche Siedler gründeten 1295 Pilsen; die Stadt behielt eine deutsche Mehrheit bis 1860, als die Industrie tschechische Arbeiter in großer Zahl anzog. Ähnlich behielt Budweis bis etwa 1900 seine deutsche Mehrheit und rühmte sich ebenfalls einer der beliebtesten Biersorten in Böhmen.

Exkurs: Frieden ohne Friedensvertrag

1. Oppenheim-Lauterpacht, *International Law*, Band 2 (7. Ausg.), S. 597.
2. Ebenda, S. 600. „Unterwerfung findet nur dann statt, wenn ein Kriegführender, nachdem er die Streitkräfte des Gegners vernichtet und sein Territorium erobert hat, dessen Existenz durch Annexion des eroberten Territoriums zerstört." In der Berliner Deklaration vom 5. 6. 1945 verzichteten die Alliierten auf die Annexion Deutschlands. Englischer Text in *American Journal of International Law*, 1945, Band 39, Suppl. S. 172. Deutscher Text in *Europa-Archiv, Dokumente und Berichte*, Band 6, 1948, S. 77 ff.
3. *Documents on American Foreign Relations*, Band 9, 1947, S. 2.
4. Ebenda, S. 699; Department of State, *Bulletin*, Band 16, S. 199. Text des Vertrags mit Italien: Department of State, *Treaties and Other International Acts Series 1648; United Nations Treaty Series*, Band 49, S. 3 ff.
5. *Documents on American Foreign Relations*, Band 9, S. 641, 696, 711.
6. Ebenda, Band 12, S. 485/6.
7. Department of State, *Bulletin*, Band 26, Nr. 671, S. 687 ff., 5. 5. 1952. Text des Friedensvertrags mit Japan in *Bulletin* vom 27. 8. 1951, S. 349. Als er in Kraft trat,

hatten die Vereinigten Staaten, Großbritannien und Frankreich den Vertrag ratifiziert, nicht aber die Sowjetunion.

8. Während der Konferenz von Jalta wurde die Einteilung Deutschlands in Zonen, die von der European Advisory Commission am 12. September 1944 entworfen worden waren, offiziell angenommen. Dazu *Foreign Relations of the United States*, 1944, Band 1, General, S. 150–53, 177, 231, 318; ferner *The Conferences at Malta and Yalta*, S. 138–41; Berliner Declaration am 5. Juni 1945. Ein interessanter Artikel schildert, wie die Zonen abgegrenzt wurden: Philip Mosely, „The Occupation of Germany", *Foreign Affairs*, 1949, Band 28, S. 580–604: „Man hat es zuweilen für einen grundlegenden Fehler erklärt, daß Deutschland in Besatzungszonen eingeteilt wurde; es wäre besser gewesen, alliierte Streitkräfte verstreut und vermischt zu stationieren und damit die Schaffung einzelner Zonen zu vermeiden. Ein zögernder Vorschlag in dieser Richtung wurde Ende Dezember 1943 von einem Angehörigen des britischen Außenministeriums formlos vorgebracht bei einem Verständigungsbesuch in Washington. Wäre der Vorschlag verwirklicht worden, hätte man vermutlich die Einrichtung von Zonen und die de-facto-Teilung Deutschlands verhindern können." (S. 588).

9. Winston Churchill machte das Schlagwort vom „Eisernen Vorhang" populär durch seine Ansprache im Westminster College zu Fulton/Missouri am 5. März 1946. So weit belegbar, hat er den Ausdruck zum erstenmal in einem Telegramm an Truman vom 4. Juni 1945 gebraucht: „Ich sehe dem im Mittelabschnitt unserer Front beabsichtigten Rückzug der amerikanischen Armee auf unsere Zonengrenzen mit größtem Unbehagen entgegen, ist doch damit der Vormarsch der Sowjetmacht ins Herz Westeuropas und die Senkung eines eisernen Vorhanges zwischen uns und dem ganzen Osten verbunden." *Der Zweite Weltkrieg*, Bd. 6, Buch 2, S. 295–296. Doch schon Goebbels hatte in der Wochenzeitung *Das Reich* am 25. Februar 1945 geschrieben: „Wenn das deutsche Volk die Waffen niederlegte, würden die Sowjets, auch nach den Abmachungen zwischen Roosevelt, Churchill und Stalin, ganz Ost- und Südosteuropa zuzüglich des größten Teiles des Reiches besetzen. Vor diesem einschließlich der Sowjetunion riesigen Territorium würde sich sofort ein eiserner Vorhang heruntersenken..." Seite 1, Spalte 5.

10. Siehe Statement über Besatzungszonen in Deutschland in der Berliner Erklärung vom 5. Juni 1945, Text in Department of State, *Bulletin*, 1945, Band 12, S. 1052; *Europa-Archiv*, a. a. O., S. 77 ff.

11. *Europa-Archiv*, a. a. O., S. 78–79. Desgl. Präsident Trumans Rundfunkansprache vom 9. August 1945; hier faßte Truman die Ergebnisse der Potsdamer Konferenz zusammen, die von allen als Vorbereitung der Friedenskonferenz verstanden wurde. Dazu L. Holborn, *War and Peace Aims of the United Nations*, Band 2, S. 340 ff.; Department of State, *Bulletin*, 1945, Band 13, S. 208–13.

12. *Parliamentary Debates*, House of Commons, Band 427, 22. 10. 1946, Spalte 417.

13. Montgomery, *Memoiren*, 1958, S. 447.

14. *Parliamentary Debates*, House of Commons, Band 427, Spalte 1519.

15. L. Clay, *Entscheidung in Deutschland*, 1950, S. 156.

16. Ebenda, S. 161.

17. In einer Rede an der Indiana University am 25. Juni 1955 sagte Robert Murphy, damals Stellvertretender Staatssekretär im State Department: „Von Anfang an standen unsere Absichten mit Deutschland und die sowjetischen Wünsche einander

entgegen. Ein Jahr nach der Einführung der Viermächteverwaltung für Deutschland war es ganz offensichtlich, daß die Westmächte ein selbständiges Deutschland anstrebten, während die Sowjetunion daran interessiert war, deutsche Industrie, Landwirtschaft und deutsche Arbeitskräfte für die UdSSR auszubeuten." Department of State, *Bulletin*, Band 33, S. 46.

18. Department of State, *Bulletin,* Band 13, S. 964; *Documents on American Foreign Relations,* Band 8, S. 198–201.

19. Department of State, *Bulletin,* Band 15, S. 49; *Documents on American Foreign Relations,* Band 8, S. 210–18. Die Reaktion auf die Rede schildert L. Clay, a. a. O., S. 96–101. Vgl. Churchills Züricher Rede vom 19. Sept. 1946 in: Churchill, *The Sinews of Peace,* S. 198 ff.

20. *Parliamentary Debates,* House of Commons, 22. 10. 1946, Spalte 1521–22.

21. Robert Murphy, *Diplomat unter Kriegern,* 1964, S. 375.

22. Ebenda.

23. Kennan, *Memoiren eines Diplomaten,* 1967, Band 1, S. 420.

24. Clay, a. a. O., S. 403–404.

25. Ebenda, S. 487.

26. Edward Taborsky, „Benes and the Sowjets", *Foreign Affairs,* 1949, Band 27, S. 302–14.

27. Kennan, a. a. O., S. 262–63.

28. In einem persönlichen Gespräch mit einem Professor für internationales Recht an einer Universität der DDR äußerte der Professor, ein überzeugter Kommunist, Kritik an der Sowjetunion und erklärte im Hinblick auf den Satelliten-Status der DDR: „Zwanzig Jahre lang haben uns die Russen ausgepreßt".

29. Note, „Judicial Determination of the End of the War", *Columbia Law Review,* 1947, Band 47, S. 255–68. Dazu H. Mosler und K. Döhring, *Die Beendigung des Kriegszustands mit Deutschland nach dem Zweiten Weltkrieg,* 1963, rezensiert in *American Journal of International Law,* 1965, Band 59, S. 696.

30. Department of State, *Bulletin,* Band 16, S. 77. Desgl. Proklamation 2714, Federal Register, XII, S. 1; ferner *Documents on American Foreign Relations,* Band 8, S. 112/3.

31. Oppenheim-Lauterpacht, a. a. O., Band 2, S. 604.

32. Proc. 2940, 16 *Federal Register,* 10915; Department of State, *Bulletin,* Band 25, S. 769.

33. *United Nations Treaty Series,* Band 331, S. 252 ff.

34. Ebenda, S. 327 ff.

35. Siehe Senats-Dokument Nr. 11, 84. Kongreß, 1. Sitzung (1955), Anhang A, S. 129; *American Journal of International Law,* 1955, Band 49, Suppl., S. 59. *Treaties and Other International Acts, Series 3425, Termination of the Occupation Regime,* 1954, S. 880; BGBl. 1955 II, S. 301, 305.

36. *United Kingdom Command Papers,* 9304, S. 55; A. Toynbee, *Survey of International Affairs,* 1954, S. 146.

37. Meissner, Boris (Hrsg.): *Der Warschauer Pakt,* 1969; dgl. Gottfried Zieger, *Der Warschauer Pakt,* 1974. Der W. P. wurde am 14. Mai 1955 geschlossen und von den Regierungen Albaniens, Bulgariens, Ungarns, Polens, Rumäniens, der DDR, der Tschechoslowakei und der Sowjetunion unterzeichnet.

38. Es besteht kein Zweifel darüber, daß eine freie Wahl in ganz Deutschland ungünstig

für die Sowjetunion ausgefallen wäre. Als Beispiel könnte man auf die letzte freie Wahl in Berlin am 20. Oktober 1946 hinweisen. General Lucius Clay erinnerte in seinem Buch *Entscheidung in Deutschland*: „Bei den Wahlen am 20. Oktober erlitt die SED, eine Verbindung der Sozialdemokraten und der Kommunisten in der sowjetischen Zone (die unter sowjetischem Druck erzwungen und von den Sozialdemokraten der Westzonen abgelehnt worden war), eine schwere Niederlage. Die Sozialdemokraten erhielten 48,7 Prozent, die christlichen Demokraten 22 Prozent, die Liberal-Demokraten 9 Prozent der Stimmen; obwohl die von den Sowjets geförderte SED in Ostberlin durch die sowjetische Militär-Administration in jeder erdenklichen Weise unterstützt wurde, vereinigte sie auf sich nur 19,8 Prozent der Stimmen. Diese Wahl, die in der ganzen Stadt unter der Aufsicht von Beobachtungsgruppen der vier Mächte durchgeführt worden war, muß auf die sowjetischen Stellen niederschmetternd gewirkt und ihnen die Erkenntnis vermittelt haben, daß ihre Hoffnung, Deutschland mit legalen politischen Methoden zu gewinnen, eitel war. Fraglos änderten sie nun in Deutschland ihre Taktik . . .“ (S. 162).

39. A. Toynbee, a. a. O., S. 132 ff.; 1958, S. 575–6.

40. Kennan hatte damals einen besonderen Lehrstuhl inne, der als das Eastman-Professorat der Universität Oxford bezeichnet wurde; er erhielt eine Einladung der BBC, die jährlichen Vortragsreihen zu halten, die als Reith Lectures bekannt wurden. In voraufgegangenen Jahren hatten u. a. Arnold Toynbee, Oliver Franks, Bertrand Russell und Robert Oppenheimer diese Rundfunkreden gehalten. Die Reith Lectures wurden veröffentlicht in dem Band *Russia, the Atom and the West*, 1958.

41. Kennan, a. a. O., Band 2, S. 249.

42. Ebenda, S. 259.

43. Ebenda.

Achtes Kapitel
Anerkennung oder Revision der Oder-Neiße-Linie

1. Deutscher Text in: Presse- und Informationsamt der Bundesregierung, *Die Verträge der Bundesrepublik Deutschland mit der UdSSR vom 12. August 1970 und mit der Volksrepublik Polen vom 7. Dezember 1970, S. 155–156.* Bulletin des Presse- und Informationsamtes, 8. Dez. 1970, Nr. 171, S. 1815 f.; dazu *The Times*, 21. 11. 1970, S. 3, Spalte 1.

2. Die polnische Auffassung wird gut von Professor Krzysztof Skubiszewski vertreten, „Poland's Western Frontier and the 1970 Treaties", *American Journal of International Law*, 1973, Band 67, S. 23 ff.

2a. Bulletin des Presse- und Informationsamtes, 8. Dez. 1970, Nr. 171, S. 1816.

3. Bulletin, a. a. O., S. 1630.

4. Bulletin, S. 1819.

4a. Vgl. Helmut Steinberger, „Völkerrechtliche Aspekte des deutsch-sowjetischen Vertragswerks vom 12. August 1970" in *Zeitschrift für ausl. Öffentliches Recht und Völkerrecht*, Band 31, 1971, S. 141.

5. BTDrucks. VI/3157.

5a. Grundvertragsurteil, BVerfGE 36, 1 bis 37, Gründe B III 1, S. 15 f.

6. Hans Günther Parplies, *Deutschland nach den Verträgen*, 1975, S. 8 ff.

7. Parplies, a. a. O., S. 9.

7a. *Entscheidungen des Bundesverfassungsgerichts,* Band 40, 1976, S. 171.

8. *United Nations Treaty Series,* Band 319, S. 93 ff.; *Dokumente zur Außenpolitik der Regierung der Deutschen Demokratischen Republik,* Band 1, S. 342 ff.

9. Über einen Friedensvertrag für ganz Deutschland wurde bis in die späten 50er Jahren verhandelt. Die Sowjetunion zeigte stets ein besonderes Interesse daran, ihre Gewinne zu festigen, und machte entsprechende Vorschläge, die aber für die Westmächte unannehmbar waren. Whiteman, *Digest of International Law,* Band 3, S. 383 ff.

10. Department of State, *Bulletin,* Band XXII, 19. Juni 1950, S. 1017. Siehe auch Whiteman, a. a. O., S. 379.

11. Vgl. B. Wiewiora, *The Polish-German Frontier,* 2. Aufl. 1964, S. 170–71; desgl. ders., „Territorial Changes after the Second World War", *Polish Western Affairs,* Band 5, 1964, S. 21 ff. Eine gemäßigte polnische Einstellung findet sich bei Krysztof Skubiszewski, „Polish-German Frontier as a Problem of International Law", *Polish Western Affairs,* 1964, Band 5, S. 311–31; es handelt sich dabei um einen Vortrag, den Prof. Skubiszewski am 13. April 1964 im Harvard International Law Club hielt.

11a. Bulletin des Presse- und Informationsamtes, 8. Dez. 1970, S. 1816.

12. Artikel 2: „Im Hinblick auf die internationale Lage, die bisher die Wiedervereinigung Deutschlands und den Abschluß eines Friedensvertrags verhindert hat, behalten die Drei Mächte die bisher von ihnen ausgeübten oder innegehabten Rechte und Verantwortlichkeiten in Bezug auf Berlin und auf Deutschland als Ganzes einschließlich der Wiedervereinigung Deutschlands und einer friedensvertraglichen Regelung . . ." Department of State, *Treaties and Other International Acts,* Series 3425, Publication 6096, S. 93.

13. „U. S. Foreign Policy for the 1970's: Building for Peace." A Report to the Congress by Richard Nixon, President of the United States, 25 Februar 1971, S. 41.

13a. *Entscheidungen des Bundesverfassungsgerichts,* Band 40, 1976, S. 173.

14. Erklärungen des sowjetischen Außenministers vom 17. Sept. 1946 und 9. April 1947. Siehe Molotow, *Questions de Politique Extérieure,* 1949, S. 244 und 429. Zitiert von Skubiszewski in „Poland's Western Frontier and the 1970 Treaties", *American Journal of International Law,* 1973, Band 67, S. 23.

15. *Documents on Germany 1944–1970* (Committee Print, Committee on Foreign Relations, US-Senat, 92. Kongreß, 1. Sitzung). Desgl. „US Foreign Policy for the 1970's Building for Peace." Ein Bericht Nixons für den Kongreß vom 25. Februar 1971. Desgl. Communiqué vom 1. Juni 1972, Department of State, *Bulletin* Band 66, S. 913–14; desgl. Gespräch mit einem Experten in der Deutschlandabteilung des Office of the Legal Adviser to the State Department in Washington, am 5. Januar 1976.

16. Brief an den Verfasser von der Bonner britischen Botschaft, datiert vom 27. 6. 1975, mit der Erklärung, daß „die Rechtsposition der Regierung Ihrer Majestät dieselbe bleibt, zu der sie durch die Abmachungen des Potsdamer Protokolls verpflichtet ist, nämlich, daß die endgültige Festlegung der Westgrenze Polens bis zur Friedensregelung warten sollte". Ebenfalls ein Brief des amerikanischen State Department vom 27. Mai 1975 an den Autor mit der Bestätigung: „Die in diesen Erklärungen ausgedrückte Haltung ist noch die offizielle Position der Vereinigten Staaten." Und Meldung der Nachrichtenagentur dpa vom 9. 11. 1959: „Die französische Regierung

hat der Bundesregierung auf Anfrage versichert, daß sie die Oder-Neiße-Linie nach wie vor als provisorische polnische Verwaltungsgrenze ansehe. Sie betonte gleichzeitig, daß eine endgültige Regelung der deutschen Ostgrenzen einem Friedensvertrag mit Gesamtdeutschland vorbehalten bleiben müsse."

17. Die Sowjetunion vereitelte alle Pläne für freie Wahlen in Deutschland nach dem Krieg. Unter anderem verwarf sie den Vorschlag der westlichen Alliierten von 1951, daß freie Wahlen von den Vereinten Nationen beaufsichtigt werden sollten; in: *United Nations Year Book*, 1951, S. 325. UN-Vollversammlung, sechste Sitzung, General Committee, 76. Versammlung, Paragraph 38 ff. Dazu H. Schneider, *Die Charta der Vereinten Nationen und das Sonderrecht für die im Zweiten Weltkrieg unterlegenen Nationen*, Bonner Rechtswissenschaftliche Abhandlungen, Band 76, 1967, S. 112–15.

18. Text in Department of State, *Bulletin*, Band 12, 1945, S. 1052; deutscher Text in *Europa-Archiv, Dokumente und Berichte*, Band 6, 1948, S. 77.

19. Mit Ausnahme von Königsberg und dem nördlichsten Drittel Ostpreußens.

20. Leahy, *I was There*, 1950, S. 406.

21. *Europa-Archiv, Dokumente und Berichte*, Band 6, 1948, S. 86–87.

22. Eine Erörterung des Unterschieds zwischen „Delimitation" und „Demarkation" siehe bei E. Luard, *The International Regulation of Frontier Disputes*, 1970, S. 112 ff.; C. de Visscher, *Problemes de Confins en Droit International Public*, 1969, S. 11 ff.; de Lapradelle, *La Frontière*, 1928, S. 144 ff.; A. O. Cuckwurah, *The Settlement of Boundary Disputes in International Law*, 1967. Eine polnische Stellungnahme bei J. Kokot, *The Logic of the Oder-Neiße-Frontier*, 1959, insbes. S. 27–37.

23. Churchill, Band VI/2, S. 356; Truman, *Memoirs*, 1955, Band 1, S. 368; *Foreign Relations of the United States, The Conference of Berlin*, Band 2, S. 212.

24. Churchill, a. a. O., S. 373–74.

25. In einem zusammenfassenden Memorandum des U. S. State Department vom 8. August 1945 heißt es: „Die Engländer haben nur sehr widerwillig die Oder-Neiße-Linie akzeptiert. Wenn die britische Regierung mitten in der Konferenz nicht gewechselt hätte, hätten die Engländer wahrscheinlich gar nicht zugestimmt." *Foreign Relations of the United States, The Conference of Berlin*, Band 2, S. 1153.

26. *Foreign Relations of the United States, The Conference of Berlin*, Band 2, S. 534; Truman, a. a. O., S. 405; Fischer, *Teheran, Jalta, Potsdam*, 1968, S. 348.

27. *Foreign Relations of the United States, The Conference of Berlin*, Band 2, S. 519; Truman, a. a. O., S. 405; Fischer, a. a. O., S. 348; Leahy, a. a. O., S. 423.

28. Byrnes, *In aller Offenheit*, 1949, S. 114.

29. *Foreign Relations of the United States, the Conference of Berlin*, Band II, S. 534; desgl. Fischer, a. a. O., S. 350. Siehe auch eine sehr gute Darstellung „Westliche Kenntnis der Polnisch-Sowjetischen Forderungen hinsichtlich Stettins vor Potsdam," und „Die Potsdamer Einigung" von Professor Dr. Knut Ipsen in *Ostverträge – Berlin Status*. Veröffentlichungen des Instituts für Internationales Recht an der Universität Kiel, Band 66, S. 78 ff., (1971).

30. *Foreign Relations of the United States, The Conference of Berlin*, Band 2, S. 1150.

31. Ipsen, a. a. O., S. 82.

32. Reproduktion der Originalkarte (map D) in *United Nations Treaty Series*, Band 227, Beilage. Herr Professor Ipsen war vielleicht der erste, der auf diese Karte in bezug auf Stettin hingewiesen hat, a. a. O., S. 82.

33. Ipsen, a. a. O., S. 78. Siehe auch Breyer, „Die Oder-Neiße-Linie bei Stettin," in *Festschrift für Herbert Kraus*, 1964, S. 429–434.

34. Department of State, *Bulletin*, Band 13, 1945, S. 211; Holborn, *War and Peace Aims of the United Nations*, Band 2, S. 352.

35. Department of State, *Bulletin*, Band 13, 1945, S. 211; Holborn, a. a. O., S. 353.

36. Wiewiora, *The Polish-German Frontier*, ²1964, S. 142/3, 184; Manfred Lachs, *Die Westgrenze Polens*, 1967, S. 69; Drzewieniecki, *The German-Polish Frontier*, S. 69; J. Kokot, *The Logic of the Oder-Neiße-Frontier*, S. 12, 13, 53, 76. Molotow zitierte diesen Teil von Trumans Rede auf der Moskauer Außenministerkonferenz im März 1947 und wurde sofort scharf zurückgewiesen von Außenminister Marshall. *Foreign Relations of the United States*, 1947, Band 2, S. 322.

37. Wiewiora, a. a. O., S. 143.

38. Truman, a. a. O., S. 411. In einem Brief vom 30. 7. 1945 beklagte sich Truman über die Schwierigkeiten, mit den Russen zu einer Übereinkunft zu gelangen. „Sie haben niemals solche dickköpfigen Leute gesehen wie die Russen. Ich hoffe, daß ich niemals wieder eine Konferenz mit ihnen abhalten muß – aber natürlich werde ich es tun." (S. 402)

39. *United Nations Treaty Series*, Band 10., S. 193–201: „Jusqu'à la solution définitive des questions territoriales lors du règlement de la paix, la partie de la frontière polono-soviétique adjacente à la mer Baltique suivra, conformément à la décision de la Conférence de Berlin, une ligne . . ." („Bis zur endgültigen Lösung der Territorialfragen bei der Friedensregelung wird der Teil der polnisch-sowjetischen Grenze, der an die Ostsee stößt, entsprechend der Entscheidung der Berliner Konferenz einer Linie folgen, die . . ."). Die sowjetisch-polnische Grenze durch Ostpreußen wurde erst im Vertrag vom 8. Juli 1948 „endgültig festgesetzt", natürlich ohne Zustimmung der westlichen Alliierten. *United Nations Treaty Series*, Band 37, S. 25.

40. *Parliamentary Debates*, House of Commons, Band 414, Spalte 83. Desgl. *Time*, 27. 8. 1945, S. 34. Desgl. Churchill, *Reden*, 1950, Band 6, S. 365.

41. Wiewiora, a. a. O., S. 148, 160 Anmerkung; J. Kokot, a. a. O., S. 8; Elisabeth Wiskemann, *Germany's Eastern Neighbours*, 1956, S. 133–34. Vgl. die Erklärung des britischen Außenministers Bevin im Unterhaus am 20. August 1945: „Eines der großen Probleme, vor denen wir noch immer stehen, ist das polnische, und ich weiß, daß es gewisse Bedenken über die Ausdehnung des Gebiets gibt, das in das polnische Territorium einbezogen werden soll. Die Frage des endgültigen zukünftigen Gebiets von Polen muß am Verhandlungstisch für den Frieden geregelt werden, und ich persönlich sehe die Gefahr – und schließe mich damit der von dem sehr ehrenwerten Mitglied für Woodford (Churchill) geäußerten Ansicht an – daß die Polen zu weit nach Westen geraten." *Parliamentary Debates*, House of Commons, Band 413, Spalte 293–296.

42. *Foreign Relations of the United States, The Conferences at Malta and Yalta*, S. 717, 720, 726 usw.

43. Churchill, *Der Zweite Weltkrieg*, Band VI/2, S. 362.

44. Ebenda, S. 364.

45. Ebenda, S. 364.

46. Ebenda, S. 367–68. Schon bald darauf protestierte Churchill wieder öffentlich gegen das, was in Osteuropa vor sich ging. In seiner bekannten Rede „Sinews of Peace" im

Westminster College zu Fulton/Missouri bedauerte er, daß seine eigene Politik, Polen auf Kosten Deutschlands zu entschädigen, zu solchen Exzessen geführt hatte. Die Alliierten hatten den kleinen Finger gereicht, die Polen die ganze Hand gepackt. „Die von den Russen beherrschte polnische Regierung ist ermuntert worden, umfassende gesetzwidrige Übergriffe auf Deutschland zu machen, und jetzt finden Massenvertreibungen von Deutschen in einem schrecklichen und unvorstellbaren Maß statt." *The Sinews of Peace*, S. 100–101.

47. *Parliamentary Debates*, House of Commons, Band 414, Spalten 242/43, 10. 10. 1945.

48. Arthur Lane, *I Saw Poland Betrayed*, 1948, S. 240, 254, 117 (Anm.), 180/1, 191. Desgl. Mikolajczyk, *The Rape of Poland*, 1948, insb. die Kapitel 13 und 14, S. 161–202.

49. 83d Congress, 2d session, House Report No. 2684, Teil 5, „Treatment of the Jews under Communism." Bericht des Sonderkomitees über kommunistische Aggression unter dem Abgeordneten Charles Kersten, 31. Dez. 1954, S. 23. Siehe auch Lane a. a. O., 246, Mikolajczyk a. a. O. 167–8.

50. *Parliamentary Debates*, House of Commons, 22. 10. 1946, Band 427, Sp. 1523.

51. Department of State, *Bulletin*, Band 15, S. 496 ff. *Documents on American Foreign Relations*, Band 8, S. 210–18. Mikolajczyk wurde in Kopenhagen von der Rede unterrichtet und gab sofort vor der Presse eine Protesterklärung ab. Mikolajczyk, a. a. O., S. 171/72. Desgl. Rozek, *Allied Wartime Diplomacy*, 1958, S. 423/24.

52. S. Welles, *Where are We Heading?* 1946, S. 120.

53. *Foreign Relations of the United States*, 1947, Band 2, S. 1.

54. Die Regierung der Tschechoslowakei schlug sogar Berichtigungen ihrer Grenze mit Deutschland vor, bei denen sie zusätzliches deutsches Gebiet im Norden und Westen erhalten hätte.

55. *Foreign Relations of the United States*, 1947, Band 2, S. 110.

56. Ebenda, S. 67.

57. Ebenda.

58. Ebenda, S. 65.

59. Ebenda, S. 63.

60. *Documents on American Foreign Relations*, 1947, Band 9, S. 46; Department of State, *Bulletin*, 20. 4. 1947, S. 693/4; desgl. *Documents on International Affairs*, Royal Institute, 1947–48, S. 462–65; Whiteman, *Digest of International Law*, Band 3, S. 365.

61. Montgomery, *Memoiren*, 1958, S. 465; Gollancz, *Unser bedrohtes Erbe*, S. 11.

62. *Europa-Archiv*, Band 2, 1947, S. 719–720; desgl. Whiteman, a. a. O., S. 370.

63. *Europa-Archiv*, Band 2, 1947, S. 720; desgl. Whiteman a. a. O., S. 371; *Documents on International Affairs*, 1947/48, S. 476–77.

64. Wiewiora, a. a. O., S. 140–43; Lachs, a. a. O., S. 24–26.

65. W. M. Drzewieniecki, a. a. O., S. 68/69.

66. Sir Geoffrey Harrison, Deutschland-Spezialist und Mitglied der britischen Delegation bei der Potsdamer Konferenz, war die maßgebende Figur bei der Verfassung des Artikels XIII. Er versicherte dem Autor in einem persönlichen Gespräch am 30. Oktober 1976, daß Artikel XIII unabhängig von Artikel IX entstanden ist und daß nicht einer durch den anderen zu interpretieren ist. Sir Denis Allen, Polen-Spezialist und ebenfalls Teilnehmer an der Potsdamer Konferenz, bestätigte dem Autor in

einem Brief vom 21. November 1976: „In Potsdam faßten wir es nicht so auf, daß diese beiden Fragen, die zwar in der Praxis zusammenhingen, eine Art ‚organischer Einheit' innerhalb des Protokolls bildeten".

67. Sir Geoffrey Harrison erklärte dem Autor in einem persönlichen Gespräch, daß sich Artikel XIII tatsächlich auf die Deutschen der Oder-Neiße-Gebiete beziehen sollte, wie es eindeutig aus den Diskussionen in den Plenarsitzungen hervorgeht. Die Formulierung fiel irrtümlicherweise ungenau aus, weil der Ausschuß, der Artikel XIII verfaßte, unter Zeitdruck stand und sich hauptsächlich der Frage des Aufschubs der Vertreibung widmen mußte.

68. Zu dieser Frage bemerkte Clay: „Als der Alliierte Kontrollrat an die Aufgabe ging, die Vereinbarungen von Jalta und Potsdam über die Aufnahme von Staatsangehörigen deutscher Herkunft aus Polen, der Tschechoslowakei, Ungarn und Österreich durchzuführen, schätzte man die Zahl dieser Ausgewiesenen auf 3 Millionen. Es wurde nicht damit gerechnet, daß diese Zahl durch die Ausweisung von Deutschen aus den polnisch verwalteten Gebieten stark erhöht würde. Doch zeigte sich sehr schnell, daß Polen beabsichtigte, die Deutschen auszuweisen; bald trafen sie ein, ohne Rücksicht auf Vereinbarungen, zu Tausenden und Hunderttausenden." *Entscheidung in Deutschland*, 1950, S. 349.

69. *Foreign Relations of the United States*, 1945, Band 2, S. 1301. In diesem Sinne äußerte sich auch Sir Denis Allen, der in einem Brief an den Autor vom 21. November 1976 schrieb: „Sämtliche Potsdamer Abmachungen waren eindeutig als vorläufige gedacht, in dem Sinne, daß man mit einer endgültigen Friedensregelung rechnete. Einerseits machte man sich keine Illusionen über die voraussichtlichen Schwierigkeiten, spätere Änderungen durchzusetzen, vor allem im Hinblick auf die territorialen Vereinbarungen im Osten, wo die Russen im Besitz des Gebiets waren. Andererseits faßten wir es nicht so auf, daß es die Aufgabe irgendeiner künftigen Friedenskonferenz sein werde, einfach die Potsdamer Vereinbarungen zu bestätigen, auch nicht, was die polnisch-deutsche Grenze und die Umsiedlung deutscher Einwohner anging."

70. *Foreign Relations of the United States*, 1947, Band 4, S. 428.

71. Ebenda.

72. Außenminister Edward Stettinius erinnert sich in seinem Buch *Roosevelt and the Russians* (1950, S. 146), daß die westlichen Alliierten in Jalta Marschall Stalin um eine großzügige Geste zugunsten der Polen ersuchten, um eine Änderung der Curzon-Linie, bei der Lemberg bei Polen geblieben wäre. Stalin antwortete, er „würde lieber den Krieg fortsetzen, obwohl es Rußland Blut kosten würde, um deutschen Boden als Entschädigung für Polen zu gewinnen." Stalins Erklärung klingt noch makabrer, wenn man bedenkt, daß die Sowjetunion die Atlantik Charta gutgeheißen hatte, deren Artikel I den Verzicht auf territorialen Gewinn zum Inhalt hatte, während Artikel II vorsah, das die Signatarmächte, „keine territorialen Veränderungen zu sehen wünschen, die nicht mit den frei geäußerten Wünschen der betroffenen Menschen übereinstimmen."

73. In der *Sowjetischen Geschichte des Großen Vaterländischen Krieges 1941–1945* von Professor Telpuchowski heißt es z. B. im Bezug auf die Beschlüsse der Krimkonferenz: „Außerdem kamen die Großmächte überein, Polen die ihm im Westen ursprünglich gehörenden Gebiete zurückzugeben." An einer anderen Stelle übernimmt Telpuchowski die historisch nicht haltbare These vom „urpolnischen" Pom-

mern, das seit 1181 Reichslehen war: „Ursprünglich polnischen Volksboden, der von den Eroberern Polen weggenommen war, hatten sie dem polnischen Volke zurückgegeben." Telpuchowski, a. a. O., S. 450, 461. Vgl. Bohdan Gruchman, Alfons Klafkowski u. a. *Polish Western Territories* 1959: Gerard Labuda, „Die polnische Westgrenze" in *Wie Polen und Deutsche einander sehen*, 1973, S. 82–91.

74. *Documents on International Affairs*, 1947–48, S. 488.

75. Ebenda, S. 508. In diesem Zusammenhang J. Kokot, „The Economic Aspects of the Resettlement of German Population after the Second World War," *Polish Western Affairs*, 1964, Band 5, S. 92 ff.

76. Die Silingen, ein Stamm des germanischen Volkes der Wandalen, lebten von etwa 300 vor bis etwa 350 nach Chr. in Schlesien und gaben der Provinz den Namen. Eine polnische Darstellung der germanischen Besiedlung Schlesiens und Ostpreußens im Mittelalter und später gibt G. Labuda „A Historigraphic Analysis of the German Drang nach Osten", in *Polish Western Affairs*, 1964, Band 5, S. 221–65.

77. Durch die Goldbulle von Rimini legte Kaiser Friedrich II. von Hohenstaufen bereits im Jahre 1226 die rechtliche Grundlage für die Eroberung des Preußenlandes durch den Deutschen Orden. Text der Goldbulle: Walter Hubatsch, *Quellen zur Geschichte des Deutschen Ordens*, 1954, S. 46 ff.

78. Am 1. März 1945 sagte Attlee im Unterhaus: „Ich denke an eine Weihnachtskarte, die ich in diesem Jahr von einem meiner polnischen Freunde erhielt. Sie zeigt eine Karte Polens im 17. Jahrhundert. Es ist dieser tragische Blick in die Vergangenheit ... statt in die Zukunft, der es so schwer macht, einen dauerhaften Frieden zu begründen." *Parliamentary Debates*, House of Commons, Band 408, Spalte 1615.

79. *The Economist*, 19. 4. 1947, S. 578.

80. Ebenda, 3. 5. 1947, S. 663 ff.

81. *Documents on International Relations*, 1947–8, S. 532–7, S. 533. Department of State, *Bulletin*, 28. Dezember 1947, S. 1244–7.

82. *Documents on International Relations*, Royal Institute, 1947–48, S. 571.

83. D. Vignes, „Le Referendum sarrois", *Annuaire Français de Droit International*, 1955, S. 134; M. Merle, „La Convention franco-allemande du 23. octobre 1954 sur la Sarre", *Annuaire*, 1955, S. 128; M. Merle, „Le Règlement de la Question Sarroise et la Liquidation du Contentieux Franco-Allemand", *Annuaire*, 1956, S. 181–203. Siehe auch F. Münch, „Saargebiet", in Strupp-Schlochauer, *Wörterbuch des Völkerrechts*, Bd. 3, S. 147–148.

84. Okinawa (ca. 1200 qkm) ist die größte der Riukiu-Inseln (ca. 2400 qkm), die sich vom Süden Japans bis Taiwan hinziehen und eine Bevölkerung von ungefähr einer Million Menschen haben. Am 15. Mai 1972 wurden die Riukiu-Inseln der japanischen Verwaltung zurückgegeben, gemäß dem Okinawa-Rückgabe-Vertrag vom 17. Juni 1971. Department of State, *Bulletin*, Band 64, S. 323, 381, 452, 470, 598; Band 65, S. 8, 69, 299, 461, 514, 624, 655.

Neuntes Kapitel
Im Blick auf die Zukunft

1. Dietrich Frenzke, Jens Hacker und Alexander Uschakow, *Die Feindstaatenartikel*, Berlin, 1971. Desgl. U. Scheuner und Beate Lindemann, *Die Vereinten Nationen und die Mitarbeit der Bundesrepublik Deutschland*, 1973, insb. das Kapitel von Prof. Wilhelm Kewenig.

2. Die Wiedervereinigung ist im Grundgesetz verankert, siehe Präambel und Artikel 146. Siehe auch Entscheidung des Bundesverfassungsgerichts vom 31.7.1973.

3. *Freedom at Issue*, Januar-Februar 1976, Nr. 34, S. 15.

4. *The Times*, 21.7.1975, S. 1.

5. Department of State, *Bulletin*, Band 73, 1.9.1975, S. 323 ff.

6. *The Times*, 21.7.1975, S. 4.

7. Department of State, *Bulletin*, Band 73, 1.9.1975, S. 304–305; *Europa-Archiv, Dokumente*, 1975, S. 564–65.

8. Department of State, *Bulletin*, S. 324; *Europa-Archiv*, 1975, S. D 440.

9. Department of State, *Bulletin*, S. 324; dazu Präsident Fords Erklärung S. 306; *Europa-Archiv*, S. D 439.

10. Department of State, *Bulletin*, S. 348; *Europa-Archiv*, S. D 478.

11. Department of State, *Bulletin*, S. 325; *Europa-Archiv*, S. D 441.

12. Department of State, *Bulletin*, S. 325; *Europa-Archiv*, S. D 442.

13. Siehe u. a. Kuratorium Geistige Freiheit, *Russischer Samisdat*, Hefte 1–9, Bern, 1973–1977. Im Heft Nr. 7, 1975, Appell an die KSZE, Appelle an den Weltkirchenrat, Aufruf von Sacharow an Amnesty International, usw. Siehe auch *Kontinent*, Hefte 1–6, Frankfurt, 1974–1977.

14. G. A. Res. 217A (III) UN Doc. A/811 (1948); *American Journal of International Law*, 1949, Band 43, Suppl., S. 127. Das Dokument stellt nur eine Erklärung dar, die nicht die legale Kraft eines Übereinkommens hat.

14a. Der internationale Pakt vom 19. 12. 1966 über bürgerliche und politische Rechte ist am 23. März 1976 in Kraft getreten. Bis 31. Dezember 1976 hatten die folgenden Ostblockstaaten den Pakt ratifiziert: Bulgarien, Jugoslawien, Rumänien, Sowjetunion, Ukraine, Weißrußland und die Tschechoslowakei. BGBl. Teil II, Fundstellennachweis B, Völkerrechtliche Vereinbarungen, 1976, S. 339.

15. F. v. Loesch, *Die Deutschen in den osteuropäischen Staaten*, 1972, S. 9.

16. Der Autor hat selbst mit deutschen Emigranten aus Polen gesprochen, bald nachdem sie in Friedland angekommen waren. Sie berichteten von vielen Fällen von Zurücksetzung, Verlust guter Stellungen und von Diskriminierung, nachdem sie ein Auswanderungsvisum beantragt hatte. Die meisten von ihnen hatten schon mehrmals erfolglos um die Ausreiseerlaubnis nachgesucht. Viele Kinder sprechen sehr schlecht deutsch, weil es keine deutschen Schulen für sie in Polen gab und weil Deutsch in den meisten polnischen Schulen nicht unterrichtet wird.

17. v. Loesch, a. a. O., passim. Eine Geschichte der deutschen Minderheiten im Osten gibt A. Bohmann, *Menschen und Grenzen*, 1969–75.

18. Department of State, *Bulletin*, Band 65, S. 318 ff.

19. Ebenda, Band 73, S. 307. Siehe auch Viermächtepakt über Berlin von 1971, Erklärungen von Präsident Nixon, Band 65, S. 191, 475, 477; Hillenbrand, S. 518.

20. Bund der Vertriebenen, *Der wahre Tatbestand*, 1960, S. 11–12.

21. Albert Schweitzer, *Das Problem des Friedens in der heutigen Welt*, 1954, S. 6. Zitiert in *Das Östliche Deutschland*, 1958, S. 100.

22. Deutsche Dienststelle (WASt), *Arbeitsbericht 1973/74*, S. 11.

23. *Foreign Relations of the United States*, 1945, Band 2, S. 1291.

Dokumente

Gemeinsame Erklärung des Präsidenten der Vereinigten Staaten von Amerika und des britischen Premierministers über Friedensziele (die Atlantik-Charta) vom 14. August 1941*)

– Auszug –

Der Präsident der Vereinigten Staaten von Amerika und Premierminister Churchill als Vertreter der Regierung Seiner Majestät im Vereinigten Königreich erachten es nach gemeinsamer Besprechung für richtig, gewisse gemeinsame Grundsätze der nationalen Politik ihrer beiden Länder bekanntzumachen, auf die sie ihre Hoffnungen auf eine bessere Zukunft für die Welt gründen:

Erstens: Ihre Länder suchen keine territoriale oder sonstige Vergrößerung.

Zweitens: Sie wünschen keine Gebietsveränderungen, die nicht mit den frei geäußerten Wünschen der betroffenen Völker übereinstimmen.

Drittens: Sie achten das Recht aller Völker, die Regierungsform zu wählen, unter der sie leben wollen, und sie wünschen, daß denen souveräne Rechte und Selbstregierung zurückgegeben werden, die ihrer gewaltsam beraubt worden sind.

Viertens: Sie werden sich unter gebührender Berücksichtigung ihrer bestehenden Verpflichtungen bemühen, allen Staaten, groß oder klein, Siegern oder Besiegten, fördernd zu helfen, daß sie unter gleichen Bedingungen zum Welthandel und zu den Rohstoffen der Welt, welche für ihr wirtschaftliches Gedeihen notwendig sind, Zutritt haben.

Fünftens: Sie wünschen die vollste Zusammenarbeit zwischen allen Nationen auf wirtschaftlichem Gebiet herzustellen, mit dem Ziel, verbesserte Arbeitsbedingungen, wirtschaftlichen Fortschritt und soziale Sicherheit für alle zu gewährleisten.

Sechstens: Sie hoffen, daß nach der endgültigen Vernichtung der Nazityrannei ein Friede geschaffen wird, der allen Nationen die Möglichkeit geben wird, in Sicherheit innerhalb ihrer eigenen Grenzen zu leben, und der Gewähr dafür bieten wird, daß alle Menschen in allen Ländern ihr ganzes Leben lang frei von Furcht und Not leben können.

Siebtens: Ein solcher Frieden sollte es allen Menschen ermöglichen, die Meere und Ozeane ungehindert zu befahren.

Achtens: Sie glauben, daß alle Nationen der Welt aus sachlichen wie aus ideellen Gründen dazu kommen müssen, die Anwendung von Gewalt aufzugeben. Da kein zukünftiger Frieden erhalten werden kann, wenn Nationen, die mit Angriffen über ihre Grenzen hinaus drohen oder drohen könnten, weiterhin ihre Rüstungen zu Land, zu See und in der Luft aufrecht erhalten, glauben sie, daß bis zur Schaffung eines umfassenden und dauerhaften Systems der allgemeinen Sicherheit die Entwaffnung solcher Nationen wesentlich ist. Sie werden gleichermaßen alle anderen durchführbaren Maßnahmen

unterstützen und fördern, welche den friedliebenden Völkern die erdrückende Last der
Rüstung erleichtern.

Franklin D. Roosevelt

Am 14. August 1941. Winston S. Churchill

Anmerkung: Hinsichtlich der Anwendung der Charta auf Deutschland erklärte Chur-
chill am 24. Mai 1944: „Die Atlantik-Charta bindet uns in keiner Weise hinsichtlich der
Zukunft Deutschlands, noch stellt sie ein Geschäft oder einen Kontrakt mit unseren
Feinden dar."

Anthony Eden erklärte in einer Rede vor dem Unterhaus am 23. Februar 1944:
„Gewisse Teile der Atlantik-Charta beziehen sich sowohl auf Sieger als auch Besiegte, so
zum Beispiel Artikel vier. Wir können aber nicht zugeben, daß Deutschland von Rechts
wegen Anspruch darauf erheben kann, daß irgendein Teil der Charta auf Deutschland
Anwendung finde."

2.

Memorandum des Foreign Office zur Bevölkerungsumsiedlung
(FO 371/46810/03167) (undatiert, ca. März 1945)
– Faksimile –

ANNEX 8

Registry
No.

Draft. Memorandum
by U.K. Represent-
ative on the E.A.C

Transfer of Populations to Germany.

1. On 25th November last the Czechoslovak
Government addressed a memorandum to the
European Advisory Commission (P12B/4/44) on the
problem of the German minority in Czechoslovakia.
On 16th January 1945, H.M. Minister in Moscow
presented a note to the Soviet Government, the
text of which is at Annex E I.

2. His Majesty's Government, it will be seen,
has expressed the view that, when the Governments
concerned are ready to begin discussion of the
Czech Government's proposal, this discussion
would in their view most suitably take place in
the European Advisory Commission.

3. The U.K. Delegation to the European Advisory
Commission makes no proposal for the discussion
does not feel that it would be useful

at this stage ~~to discuss~~ those aspects of this
large problem which cannot be precisely estimated
at the moment. [Such are (**i**) the areas from
which population is to be transferred to Germany;
(**ii**) the numbers to be transferred; and (**iii**)
the principles by which persons are to be
selected for transfer. All these topics should,
in the view of the U.K. Delegation, form the
subject of later discussions between Governments.
Some of them cannot be finally determined until
the peace treaty which eventually settles the
western frontier of Poland.

4. But it is important, in/view of the U.K.
Delegation, to establish the principle that the
transfers, on the large scale which is likely
to be necessary ~~will be~~ a matter of general
international concern, and should therefore be
the subject of careful supervision and regulation.
They will in particular be of concern to the
Powers responsible for the occupation and control
of/

of Germany. It would be a matter of serious
embarrassment to these Powers if, in the early
stages after the surrender of Germany or the
cessation of organised resistance, an unregulated flow
of migrants in large numbers were to begin streaming
into Germany from territories outside it. Such an
unregulated flow of population would very much
hamper the occupying authorities in their primary
tasks such as the disarmament of all German armed
forces, the dissolution of all Nazi organisations, the
taking of preliminary measures for economic security
and the securing of reparation in kind, the repatriation
of displaced persons and the maintenance of order.

5. The U.K. Delegation accordingly proposes that the
European Advisory Commission should recommend to the
Governments represented on it that there should be
established, immediately after the surrender of Germany
or the cessation of organised ~~(~~resistance, and as part
of the Control Machinery for Germany, a Population
Transfer Commission. This Commission should be
responsible to the Control Council, and should
consist of a member representing each of the four
Commanders-in-Chief composing the Control Council, and
a member representing each of the Governments of the
countries from which Germans may be expelled. Such
members might ~~be members of~~ the Military Missions
to be ~~accredited~~ by such Governments to the Control
Council.

6. The Population Transfer Commission's function
would be to regulate transfers of population from the
areas concerned in ~~accordance with~~ policy agreed between
Governments and instructions sent by those ~~Governments~~
to their representatives ~~on the Control Council.~~
This policy would have laid down the criteria for
the selection of migrants, the conditions for
transferring property and settling financial claims,
and an outline of the time schedule for the operation
of transfer. The Commission should have a limited
discretion/ /

discretion to recommend at any time variations
in these, particularly the last.

7. The Commission should not be responsible
for the resettlement of migrants in Germany.
The responsibility for this must be laid on the
German authorities; though their acts in
execution of this responsibility would remain
as much subject to control by the Control Council

as any other activities of German authorities.

The Commission should, however, ~~regulate~~ the

flow of migrants ~~so~~ as to match the possibility

of ~~settling~~ them in Germany.

8. It might prove desirable that sub-

ordinate agencies of the Commission should

operate ~~directly~~ in territories from which

populations are to be transferred; but the U.K.

Delegation does not wish to make any proposals

to this effect at this stage.

9. The U.K. Delegation proposes that the

Commission should recommend to the Governments

represented on it that a Population Transfer

Commission as described above should be set up;

and that these Governments should inform the

Governments of countries from which German

populations are likely to be transferred that

~~such migrants cannot be accepted in Germany~~

~~till the consent of the Control Council has~~

~~been given thereto through~~ the Population

Transfer Commission.

3.

Mitteilung über die Dreimächtekonferenz von Berlin
(Potsdamer Protokoll) vom 2. August 1945
– Auszug –

III.
Deutschland

Alliierte Armeen führen die Besetzung von ganz Deutschland durch, und das deutsche Volk fängt an, die furchtbaren Verbrechen zu büßen, die unter der Leitung derer, welche es zur Zeit ihrer Erfolge offen gebilligt und denen es blind gehorcht hat, begangen wurden. Auf der Konferenz wurde eine Übereinkunft erzielt über die politischen und wirtschaftlichen Grundsätze der gleichgeschalteten Politik der Alliierten in Bezug auf das besiegte Deutschland in der Periode der alliierten Kontrolle.

Das Ziel dieser Übereinkunft bildet die Durchführung der Krim-Deklaration über Deutschland. Der deutsche Militarismus und Nationalsozialismus werden ausgerottet, und die Allierten treffen nach gegenseitiger Vereinbarung in der Gegenwart und in der Zukunft auch andere Maßnahmen, die notwendig sind, damit Deutschland niemals mehr seine Nachbarn oder die Erhaltung des Friedens in der ganzen Welt bedrohen kann. Es ist nicht die Absicht der Allierten, das deutsche Volk zu vernichten oder zu versklaven. Die Alliierten wollen dem deutschen Volk die Möglichkeit geben, sich darauf vorzubereiten, sein Leben auf einer demokratischen und friedlichen Grundlage von neuem wiederaufzubauen. Wenn die eigenen Anstrengungen des deutschen Volkes unablässig auf die Erreichung dieses Zieles gerichtet sein werden, wird es ihm möglich sein, zu gegebener Zeit seinen Platz unter den freien und friedliebenden Völkern der Welt einzunehmen.

Der Text dieser Übereinkunft lautet:

„Politische und wirtschaftliche Grundsätze, deren man sich bei der Behandlung Deutschlands in der Anfangsperiode bedienen muß:

A. Politische Grundsätze

1. Entsprechend der Übereinkunft über das Kontrollsystem in Deutschland wird die höchste Regierungsgewalt in Deutschland durch die Oberbefehlshaber der Streitkräfte der Vereinigten Staaten von Amerika, des Vereinigten Königreiches, der Union der Sozialistischen Sowjetrepubliken und der Französischen Republik nach den Weisungen ihrer entsprechenden Regierungen ausgeübt, und zwar von jedem in seiner Besatzungszone sowie gemeinsam in ihrer Eigenschaft als Mitglieder des Kontrollrates in den Deutschland als Ganzes betreffenden Fragen.

2. Soweit dieses praktisch durchführbar ist, muß die Behandlung der deutschen Bevölkerung in ganz Deutschland gleich sein.

3. Die Ziele der Besetzung Deutschlands, durch welche der Kontrollrat sich leiten lassen soll, sind:

(I) Völlige Abrüstung und Entmilitarisierung Deutschlands und die Ausschaltung der gesamten deutschen Industrie, welche für eine Kriegsproduktion benutzt werden kann, oder deren Überwachung. Zu diesem Zweck:

a) werden alle Land-, See- und Luftstreitkräfte Deutschlands, SS, SA, SD und Gestapo mit allen ihren Organisationen, Stäben und Ämtern, einschließlich des Generalstabes, des Offizierkorps, der Reservisten, der Kriegsschulen, der Kriegervereine und aller anderen militärischen und halbmilitärischen Organisationen zusammen mit ihren Vereinen und Unterorganisationen, die den Interessen der Erhaltung der militärischen Tradition dienen, völlig und endgültig aufgelöst, um damit für immer der Wiedergeburt oder Wiederaufrichtung des deutschen Militarismus und Nazismus vorzubeugen;

b) müssen sich alle Waffen, Munition und Kriegsgerät und alle Spezialmittel zu deren Herstellung in der Gewalt der Alliierten befinden oder vernichtet werden. Der Unterhaltung und Herstellung aller Flugzeuge und aller Waffen, Ausrüstung und Kriegsgeräte wird vorgebeugt werden.

(II) Das deutsche Volk muß überzeugt werden, daß es eine totale militärische Niederlage erlitten hat und daß es sich nicht der Verantwortung entziehen kann für das, was es selbst dadurch auf sich geladen hat, daß seine eigene mitleidlose Kriegführung und der fanatische Widerstand der Nazis die deutsche Wirtschaft zerstört und Chaos und Elend unvermeidlich gemacht haben.

(III) Die nationalsozialistische Partei mit ihren angeschlossenen Gliederungen und Unterorganisationen ist zu vernichten; alle nationalsozialistischen Ämter sind aufzulösen; es sind Sicherheiten dafür zu schaffen, daß sie in keiner Form wieder auferstehen können; jeder nazistischen und militärischen Betätigung und Propaganda ist vorzubeugen.

(IV) Die endgültige Umgestaltung des deutschen politischen Lebens auf demokratischer Grundlage und eine eventuelle friedliche Mitarbeit Deutschlands am internationalen Leben ist vorzubereiten.

4. Alle nazistischen Gesetze, welche die Grundlagen für das Hitlerregime geliefert haben oder eine Diskriminierung auf Grund der Rasse, Religion oder politischen Überzeugung errichteten, müssen abgeschafft werden. Keine solche Diskriminierung, weder eine rechtliche, noch eine administrative oder irgendeiner anderen Art, wird geduldet werden.

5. Kriegsverbrecher und alle diejenigen, die an der Planung oder Verwirklichung nazistischer Maßnahmen, die Greuel oder Kriegsverbrechen nach sich zogen oder als Ergebnis hatten, teilgenommen haben, sind zu verhaften und dem Gericht zu übergeben. Nazistische Parteiführer, einflußreiche Nazianhänger und die Leiter der nazistischen Ämter und Organisationen und alle anderen Personen, die für die Besetzung und ihre Ziele gefährlich sind, sind zu verhaften und zu internieren.

6. Alle Mitglieder der nazistischen Partei, welche mehr als nominell an ihrer Tätigkeit teilgenommen haben, und alle anderen Personen, die den alliierten Zielen feindlich gegenüberstehen, sind aus den öffentlichen oder halböffentlichen Ämtern und von den verantwortlichen Posten in wichtigen Privatunternehmungen zu entfernen. Diese Personen müssen durch Personen ersetzt werden, welche nach ihren politischen und moralischen Eigenschaften fähig erscheinen, an der Entwicklung wahrhaft demokratischer Einrichtungen in Deutschland mitzuwirken.

7. Das Erziehungswesen in Deutschland muß so überwacht werden, daß die nazistischen und militaristischen Lehren völlig entfernt werden und eine erfolgreiche Entwicklung der demokratischen Ideen möglich gemacht wird.

8. Das Gerichtswesen wird entsprechend den Grundsätzen der Demokratie und der Gerechtigkeit auf der Grundlage der Gesetzlichkeit und der Gleichheit aller Bürger vor dem Gesetz ohne Unterschied der Rasse, der Nationalität und der Religion reorganisiert werden.

9. Die Verwaltung Deutschlands muß in Richtung auf eine Dezentralisierung der politischen Struktur und die Entwicklung einer örtlichen Selbstverantwortung durchgeführt werden. Zu diesem Zwecke:

(I) wird die lokale Selbstverwaltung in ganz Deutschland nach demokratischen Grundsätzen, und zwar durch Wahlausschüsse (Räte), so schnell wie es mit der Wahrung der militärischen Sicherheit und den Zielen der militärischen Besatzung vereinbar ist, wiederhergestellt;

(II) sind in ganz Deutschland alle demokratischen politischen Parteien zu erlauben und zu fördern mit der Einräumung des Rechtes, Versammlungen einzuberufen und öffentliche Diskussionen durchzuführen;

(III) soll der Grundsatz der Wahlvertretung in die Gemeinde-, Kreis-, Provinzial- und Landesverwaltungen so schnell, wie es durch die erfolgreiche Anwendung dieser Grundsätze in der örtlichen Selbstverwaltung gerechtfertigt werden kann, eingeführt werden.

(IV) wird bis auf weiteres keine zentrale deutsche Regierung errichtet werden. Jedoch werden einige wichtige zentrale deutsche Verwaltungsabteilungen errichtet werden, an deren Spitze Staatssekretäre stehen, und zwar auf den Gebieten des Finanzwesens, des Transportwesens, des Verkehrswesens, des Außenhandels und der Industrie. Diese Abteilungen werden unter der Leitung des Kontrollrates tätig sein.

10. Unter Berücksichtigung der Notwendigkeit der Erhaltung der militärischen Sicherheit wird die Freiheit der Rede, der Presse und der Religion gewährt. Die religiösen Einrichtungen sollen respektiert werden. Die Schaffung freier Gewerkschaften, gleichfalls unter Berücksichtigung der Notwendigkeit der Erhaltung der militärischen Sicherheit, wird gestattet werden.

B. Wirtschaftliche Grundsätze

11. Mit dem Ziele der Vernichtung des deutschen Kriegspotentials ist die Produktion von Waffen, Kriegsausrüstung und Kriegsmitteln, ebenso die Herstellung aller Typen von Flugzeugen und Seeschiffen zu verbieten und zu unterbinden. Die Herstellung von Metallen und Chemikalien, der Maschinenbau und die Herstellung anderer Gegenstände, die unmittelbar für die Kriegswirtschaft notwendig sind, sind streng zu überwachen und zu beschränken, entsprechend dem genehmigten Stand der friedlichen Nachkriegsbedürfnisse Deutschlands, um die in dem Punkt 15 angeführten Ziele zu befriedigen. Die für die Industrie, welche erlaubt sein wird, entbehrliche Produktionskapazität ist entsprechend dem durch die interalliierte Reparationskommission empfohlenen und durch die beteiligten Regierungen bestätigten Reparationsplan entweder zu entfernen oder, falls sie nicht entfernt werden kann, zu vernichten.

12. In praktisch kürzester Frist ist das deutsche Wirtschaftsleben zu dezentralisieren mit dem Ziel der Vernichtung der bestehenden übermäßigen Konzentration der Wirtschaftskraft; dargestellt insbesondere durch Kartelle, Syndikate, Trusts und andere Monopolvereinigungen.

13. Bei der Organisation des deutschen Wirtschaftslebens ist das Hauptgewicht auf die Entwicklung der Landwirtschaft und der Friedensindustrie für den inneren Bedarf (Verbrauch) zu legen.

14. Während der Besatzungszeit ist Deutschland als eine wirtschaftliche Einheit zu betrachten. Mit diesem Ziel sind gemeinsame Richtlinien aufzustellen hinsichtlich:
    a) der Erzeugung und der Verteilung der Produkte der Bergbau- und der verarbeitenden Industrie;
    b) der Landwirtschaft, Forstwirtschaft und der Fischerei;
    c) der Löhne, der Preise und der Rationierung;
    d) des Import- und Exportprogramms für Deutschland als Ganzes;
    e) der Währung und des Bankwesens, der zentralen Besteuerung und der Zölle;
    f) der Reparationen und der Beseitigung des militärischen Industriepotentials;
    g) des Transport- und Verkehrswesens.
    Bei der Durchführung dieser Richtlinien sind gegebenenfalls die verschiedenen örtlichen Bedingungen zu berücksichtigen.

15. Es ist eine alliierte Kontrolle über das deutsche Wirtschaftsleben zu errichten, jedoch nur in den Grenzen, die notwendig sind:

a) zur Erfüllung des Programms der industriellen Abrüstung und Entmilitarisierung, der Reparationen und der erlaubten Aus- und Einfuhr;

b) zur Sicherung der Warenproduktion und der Dienstleistungen, die zur Befriedigung der Bedürfnisse der Besatzungsstreitkräfte und der verpflanzten Personen in Deutschland notwendig und die wesentlich sind für die Erhaltung eines mittleren Lebensstandards in Deutschland, der den mittleren Lebensstandard der europäischen Länder nicht übersteigt. (Europäische Länder in diesem Sinne sind alle europäischen Länder mit Ausnahme des Vereinigten Königreiches und der Sowjetunion);

c) zur Sicherung – in der Reihenfolge, die der Kontrollrat festsetzt – einer gleichmäßigen Verteilung der wesentlichsten Waren unter den verschiedenen Zonen, um ein ausgeglichenes Wirtschaftsleben in ganz Deutschland zu schaffen und die Einfuhrnotwendigkeit einzuschränken;

c) zur Überwachung der deutschen Industrie und aller wirtschaftlichen und finanziellen internationalen Abkommen einschließlich der Aus- und Einfuhr mit dem Ziel der Unterbindung einer Entwicklung des Kriegspotentials in Deutschland und der Erreichung der anderen genannten Aufgaben;

e) zur Überwachung aller deutschen öffentlichen oder privaten wissenschaftlichen Forschungs- oder Versuchsanstalten, Laboratorien usw., die mit einer Wirtschaftstätigkeit verbunden sind.

16. Zur Einführung und Unterstützung der wirtschaftlichen Kontrolle, die durch den Kontrollrat errichtet worden ist, ist ein deutscher Verwaltungsapparat zu schaffen. Den deutschen Behörden ist nahezulegen, in möglichst vollem Umfange die Verwaltung dieses Apparates zu übernehmen. So ist dem deutschen Volk klarzumachen, daß die Verantwortung für diese Verwaltung und deren Versagen auf ihm ruhen wird. Jede deutsche Verwaltung, die dem Ziel der Besatzung nicht entsprechen wird, wird verboten werden.

17. Es sind unverzüglich Maßnahmen zu treffen zur:

a) Durchführung der notwendigen Instandsetzungen des Verkehrswesens,

b) Hebung der Kohlenerzeugung,

c) weitestmöglichen Vergrößerung der landwirtschaftlichen Produktion und

d) Durchführung einer beschleunigten Instandsetzung der Wohnungen und der wichtigsten öffentlichen Einrichtungen.

18. Der Kontrollrat hat entsprechende Schritte zur Verwirklichung der Kontrolle und der Verfügung über alle deutschen Guthaben im Auslande zu unternehmen, welche noch nicht unter die Kontrolle der alliierten Nationen, die an dem Krieg gegen Deutschland teilgenommen haben, geraten sind.

19. Die Bezahlung der Reparationen soll dem deutschen Volk genügend Mittel belassen, um ohne Hilfe von außen zu existieren. Bei der Aufstellung des Haushaltsplanes Deutschlands sind die nötigen Mittel für die Einfuhr bereitzustellen, die durch den Kontrollrat in Deutschland genehmigt worden ist. Die Einnahmen aus der Ausfuhr der Erzeugnisse der laufenden Produktion und der Warenbestände dienen in erster Linie der Bezahlung dieser Einfuhr. Die hier erwähnten Bedingungen werden nicht angewandt bei den Einrichtungen und Produkten, die in den Punkten 4 a und 4 b der Übereinkunft über die deutschen Reparationen erwähnt sind.

VI.

Stadt Königsberg und das anliegende Gebiet

Die Konferenz prüfte einen Vorschlag der Sowjetregierung, daß vorbehaltlich der endgültigen Bestimmung der territorialen Fragen bei der Friedensregelung derjenige Abschnitt der Westgrenze der Union der Sozialistischen Sowjetrepubliken, der an die Ostsee grenzt, von einem Punkt an der östlichen Küste der Danziger Bucht in östlicher Richtung nördlich von Braunsberg–Goldap und von da zu dem Schnittpunkt der Grenzen Litauens, der Polnischen Republik und Ostpreußens verlaufen soll.

Die Konferenz hat grundsätzlich dem Vorschlag der Sowjetregierung hinsichtlich der endgültigen Übergabe der Stadt Königsberg und des anliegenden Gebietes an die Sowjetunion gemäß der obigen Beschreibung zugestimmt, wobei der genaue Grenzverlauf einer sachverständigen Prüfung vorbehalten bleibt.

Der Präsident der USA und der britische Premierminister haben erklärt, daß sie den Vorschlag der Konferenz bei der bevorstehenden Friedensregelung unterstützen werden.

IX.

Polen

Die Konferenz hat die Fragen, die sich auf die Polnische Provisorische Regierung der Nationalen Einheit und auf die Westgrenze Polens beziehen, der Betrachtung unterzogen.

Hinsichtlich der Polnischen Provisorischen Regierung der Nationalen Einheit definieren sie ihre Haltung in der folgenden Feststellung:

a) Wir haben mit Genugtuung von dem Abkommen Kenntnis genommen, das die polnischen Vertreter aus Polen selbst und diejenigen aus dem Auslande erzielt haben, durch das die in Übereinstimmung mit den Beschlüssen der Krim-Konferenz erfolgte Bildung einer Polnischen Provisorischen Regierung der Nationalen Einheit möglich geworden ist, die von den drei Mächten anerkannt worden ist. Die Herstellung diplomatischer Beziehungen mit der Polnischen Provisorischen Regierung durch die britische Regierung und die Regierung der Vereinigten Staaten hatte die Zurückziehung ihrer Anerkennung der früheren polnischen Regierung in London zur Folge, die nicht mehr besteht.

Die Regierungen der Vereinigten Staaten und Großbritanniens haben Maßnahmen zum Schutze der Interessen der Polnischen Provisorischen Regierung der Nationalen Einheit als der anerkannten Regierung des polnischen Staates hinsichtlich des Eigentums getroffen, das dem polnischen Staate gehört, in ihren Gebieten liegt und unter ihrer Kontrolle steht, unabhängig davon, welcher Art dieses Eigentum auch sein mag.

Sie haben weiterhin Maßnahmen zur Verhinderung einer Übereignung derartigen Eigentums an Dritte getroffen.

Der Polnischen Provisorischen Regierung der Nationalen Einheit werden alle Möglichkeiten zur Anwendung der üblichen gesetzlichen Maßnahmen geboten werden zur Wiederherstellung eines beliebigen Eigentumsrechtes des Polnischen Staates, das ihm ungesetzlich entzogen worden sein sollte.

Die drei Mächte sind darum besorgt, der Polnischen Provisorischen Regierung der Nationalen Einheit bei der Angelegenheit der Erleichterung der möglichst baldigen Rückkehr aller Polen im Ausland nach Polen behilflich zu sein, und zwar für alle Polen im Ausland, die nach Polen zurückzukehren wünschen, einschließlich der Mitglieder der polnischen bewaffneten Streitkräfte und der polnischen Handelsmarine. Sie erwarten, daß den in die Heimat zurückkehrenden Polen die gleichen persönlichen und eigentumsmäßigen Rechte zugebilligt werden wie allen übrigen polnischen Bürgern.

Die drei Mächte nehmen zur Kenntnis, daß die Polnische Provisorische Regierung der Nationalen Einheit in Übereinstimmung mit den Beschlüssen der Krim-Konferenz der Abhaltung freier und ungehinderter Wahlen, die so bald wie möglich auf der Grundlage des allgemeinen Wahlrechts und der geheimen Abstimmung durchgeführt werden sollen, zugestimmt hat, wobei alle demokratischen und antinazistischen Parteien das Recht zur Teilnahme und zur Aufstellung von Kandidaten haben und die Vertreter der alliierten Presse volle Freiheit genießen sollen, der Welt über die Entwicklung der Ereignisse in Polen vor und während der Wahlen zu berichten.

b) Bezüglich der Westgrenze Polens wurde folgendes Abkommen erzielt:

In Übereinstimmung mit dem bei der Krim-Konferenz erzielten Abkommen haben die Häupter der drei Regierungen die Meinung der Polnischen Provisorischen Regierung der Nationalen Einheit hinsichtlich des Territoriums im Norden und Westen geprüft, das Polen erhalten soll. Der Präsident des Nationalrates Polens und die Mitglieder der Polnischen Provisorischen Regierung der Nationalen Einheit sind auf der Konferenz empfangen worden und haben ihre Auffassungen in vollem Umfange dargelegt. Die Häupter der drei Regierungen bekräftigen ihre Auffassung, daß die endgültige Festlegung der Westgrenze Polens bis zu der Friedenskonferenz zurückgestellt werden soll.

Die Häupter der drei Regierungen stimmen darin überein, daß bis zur endgültigen Festlegung der Westgrenze Polens die früher deutschen Gebiete östlich der Linie, die von der Ostsee unmittelbar westlich von Swinemünde und von dort die Oder entlang bis zur Einmündung der westlichen Neiße und die westliche Neiße entlang bis zur tschechoslowakischen Grenze verläuft, einschließlich des Teiles Ostpreußens, der nicht unter die Verwaltung der Union der Sozialistischen Sowjetrepubliken in Übereinstimmung mit den auf dieser Konferenz erzielten Vereinbarungen gestellt wird, und einschließlich des Gebietes der früheren Freien Stadt Danzig unter die Verwaltung des polnischen Staates kommen und in dieser Hinsicht nicht als Teil der sowjetischen Besatzungszone in Deutschland betrachtet werden sollen.

XIII.
Ordnungsgemäße Überführung deutscher Bevölkerungsteile

Die Konferenz erzielte folgendes Abkommen über die Ausweisung Deutscher aus Polen, der Tschechoslowakei und Ungarn:

Die drei Regierungen haben die Frage unter allen Gesichtspunkten beraten und erkennen an, daß die Überführung der deutschen Bevölkerung oder Bestandteile derselben, die in Polen, der Tschechoslowakei und Ungarn zurückgeblieben sind, nach Deutschland durchgeführt werden muß. Sie stimmen darin überein, daß jede derartige Überführung, die stattfinden wird, in ordnungsgemäßer und humaner Weise erfolgen soll.

Da der Zustrom einer großen Zahl Deutscher nach Deutschland die Lasten vergrößern würde, die bereits auf den Besatzungsbehörden ruhen, halten sie es für wünschenswert, daß der alliierte Kontrollrat in Deutschland zunächst das Problem unter besonderer Berücksichtigung der Frage einer gerechten Verteilung dieser Deutschen auf die einzelnen Besatzungszonen prüfen soll. Sie beauftragen demgemäß ihre jeweiligen Vertreter beim Kontrollrat, ihren Regierungen so bald wie möglich über den Umfang zu berichten, in dem derartige Personen schon aus Polen, der Tschechoslowakei und Ungarn nach Deutschland gekommen sind, und eine Schätzung über Zeitpunkt und Ausmaß vorzulegen, zu dem die weiteren Überführungen durchgeführt werden könnten, wobei die gegenwärtige Lage in Deutschland zu berücksichtigen ist.

Die tschechoslowakische Regierung, die Polnische Provisorische Regierung und der Alliierte Kontrollrat in Ungarn werden gleichzeitig von Obigem in Kenntnis gesetzt und ersucht werden, inzwischen weitere Ausweisungen der deutschen Bevölkerung einzustellen, bis die betroffenen Regierungen die Berichte ihrer Vertreter an den Kontrollausschuß geprüft haben.

4.
Telegramm des Foreign Office vom 5. September 1945
– Faksimile –

[This telegram is of particular secrecy and should be retained by the authorised recipient and not passed on]

C.

[Cypher] CABINET DISTRIBUTION

FROM FOREIGN OFFICE TO MOSCOW NO. 4931
WASHINGTON NO. 9197
PARIS NO. 2122 Saving

5th September, 1945.

D. 7.15 p.m. 5th September, 1945.

Repeated to Warsaw No. 445.
Political Adviser to Commander in Chief Germany
(Berlin)

– – – – –

IMMEDIATE.

Sir W. Strang's telegram No. 150 [of 2nd September: Transfer of German populations].

It seems apparent that, despite the request made to them by the three Governments as a result of the Potsdam Conference, the Polish authorities are continuing, if not by direct at any rate by indirect means, to expel the remaining German inhabitants from the German territories handed over to Polish administration. The difficulties created for the Control Commission, already formidable as a result of previous expulsions, are thus daily becoming greater. The British public is already showing anxiety on this question as a result of a number of press reports, and this anxiety will no doubt increase as the facts of the situation become further known.

2. On the 27th August I drew the new Polish Ambassador's attention to this matter and asked him to make enquiries. The question is one, however, which concerns

all the occupying Powers and I shall be glad therefore if you will invite the Government to which you are accredited to instruct their representative in Warsaw to join with his British colleague in making urgent representations to the Polish Provisional Government to follow, not only in the letter but in the spirit, the request made to them at the Potsdam Conference. These transfers of population have already been accepted in principle but, if they are to be effected in the orderly and humane manner contemplated by the three Powers and if the situation in Germany is not to get completely out of hand, it is essential that further expulsions should be suspended until the whole question has been reviewed by the Control Council; in the meantime no measures should be taken which make it impossible for Germans to remain in territory administered by Poland.

[To Paris only]. 3. You are authorised, if you think fit, so to word your communication to the French Provisional Government as to avoid direct mention of the Potsdam resolution, referring merely to the fact that the Control Council are at present examining the whole question. O.T.P.

5.
„Minutes": Interne Notiz des Leiters der Deutschland-Abteilung im Foreign Office John Troutbeck vom 8. September 1945 – Faksimile -

Minutes.

I do not think we can possibly advise the Prime Minister to refuse to receive a deputation. It is more difficult to advise what he should say to them. The situation undoubtedly is very terrible, but we are really powerless to do anything very much about it. We did what we could at Potsdam to suspend further expulsions and are renewing our efforts in that direction. But even if we succeed, this does nothing to help many millions already expelled. Perhaps the delegation will suggest the institution of international relief. But it must be doubted if this would be an effective remedy. The world is already desperately short of food-stuffs and the Allied countries themselves will have very meagre rations this winter. Nor would food by itself do very much good to families living without adequate shelter in an Eastern European winter.

The Secretary of State has already proposed urgent consideration of means to stop epidemics in Europe, but it must be doubted whether there will be sufficient medical

supplies to meet the requirements of Germans
in the Russian zone.

Another possibility is that we and the
Americans should agree to receive and care for
these people in our own zones. Their
equitable distribution among the several zones
is already being examined by the Control
Commission as a result of the Potsdam
Protocol, and it may be that we shall have to
accept a certain number in our zone as a
result. But there is not expected to be
enough food this winter even for the present
population of our zone. And of course the
housing situation there is already very
difficult.

In fact I fear that the situation of these
expelled Germans is practically irremediable.
The truth is that the Germans are now paying
for what they have done ever since they let
Hitler into power and are now suffering what
they caused so many others to suffer. When
the question was considered by the A.P.W.
Committee about a year ago, the present
Prime Minister took a very stern line about
any thought of giving undue consideration for
German feelings or interests in this matter.
So perhaps he will wish to point out to the
Bishops that the Germans have brought all this
on themselves and that, though we do not wish
to leave ordinary considerations of humanity
out of account, there is really very little we
can do about it.

J. M. Troutbeck

8th September, 1945.

6.
Brief und Memorandum des politischen Beraters der amerikanischen Militärregierung für Deutschland, Robert Murphy, vom 12. Oktober 1945

The United States Political Adviser for Germany (Murphy) to the Director of the Office of European Affairs (Matthews)

Berlin, October 12, 1945.

Dear Doc: I have hesitated sending you the enclosed memorandum setting forth a point of view regarding the evacuation of the German population from the territory east of the Oder-Neisse line and from Czechoslovakia, for the reason that at Potsdam the American delegation did what it could to have the record show that while we agreed with the political decision, we insisted on its execution in an orderly and humane manner.

We here are not in a position to supply a complete picture of what has happened during the past months because we are unable to obtain an accurate account of what has happened from the Soviet and Polish authorities and we have not been able to send observers into the area for first-hand inquiry. However, scattered reports do come to us through OSS [= Office of Strategic Services] and other sources, and individual members of the staff in Berlin have opportunity to see a cross section of the refugees who arrive in Berlin, notwithstanding the stringent restrictions against the entry of additional German civilians into the Berlin area.

I pass this on to you for whatever it may be worth, simply because I am uncomfortable in the thought that somehow in the future we may be severely blamed for consenting to be party to an operation which we cannot ourselves control and which has caused and is causing such large scale human suffering. There is, of course, the risk that even mentioning the matter exposes on to the charge of „softness" to the Germans. In this, as in respect to one or two other phases of the situation, I am not so much concerned regarding what is happening to the German population as I am regarding our own standard of conduct, because I feel that if we are willing to compromise on certain principles in respect of the Germans or any other people, progressively it may become too easy for us to sacrifice those same principles in regard to our own people. There are some features of the American way of life which I know we would not want to see jettisoned.

Yours ever,   *Bob*

Berlin, October 12, 1945.
Memorandum by the United States Political Adviser for Germany
(Murphy)

I shall set down for the Department my view of a situation concerning which I know our authorities are generally aware, but which I feel can only be fully understood in terms of the personal impression it has made on many Americans who are daily witnesses to the commonplace spectacle.

The constant flow of thousands of dispossessed German refugees from the Eastern areas continues. Trudging along the highways, carrying their odds and ends of small personal belongings on their backs or on small carts and perambulators, the vast bulk of them women, children, old people, in all states of fatigue, exhaustion, and disease – most of them the poor and small farmer elements – they present a pitiful sight. Most of them have been driven off the land and out of the towns of Germany east of the Oder-Neisse line. In the Lehrter Railroad station in Berlin alone our medical authorities state an average of ten have been dying daily from exhaustion, malnutrition and illness. In viewing the distress and despair of these wretches, in smelling the odor of their filthy condition, the mind reverts instantly to Dachau and Buchenwald. Here is retribution on a large scale, but practiced not on the *Parteibonzen*, but on women and children, the poor, the infirm. The vast majority are women and children. Few able bodied German males in the age category from twenty to fifty years. This as the Department knows has been continuing for weeks and, while lessening, the end does not seem to be yet.

Alongside these unfortunates are the hundreds of thousands of invalided German prisoners of war recently released by the Soviet Union. (According to the official Soviet statement, 412,000 were released.) Tattered, mutilated, filthy wrecks of men, they straggle along the country highways and the streets of Berlin in an endless procession of misery, dregs of the Herrenvolk, hoping somewhere to find refuge with their families. If they survive the trek – for many die en route – they are often grievously disappointed in the end as the bombings and the battle have eliminated what was home for many of them.

But these are men, or the vestiges of men, and many of us have become callous to the suffering of soldiers in this war. Our psychology adjusts itself somehow to the idea that suffering is part of the soldier's contract – especially when he is an enemy whom we have tried our best to kill in quantity over many months. That psychology loses some of its elasticity, however, in viewing the stupid tragedy now befalling thousands of innocent children, and women and old people. Knowledge that they are the victims of a harsh political decision carried out with the utmost ruthlessness and disregard for the humanities does not cushion the effect. The mind reverts to other recent mass deportations which horrified the world and brought upon the Nazis the odium which they so deserved. Those mass deportations engineered by the Nazis provided part of the moral basis on which we waged the war and which gave strength to our cause.

Now the situation is reversed. We find ourselves in the invidious position of being partners in this German enterprise and as partners inevitably sharing the responsibility. The United States does not control directly the Eastern Zone of Germany through which these helpless and bereft people march after eviction from their homes. The direct responsibility lies with the Provisional Polish Government and to a lesser extent with the Czech Government. Recent Polish and Czech suffering at the hands of the Germans undoubtedly renders them callous to German suffering. While the Soviet Union apparently has concurred in and supported the mass movement, as far as we know, the actual process of driving by physical means or economic pressures the people from their homes and firesides lies with the Poles and the Czechs. With this point of view I know Ambassador Lane does not agree. He has informed me of his opinion that this policy of deportation is Soviet dictated and controlled. That deportations have not gone further in the Sudetenland has been in part due to the presence of our forces whose Commanders, in friendly but firm fashion, have told the local Czechs that certain acts simply cannot be tolerated in the name of Humanity, but even so, ruthless evictions have occured on a sufficiently large scale to antagonize many of our troops against the liberated Czech people.

At Potsdam the three Governments agreed that the transfer of populations should be conducted in an orderly and humane manner, and that Poland and Czechoslovakia should be requested to suspend temporarily evictions of Germans. Despite official assurances, evidence seems to show that little regard has been paid to either point, especially to Poland. Ambassador Lane feels that Soviet Russia would be in a position to put an end to such evictions if it so desired, because he states the Soviets are in physical control of Poland. It should be said in behalf of Soviet troops that many instances of assistance to individual refugees, such as transportation on Army wagons, etc. are daily to be seen.

As helpless as the United States may be to arrest a cruel and inhuman process which is continuing, it would seem that our Government could and should make its attitude as expressed at Potsdam unmistakably clear. It would be most unfortunate were the record to indicate that we are *particeps* to methods we have often condemned in other instances.

7.

Notiz von Sir Orme Sargent im Foreign Office über das Umsiedlungsprogramm des Kontrollrats vom 20. November 1945
– Faksimile –

    Just as we were deceived at Potsdam by the
Russians saying that there were only 1 1/2 million
Germans left east of the Oder and Neisse, so we
shall now, I suspect, find that there are still
considerably more than the 3 1/2 million budgeted
for by the Control Commission, even assuming that
as many as 5 million have already been driven into
Germany.

    How it is supposed that present-day Germany
is going to absorb this starving population of
anything up to 14 millions passes my comprehension.

[signature]

Dec. 3rd, 1945.

[handwritten note]

Quellen- und Literaturverzeichnis

Gliederung:

I. Unveröffentlichte Quellen

Public Record Office, London.
Papiere über Katyn: FO 371/34572/34575/34577. Cabinet Papers: CAB 66/36. Papiere über die Flucht und deutsche Propaganda FO 371/39083/47734. Papiere über die Vertreibung: FO 371/46661/46810/46811/46816/46861/46990/47091/47094. Papiere über Werwolf, Besatzungspolitik usw. FO 371/46749/46868.
Archiv des Internationalen Komitees vom Roten Kreuz, Genf.
Papiere über Besuche der IKRK-Delegierten in Internierungslagern in der Tschechoslowakei und Polen. Papiere über Besprechungen mit den alliierten Besatzungsmächten.
Archiv des Völkerbundes, Palais des Nations, Genf.
Minderheitenpetitionen von Volksdeutschen in Polen und in der Tschechoslowakei.
Bundesarchiv Koblenz.
Ostdokumentensammlung (veröffentlicht zum Teil in Th. Schieder, Dokumentation der Vertreibung). Bericht aus der internen Auswertung der Akten 1969–1975, „Dokumentation der Vertreibungsverbrechen" (veröffentlicht zum Teil durch W. Ahrens), insbesondere Ost-Dok. 2 Nr. 8, 13, 14.
Bundesarchiv/Militärarchiv, Freiburg.
Akten Fremde Heere Ost, Akten der Rechtsabteilung der Wehrmacht, OKW-Untersuchungsstelle für Verletzungen des Völkerrechts, Bestand RW 2. Akten des Wehrmachtführungsstabes, Bestand RW 4, insbesondere Bd. 709, „Verhalten der Sowjets in den besetzten deutschen Gebieten", S. 109–132.
Politisches Archiv des Auswärtigen Amtes, Bonn.

Bestand Völkerrecht/Kriegsrecht, insbes. Bd. 82/8, Nr. 22. Auch Bestand Kult. Pol. Geheim., insbes. Bd. 148.

Internationaler Gerichtshof, Den Haag, Friedenspalast.

Nürnberger Dokumente. Eidesstattliche Erklärungen für die Verteidigung des OKW, insbes. Erklärung von General Erich Dethleffsen, Nr. 1068.

Polish Institute und Sikorski Museum, London.

Mikolajczyk-Papiere, PRM-Z 2, Z 5.

Centre de Recherches et d'Etudes Historiques de la Seconde Guerre Mondiale, Brüssel. Commandant e. r. Georges Hautecler über die Verluste der belgischen Kriegsgefangenen in Deutschland.

Institut für Zeitgeschichte, München.

Nürnberg-Dokumente, insbes. Plädoyer von Dr. Alfred Seidl, Verteidiger von Hans Frank, zur Anklage über Massenvertreibungen von Polen aus dem Warthegau ins Generalgouvernement, S. 34–42. Mikrofilme der Seekriegsleitung, insbes. Besprechung mit Hitler über die Evakuierung der Zivilbevölkerung aus dem Baltikum, u. a. Gespräch am 31. 1. 1945 unmittelbar nach der Versenkung der *Wilhelm Gustloff* und Gespräch am 18. 4. 1945 nach der Versenkung der *Goya*. MA/10 (4).

United States Department of State Files. US Court of the Allied High Commission for Germany US HICOG v. Hrnecek, Vaclav, Aerea V München, Fall Nr. 54-23, Court of Appeals. Auch in der Bayerischen Staatsbibliothek, München, Nr. 4M 57.16.

Kirchlicher Suchdienst, München, 3 Bände zur „Gesamterhebung" als Manuskript gedruckt, o. J.

Berlin Document Center. Untersuchung der Ermordung von SS-Obergruppenführer Reinhard Heydrich, stellvertretender Reichsprotektor für Böhmen-Mähren.

II. Amtliche Aktenpublikationen

A) International

Publications de la Cour Permanente de Justice
    Internationale, Série A, Urteile Nr. 6, 9, 12, 13, 15, 17, 19; Serie B; Serie A/B; Serie C, Serie E, Leiden, 1921–39.

Internationales Militärisches Tribunal: *Der Prozeß gegen die Hauptkriegsverbrecher* 14. November 1945 – 1. Oktober 1946, 42 Bd., Nürnberg 1947–9.

    Annual Digest of Public International Cases, (H. Lauterpacht, Hrsg.), Bände 1–49, London, 1932 ff.

League of Nation Treaty Series, 205 Bd., London, 1920–46.

United Nations Treaty Series, New York, 1946 ff.

B) Rotes Kreuz

Rapport Général du CICR sur son activité de 1921 à 1923, Genf 1925 (insbesondere über Plebiscit und Aufstand in Oberschlesien).

Report of the International Committee of the Red Cross on its activities during the Second World War (September 1, 1939 to June 30, 1947), Genf 1948: Bd. 1 General Activities; 2 The Central Agency for Prisoners of War; 3 Relief Activities.

Report on General Activities, Genf (Jahrbuch).
Report of the Joint Relief Commission of the International Red Cross, 1941–1946, Genf, 1948.
ICRC: Inter Arma Caritas, Genf, 1947.
Revue Internationale de la Croix Rouge, Genf (monatlich).

Schweizerisches Rotes Kreuz:
Das Schweizerische Rote Kreuz – Eine Sondernummer des deutschen Flüchtlingsproblems. Nr. 11/12, Bern, September-Oktober 1949.
Volk ohne Raum – Berichte aus deutschen Flüchtlingslagern, Bern, 1949.

Deutsches Rotes Kreuz:
Das Vertriebenenproblem, Tagung 9.–14. April 1951 in Hannover. Bundesministerium für Vertriebene, Bonn, 1951.
Böhme, Kurt: Gesucht wird, München 1965.

C) Deutschland

Akten zur Auswärtigen Politik, Serie D, Baden-Baden, Serie E, Göttingen; Documents on German Foreign Policy, 1918–45 from the Archives of the German Foreign Ministry, published jointly by the British Foreign Office and the US Department of State, Series D and E (1937–45) 8 Bd., Washington, USGPO, und London, HMSO.
Auswärtiges Amt: Europa: Dokumente zur Frage der europäischen Einigung, Bonn, 1953.
Bundesministerium für Vertriebene: Dokumentation der Vertreibung der Deutschen aus Ostmitteleuropa, herausgegeben von Th. Schieder, in 5 Bänden, 3 Beihefte, Bonn, 1953–1961.
Zwanzig Jahre Lager Friedland, Bonn, 1965.
Tatsachen zum Problem der deutschen Vertriebenen und Flüchtlinge, Bonn, 1967.

D) Großbritannien

Documents on British Foreign Policy, London, HMSO.
Parliamentary Debates, House of Commons, London, HMSO.
Parliamentary Debates, House of Lords, London, HMSO.
Royal Institute of International Affairs: Documents on International Affairs 1939–46, Bd. 1–2. 1947–8, etc., London, 1951, 1952, 1954.
United Kingdom Command Papers, London.

E) Polen

Statistisches Amt: Rocznik Statystyczny für 1947, 1949 and 1957, Warschau.
Außenministerium, Les Relations Polono-Allemands et Polono-Soviétiques au cours de la periode 1933–39. Paris, 1940.
Außenministerium: The Polish White Book, New York, 1942.
Informationsministerium: The German New Order in Poland, London, 1941.
Central Commission for Investigation of German Crimes in Poland: German Crimes in Poland, Warschau, 1946.

Sikorski Institute London: *Documents on Polish-Soviet Relations,* 1939–45, Bd. 1–2, London, 1961, 1967.
Instytut Zachodni: *Documenta Occupationis Teutonicae,* Bd. 1–9, Poznan, 1945–1975.

F) Tschechoslowakei

Außenministerium: *Two Years of German Oppression in Czechoslovakia,* London, 1941.
Außenministerium: *Memorandum of the Czechoslovak Government on the Reign of Terror in Bohemia and Moravia under the Regime of Reinhard Heydrich,* London, 1942.
Außenministerium: *Nouveaux documents pour servir à l'histoire de Munich,* Prag, 1958.
Akademie der Wissenschaften: *Acta Occupationis Bohemiae et Moraviae. Die Deutschen in der Tschechoslowakei 1933–1947.* Hrsg. Vaclav Kral, Prag, 1964.
Akademie der Wissenschaften: *Das Abkommen von München 1938.* Hrsg. Vaclav Kral, Prag, 1968.
Informationsministerium: *Cesky narod soudi, K. H. Franka,* prag, 1946.
Innenministerium: *Lidice,* Prag, 1946.

G) UdSSR

Dokumente und Materialien aus der Vorgeschichte des Zweiten Weltkrieges, 2 Bde., Moskau 1948.
Geschichte des Großen Vaterländischen Krieges, Moskau, 1960.
Dokumente der Konferenzen von Jalta und Potsdam in *International Affairs,* Nr. 6–10, Moskau, 1965.
Soviet Documents on Foreign Policy, J. Degras (Hrsg.), London, 1953.
Correspondence between the chairman of the Council of ministers of the U. S. S. R. and the presidents of the U. S. A. and the prime ministers of Great Britain during the Great Patriotic War of 1941–1945, Moskau, 1957.
Große Sowjet-Enzyklopädie, Berlin 1952 (2. Auflage).

H) USA

Congressional Record, Senate, Washington.
Congressional Record, House of Representatives, Washington.
Department of State:
The Axis in Defeat, A Collection of Documents on American Policy toward Germany and Japan, Washington, 1945.
Foreign Relations of the United States: 1918 ff. especially The Conferences at Cairo and Teheran, 1943; The Conference at Quebec, 1944; The Conferences at Malta and Yalta, 1945; The Conference at Berlin, 1945; auch Bd. 2, 1945, General, Political and Economic Matters.
Termination of the Occupation Regime in the Federal Republic of Germany, Pub. 6096, Washington, 1955.
Marjorie M. Whiteman: *Digest of International Law,* insbesondere Bd. 2 und 3, Department of State Publication 7737, 1964.

Documents on American Foreign Relations, Boston, 1939–54.

Documents on Germany, Senate Committee on Foreign Relations, 92nd Congress, 1st Session, Washington, 1971.

House of Representatives, Committee on the Judiciary, Report Nr. 1841. 81st Congress, 2nd Session, „Expellees and Refugees of German Ethnic Origin" genannt „*Walter Report*", März 1950, Washington.

House of Representatives, „Select Committee to Conduct an Investigation of the Facts of the Katyn Forest Massacre" House Resolution 390, 82nd Congress, 1st Session, 18. September 1951.

House of Representatives, 83rd Congress, 2d Session, Report No. 2684, Parts 3, 4, 5 „Communist Takeover and Occupation of Poland", „Polish Documents Report", „Treatment of the Jews under Communism", Special Reports of the Select Committee on Communist Aggression, December 31, 1954, Washington.

Nixon, Richard: *U. S. Foreign Policy for the 1970's: Building for Peace.* A Report to the Congress by Richard Nixon, President of the United States, February 25, 1971. Washington.

Office of Strategic Services: *Transfers of Population in Europe since 1920,* Washington, 1945.

On German provinces East of the Oder-Neisse Line, and Economic, Historical, Legal and Political Aspects Involved, paper by Representative Carroll B. Reece. Washington, 16. Mai 1957.

Senate, 92d Congress, 1st. Session Dok. Nr. 92–36 „The Human Cost of Soviet Communism" Committee on the Judiciary, 16. Juli 1971.

House of Representatives, Hearing before the Subcommittee on International Political and Military Affairs of the Committee on International Relations, 94th Congress, First Session, *Conference on Security and Cooperation in Europe,* 6. Mai 1975.

House of Representatives, Committee on International Relations, *First Semiannual Report by the President to the Commission on Security and Cooperation in Europe,* 94th Congress, 2d Session, Dezember 1976.

House of Representatives, *Report of the Study Mission to Europe to the Commission on Security and Cooperation in Europe,* 2. Dezember 1976.

III. Memoiren, Reden, Papiere und Biographien

Adenauer, Konrad: *Erinnerungen,* Bd. 1–4, Stuttgart, 1965–8.

Ball, George: *The Discipline of Power,* Boston, 1968.

Benes, Eduard: *Memoirs,* London, 1954.

Bohlen, Charles: *Witness to History,* New York, 1973.

Bonnet, Georges: *Défense de la Paix,* Genf, 1946.

Brüning, Heinrich: *Memoiren,* Stuttgart, 1970.

– *Briefe und Gespräche* (Claire Nix, Hrsg.), Stuttgart, 1974.

Byrnes, James: *Speaking Frankly,* New York, 1947. *In aller Offenheit,* Frankfurt a. M., 1949.

Campbell, Thomas M. und George Herring (Hrsg.): *The Diaries of Edward Stettinius,* New York, 1975.

Churchill, W. S., *Reden,* Bd. 1–7, Zürich, 1946–50. *The Sinews of Peace,* London, 1948.

– *The Second World War*, Bd. 1–6: *The Gathering Storm; Their Finest Hour; The Grand Alliance; Hinge of Fate; Closing the Ring; Triumph and Tragedy*, Boston, 1963. *Der Zweite Weltkrieg*, Bd. 1–6, Bern, 1948–1952.

– *The War Speeches*, London, 1952. *Reden*, Bände 1–7, Zürich, 1949.

Ciechanowski, Jan: *Defeat in Victory*, Garden City, 1947.

Clay, Lucius: *Decision in Germany*, New York, 1950. *Entscheidung in Deutschland*, Frankfurt a. M., 1950.

Deutscher, I.: *Stalin, a Political Biography*, London, 1949.

Dilks, David (Hrsg.): *The Diaries of Sir Alexander Cadogan 1938–45*, London, 1971.

Djilas, Milovan: *Conversations with Stalin*, New York, 1962.

Dönitz, Karl: *Zehn Jahre und zwanzig Tage*, Frankfurt, 1967.

Eden, Anthony (Lord Avon): *The Memoirs of Anthony Eden*, Boston, 1960.

Ehrenburg, Ilja: *Memoiren, Menschen-Jahre-Leben*, 3 Bde., München 1962.

Eisenhower, Dwight D.: *Crusade in Europe*, Garden City, 1948.

Gannon, Robert: *The Cardinal Spellman Story*, insbesondere Ch. 14 ‚President Roosevelt‘, New York, 1962.

de Gaulle, Charles: *Mémoires de guerre*, Paris, 1959.

Gollancz, Victor: *My dear Timothy*, London, 1952.

Hahn, Hugo: *Kämpfer wider Willen*, Metzingen, 1969.

Harriman, W. Averell and Abel, Elie: *Special Envoy to Churchill and Stalin 1941–1946*, New York, 1975.

v. Hassell, Ulrich: *Vom anderen Deutschland, Tagebücher 1938–44*, Zürich, 1947.

Henlein, Konrad: *Heim ins Reich, Reden aus den Jahren 1937 und 1938*, Reichenberg, 1939.

Hill, Leonidas (Hrsg.): *Die Weizsäcker-Papiere*, Frankfurt am Main, 1974.

Hull, Cordell: *The Memoirs*, London, 1948.

Jaksch, Wenzel und Benes, Edvard: *Briefe und Dokumente aus dem Londoner Exil 1939–1943*, Köln, 1973.

Kennan, George: *Memoirs 1925–1950*, Boston, 1967.

– *Memoirs 1950–1963*, Boston, 1972.

– *Memoiren eines Diplomaten*, Stuttgart, 1967.

– *Memoiren 1950–1963*, Frankfurt, 1973.

Kennedy, John F.: *Public Papers of Presidents: John F. Kennedy.* Washington, 1963.

Kroll, Hans: *Lebenserinnerungen eines Botschafters*, Köln, 1967.

Lane, Arthur Bliss: *I saw Poland Betrayed, An American Ambassador Reports to the American People*, Indianapolis, 1948.

Lansing, Robert: *The Big Four and Others of the Peace Conference*, Boston, 1929.

Leahy, William: *I was There*, New York, 1950.

Lehndorff, Hans Graf v.: *Ein Bericht aus Ost- und Westpreußen*, Bonn, 1960.

Lipski, Josef: *Diplomat in Berlin, 1933–1939*, New York, 1968.

Masaryk, T. G.: *The Making of a State*, London, 1927.

McClellan, David S.: *Years.* New York, 1976.

Mikolajczyk, Stanislaw: *The Rape of Poland*, New York, 1948.

Molotow, V. M.: *Problems of Foreign Policy. Speeches and Statements.* Moskau, 1947.

Montgomery, B.: *Memoirs*, London, 1958.

Moran, Lord: *Winston Churchill. The Struggle for Survival 1940–1965*, London, 1966.

Murphy, Robert: Diplomat Among Warriors, Garden City, 1964.
– *Diplomat unter Kriegern,* Berlin, 1965.
Roosevelt, Elliot: *As He Saw It,* New York, 1946.
– (Hrsg.): *The Roosevelt Letters,* Bd. 2, 1928–45, London, 1952.
Schukow, Georgi K.: *Erinnerungen und Gedanken, Stuttgart, 1969.*
Schwerin von Krosigk, Lutz Graf: Es geschah in Deutschland. Menschenbilder unseres Jahrhunderts, Tübingen, 1951.
Selle, Götz von: *Ostdeutsche Biographien,* Würzburg, 1955.
Sherwood, R. E.: *The White House Papers of Harry L. Hopkins.* London, 1948–9.
Sherwood, R. E.: *Roosevelt and Hopkins, An Intimate History,* New York, 1948.
Simon, A. K. (Hrsg.): *Rudolf Lodgman von Auen, Reden und Aufsätze,* München, 1954.
Smith, Jean Edward (Hrsg.): *The Papers of General Lucius D. Clay.* Bloomington, 1974.
Speer, Albert: *Inside the Third Reich,* New York, 1970.
– *Erinnerungen,* Berlin, 1969.
Stalin, Josef: *Über den Großen Vaterländischen Krieg der Sowjetunion,* Berlin, 1951 (2. Auflage).
Stettinius, E. R.: *Roosevelt and the Russians, The Yalta Conference,* New York, 1949.
Stimson, Henry and Bundy, McGeorge: *On Active Service in Peace and War,* New York, 1947.
Strang, William: *Home and Abroad,* London, 1956.
Stresemann, Gustav: *Diaries, Letters and Papers,* New York, 1935–40, Bd. 1–3.
Truman, Harry S.: *Memoirs,* New York, 1955, Bd. 1–2.
Weizsäcker, Ernst von: *Erinnerungen,* München, 1950.

IV. Englische Werke (allgemein)

American Friends Service Committee: *Report on Conditons in Central Europe, ‚Expellees‘,* Philadelphia, 1946.
– *The Problem of 12 Million German Refugees,* Boston, 1949.
– *After Seven Years,* Philadelphia, 1952.
Anderson, Evelyn: *Hammer or Anvil,* London, 1945.
Andrén, Nils und Birnbaum, Karl: *Beyond Détente: Prospects for East-West Cooperation and Security in Europe,* Leyden, 1976.
App, Austin J.: *History's Most Terrifying Peace,* Takoma Park, Md., 1946.
Armstrong, Anne: *Unconditional Surrender: The Impact of the Casablanca Policy upon World War II,* New Brunswick, N. J., 1961.
Basch, Antonin: *The Danube Basin and the German Economic Sphere,* London, 1944.
Bedell Smith, Walter: *Moscow Mission 1946–1949,* London, 1950.
– *Eisenhower's Six Great Decisions,* New York, 1956.
Bialer, Seweryn (Hrsg.): *Stalin and his Generals. Soviet Military Memoirs of World War II,* New York, 1969.
Blum, John Morton: *The Morgenthau Diaries. Years of War 1941–45,* Boston, 1967.
Bohlen, Charles: *The Transformation of American Foreign Policy,* London, 1970.
Bouman, P. J., G. Beijer und J. J. Oudegeest: *The Refugee Problem in Western Germany,* Den Haag, 1950.
Bradley, John: *Czechoslovakia: A Short History,* Edinburgh, 1971.

Brandt, Willy: *A Peace Policy for Europe*, New York, 1969.
Brebner, John: *New England's Outpost*, New York, 1927.
- *The Neutral Yankees of Nova Scotia*, New York, 1937.
Brown, D.: *Bury my Heart at Wounded Knee*, New York, 1970.
Bruegel, J. W.: *Czechoslovakia before Munich*, Cambridge, 1973.
Childs, David: *East Germany*, London, 1969.
Clemens, Diane: *Yalta*, New York, 1970.
Committee Against Mass Expulsions: *The Land of the Dead*, New York, 1947.
Committee Against Mass Expulsions: *Tragedy of a People*, New York, 1948.
- *Men without the Rights of Man*, New York, 1948.
Conant, James: *Germany and Freedom*, Cambridge, Mass., 1958.
Conquest, Robert (Hrsg.): *Soviet Nationalities Policy in Practice*, London, 1967.
Crawley, A.: *The Spoils of War*, Indianapolis, 1973.
Czapski, Jozef: *What Happened in Katyn*, Newport, 1950.
Dallin, Alexander: *German Rule in Russia, 1941–45*, London, 1949.
Davidson, E.: *The Death and Life of Germany*, New York, 1959.
Deane, J. R.: *The Strange Alliance*, New York, 1947.
Detwiler, Donald: *Germany – A Short History*. London, 1976.
Deutsch, Karl und Edinger, Lewis: *Germany Rejoins the Powers*, Stanford, 1959.
Doughty, Arthur: *The Acadian Exiles*, Toronto, 1916.
Drzewieniecki, W. M.: *The German Polish Frontier*, Polish Western Association of America, Chicago, 1959.
Dulles, Allen: *Germany's Underground*, New York, 1947.
Ehrenburg, Ilja: *Russia at War*, London, 1943.
- *The War 1941–45*, Cleveland, 1964.
Erdely, Eugene: *Germany's First European Protectorate. The Fate of the Czechs and Slovaks*, London, 1941.
Erickson, J.: *The Soviet High Command*, London, 1962.
Essler, F. W.: *Twenty Years of Sudeten German Losses 1918–1938*, Wien, 1938.
Feis, Herbert: *Churchill-Roosevelt-Stalin*, Princeton, 1957.
- *Between War and Peace, The Potsdam Conference*, Princeton, 1960.
Fitzgibbon, Louis: *Unpitied and Unknown*, London, 1975.
Foot, Michael: *Cato*, London, 1940.
Frankel, Henryk: *Poland, The Struggle for Power 1772–1939*, London 1946.
Frankel, Heinrich: *Help us Germans to beat the Nazis*, London, 1941.
- *The Winning of the Peace*, London, 1942.
Freymond, Jacques: *Western Europe since the War*, New York, 1964.
Fritsch, Ludwig: *The Crime of our Age*, Chicago, 1949.
Gadolin, Axel de: *The Solution of the Karelian Refugee Problem in Finland*, Den Haag, 1952.
Gallup, George: *The Gallup Poll*, New York 1972, Bände 1–3.
Gayre, G. R.: *Teuton and Slav on the Polish Frontier*, London, 1944.
Gerson, Louis: *Woodrow Wilson and the Rebirth of Poland*, New Haven, 1953.
Gimbel, John: *The American Occupation of Germany*, Stanford, 1968.
- *The Origins of the Marshall Plan*, Stanford, 1976.
Gisevius, H. B.: *To the Bitter End*, Boston, 1947.
Göttingen Research Committee, *Eastern Germany*, Würzburg, 1961.

Göttingen Research Committee: *Emigration. A means of Solving the German Problem?*, Göttingen, 1949.

Goldman, Eric: *The Crucial Decade and After: America, 1945–1960*, New York, 1961.

Gollancz, Victor: *Russia and Ourselves*, London, 1941.

– *Shall the Children Live or Die*, London, 1942.

– *Our Threatened Values*, London, 1946.

– *In Darkest Germany*, London, 1947.

Grau, K. F.: *Silesian Inferno*, Köln, 1970.

Grosser, Alfred: *Germany in Our Time. A Political History of the Postwar Years*, New York, 1971.

Gumkowski, Janusz und Kazimierz Leszczynski: *Poland under Nazi Occupation*, Warschau, 1961.

Halecki, O.: *The Limits and Divisions of European History*, 1950.

Hankey, Lord: *Politics, Trials and Errors*, London, 1950.

Harriman, Averell: *Peace with Russia?* New York, 1959.

Herford, T. H.: *The Case of German South Tyrol Against Italy*, London, 1927.

Hermens, Ferdinand: *Potsdam or Peace*, Chicago, 1946.

Hilberg, Paul: *The Destruction of European Jews*, Chicago, 1961.

Holborn, Louise W. (Hrsg.): *War and Peace Aims of the United Nations*, Bd. 1 und 2, Boston 1943 und 1948.

– *Refugees, A Problem of Our Time*, Metuchen, 1975.

Hollingworth, Claire: *The Three Weeks' War in Poland*, London, 1940.

Horstman, Lali: *Nothing for Tears*, London, 1953.

– *We Chose to Stay*, Boston, 1954.

Hutak, J. B.: *With Blood and with Iron, The Lidice Story*, London, 1957.

Irving, David: *The Destruction of Dresden*, London, 1963.

Irving, David: *Churchill and Sikorski. A Tragic Alliance*, London, 1969.

Jakobsen, Max: *The Diplomacy of the Winter War, 1939–1940. An Account of the Russo-Finnish War*, Cambridge, Mass. 1961.

Jasper, Karl: *The Question of German Guilt*, New York, 1961.

Jedrzejewicz, Waclaw (Hrsg.): *Poland in the British Parliament*, New York, 1946.

Jong, Luis de: *The German Fifth Column in the Second World War*, New York, 1956.

Jordan, W. M.: *Great Britain, France and the German Problem*, London, 1943.

Jordan, Zbignew: *Oder-Neisse Line*, London, 1952.

Kaiser, Karl: *German Foreign Policy in Transition*, London, 1969.

Kaiser, Karl and Roger Morgan (Hrsg.): *Britain and West Germany*, London, 1971.

Kaps, Johannes: *The Tragedy of Silesia*, München, 1952.

Kaufman, Theodore N.: *Germany must Perish!*, Newark, N. J., 1941.

Keeling, Ralph: *Gruesome Harvest*, Chicago, 1947.

Kennan, George F.: *American Diplomacy 1900–1950*, Chicago, 1951.

– *From Prague after Munich. Diplomatic Papers 1938–1940*, Princeton, 1968.

– *Russia, the Atom and the West* (The Reith Lectures), London, 1958.

Kirchliche Hifsstelle: *The Martyrdom of Silesian Priests 1945–1946*, München, 1950.

Koehler, Eve: *Seven Susannahs. Daughters of the Danube*, Milwaukee, 1976.

Kohn, Hans: *Pan-Slavism, its Hitory and Ideology*, Notre Dame, 1953.

Kopelew, Lew: *No Jail for Thought*, London, 1976.

Kostrzewski, Joseph: *Poland East of the Oder-Neisse*, London, 1961.

Kruszewski, Z. Anthony: *The Oder-Neisse Boundary and Poland's Modernization.* New York, 1972.

Kuehl, Warren: *Seaking World Order,* Nashville, 1969.

Kuhlman, James and Mensonides, Louis: *Changes in European Relations,* Leyden, 1976.

Kulischer, Eugene: *Europe on the Move,* New York, 1948.

Kulski, W. W.: *Germany and Poland,* Syracuse, 1976.

Kurth, K. (Hrsg.): *Documents of Humanity,* New York, 1954.

Ladas, Stephen: *The Exchange of Minorities,* New York, 1932.

Langer, William and Everett, Gleason: *The Challenge to Isolation, 1937–1940,* New York, 1952.

Lattimore, Bertram: *The Assimilation of German Expellees into the West German Polity and Society since 1945,* The Hague, 1974.

v. Lehndorff, Hans: *East Prussian Diary 1945–1947,* London, 1963.

Leonhardt, Hans: Nazi Conquest of Danzig, Chicago, 1942.

Lerner, Daniel: *Propaganda in War and Crisis,* New York, 1951.

Liddell-Hart, B. E. (Hrsg.): *The Soviet Army,* London, 1956, insbes. Keating, Frank, ,The Soviet Army's Behaviour in Victory and Occupation'.

Longfellow, Henry Wadsworth: *Evangeline,* Boston, 1847.

Luza, Radomir: *The Transfer of the Sudeten Germans,* New York, 1964.

Machray, Robert: *The Polish-German Problem,* London, 1941.

– *East-Prussia: Menace to Poland and Peace,* London, 1943.

– *The Problem of Upper Silesia,* London, 1945.

Mackiewicz, Joseph: *The Katyn Wood Murders,* London, 1951.

Mamatey, Victor and Luza, Radomir (Hrsg.): *A History of the Czechoslovak Republic 1918–1948,* Princeton, 1973.

Marzian, Herbert: *The German Frontier Problem,* Göttingen, 1969.

Masaryk, Thomas: *The Slavs among the Nations.* London, 1916.

– *The New Europe: The Slav Standpoint,* London, 1918.

Mayer, A. J.: *The Politics and Diplomacy of Peacemaking,* London, 1968.

Mayer, Herbert: *German Recovery and the Marshall Plan,* Bonn, 1969.

McNeill, W.: *America, Britain & Russia: Their Cooperation and Conflict,* New York, 1953.

Mee, Charles: *Meeting and Potsdam,* New York, 1975.

Meinecke, Friedrich: *The German Catastrophe,* Boston, 1963.

Meyer, Cord: *Mitteleuropa in German Thought and Action 1815–1945,* Den Haag, 1955.

Mikolajczyk, Stanislaw: *The Pattern of Soviet Domination,* London, 1948.

Minority Rights Group: *The Crimean Tartars and Volga Germans,* London, 1973.

Morgan, Roger: *The United States and West Germany 1945–1973,* London, 1974.

Morgenthau, Hans (Hrsg.): *Germany and the Future of Europe,* Chicago, 1951.

Morgenthau, Henry: *Germany is our Problem,* New York, 1945.

Morrow, Jan: *The Peace Settlement in the German Polish Borderlands,* London, 1936.

Mosely, Philip E.: *Repatriation of Greeks, Turks and Bulgars after the Greco-Turkish War,* Philadelphia, 1941.

Namier, Lewis: *Facing East,* London, 1947.

Nizer, Louis: *What to do with Germany,* New York, 1944.

Pagel, Karl (Hrsg.): *The German East,* Berlin, 1954.

Paikert, G. C.: *The German Exodus,* Den Haag, 1962.

– *The Danube Swabians,* Den Haag, 1967.

Palmer, Alan: *The Lands Between, A History of East-Central Europe since the Congress of Vienna,* New York, 1970.

Paprocki, S. I. (Hrsg.): *Minority Affairs and Poland,* Warschau, 1935.

Pastusiak, Longin: *United States Policies in Germany, 1945–47,* Warschau, 1967.

– *Division and Unification of Germany in the Diplomacy of the Big Four,* Kattowitz, 1972.

Perman, D.: *The Shaping of the Czechoslovak State,* Leiden, 1962.

Pinson, Koppel, S.: *Modern Germany,* New York, 1966.

Planck, Charles R.: *The Changing Status of German Reunification in Western Diplomacy 1955–1966,* Baltimore, 1967.

Plischke, Elmer: *Contemporary Government of Germany,* Boston, 1961.

Pounds, Norman: *Divided Germany and Berlin,* Princeton, 1962.

– *The Economic Pattern of Modern Germany,* London, 1963.

Price, Harry: *The Marshall Plan and its Meaning,* Ithaca, 1955.

Price, Hoyt and Schorske, Carl: *The Problem of Germany, Council on Foreign Relations,* New York, 1947.

Prittie, Terence: *Germany Divided,* Boston, 1960.

Proudfoot, Malcolm J.: *European Refugees,* London, 1957.

Rauschning, Hermann: *The Voice of Destruction,* New York, 1940.

Reitlinger, Gerald: *The Final Solution,* London, 1953.

Remington, Robin Alison: *The Warsaw Pact,* Cambridge, Mass., 1971.

Reves, E.: *The Anatomy of Peace,* New York, 1946.

Rhode, Gotthold, and Wagner, Wolfgang: *The Genesis of the Oder-Neisse Line in the Diplomatic Negotiations During World War II, Sources and Documents,* Stuttgart, 1959.

Ripka, H.: *The Future of the Czechoslovak Germans,* London, 1944.

– *Munich: Before and After,* London, 1939.

Roberts, H. L.: *Russia and America,* New York, 1956.

Robinson, Jacob et al.: *Were the Minorities Treaties a Failure?* New York, 1943.

Rothfels, Hans: *German Opposition to Hitler,* London, 1961.

Roucek, Joseph: *Central-Eastern Europe, Crucible of World Wars,* New York, 1946.

Rozek, Edward: *Allied Wartime Diplomacy,* New York, 1958.

Ryan, Cornelius: *The Last Battle,* New York, 1966.

Schechtman, J.: *European Population Transfers,* New York, 1946.

Schimitzek, Stalislaw: *Truth or Conjecture – German Civilian War Losses in the East,* Warschau, 1966.

Schlamm, William: *Germany and the East-West-Crisis: The Decisive Challenge to American Policy,* New York, 1959.

Schoenberg, Hans: *Germans from the East,* Den Haag, 1970.

Schwarz, Leo: *Refugees in Germany Today,* New York, 1957.

Scott, George: *The Rise and Fall of the League of Nations,* London, 1973.

Seaton, Albert: *The Russo-German War 1941–45,* London, 1971.

Seton-Watson, Hugh: *Eastern Europe between the Wars.* Cambridge, 1946.

Settel, Arthur (Hrsg.): *This is Germany,* New York, 1950.

Seyda, Marjan: *Poland and Germany and the Post-War Reconstruction of Europe,* New York, 1943.

Sharp, S.: *Poland's White Eagle on a Red Field,* Cambridge, Mass., 1953.

Sharp, Tony: *The Wartime Alliance and the Zonal Division of Germany*, London, 1975.

Simpson, Sir John Hope: *The Refugee Problem*, London, 1939.

Smith, A. D.: *Guilty Germans*, London, 1942.

Smith, Gaddis: *American Diplomacy during the Second World War*, New York, 1965.

Snycer, L. (Hrsg.): *Documents of German History*, New Brunswick, 1958.

Snyder, Louis: *German Nationalism. The Tragedy of a People*, Harrisburg, 1952.

Solzhenitsyn, Alexander: *The Gulag Archipelago*, New York, 1974.

– *One Day in the Life of Ivan Denisovich*, New York, 1963.

Sontag, Raymond J. und J. S. Beddis (Hrsg.): *Nazi-Soviet Relations 1939–1941*, Washington, D. C. 1948.

Speier, Hans: *Divided Berlin. The Anatomy of Soviet Political Blackmail*, New York, 1961.

Strauss, Franz Josef: *The Grand Design – A European Solution to German Reunification*, London, 1965.

Swanstrom, E.: *Pilgrims of the Night. A Study of Expelled Peoples*, New York, 1950.

Szaz, Zoltan: *Germany's Eastern Territories. The Problem of the Oder-Neisse Line*, Chicago, 1960.

Taborsky, Eduard: *The Czechoslovak Cause. An Account of the Problems of International Law in Relation to Czechoslovakia*, London, 1944.

Taborsky, Eduard: *Czechoslovak Democracy at Work*, London, 1945.

– *Benes and Stalin, Moskau 1943 and 1945*, Springfield, Illinois, 1953–4.

Taylor, A. J. P.: *The Origins of the Second World War*, London, 1961.

– *From Sarajewo to Potsdam*, London, 1966.

Thompson, Laurence: The Greatest Treason, New York, 1968.

Thomsen, D., Meyer E., Brigge, A.: *Patterns of Peacemaking*, New York, 1945.

Thorwald, Jürgen: *Flight in the Winter*, London, 1953.

Tilford, Roger (Hrsg.): *The Ostpolitik and Political Change in Germany*, Lexington, Mass., 1975.

Tillman, Seth: *Anglo-American Relations at the Paris Peace Conference of 1919*, Princeton, 1961.

Toland, John: *The Last 100 Days*, New York, 1966.

Toynbee, Arnold: *The World After the Peace Conference*, London, 1926.

Utley, Freda: *The High Cost of Vengeance*, Chicago, 1949.

Vansittart, Lord Robert Gilbert: *Black Record*, London, 1941.

– *Roots of the Trouble*, London, 1942.

– *Bones of Contention*, London, 1943.

– *The Mist Procession*, London, 1958.

Veale, F. J. P.: *Advance to Barbarism*, New York, 1968.

Vernant, Jacques: *The Refugee in the Post-War World*, London, 1953.

Voigt, F. A.: *Documents on the Expulsion of the Sudeten Germans*, München, 1953.

Wagner, Wolfgang: *The Genesis of the Oder-Neisse Line*, Stuttgart, 1957.

Welles, Sumner: *The World of the Four Freedoms*, New York, 1943.

– *Time for Decision*, New York, 1944.

– *Where are We Heading*, New York, 1946.

– *Seven Decisions that Shaped History*, New York, 1951.

Werth, Alexander: *Russia at War 1941–1945*, New York, 1964.

Wheeler-Bennet, John: *Munich. Prologue to Tragedy*, New York, 1948.

- *The Nemesis of Power,* London, 1954.
- and Nicholls, A.: *A Semblance of Peace,* London, 1972.
Wilder, J. A.: *The Polish Regained Provinces,* London, 1948.
Wiskemann, Elisabeth: *Czechs and Germans,* New York, 1967.
- *Undeclared War,* London, 1967.
- *Germany's Eastern Neighbours,* London, 1956.
Wittlin, Thaddeus: *Time Stopped at 6:30,* Indianapolis, 1965.
Wolfe, James: *Indivisible Germany,* Den Haag, 1963.
Woodward, L.: *British Foreign Policy in the Second World War* (3 Bände), London, 1970, 1971.
Zhukov, Marshall (hrsg. von Harrison Salisbury): *Marshall Zhukov's Greatest Battles,* New York, 1969.
Zimmern, Sir Alfred: *The American Road to World Peace,* New York, 1953.
Zink, Harold: *The United States in Germany, 1944–1955,* New York, 1957.

V. Englische Werke (juristisch)

Baxter, R. R.: ‚Treaties and Custom', *Recueil des Cours* de l'Academie de Droit International. Leiden, 1970.
Brownlie, Ian: *Principles of Public International Law,* London, 1972.
Cheng, Bin: *General Principles of Law as applied by International Courts and Tribunals,* London, 1953.
Claude, Inis: *National Minorities. An International Problem,* Cambridge, Mass., 1955.
Cukwurah, A.: *The Settlement of Boundary Disputes in Law,* Manchester, 1967.
Friedman, Leon: *The Law of War,* New York, 1972.
Friedmann, Wolfgang: *Allied Military Government of Germany,* London, 1947.
Grahl-Madsen, Atle: *The Status of Refugees in International Law,* Bd. 1, 1966, Bd. 2 Leiden, 1972.
Gruchman, Bohdan, Klafkowski, Alfons: *Polish Western Territories,* Posen, 1959.
Jennings, R. Y.: *The Acquisition of Territory in International Law,* Manchester, 1963.
Klafkowski, Alfons: *The Potsdam Agreement,* Warschau, 1963.
Kokot, Josèf: *The Logic of the Oder-Neisse Frontier,* Posen, 1959.
Lachs, Manfred: *The Polish German Frontier,* Warschau, 1964.
Ladas, S. R.: *The Exchange of Minorities: Bulgaria, Greece and Turkey,* New York, 1932.
Lauterpacht, H.: *International Law and Human Rights,* London, 1950.
Luard, E. (Hrsg.): *The International Protection of Human Rights,* London, 1967.
Luard, E.: *The International Regulation of Frontier Disputes,* New York, 1970.
Macartney, C. A.: *Refugees. The Work of the League,* London, 1931.
Macartney, C. A.: *National States and National Minorities,* London, 1968.
McNair, Lord Arnold und Watts, A. D.: *Legal Effects of War,* Cambridge, 1966.
Moskowitz, Moses: *The Politics and Dynamics of Human Rights,* New York, 1968.
O'Connell, D. P.: *The Law of State Succession,* London, 1956.
- *International Law* (2. Aufl.), London, 1970.
Oppenheim, L.: *International Law* (7. Aufl.), London, 1955.
Pompe, C. A.: *Aggressive War – An International Crime,* Den Haag, 1953.

Schindler, Dietrich und Toman, Jiri: *The Laws of Armed Conflicts*, Leiden, 1973.
Stone, Julius: *Regional Guarantees of Minority Rights*, New York, 1933.
Tunkin, G. I.: *Theory of International Law*, London, 1974.
Wambaugh, Sarah: *Plebiscites Since the World War, with a Collection of Official Documents*, Washington, 1933.
Wiewiora, B.: *The Polish-German Frontier* (2. Aufl.), Posen, 1964.
Winiewicz, Józef: *The Polish-German Frontier*, London, 1944.

VI. Deutsche Werke (allgemein)

Adler, H. G.: *Theresienstadt 1941–1945, Das Antlitz einer Zwangsgemeinschaft*, Tübingen, 1955.
Ahrens, Wilfried (Hrsg.): *Verbrechen an Deutschen*, Huglfing, 1975.
Arbeitsgemeinschaft zur Wahrung sudetendeutscher Interessen: *Dokumente zur Austreibung der Sudetendeutschen*, München, 1951.
Armstrong, Anne: *Bedingungslose Kapitulation. Die teuerste Fehlentscheidung der Neuzeit*, Wien, 1961.
Aurich, Peter: *Der deutsch-polnische September 1939*, München, 1970.
Bachstein, Martin: *Wenzel Jaksch und die sudetendeutsche Sozialdemokratie*, München, 1974.
Becker, Rolf: *Niederschlesien 1945. Die Flucht, die Besetzung*, Bad Nauheim, 1965.
Bekker, Cajus: *Flucht übers Meer*, Oldenburg, 1964.
Bergander, Götz: *Dresden im Luftkrieg*, Wien, 1976.
Betz, Hanna: *Flüchtlings-Schicksal auf dem Lande*, Frankfurt am Main, 1949.
Bock, Hans: *Der Weg nach München*, Wolfenbüttel, 1968.
Bohmann, Alfred: *Menschen und Grenzen*, Bd. 1–4, Köln, 1969–75.
– *Die Ausweisung der Sudetendeutschen*, Marburg, 1955.
Böhning, Peter: *Die nationalpolnische Bewegung in Westpreußen, 1815–1871*, Marburg, 1973.
Bojanowski, Martin und Erich Bosdorf: *Striegau, Schicksale einer schlesischen Stadt*, Schöppenstedt 1976.
Bosl, Karl (Hrsg.): *Das Jahr 1945 in der Tschechoslowakei*, München, 1971.
Brancion, Yves: *Die Oder-Neiße-Linie. Eine Kriegsgrenze*. Stuttgart, 1970.
Brand, Walter: *Die sudetendeutsche Tragödie*. Nürnberg, 1949.
Bräutigam, Otto: *So hat es sich zugetragen*, Würzburg, 1968.
Breyer, Richard: *Das Deutsche Reich und Polen 1932–1937*, Würzburg, 1955.
Broszat, Martin: *Zweihundert Jahre deutsche Polenpolitik*, München, 1963.
– *Nationalsozialistische Polenpolitik 1939–1945*, Stuttgart, 1961.
Brügel, Johann: *Die Aussiedlung der Deutschen aus der Tschechoslowakei*, Stuttgart, 1960.
– *Tschechen und Deutsche 1918–1938*, München, 1967.
– *Tschechen und Deutsche 1939–1946*, München, 1974.
Brunner, Heinz: *Geblieben aber ist das Volk*, Graz, 1955.
Brustat-Naval, Fritz: *Unternehmen Rettung*, Herford, 1970.
Brzezinski, Zbigniew: *Der Sowjetblock, Einheit und Konflikt*, Köln, 1962.
Buhl, Paul: *Troppau von A bis Z*, München, 1973.

Bund der Vertriebenen: *Der wahre Tatbestand*, Bonn, 1960.

Burckhardt, Carl: *Meine Danziger Mission*, München, 1960.

– *Das Kriegswerk des Internationalen Komitees vom Roten Kreuz*, Genf, 1945.

Cleinow, George: *Die Zukunft Polens*, Leipzig, 1908.

Dahms, Hellmuth: *Der Zweite Weltkrieg*, Tübingen, 1960.

Dallin, Alexander: *Deutsche Herrschaft in Rußland 1941–1945*, Düsseldorf, 1958.

Dieckert, Kurt, und Grossmann, Horst: *Der Kampf um Ostpreußen*, München, 1960.

Eggert, Oskar: *Geschichte Pommerns*, Hamburg, 1974.

Esser, Heinz: *Lamsdorf. Dokumentation über ein polnisches Vernichtungslager*, Bonn, 1971.

Falk, Lucy: *Ich blieb in Königsberg*, München, 1965.

Fechner, Helmuth: *Deutschland und Polen, 1772–1945*, Würzburg, 1964.

Fischer, Alexander: *Sowjetische Deutschlandpolitik 1941–1945*, Stuttgart, 1975.

– (Hrsg.): *Teheran, Jalta, Potsdam*, Köln, 1968.

Franzel, E.: *Die Vertreibung Sudetenland 1945–1946*, Bad Nauheim, 1967.

Fredmann, Ernst: *Sie kamen übers Meer*, Köln, 1971.

Gause, Fritz: *Deutsch-slawische Schicksalsgemeinschaft*, Kitzingen, 1952.

Gerson, Louis: *Woodrow Wilson und die Wiedergeburt Polens*, Würzburg, 1956.

Glaser, Kurt: *Die Tschechoslowakei*, Frankfurt, 1964.

Göttinger Arbeitskreis: *Die Auswanderung, Ein Mittel zur Lösung der deutschen Frage?*, Göttingen, 1950.

– *Das östliche Deutschland*, Würzburg, 1959.

– *Dokumente der Menschlichkeit*, Würzburg, 1960.

Goguel, Rudi (Hrsg.): *Polen, Deutschland und die Oder-Neiße-Grenze*, Ost-Berlin, 1959.

Golikow, S.: *Die Sowjetarmee im Großen Vaterländischen Krieg*, Berlin, 1954.

Gollancz, Victor: *Unser bedrohtes Erbe*, Zürich, 1947.

– *Stimme aus dem Chaos*, Frankfurt, 1960.

Grau, K. F.: *Schlesisches Inferno*. Stuttgart, 1966.

Grimm, Hans: *Volk ohne Raum*, Berlin, 1926.

Grosser, Alfred: *Deutschlandbilanz*, München, 1970.

Guz, Eugeniusz und Weseloh, Hans: *Der Kongreß von Helsinki*, Stuttgart, 1975.

Habsburg, Otto: *Politik für das Jahr 2000, Europa – Großmacht oder Schlachtfeld*. Wien, 1968.

Hacker, Jens: *Sowjetunion und DDR zum Potsdamer Abkommen*. Köln, 1968.

– *Deutsche unter sich. Politik mit dem Grundvertrag*. Stuttgart, 1976.

Hamsik, Dusan und Juri Prazak: *Eine Bombe für Heydrich*, Berlin, 1964.

Hellmann, Manfred (Hrsg.): *Osteuropa in der historischen Forschung der DDR*, Bd. 1–2, Düsseldorf, 1972.

Henkys, Reinhard: *Deutschland und die östlichen Nachbarn*. Stuttgart, 1966.

Hill, Rudolf: *Deutsche und Tschechen*, Opladen, 1973.

Hillgruber, A. (Hrsg.): *Probleme des Zweiten Weltkrieges*, Köln, 1967.

Hofbauer, Josef und Strauss, Emil: *Josef Seliger, ein Lebensbild*, Prag, 1930.

Hossbach, Friedrich: *Die Schlacht um Ostpreußen*, Überlingen, 1951.

Hubatsch, Walter: *Die deutsche Frage*, Würzburg, 1961.

– *Quellen zur Geschichte des Deutschen Ordens*, Göttingen, 1954.

– „Kreuzritterstaat und Hohenzollernmonarchie. Zur Frage der Fortdauer des Deut-

schen Ordens in Preußen." In: *Deutschland und Europa. Historische Studien zur Völker- und Staatenordnung des Abendlandes.* Festschrift für Hans Rothfels, Hrsg. v. Werner Conze. Düsseldorf, 1951.
- *Eckpfeiler Europas. Probleme des Preußenlandes in geschichtlicher Sicht.* Heidelberg, 1953.
- *Wege und Wirkungen ostpreußischer Geschichte.* Leer, 1956.
- „Die Staatsbildung des Deutschen Ordens"In: *Preußenland und Deutscher Orden. Festschrift für Kurt Forstreuter.* Würzburg, 1958.
- „Das Memelland und das Problem der Minderheiten." In: *Die deutschen Ostgebiete zur Zeit der Weimarer Republik.* Köln, 1966.
Hupka, Herbert und Ingeborg Schubbe: *Menschliche Erleichterungen,* Stuttgart, 1974.
Huyn, Hans Graf (Hrsg.): *Ostpolitik im Kreuzverhör,* Stuttgart, 1971.
Ilnytzkyj, Roman: *Deutschland und die Ukraine 1934–45,* München, 1958.
Jacobsen, Hans-Adolf, Wolfgang Mallmann und Christian Meier (Hrsg.): *Sicherheit und Zusammenarbeit in Europa,* Köln, 1973.
Jacobsen, Hans-Adolf (Hrsg.): *Mißtrauische Nachbarn,* Düsseldorf, 1970.
- *Der Zweite Weltkrieg,* Frankfurt/M., 1965.
- und Tomala, Mieczsylaw (Hrsg.): *Wie Polen und Deutsche einander sehen,* Düsseldorf, 1973.
Jahn, Hans-Edgar: *Pommersche Passion,* Preetz, 1964.
Jaksch, Wenzel: *Der Weg nach Potsdam,* Stuttgart, 1958.
Johannsen, E. K.: *Arme Seelen,* München, 1952.
Jong, Louis de: *Die deutsche Fünfte Kolonne im Zweiten Weltkrieg,* Stuttgart, 1959.
Jung, Rudolf: *Die Tschechen. Tausend Jahre deutsch-tschechischer Kampf.* 2. Aufl., Berlin, 1937.
Kellermann, Volkmar: *Brücken nach Polen,* Stuttgart, 1973.
Kielczewska, Marja und Grodek, Andrzei: *Oder-Neiße, die beste Grenze Polens,* Posen, 1946.
Klepetar, Harry: *Seit 1918 . . . Eine Geschichte der Tschechoslowakischen Republik,* Moravska-Ostrava, 1937.
Kopelew, Lew: *Aufbewahren für alle Zeit,* Hamburg, 1976.
Kowalski, Wlodzimierz: *Die UdSSR und die Grenze an der Oder und Lausitzer Neiße.* Warschau, 1965.
Kraus, T., Meynen, E., Mortensen, H., Schlenger, H.: *Atlas Östliches Mittel-Europa,* Bielefeld, 1959.
Krekeler, Norbert: *Revisionsanspruch und geheime Ostpolitik der Weimarer Republik,* Stuttgart, 1973.
Lange, Friedrich: *Ostland kehrt heim,* Berlin, 1940.
Lapradelle, Geoffre de: *Verjagt, beraubt, erschlagen,* Wiesbaden, 1961.
Lasch, Otto: *So fiel Königsberg,* München, 1958.
Lass, Edgar: *Die Flucht – Ostpreußen 1944–45,* Bad Nauheim, 1964.
Lemberg, Eugen und Edding, Friedrich (Hrsg.): *Die Vertriebenen in Westdeutschland,* Bd. 1–3, Kiel, 1959.
Lemberg, Eugen und Gotthold Rhode (Hrsg.): *Das deutsch-tschechische Verhältnis,* Stuttgart, 1969.
Liddel-Hart, B. H. (Hrsg.): *Die Rote Armee,* besonders Beitrag von U. S. Maj. General

Frank A. Keating „Das Verhalten der Roten Armee im Sieg und während der Besatzungszeit", Bonn, 1956.

Loeber, Dietrich: *Diktierte Option*, Neumünster, 1974.

v. Loesch, Freda: *Die Deutschen in den osteuropäischen Staaten*, München, 1972.

v. Loesch, Karl: *Staat und Volkstum*, Berlin, 1926.

Lüdde-Neurath, Walter: *Regierung Dönitz*, Göttingen, 1964.

Mackiewicz, Josef: *Katyn – ungesühntes Verbrechen*, Zürich, 1949.

Mamatey, Viktor und Radomir Luza: *Geschichte der tschechoslowakischen Republik 1918–1948*, Wien, 1977.

Markert, Werner (Hrsg.): *Osteuropa-Handbuch, Jugoslawien*, Köln, 1954.

Marzian, Herbert: *Gedanken zu Preußen*, Göttingen, 1967.

– *Annexion und Massenvertreibung. Festschrift für Herbert Kraus*, Würzburg, 1964.

Maschke, Erich: *Der Deutsche Orden*, Jena, 1939.

– *Das Erwachen des Nationalbewußtseins im deutsch-slawischen Grenzraum*, Leipzig, 1933.

Miege, Wolfgang: *Das Dritte Reich und die deutsche Volksgruppe in Rumänien 1933–38*. Bern, 1972.

von zur Mühlen, Heinrich (Hrsg.): *Bausteine oder Dynamit?*, Bielefeld, 1974.

Müller-Sternberg, Robert: *Deutsche Ostsiedlung – Eine Bilanz für Europa*, Bielefeld, 1971.

v. Muralt, Leonhard: *Der Friede von Versailles und die Gegenwart*, Zürich, 1947.

Murawski, Erich: *Die Eroberung Pommerns durch die Rote Armee*, Boppard am Rhein, 1969.

Nahm, Peter: *Der kirchliche Mensch in der Vertreibung*, Bonn, 1960.

– *Nach zwei Jahrzehnten: Erlebnisberichte über Flucht, Vertreibung und Eingliederung*, Bonn, 1961.

Nasarski, Peter: *Nachbarn im Osten*, Leer, 1965.

Neuhoff, Hans und H. G. Parplies: *Die deutsch-polnischen Schulbuchempfehlungen: Zur Nachkriegsgeschichte*, Bonn, 1976.

Nolte, Ernst: *Deutschland und der Kalte Krieg*, München, 1974.

Osteuropa-Institut: *Oberschlesien und der Genfer Schiedsspruch*, Breslau, 1925.

Pagel, Karl (Hrsg.): *Deutsche Heimat im Osten*, Berlin, 1951.

Paul, Ernst: *Es gibt nicht nur ein Lidice*, München, o. J.

Pius XII: *Zum Problem der Vertreibung*, Köln, 1953.

Plaschka, Richard und Mack, Karlheinz (Hrsg.): *Die Auflösung des Habsburgerreiches*, München, 1970, besonders der Beitrag von John Bradley, ‚Die tschechoslowakische Legion und die Haltung der Alliierten zur Auflösung der Habsburgermonarchie'.

Prinz, Friedrich (Hrsg.): *Wenzel Jaksch – Edvard Beneš, Briefe und Dokumente aus dem Londoner Exil*, Köln, 1973.

Rachocki, Janusz: *Volksrepublik Polen/Bundesrepublik Deutschland. Probleme der Normalisierung gegenseitiger Beziehungen*, Posen, 1972.

Raupach, Hans und Peter Quante: *Die Bilanz des deutschen Ostens*, Kitzingen-Main, 1953.

Rauschning, Hermann: *Die Entdeutschung Posens und Westpreußens*, Berlin, 1930.

– *Deutschland zwischen West und Ost*, Stuttgart, 1950.

– *Ist Friede noch möglich?*, Heidelberg, 1953.

Reece, Carroll: *Das Recht auf Deutschlands Osten*, Göttingen, 1957.

Reichenberger, E. J.: *Ostdeutsche Passion*, München, 1948.
– *Fahrt durch besiegtes Land*, Karlsruhe, 1950.
– *Europa in Trümmern*, Graz, 1950.
Rhode, Gotthold: *Die Ostgrenze Polens*, Köln, 1955.
– *Geschichte Polens. Ein Überblick*, Darmstadt, 1966.
– (Hrsg.): *Die Ostgebiete des Deutschen Reiches*. Würzburg, 1955.
Rhode, Gotthold und Wolfgang Wagner: *Quellen zur Entstehung der Oder-Neiße-Linie in den diplomatischen Verhandlungen des Zweiten Weltkrieges*. 2. Aufl., Stuttgart, 1959.
Rimscha, Hans von: *Geschichte Rußlands*, Wiesbaden 1961.
– *Die Umsiedlung der Deutschbalten aus Lettland im Jahre 1939*, Hannover, 1959.
– (Hrsg.): *Von den baltischen Provinzen zu den baltischen Staaten*, Marburg, 1971.
Ritter, Gerhard: *Carl Goerdeler und die deutsche Widerstandsbewegung*, Stuttgart, 1954.
Rodenberger, Axel: *Der Tod von Dresden*, Frankfurt, 1951.
Roegele, Otto B. (Hrsg.): *Versöhnung oder Haß? Der Schriftwechsel der Bischöfe Polens und Deutschlands und seine Folgen*, Osnabrück, 1966.
v. Rosen, Hans Freiherr: *Bilanz, das deutsche Gut in Posen und Pommerellen*, Rosbach v.d.H., 1972.
Rothfels, Hans: *Bismarck, der Osten und das Reich*, Darmstadt, 1960.
Schenck, Ernst-Günther: *Das menschliche Elend im 20. Jahrhundert*, Herford, 1960.
Schimitzek, Stanislav: *Vertreibungsverluste? Westdeutsche Zahlenspiele*, Warschau, 1966.
Schulz, Eberhard (Hrsg.): *Leistung und Schicksal*, Köln,
Schulz, Rudolf: *Der deutsche Bauer im Baltikum*, Berlin, 1938.
Schwarz, Ernst: *Sudetendeutsches Schicksal im Laufe der Jahrhunderte*. Augsburg, 1951.
Schwarz, Wolfgang: *Die Flucht und Vertreibung – Oberschlesien*, Bad Nauheim, 1965.
Schweitzer, Albert: *Das Problem des Friedens in der heutigen Welt*, München, 1954.
Seraphim, Peter Heinz: *Ostwärts der Oder und Neiße*, Hannover, 1949.
Simon, Ellen und Möhring, Werner: *Millionen ohne Heimat*, Frankfurt am Main, 1950.
Solschenizyn: *Ostpreußische Nächte*, Darmstadt, 1976.
– *Der Archipel Gulag*, Bd. 1–3, Bern, 1974–77.
Steinert, Marlis: *Die 23 Tage der Regierung Dönitz*, Düsseldorf, 1967.
Stumpp, Karl: *Die Rußland-Deutschen*, Freilassing, 1964.
Thorwald, Jürgen: *Es begann an der Weichsel*, Stuttgart, 1950.
Telpuchowski, Boris: *Die Sowjetische Geschichte des Großen Vaterländischen Krieges*, herausgegeben von A. Hillgruber und H. A. Jacobsen, Frankfurt, 1961.
v. Tippelskirch, Kurt: *Geschichte des zweiten Weltkrieges*, Bonn, 1951.
Treue, Wilhelm: *Die deutschen Parteien*, Frankfurt, 1975.
Turnwald, Wilhelm: *Dokumente zur Austreibung der Sudetendeutschen*, München, 1951.
Utley, Freda: *Kostspielige Rache*, Hamburg, 1950.
Wagner, Ernst, (Hrsg.): *Quellen zur Geschichte der Siebenbürger Sachsen*, Wien, 1977.
Wagner, Gerhard (Hrsg.): *Lagevorträge des Oberbefehlshabers der Kriegsmarine vor Hitler*, München, 1972.
Wagner, Ruth und Stamm, Hans: *Die letzten Stunden daheim*, Köln, 1972.
Wagner, Wolfgang: *Die Entstehung der Oder-Neiße-Linie*, Stuttgart, 1953.

Warschauer, Adolf: *Geschichte der Provinz Posen in polnischer Zeit*, Posen, 1914.

Weidlein, Johann: *Hintergründe der Vertreibung der Deutschen aus Ungarn*, Schorndorf, 1953.

Werner, Karl: *Fragen der deutschen Ostgrenze, in Karten dargestellt*, Breslau, 1933.

Werth, Alexander: *Rußland im Krieg*, München, 1965.

v. Wilkens, Hans Jürgen: *Die Große Not*, Sarstedt-Hannover, 1957.

Windsor, Philip: *Deutschland gegen Deutschland*, Zürich, 1971.

Wittram, Reinhard: *Geschichte der baltischen Deutschen*, Stuttgart, 1939.

– *Baltische Geschichte*, München, 1954.

Wojciechowski, Marian: *Die polnisch-deutschen Beziehungen 1933–1938*. Leiden, 1971.

Wüscht, Johann: *Geschichte der Deutschen in Jugoslawien*, Kehl, 1966.

Ziemer, Gerhard: *Deutscher Exodus*, Stuttgart, 1973.

Zöllner, Erich: *Geschichte Österreichs*, Wien, 1961.

VII. Deutsche Werke (juristisch)

Arndt, Claus: *Die Verträge von Moskau und Warschau*, Bonn, 1973.

Blumenwitz, Dieter: *Die Grundlagen eines Friedensvertrages mit Deutschland. Ein völkerrechtlicher Beitrag zur künftigen Deutschlandpolitik*, Berlin, 1966.

Breyer, R.: „Die Oder-Neiße-Linie bei Stettin," in *Festschrift für Herbert Kraus, Recht im Dienste der Menschenwürde*, Würzburg 1964, S. 423 ff.

Cornides, Wilhelm und Hermann Volle (Hrsg.): *Um den Frieden mit Deutschland*, Oberursel, 1948.

Decker, Günther: *Das Selbstbestimmungsrecht der Nationen*, Göttingen, 1955.

Deuerlein, Ernst: *Potsdam 1945. Ende und Anfang*. Köln, 1970.

Deuerlein, Ernst, Alexander Fischer, Eberhard Menzel, Gerhard Wettig: *Potsdam und die deutsche Frage*, Köln, 1970.

du Buy, F. H.: *Das Recht auf die Heimat im historisch-politischen Prozeß*, Euskirchen, 1974.

Epstein, Ludwig: *Studienausgabe der Verfassungsgesetze der tschechoslowakischen Republik*, Reichenberg, 1923.

Faust, Fritz: *Das Potsdamer Abkommen und seine völkerrechtliche Bedeutung*, Berlin, 1964.

Frenzke, Dietrich, Jens Hacker und Alexander Uschakow: *Die Feindstaatenartikel und das Problem des Gewaltverzichts der Sowjetunion im Vertrag vom 12. 8. 1970*, Berlin, 1971.

Frowein, J. A.: *Das de facto-Regime im Völkerrecht*, Köln, 1968.

Gelberg, Ludwik: *Die Entstehung der Volksrepublik Polen. Die völkerrechtlichen Probleme*. Frankfurt a. M., 1972.

Hacker, Jens: *Sowjetunion und DDR zum Potsdamer Abkommen*, Köln, 1968.

Hecker, Hellmuth: *Die Umsiedlungsverträge des Deutschen Reiches während des zweiten Weltkrieges*, Hamburg, 1972.

Heidmann, Eberhard: *Potsdamer Abkommen. Ausgewählte Dokumente zur Deutschlandfrage 1943 bis 1949*, 4. Aufl. Berlin: Staatsverlag der DDR, 1970.

Heinze, Kurt und Schilling, Karl: *Die Rechtsprechung der Nürnberger Militärtribunale*, Bonn, 1952.

Ipsen, Knut: „Westliche Kenntnis der polnisch-sowjetischen Forderungen hinsichtlich Stettins vor Potsdam" und „Die Potsdamer Einigung" in *Ostverträge – Berlin Status*, Veröffentlichungen des Instituts für Internationales Recht an der Universität Kiel, Band 66, S. 78 ff., 1971.

Israelian, Viktor: *Die Anti-Hitler Koalition*, Moskau, 1975.

Kempner, Robert: *Das Dritte Reich im Kreuzverhör*, München, 1969.

Kimminich, Otto: *Humanitäres Völkerrecht – humanitäre Aktion*, München, 1972.

– *Menschenrechte, Versagen und Hoffnung*, München, 1973.

– *Das Münchener Abkommen in der tschechoslowakischen wissenschaftlichen Literatur*, München, 1968.

– *Der Moskauer Vertrag vom 12. August 1970. Eine völkerrechtliche Analyse*. Hamburg, 1972.

Klafkowski, Alfons: *Die Rechtsgrundlage der Oder-Neiße-Linie auf Grund von Jalta und Potsdam*, Posen, 1947.

Kloss, Heinz (Hrsg.): *Beiträge zu einem System des Selbstbestimmungsrechts*, Völkerrechtliche Abhandlungen, Band 2, Wien, 1970.

Kraus, Herbert: *Massenaustreibung und Völkermord*, Kitzingen, 1953.

– *Die Oder-Neiße-Linie, eine völkerrechtliche Studie*, Köln Braunsfeld, 1954.

– *Der völkerrechtliche Status der deutschen Ostgebiete innerhalb der Reichsgrenzen nach dem Stande vom 31. 12. 1937*, Göttingen, 1966.

Kraus, Herbert und Kurth, Karl: *Deutschlands Ostproblem*. Würzburg, 1958.

Krülle, Sigrid: *Die völkerrechtlichen Aspekte des Oder-Neiße-Problems*, Berlin, 1970.

Kunz, Josef: *Die völkerrechtliche Option*, Breslau, Bd. 1, 1925, Bd. 2, 1928.

Lachs, M.: *Die Westgrenze Polens*, Warschau, 1967.

Laun, Rudolf: *Das Recht auf die Heimat*, Hannover, 1951.

Maurach, Reinhart: *Handbuch der Sowjetverfassung*, München, 1955.

Meissner, Boris (Hrsg.): *Die deutsche Ostpolitik, 1961–1970. Kontinuität und Wandel. Dokumentation*. Köln, 1970.

Menzel, Eberhard: „Das Annexionsverbot des modernen Völkerrechts" in *Das östliche Deutschland*, Würzburg, 1959.

Meyer-Lindenberg, Hermann: *Deutschlands Grenzen. Die politische Meinung*, Köln, 1962.

Mosler, Hermann und Doehring, Karl: *Die Beendigung des Kriegszustandes mit Deutschland nach dem zweiten Weltkrieg*, Köln, 1963.

v. Münch, Ingo, Thomas Oppermann und Rolf Stödter: *Finis Germaniae? Zur Lage Deutschlands nach den Ostverträgen und Helsinki*, Frankfurt a. M., 1977.

Parplies, Hans Günther: *Deutschland nach den Verträgen*, Hamburg, 1975.

Pictet, Jean: *Die Grundsätze des humanitären Völkerrechts*, Genf, 1968.

Pieper, Helmut: *Die Minderheitenfrage und das Deutsche Reich, 1919–1934*, Hamburg, 1974.

Quist, Rolf: *Ostpolitik Völkerrecht und Grundgesetz*, Starnberg, 1972.

Rabl, Kurt: *Das Selbstbestimmungsrecht der Völker*, Köln, 1973.

– *Das Recht auf die Heimat*, 4 Bd., München, 1960.

Raschhofer, Hermann: *Die Sudetenfrage: Ihre völkerrechtliche Entwicklung vom Ersten Weltkrieg bis zur Gegenwart*, München, 1953.

– *Selbstbestimmungsrecht und Völkerbund*, Köln, 1969.

– *Völkerbund und Münchener Abkommen*, München, 1976.

Rauschning, Dietrich (Hrsg.): *Die Gesamtverfassung Deutschlands,* Frankfurt, 1962.

– (Hrsg.): *Verträge und andere Akten zur Rechtsstellung Deutschlands,* München, 1975.

Schätzel, Walter und Veiter, Theodor: *Handbuch des internationalen Flüchtlingsrechts,* Wien, 1959.

Scheuner, J. und Lindemann, B. (Hrsg.): *Die Vereinten Nationen und die Mitarbeit der Bundesrepublik Deutschland,* München, 1973.

Schmid, Karin: *Das Münchener Abkommen,* Düsseldorf, 1973.

Schulz-Schaeffer, Helmut: *Die Ostverträge von 1970 und das Grundgesetz. Die Treu-händerschaft der Bundesrepublik Deutschland für das Selbstbestimmungsrecht der Deutschen.* Hamburg, 1972.

Seidl-Hohenveldern, Ignaz: „Das Münchener Abkommen im Lichte des Prager Vertra-ges von 1973." In *Recht im Dienst des Friedens, Festschrift für Eberhard Menzel,* Berlin, 1975.

– Völkerrecht (2. Aufl.), Köln, 1969,

v. Stedingk, Ivonne: *Die Organisation des Flüchtlingswesens in Österreich seit dem Zweiten Weltkrieg,* Wien, 1970.

Stöder, Rolf: *Deutschlands Rechtslage,* Hamburg, 1948.

Streit, G.: *Der Lausanner Vertrag und der griechisch-türkische Bevölkerungsaustausch,* Berlin, 1929.

Thomas, Fritz: *Das Recht der Vertriebenen,* Dortmund, 1950.

Truhart, H. v.: *Völkerbund und Minderheiten-Petitionen,* Wien, 1931.

Tunkin, Gregorij: *Das Völkerrecht der Gegenwart,* Berlin, 1963.

Urbaneck, Kurt: *Das Heimkehrrecht der deutschen Ausgetriebenen: ein Anspruch des positiven Völkerrechts,* Dortmund, 1959.

Veiter, Theodor (Hrsg.): *System eines internationalen Volksgruppenrechts,* Wien, 1970.

Veiter, Theodor und Klein, Friedrich (Hrsg.): *Die Menschenrechte,* Wien, 1966.

Verdross, Alfred: *Völkerrecht,* Bd. 1–3 (5. Aufl.), Wien, 1964.

Warderholt, J. P.: *Das Minderheitenrecht in Oberschlesien. Die Stellungnahmen des Präsidenten der Gemischten Kommission in der Zeit von Juni 1922 bis Juni 1929.* Berlin, 1930.

Wiewiora, Boleslaw: *Die Anerkennung territorialer Erwerbungen im Völkerrecht,* Po-sen, 1961. Übersetzt von dem Göttinger Arbeitskreis, Göttingen, 1962.

Zayas, Alfred de: „Massenumsiedlungen und das Völkerrecht", in *Abhandlungen zu Flüchtlingsfragen* (Hrsg. Th. Veiter), Bd. 10, Wien, 1975.

Zieger, Gottfried: *Die Atlantic Charta,* Hannover, 1963.

– *Alliierte Kriegskonferenzen 1941–43,* Hannover, 1964.

– *Die Teheran-Konferenz,* Hannover, 1967.

– *Der Warschauer Pakt,* Hannover, 1974.

VIII. Französische Literatur

Academie de Droit International: *Recueil des Cours,* 1923, Bd. 1; 1927, Bd. 3, 1928, Bd. 4; 1957, Bd. 2, Den Haag.

Annuaire de l'Institut de Droit International, Bd. 44, 1952; Bd. 46, 1956. Genf.

Anders, Wladislaw: *Katyn,* Paris, 1949.

Aron, Raymond: *Paix et Guerre entre les Nations,* Paris, 1962.

Beaubrevil, Pierre: *La Cinquième Partage de la Pologne,* Bordeaux, 1968.

Carzou, Jean Marie: *Un genocide exemplaire. Arménie 1915,* Paris, 1975.

Dami, Aldo: *Refaire l'histoire,* Paris, 1973.

George, Bernard: *Les Russes arrivent,* Paris, 1966.

George, Pierre: *Le Problème allemand en Tchécoslovaquie (1919–1946),* Paris, 1947.

d'Harcourt, R.: *Visage de l'Allemagne actuelle,* Paris, 1949.

Institut National de la statistique et des études économiques: *Les transferts internationaux de populations,* Paris, 1946.

La Pradelle, Paul de: *La Frontière,* Paris, 1928.

La Pradelle, Raymond de Geouffre de: *Le Problème de la Silésie et le Droit,* Paris, 1958.

Laun, Rudolf: „Le Droit des peuples à disposer d'eux-mêmes", *Annuaire de l'Association des Auditeurs de l'Académie de Droit International de la Haye,* Den Haag, 1958.

Menudier, Henri: *L'Allemagne selon Willy Brandt,* Paris, 1976.

Miroslav, Ivanov: *L'Attentat contre Heydrich,* Paris, 1972.

Meyer, Michel: *L'Allemagne inachevée,* Paris, 1976.

Mordal, Jacques: *La Guerre a Commencé en Pologne,* Paris, 1968.

Noel, Léon: *L'agression allemande contre la Pologne,* Paris, 1946.

Pange, Jean de: „Les Populations expulsées de l'Allemagne Orientale", *Revue des Deux Mondes,* Paris, Juni 1952.

Pictet, Jean: *La Convention de Genève Relative à la Protection des Personnes Civiles en Temps de Guerre,* Genf, 1958.

– *Les Principes du Droit international humanitaire,* Genf, 1966.

Pinon, René: „Le Destin de la Pologne", *Revue des Deux Mondes,* Paris, September 1952.

Suy, E.: *Les actes juridiques unilatéraux en Droit international public,* Paris, 1962.

Visscher, Charles de: *Problèmes de Confins en Droit International Public,* Paris, 1969.

– *Les Effectivités du Droit International Public,* Paris, 1967.

Wambaugh, Sarah: „La Pratique des Plébiscites Internationaux" in *Recueil des Cours,* Academie de Droit International, 1927, Bd. III, S. 149–258.

IX. Artikel in wissenschaftlichen Zeitschriften

Adenauer, Konrad: „Germany and Europe" in *Foreign Affairs,* Bd. 31, 1953, S. 361–366.

Annabring, Matthias: „Das ungarländische Deutschtum" in *Südoststimmen,* März 1952, S. 1–80.

Antwortnote Großbritanniens vom 12. August 1960 auf die Note der polnischen Regierung vom 20. Juli 1960. In *Europa-Archiv* 15 (1960), S. 320–1.

Arzinger, Rudolf: „Das Potsdamer Abkommen und die europäische Sicherheit", in: *Deutsche Außenpolitik,* 1965, S. 883–900.

Barandon, Paul: „Völkerbund" in Strupp-Schlochauer, *Wörterbuch des Völkerrechts,* Band 3, S. 597 ff.

Barraclough, G.: „Une voix dans le désert", *Cahiers Pologne-Allemagne,* Paris, Nr. 3, 1963.

Barth, G.: „Geschichte eines Dokuments, das nie existierte. Zum 10. Jahrestage der Verkündung der Atlantik-Charta." In: *Neues Abendland.* Bd. 6 (1951), S. 448 ff.

Baxter, Richard: „Perspective, The evolving laws of armed conflicts", in *Military Law Review*, Bd. 60, S. 99 ff. (1973).

Benes, Eduard: „The Organization of Postwar Europe" in *Foreign Affairs*, Bd. 20, S. 226 ff. (1942)
- „Czechoslovakia Plans for Peace", in *Foreign Affairs*, Bd. 23, S. 26 ff. (1944)
- in *The Annals*, März 1944, S. 166 ff.
- „The New Order in Europe" in *Nineteenth Century*, Band 130, S. 150 ff. (1941).

Bohmann, Alfred: „Die Bevölkerung der Oder-Neiße-Gebiete". In: *Außenpolitik* 10 (1959), S. 438–443.
- „Polens Drang nach Westen". In: *Außenpolitik* 11 (1960), S. 92–104.

Bowman, Isaiah: „The Strategy of Territorial Decisions", *Foreign Affairs*, 1946, Band 24, S. 177–94.

Braun von, J.: „Germany's Eastern Border and Mass Expulsions", *American Journal of International Law*, 1964, Band 58, S. 749.

Brown, Philip: „Self-Determination in Central Europe", *American Journal of International Law*, 1920, Band 14, S. 235–239, Zitat auf S. 237.

Brügel, Johann Wolfgang: „Die Aussiedlung der Deutschen aus der Tschechoslowakei". *Vierteljahresheft für Zeitgeschichte*, 1960, S. 134–164.
- „Teheran, Jalta und Potsdam aus sowjetischer Sicht," in: *Europa Archiv*, 1966, S. 803–810.

Bülck, Hartwig: „Bevölkerungsaustausch" „Vertreibung", „Zwangsverschickung", in Strupp-Schlochauer *Wörterbuch des Völkerrechts*, I, S. 201–204, III, S. 556–562, III, S. 894–896.

Bundy, McGeorge: „November 1952: Imperatives of Foreign Policy" in *Foreign Affairs*, Bd. 31, 1952, S. 1.

„Die völkerrechtliche Stellung Deutschlands nach seiner bedingungslosen Kapitulation". In: *Europa-Archiv*, 1 (1946), S. 209.

Fried, John: „Transfer of Civilian Manpower from Occupied Territory," *American Journal of International Law*, 1946, Band 40, S. 327 ff.

Fontaine, André: „Potsdam: A French View" in *International Affairs*, Band 46, 1970, S. 466–474.

Gelberg, Ludwik: „Die Umsiedlung der deutschen Bevölkerung nach dem gegenwärtigen Völkerrecht", in: *Osteuropa-Recht*, 1968, S. 86–108.

Gralla, Giselher: „Rechtsfragen der Umsiedlung in polnischer Sicht", *Jahrbuch für Ostrecht*, 1961, S. 249–263.

Hacker, Jens: „Zur Interpretation des Potsdamer Abkommens," in *Deutschland-Archiv*, 1968, S. 135–140.

Hahn, Walter F.: „West Germany's Ostpolitik: The Grand Design of Egon Bahr", *ORBIS*, Bd. XVI, Winter, 1973, Nr. 4, S. 859.

Hallstein, Walter: „Germany's Dual Aim: Unity and Integration" in *Foreign Affairs*, Bd. 31, 1952, S. 58–66.

v. d. Heydte: „Potsdamer Abkommen" in Strupp-Schlochauer, *Wörterbuch des Völkerrechts*, Band 2, 1961, S. 786 ff.

Hubatsch, Walther: „Flüchtlingstransporte aus dem Osten über See. Die letzten Geleitaufgaben der deutschen Kriegsmarine 1945". In: *Ostdeutsche Wissenschaft*. Jahrbuch des Ostdeutschen Kulturrates. Bd. 9, 1962, S. 1–24.

- „Die Rückkehr des Memelgebietes 1939." In: *Deutsche Studien*. Vierteljahreshefte für vergleichende Gegenwartskunde. H. 27, 1969, S. 256–264.
- „Das Herzogtum Preußen – Umrisse einer Landesgeschichte". In: *Blätter für deutsche Landesgeschichte*. Jg. 108, 1972, S. 56–68.

Imhoff, Christoph von: „Ein Dialog zwischen Deutschen und Polen. In: *Außenpolitik* 17 (1966), S. 100–109.

„Jahrbuch des Kuratoriums Geistige Freiheit", *Samisdat*, Bern.

Jaksch, Wenzel: „Westeuropa – Ostdeutschland – Gesamteuropa". In: *Außenpolitik* 8 (1957), S. 487–502.

Kelsen, Hans: „The International Legal Status of Germany to be Established immediately upon Termination of War," *American Journal of International Law*, Bd. 38, 1944, S. 689 ff.
- „The Legal Status of Germany according to the Declaration of Berlin". *American Journal of International Law*, Bd. 39, 1945, S. 518 ff.

Kennan, George: „America and the Russian Future". In: *Foreign Affairs*, 1951, S. 351 ff.

Kunz, Josef: „Völkerrecht" in Strupp-Schlochauer, *Wörterbuch des Völkerrechts*, Band 3, S. 611 ff.
- „Natural-Law Thinking in the Modern Science of International Law" in *American Journal of International Law*, Band 55, S. 951 ff.

Kertesz, Stephen: The Expulsion of the Germans from Hungary, in: *The Review of Politics*, Bd. XV, 1953, S. 179–208.

Kielwein, Gerhard: „Massenaustreibung und Völkermord". *Staatslexikon*, Bd. V (1960), Sp. 607–610.

Kokot, J.: „The Economic Aspects of the Resettlement of German Population after the Second World War". *Polish Western Affairs*, 1964, Bd. V, S. 92 ff.

Kowalewski, Jerzy: „Die polnische Haltung gegenüber der Bundesrepublik Deutschland". In: *Europa Archiv* 13 (1958) S. 10567.

Kraus, Helmut: „Staatsethische Betrachtungen zum Ringen um die deutschen Ostgebiete". In: *Jahrbuch der Albertus Universität zu Königsberg*, Bd. XI, 1961.

Labuda, G.: „A Historiographic Analysis of the German Drang nach Osten". Polish Western Affairs, 1964, Bd. V, Nr. 2, S. 221–265.

Lachs, Manfred: „Le développement et les fonctions des traités multilatéraux", *Recueil des Cours*, Academie de Droit International, Den Haag, 1957, Bd. 2, S. 233 et seq.

Littman, M.: „The Bible of Pan-Slavism", *Nineteenth Century and After*, Dezember 1945, S. 261–63.

McCloy, John, Vorwort zu Henry L. Roberts: *Russia and America*, New York, 1956, S. vii– xxxi.

Mertineit, Walter: „Die deutsch-polnische Schulbuchkommission und ihre Empfehlungen zur Zeitgeschichte" in *Geschichte in Wissenschaft und Unterricht*, 1976, S. 329 ff.

Meyer, H. C.: „Der „Drang nach Osten" in den Jahren 1860–1914", *Welt als Geschichte*, 17 (1957), S. 6 ff.

Mosley, Philip: „The Occupation of Germany", *Foreign Affairs*, 1949–50, Band 28, S. 595.
- „Dismemberment of Germany – The Allied Negotiations from Yalta to Potsdam", *Foreign Affairs*, Vol. 28, April 1950, S. 487–498.

Münch, Fritz: „Entscheidungen nationaler Gerichte in völkerrechtlichen Fragen", *Zeitschrift für Öffentliches Recht und Völkerrecht* (1961), S. 511–75.

Münch, Ingo v.: „Verselbständigung von Staatsteilen", in: Strupp-Schlochauer, Wörterbuch des Völkerrechts, Bd. 3, Berrlin 1962, S. 523–527.

Nürnberger, Richard: „Zwei deutsche Nationen?" in *Politik,* 1966, S. 23–31

Oppermann, Thomas: „Zwei deutsche Staaten oder Sezession der DDR aus dem deutschen Staatsverband?" in *Archiv des öffentlichen Rechts,* 196, S. 313 ff. – „Die Gewaltverzichtsposition der BRD", in *Außenpolitik,* 1970, S. 453–469.

Ostrowski, Stanislaw: „Speech Delivered at the Unveiling Ceremony of the Katyn Memorial" in *Polish Affairs,* Nr. 98, Dezember 1976, S. 6 (London).

Pinto, R.: „Les thèses ‚juridiques' du cercle de Göttingen sur la frontière polono-allemande", *Cahiers Pologne-Allemagne,* Paris, Nr. 4, 1963.

Prokesova, Nina: „Nasledky Mnichovske Dohody pro Ostravskou Prumyslovou Oblast" in *Slezsky Sbornik* 1969, S. 1–30.

Rabl, Kurt: „Die völkerrechtliche Unzulässigkeit von Zwangsumsiedlungen". In: *Heimatrecht in polnischer und deutscher Sicht,* hersg. v. Niedersächs. Ministerium f. Vertriebene. Leer/Ostr. 1962, S. 39–62.

Rhode, Gotthold: „Die Völkerwanderung des zwanzigsten Jahrhunderts, Zwangsumsiedlung als Mittel der Machtpolitik" in *Deutsche Ostkunde,* 1976, S. 49 ff.

Rothfels, Hans: „Frontier and Mass Migrations in Eastern-Central Europe", *Review of Politics,* 1946, S. 59 ff.

– „Der Vertrag von Versailles und der deutsche Osten", in: *Berliner Monatshefte,* Bd. 12, 1934, S. 3–24.

– „Geschichtliche Betrachtungen zum Problem der Wiedervereinigung", in: *Zeitgeschichtliche Betrachtungen,* Göttingen 1959, S. 236 ff.

Schaumann, W.: „Anerkennung", in: Strupp-Schlochauer, *Wörterbuch des Völkerrechts,* Bd. 1, 1960, S. 47–56.

Schätzel, W.: „Die Annexion im Völkerrecht", in: *Archiv des Völkerrechts,* Bd. 2, S. 1–28, 1950.

Schechtman, J. B.: „The Option Clause in the Reich's Treaties on the Transfer of Population", in: *American Journal of International Law,* Bd. 38, S. 356–374 (1944).

– „Postwar Population Transfers" in *The Review of Politics* Bd. XV, S. 151 ff.

– „The Polish-Soviet Exchange of Population", *Journal of Central European Affairs,* Bd. IX, Oktober 1949.

Schieder, Theodor: „Die Vertreibung der Deutschen aus dem Osten als wissenschaftliches Problem. In: *Vierteljahreshefte für Zeitgeschichte,* Bd. 8 (1960), S. 1–16.

Schmidt-Jortzig, Edzard: „Die rechtliche Fixiertheit der staatlichen Selbstdarstellung der Bundesrepublik Deutschland", *Deutsches Verwaltungsblatt,* 15. Januar 1975, S. 65 ff.

Schwebel, Stephen M.: „What Weight to Conquest", Comment, 64, *American Journal of International Law,* 344, 1970.

Skubiszewski, Krysztof: „Polands Western Frontier and the 1970 Treaties", *American Journal of International Law,* 1973, Band 67, S. 23.

– *Polish Western Affairs,* 1964, Bd. V, Nr. 2, lecture delivered at the Harvard International Law Club am 13. April 1964, S. 311–331.

St. Oswald, Lord: A pledge to the living future, Address at the Unveiling of the Katyn Memorial, in: *Polish Affairs,* London, Nr. 98, Dezember 1976, S. 8 ff.

Steiger, H.: „Verträge mit der DDR ohne ‚Anerkennung' ", in: *Zeitschrift für Rechtspolitik,* 1969, S. 121–4.

Taborsky, Edward: „Benes and the Sowjets", *Foreign Affairs,* 1949, Band 27, S. 302–14.

Toynbee, Arnold: „A Turning Point in History", in: *Foreign Affairs,* Bd. 17, S. 305 ff. (1939).

Uschakow, Alexander: „Das Erbe Stalins in den deutsch-polnischen Beziehungen" in *Internationales Recht und Diplomatie,* Köln, Verlag Wissenschaft und Politik

Völker, Eberhard: „Sinn und Gefahr der deutsch-polnischen Schulbuchempfehlungen" in *Deutsche Ostkunde,* 1976, S. 60 ff.

Voigt, F. A.: „Eastern Germany", *The Nineteenth Century and After,* März 1946, S. 97–101.

– „Orderly and humane" in *Nineteenth Century and After,* Nov. 1945.

– „Dark Places," *Nineteenth Century and After,* Februar 1946, S. 52 ff.

Wachenheim, Hedwig: „Hitler's Transfers of Population in Eastern Europe", in: *Foreign Affairs,* Bd. 20, 1942, S. 705–718.

Wagner, Wolfgang: „Deutschlands östlicher Nachbar. Elisabeth Wiskemann und die Oder-Neiße-Frage". In: *Außenpolitik* 8 (1957), S. 94–1/2.

Wiewiora, Boleslaw: „Territorial Changes after the Second World War". In: *Polish Western Affairs* 1964, Bd. V, S. 21.

Wiskemann, Elisabeth: „Czechs and Germans after Munich", in: *Foreign Affairs,* Bd. 17, S. 291 ff. (1939).

Wolfe, James H.: „Woodrow Wilson und das Selbstbestimmungsrecht". *Bohemia,* Jahrbuch des Collegium Carolinum, Bd. 8, 1967, München, S. 217–226.

– „West Germany and Czechoslovakia: The Struggle for Reconciliation". *Orbis,* 1970, S. 154–179.

– „International Law and Diplomatic Bargaining: A Commentary on the Sudeten German Question". *Bohemia,* 1973, S. 372 ff.

– „Roosevelt und die Sudetenfrage", *Bohemia,* Bd. 9, 1968, München, S. 197–207.

Wright, Herberg: „Poland at Yalta and Dumbarton Oaks", in: *American Journal of International Law,* Bd. 39, 1945, S. 295–308.

Wyssozki, W.: „Das Potsdamer Abkommen und die Gegenwart," in *Sowjetunion heute,* 1970, S. 24–25.

Zayas, Alfred de: „International Law and Mass Population Transfers". *Harvard International Law Journal,* Bd. 16, S. 207–258, 1975.

Zuleeg, M.: „Die Oder-Neiße-Grenze aus der völkerrechtlichen Sicht von heute", in: *Zeitschrift für Rechtspolitik,* 1969, S. 226–231.

X. Zeitungsartikel

Broszat, Martin: „Zur Kritik der Publizistik des antisemitischen Rechtsextremismus" in *Aus Politik und Zeitgeschichte,* Beilage 19/76 zur Zeitung *Das Parlament.*

Churchill, Rhona: in *Daily Mail;* 6. August 1945.

Le Courrier, Genève, 7. Nov. 1944, Nr. 306, S. 1.

Daily Express; 18. Juni 1945.

Dönhoff, Marion Gräfin: Leitartikel in *Die Zeit* am 6. Februar 1976, S. 3 über den russischen Dissidenten Lew Kopelew.

– Artikel in *Die Zeit* am 17. März 1977 „Mord bleibt Mord."

Economist, Leitartikel, 11. August 1945, „The German Settlement" S. 177–179.

Ehrenburg, Ilya: verschiedene Artikel in *Krasnaja Swesda*, 13. August 1942, 27. September 1944, 15. Oktober 1944, 24. Oktober 1944, 28. Januar 1945; *Prawda*, 7. August 1944, 17. und 30. Dezember 1944.

Frankfurter Allgemeine Zeitung, „Warschauer Zeitungen bezichtigen Bonn der Provokation", 11. März 1977.

Gedye, G. E. R.: in *Daily Herald*, 9. Oktober 1945.

Manchester Guardian, 5. Juni 1945.

Grant Duff, Sheila, in *Manchester Guardian*, 26. Oktober 1945.

Monitor-Dienst, „Verbrechen von apokalyptischem Ausmaß", 21. März 1977. Interview mit Prof. Czeslaw Pilichowski am 17. 3. 1977 in Radio Warschau.

Neue Zürcher Zeitung; 23. August 1945. Titel des Berichtes: „Problem für die nächste Konferenz der Außenminister – Die Massenvertreibung der Deutschen"

New York Times, Leserbrief, 15. August 1945.

New York Times, Leserbrief, 26. August 1945.

O'Hare McCormick, Anne, in der *New York Times*, 4. Februar 1946.

– in der *New York Times*, 23. Oktober 1946.

Rothfels, Hans: „Vor zehn Jahren wurde Deutschland geteilt", in: *Das Parlament*, Nr. 31 vom 3. August 1955.

Russell, Lord Bertrand: Leserbrief an die *Times;* London, 23. Oktober 1945.

Solschenizyn, Alexander: „Words of Warning to America", Rede vor dem amerikanischen Gewerkschaftsverband AFL-CIO am 30. Juni 1975 in Washington, *U. S. News and World Report*, 14. Juli 1975, S. 44 ff.

Time Magazine: 13. August 1945; 22. Okt. 1945, 5. Nov. 1945.

Times, London, 21. Dez. 1945, „The Battle of the Winter".

Times; 26. Oktober 1945; Parlamentsbericht, Seite 1, Spalten 1–3. „Tragedy Ahead: Sir A. Salter on Need for Action".

Toynbee, Arnold: „Czechoslovakia's German Problem", *The Economist*, 10. Juli 1937, S. 71–74.

XI. Dissertationen

Arndt, Michael: „Völkerrechtliche und staatsrechtliche Bedeutung der Berliner Erklärung vom 5. Juni 1945", Göttingen, 1970.

Binzberger, Peter: „Die Ausweisung der Volksdeutschen aus dem Donau-Karpaten Raum", Tübingen, 1952.

Bötzer, Brigitte: „Das Vertriebenenproblem in der Münchener Tagespresse, 1945– 1953", München 1957.

Braumühl, Gerold von: „Austreibungsverbot und Rücksiedlungsanspruch im geltenden Völkerrecht", Mainz, 1963.

Brown, MacAlister: „Expulsion of German Minorities from Eastern Europe: The Decision at Potsdam and its Background, Harvard, 1953.

du Buy, F. H. E. W.: „Das Recht auf die Heimat, Realität oder Fiktion?", Juristische Fakultät, Universität Utrecht, 1975.

Fischer, Diether: „Die Aussichten für die Positivierung eines Menschenrechts auf die Heimat", Würzburg, 1966.

Fukas, Dieter: „Gibt es im positiven Völkerrecht eine Norm des Inhalts, daß der Mensch in der Heimat leben und nicht aus ihr vertrieben werden darf?", Erlangen, 1960.

Gawenda, Jerzy: „Le Plébiscite en droit international", University of Fribourg, Schweiz, 1946.

Habel, Fritz Peter: „Historische, politische und soziale Voraussetzungen des Zusammentreffens zwischen Bayern und Sudetendeutschen nach 1945", München, 1966.

Hilf, Rudolf: „Die Presse der Sudetendeutschen nach 1945 und ihre Stellungnahme zum Schicksal der vertriebenen Volksgruppe", München, 1951.

Jessen, Jacob: „Rechtsfragen der deutschen Umsiedlung nach dem 2. Weltkrieg", Kiel, 1951.

Lutter, Harald: „Oder-Neiße-Friedensgrenze. Zum Verständnis völkerrechtlicher Fragen in der sog. DDR". Mainz, 1966.

Meyer, Gerd: Die sowjetische Deutschland-Politik im Jahre 1952, Tübingen 1970.

Oberkesch, Valentin: „Völkerrechtliche Betrachtungen zum Problem der deutschen Heimatvertriebenen", Graz, 1952.

Schmidt, Manfred: „The East German Landsmannschaften in the German Federal Republic. Their Organization and Influence", Ann Arbor: University of Michigan, 1959.

Strauss, Harold: „The Division and Dismemberment of Germany", Genf, 1952.

Tichy, Karl: „Die Massenausweisung nach dem 2. Weltkrieg und das öffentliche Recht", Tübingen, 1949.

Wetz, Wolfgang: „Selbstbestimmungsrecht der Völker und völkerrechtlicher Schutz nationaler Minderheiten in den Friedensverträgen von Versailles und St. Germain en Laye", Universität Freiburg, 1929.

XII. Quellen aus privater Hand

a) Unterredungen (Protokolle im Besitz des Verfassers)

George F. Kennan, Princeton, New Jersey
Robert D. Murphy, New York
David Small, Office of the Legal Adviser to the State Department, Washington D. C.
Sir Geoffrey Harrison, Horsham, England
Sir Victor Cavendish-Bentinck, London
Dr. Adam Ciolkosz, London
Major Borczyk, London
Dr. Zdzislaw Jagodzinski, London
Prof. Jozef Kokot, Schlesisches Institut, Oppeln†
Regisseur Roman Wionczek, Warschau
Dr. Jiri Toman, Institut Henry Dunant, Genf
Dr. Johannes Hopf, Bundesarchiv Koblenz
Prof. Walter Mertineit, Deutsche UNESCO Kommission, Flensburg
Kurt Böhme, Deutsches Rotes Kreuz, Bonn
Erich Möller, Deutsches Rotes Kreuz, Hamburg
Prof. Hans Rothfels, Tübingen †
Bischof Johann Neuhäusler, München †
Theodor Kosak, Kirchlicher Suchdienst, München
Ortwin Buchbender, Köln

Ehemalige belgische und französische Kriegsgefangene:
Arthur Keppenne, Pierre Pirotte, Charles Boyen, Clodomir Richard, A. Boissy, M. Minet
u. a.

Deutsche militärische und politische Führer:
Großadmiral Karl Dönitz, Aumühle
Albert Speer, Heidelberg
Graf Lutz Schwerin von Krosigk, Essen †
Dr. Hasso von Etzdorf, Eichtling
Dr. Ernst Woermann, Heidelberg
General Friedrich Hossbach, Göttingen
General Erich Dethleffsen, München
General Ernst König, Göttingen
General Hans Teusen, Bonn
General Udo Ritgen, München
Oberstleutnant Bruno Kerwin, Lengerich
Admiral Gerhard Wagner, Wuppertal
Admiral Konrad Engelhard, Lüneburg †
Admiral Adalbert v. Blanc, Kiel
Kapitän zur See Hans Meckel, Hamburg
Korvettenkapitän Hugo Heyel, Hamburg

Vertriebene und Vertriebenenfunktionäre (über 300 Gespräche):
Dr. Ekkehart Biehler, Bonn
Joachim Freiherr von Braun, Göttingen †
Paul Buhl, Göttingen
Graf Carl Elimar zu Eulenburg, Göttingen
Werner Haack, Bonn
Wilhelm Hoffmann, Hamburg
Graf Hans von Lehndorff, Bonn
Joachim und Freda von Loesch, Bonn
Michael Miess, St. Augustin
Friedrich Karl Milthaler, Hamburg
Hans-Günther Parplies, Bonn
Dr. Detlev Queisner und Frau, Göttingen
Conrad v. Randow, Bonn
Hans Freiherr von Rosen, Rossbach v. d. Höhe
Dr. Karl Stumpp, Stuttgart
Gotthard v. Witzendorff-Rehdiger, Soest
Hildegard Zechiel, Göttingen

Mitglieder des Deutschen Bundestages:
Minister a. D. Dr. Hans-Joachim von Merkatz
Minister a. D. Heinrich Windelen
Dr. Walter Becher, Dr. Philipp v. Bismarck, Dr. Herbert Czaja, Dr. Herbert Hupka,
Dr. Hans Edgar Jahn, Kurt Mattick

b) Schriftliche Auskünfte

The Polish Institute and Sikorski Museum, London
Sir Dennis Allen, London
Sir Patrick Dean, London
Sir Frank Roberts, London
Lord William Strang, London
Sir Frederic Bennett, M. P., London
Eugene Davidson, Chicago
Generalleutnant Hans Hinrichs, Koblenz
Emil Herminghaus, Krefeld
Dr. Heinrich v. zur Mühlen, Bonn
Hans von Spaeth-Meyken, Molsberg
Frau Marianne Stumpenhorst, Neubeckum
Dr. Hjalmar Mae, Graz
Rolf Klunker, Weener
Reinhard Gehlen, Berg bei Starnberg
Georges Hautecler, Brüssel
Paul Laillet, Thierville
Pierre Meslier, Paris
Else Seethaler, Ludwigsburg
Dr. Aurel Varannai, Budapest
Eve Koehler, Milwaukee

Register

Buchanzeigen

Christabel Bielenberg

Als ich Deutsche war
1934–1945

5. Auflage. 1972. 320 Seiten. Paperback
Einmalige Sonderausgabe im Biederstein Verlag München

„Abgesehen von den Aufschlüssen zum Gesamtkomplex Widerstand, wozu noch Beziehungen zur Roten Kapelle und zu jüdischen Freunden gehören, ist das Erinnerungsbuch ungemein interessant durch Schilderung des täglichen Lebens in der Kriegszeit, gesehen mit den Augen einer Engländerin und dargeboten mit einer ungewöhnlichen Gabe der Beobachtung und des psychologischen Verständnisses.“

Frankfurter Allgemeine Zeitung

Hans Graf von Lehndorff

Ostpreußisches Tagebuch

Aufzeichnungen eines Arztes aus den Jahren 1945–1947
17. Auflage. 1975. 308 Seiten mit 1 Karte. Leinen
Biederstein Verlag München

„Wer dieses Buch unbewegt und unbelehrt aus der Hand legen kann, der muß von Stein sein. Sechzehn und mehr Jahre nach dem nahezu apokalyptischen Ende der deutschen Katastrophe beschwört es jene Situation mit einer Kraft, wie sie nur dem gegeben ist, der mit wachen Sinnen an den Pforten des Todes gestanden ist. Die Erschütterung, die damals die meisten von uns verspürt, seither aber verdrängt oder vergessen haben, greift uns auf beinahe jeder Seite dieses Buches ans Herz.“

Stuttgarter Zeitung

Hans Georg Lehmann

In Acht und Bann

Politische Emigration, NS-Ausbürgerung und Wiedergutmachung am Beispiel
Willy Brandts.
1976. 387 Seiten mit 21 Abbildungen und 1 Dokumentation
der Ausbürgerungspapiere Willy Brandts. Paperback
Verlag C. H. Beck München

Kein Emigrant ist nach dem Kriege so erbittert angefeindet worden wie Willy Brandt. Die norwegische Uniform, die er getragen hatte, war das Trauma zahlloser deutscher Wähler. Diese Zusammenhänge vermag nur zu durchschauen, wer die Praxis der NS-Ausbürgerungen in den Jahren 1933–1945, ihre Hintergründe und ihre Folgen kennt. Dies ist die erste wissenschaftlich fundierte Arbeit über Brandts Exil.

Zeitgeschichte im Verlag C. H. Beck

Westdeutschlands Weg zur Bundesrepublik 1945–1949

Beiträge von Mitarbeitern des Instituts für Zeitgeschichte
1976. 203 Seiten. Paperback (Beck'sche Schwarze Reihe, Band 137)

Richard Saage

Faschismustheorien

Eine Einführung
2., durchgesehene Auflage. 1977. 184 Seiten. Paperback
(Beck'sche Schwarze Reihe, Band 141)

Peter Christian Ludz

Die DDR zwischen Ost und West

Politische Analysen 1961–1976
3. Auflage. 1977. 367 Seiten. Paperback
(Beck'sche Schwarze Reihe, Band 154)

Karl-Georg Faber

Theorie der Geschichtswissenschaft

3., erweiterte Auflage. 1974. 265 Seiten. Paperback
(Beck'sche Schwarze Reihe, Band 78)

Frank Pilz

Einführung in das politische System der Bundesrepublik Deutschland

Staatliche, wirtschaftliche und soziale Strukturen und Prozesse
1977. 366 Seiten. Paperback (Beck'sche Elementarbücher)

Verlag C. H. Beck München